U0956704

本教材第二版曾获首届全国教材建设奖全国优秀教材二等奖
普通高等教育本科"十二五"国家级规划教材
普通高等教育"十一五"国家级规划教材

智能运输系统

——原理、方法及应用

（第三版）

吴超仲　张　晖　编著
严新平　主审

武汉理工大学出版社
·武　汉·

内 容 简 介

本书共分为10章，从智能运输系统的起源和内涵、发展历程、挑战与趋势，体系框架与标准体系，智能运输系统技术基础，智能运输系统规划，城市智慧交通管理系统，智慧公路运输系统，车辆智能驾驶系统，智能航运系统，船舶智能驾驶系统和智慧港口系统等方面进行了全面深入的介绍。本书涵盖了智能运输系统的主要内容，重点讲述了道路交通和水路交通的智能化应用，并在收集国内外智能运输系统近年来最新成果的基础上，结合该领域的科研和教学实践编写而成。

本书可作为交通运输类、物流工程、汽车工程、物流管理、计算机、信息工程、自动化等相关专业开设"智能运输系统"课程的教材，也可为从事智能运输系统的设计、开发与运营等相关人员提供理论、方法和应用案例。

图书在版编目(CIP)数据

智能运输系统 ：原理、方法及应用 / 吴超仲，张晖编著. —3版. —武汉 ：武汉理工大学出版社，2024. 8. —ISBN 978-7-5629-7188-7

Ⅰ. F502

中国国家版本馆CIP数据核字第2024DS4203号

项目负责：陈军东　　**责任编辑**：陈军东

责任校对：李正五　　**版式设计**：冯　睿

出版发行：武汉理工大学出版社

武汉市洪山区珞狮路122号　邮编：430070

http://www.wutp.com.cn　理工图书网

E-mail：chenjd@whut.edu.cn

经 销 者：各地新华书店

印 刷 者：武汉精一佳印刷有限公司

开　　本：787×1092　1/16

印　　张：24.5

字　　数：626千字

版　　次：2024年8月第3版

印　　次：2024年8月第1次印刷

定　　价：56.00元

序

智能运输系统被认为是有效缓解交通拥堵、减少交通事故、提高交通运输效率的重要技术手段。美国、日本和英国等发达国家从20世纪90年代初开始一直致力于智能运输系统的研究，将驾驶人、交通工具、基础设施、行驶环境作为一体来考虑，将先进的信息技术、传感技术、数据通信技术、自动控制技术、运筹学、图像识别技术、计算机网络技术以及人工智能等有效地综合运用于整个交通管理系统。进入21世纪，智能运输相关技术得到快速发展，其应用大大缓解了交通拥挤、安全和环保等方面的压力。在总结近年来交通科技进一步发展的基础上，美国智能交通系统联合计划办公室提出了《智能交通系统战略规划2020—2025》，围绕新兴科技、数据共享、网络安全、自动驾驶、完整出行等方面确定了五年内美国智能运输系统发展的重点任务，从而进一步“构建”更安全、更便捷、更高效、更绿色的交通运输系统。由此可见，智能运输系统的发展在未来将推动交通运输进入下一个高质量变革时代，是21世纪现代化交通运输系统的发展方向。

近十年来，我国也进一步加速了智能运输系统的研究，相继出台了《交通强国建设纲要》《国家综合立体交通网规划纲要》《“十三五”现代综合交通运输体系发展规划》《“十四五”现代综合交通运输体系发展规划》《数字交通“十四五”发展规划》等重要支持性政策文件，在交通基础设施建设、智能运输系统建设方面取得了一系列显著的成绩。2024年，是我国公路水路交通基础设施数字化转型升级开官之年，明确了我国进一步重视交通运输高质量发展，进一步建设更加安全、便捷、高效、绿色、经济、包容、韧性的可持续交通体系的发展目标。

本书由中国工程院院士、武汉理工大学严新平教授主审，吴超仲教授和张晖研究员组织编写完成，他们所领导的团队在我国较早开展智能运输系统领域的科学研究和教学实践，2001年，严新平院士与海峡两岸的学者共同发起了“海峡两岸智能运输系统学术研讨会”，先后由武汉理工大学、国家智能交通系统工程技术研究中心、淡江大学（台湾地区)、哈尔滨工业大学、同济大学和中华大学(台湾地区)成功地举办了这一会议,收到了良好的效果。2005 年 10 月,严新平教授又与我国人工智能和交通工程领域的学者发起成立了中国人工智能学会智能交通专业委员会;同时牵头组织了由中国交通运输协会、美国交通工程师学会和加拿大土木工程学会联合主办的交通信息与安全国际学术会议,并于 2011 年在武汉首次召开,由武汉理工大学作承办,目前已经举办至第 7 届,得到了 IEEE 智能运输协会的出版支持。严新平教授带领的团队积极推动智能交通领域学术交流活动和努力地探索智能交通系统的关键技术的科研工作,使得本书有着丰富的资料和信息来源。本书在 2006 年被列为国家“十一五”规划教材之后,在 2012 年再次被列为国家“十二五”规划教材,于 2023 年获得了首届全国教材建设奖全国优秀教材二等奖,值得祝贺。

我相信,本书的修订出版对进一步推动数字交通和人工智能时代我国智能运输系统的研究与应用、促进交通运输业的高质量发展与数字化转型、推动交通领域新质生产力创新具有重要作用。

中国工程院院士

北京航空航天大学 校长 

2024 年 8 月

第三版前言

《智能运输系统——原理、方法及应用》第二版自 2014 年出版以来已有十年时间。这十年，智能运输系统相关技术得到快速发展的同时，教育部对高等教育教材也提出了新的要求。为贯彻落实党的二十大精神，响应科教兴国战略，推动交通强国建设，更好地培养交通运输领域高素质人才，我们再次启动了对本书的修订工作。本次修订工作的主要内容如下。

一是引入课程思政案例。为深入贯彻落实中共中央办公厅、国务院办公厅《关于深化新时代学校思想政治理论课改革创新的若干意见》，本书把思想政治教育贯穿于人才培养体系，全面推进高校课程思政建设，结合教材内容，引入中国工程院院士姜德生、严新平，国家"时代楷模"张连钢等在智能交通领域的创新实践案例，以培养学生精益求精的大国工匠精神，激发学生科技报国的家国情怀和使命担当。

二是配套数字教学资源。为适应新时代数字教育的要求，本书特别配套数字教学资源，包括课程大纲与教学计划、电子课件与讲义、微课视频、教学案例、智能交通工程典型案例、习题库、实验实践资料等，本书提供二维码链接，教师和学生可以通过扫码直接获取。各教学单位在选用本书作为教材组织课程教学时，可以参考这些数字化教学资源进行相关的课程建设。

三是优化调整本书结构。本书总体内容发生了较大的变化，修订后的本书共分为 10 章，除了第 1 至 4 章架构变化较小外，第 5 至 10 章结构得到了优化调整。第 5 章对第 2 版中的第 5、6、7 章内容进行了重新组织与更新，主要介绍城市交通智慧管理系统；第 6 章智慧公路运输系统为全新章节，重点介绍了智慧公路运输系统的内涵、核心技术及典型应用；第 7 章车辆智能驾驶系统为全新章节，着重介绍了智能驾驶关键技术及应用；第 8 章智能航运系统较上一版变化较大，新增新一代航运系统相关内容；第 9 章船舶智能驾驶系统为全新章节，着重介绍了船舶智能驾驶关键技术及船岸协同系统；第 10 章智慧港口系统为全新章节，着重介绍了智慧港口和智慧物流的内涵、系统架构、分类及功能。

四是更新完善本书内容。结合最新的技术发展现状与趋势及相关政策背景，本次修订对本书所有章节内容进行了全面系统的更新与扩展。补充完善了智能运输系统的理论方法，更新了国内外智能运输系统近年来的发展成果，新增了城市交通智慧管理、智慧公路以及车辆智能驾驶系统相关内容，扩充了智能航运系统及相关技术手段与应用系统内容，延伸了智能船舶和智慧港口等内容。

五是充实本书编写人员队伍。本次修订吸纳了具有丰富教学与科研经验的教师共同编写。全书由中国工程院院士严新平教授作为主审，吴超仲教授主持修订，张晖研究员协助做了统稿工作。参加修订工作的撰写人员及具体分工为：第 1 章（吴超仲、张晖），第 2 章（刘兵、张学全），第 3 章（贺宜、钱闯），第 4 章（朱顺应、宋力），第 5 章（张存保、潘晓锋），第 6 章（丁乃侃、田凯），第 7 章（褚端峰、尹建华），第 8 章（吴兵、黄亚敏），第 9 章（柳晨光、刘佳仑），第 10 章（于蒙、辜勇、曹小华）。另外还有其他相关教师和研究生参与了资料的收集与整理工作。

本书第一版与第二版分别在"十一五"与"十二五"期间被评选为国家级规划教材，并于 2023 年获得了首届全国教材建设奖全国优秀教材二等奖。第三版可作为交通运输类及相关专业的教材，也可为从事智能运输系统相关工作的人员提供理论、方法及应用案例。在教学实践中可根据有关专业教学的实际需要，对讲解内容进行取舍。

本书在修订过程中参考了国内外从事智能运输系统研究工作者的有关资料，尤其引用了武汉理工大学智能交通系统研究中心、交通与物流工程学院、船海与能源动力工程学院、航运学院、光纤传感技术研究中心等院系部门师生的相关学术成果。本书承蒙中国工程院院士、北京航空航天大学校长王云鹏教授作序；本书的编辑工作得到了武汉理工大学出版社的积极帮助和大力支持，在此对王云鹏院士表示诚挚的谢意，对有关资料的作者们和上述各位人员表示衷心感谢！

智能运输系统还处在不断发展之中，由于本人学识水平有限，本书肯定有不完善之处，敬请各位读者指正。

吴超仲
2024 年 8 月

第二版前言

近年来，智能运输系统的理论方法及应用都得到了飞速发展。于 2006 年出版的《智能运输系统——原理、方法及应用》虽然受到广大师生的好评，但由于时效性因素，原教材所述的理论方法不够完善，应用案例不再能代表智能运输系统的最新发展水平。因此，我们启动了对教材的修订工作，补充完善了智能运输系统的理论方法，引用了国内外智能运输系统近年来最新发展成果，增加了水路智能运输系统的相关内容。教材总体结构得到保留，部分章节做了调整。

修订后的教材共分为 10 章。第 1 章主要介绍智能运输系统的概念、内涵和起源及国内外发展现状，增补了国内外最新发展现状。第 2 章主要介绍智能运输系统的体系框架与标准，增加了近几年颁布的相关标准。第 3 章主要介绍智能交通系统的关键技术，包括交通流信息采集与处理技术、交通监控技术、行人检测技术、交通事件检测技术、通信技术在交通中的应用、网络技术在智能交通系统中的应用、交通信息的显示技术等，增加了最新的交通采集技术。第 4 章主要介绍智能运输系统规划及设计，包括 ITS 规划的目标、意义及其特点，ITS 的系统分析方法，以及规划的基本步骤，ITS 需求分析基本方法，ITS 发展方案设计的基本思路和方法，介绍 ITS 近、中、远期发展项目设计方法等。第 5 章主要介绍智能交通信号控制系统。重点阐述交通信号控制系统基本概念与系统分类、定时式脱机操作系统的功能原理、感应式联机操作系统的原理及组成、高速公路交通控制系统的功能与工作原理以及智能公共交通管理系统的关键技术。第 6 章主要介绍智能交通管理系统。重点介绍交通监控系统的组成及工作原理，电子警察的基本概念、作用及基本工作原理，国内外典型的公共交通管理系统的应用实例，国内外典型的电子收费系统的应用实例，交通应急管理系统的功能(事件监测、信息处理、应急管理方案决策支持、应急救援管理等)及系统组成。第 7 章主要介绍出行者信息系统。重点介绍出行者信息系统的发展历程、定义和内涵。详细介绍出行者信息系统三种主要的信息通信模式(自动导航系统、单向通信系统、双向通信系统)以及出行者信息系统的主要服务内容,补充了新的案例。第 8 章主要介绍先进的车辆系统。包括先进的车辆系统的概念,组成,国内外发展现状;安全辅助驾驶系统;车辆自动驾驶系统及自动公路系统等。此外还补充了智能车及车联网等最新内容。第 9 章做了较大的调整,主要聚焦于智能运输与物流,重点包括智能运输与物流的关系、货运管理系统、车辆监测技术、路边安全自动检查技术及典型应用案例等。第 10 章为增加的全新章节,全面介绍了水路智能运输系统的内容,主要包括船舶智能驾驶、智能航道、智能港口、海事监管等技术。本书第一版在"十一五"期间被评选为国家级规划教材,本次修订版再次入选"十二五"国家级规划教材,可作为交通运输类及相关专业的教材,也可为从事智能运输系统相关工作的人员提供理论、方法及应用案例。在教学实践中可根据有关专业教学的实际需要,对讲解内容进行取舍。

全书由严新平教授主持修订,吴超仲教授协助做了统稿工作。参加修订工作的撰写人员为:第 1 章(严新平,吕能超),第 2 章(吴超仲,吕能超),第 3 章(初秀民,褚端峰),第 4 章(徐良杰),第 5 章(张存保),第 6 章(刘清),第 7 章(徐堃),第 8 章(吴超仲,褚端峰),第 9 章(王正国,吕植勇),第 10 章(张笛)。本书在修订过程中参考了国内外从事智能运输系统研究工作者的有关资料,尤其引用了武汉理工大学智能交通系统研究中心、交通学院、能源与动力工程学院、物流工程学院、航运学院等院系部门师生的相关学术成果。本书的编辑工作得到了武汉理工大学出版社的积极帮助和大力支持,在此对有关资料的作者们和上述各位人员表示衷心感谢!

智能运输系统还处在不断发展之中,由于本人学识水平有限,本书肯定有不完善之处,敬请各位读者指正。

严新平

2014 年 6 月 8 日于武汉理工大学

第一版前言

交通是人类社会实现人和物空间位移的最重要的方式之一，是社会体系中的重要组成部分。交通的发达程度始终是衡量一个国家现代化进展、社会文明程度和经济发展水平的重要标志。近年来，我国的交通运输业得到了长足的发展，取得了巨大的成就。不仅在交通基础设施建设方面，而且在交通系统的运输效率和水平方面，都向世人展示了令人振奋的业绩。

智能运输系统既是解决交通供需矛盾、减少事故和改善环境污染的重要途径，也是实现创新型交通系统的具体形式，以及国内外共同追求的未来交通的发展方向。我国无论在智能运输系统的基础研究和技术实现，还是人才培养和知识更新等诸方面，都始终得到了学者、企业家和政府管理人员的极大关注，他们从不同角度共同推动我国智能运输系统的探索与发展。

本书从智能运输系统的概念、体系框架与标准、智能运输系统的关键技术、智能运输系统规划及设计、城市交通信号控制系统、先进的交通管理系统、交通信息服务系统、先进的车辆系统以及先进的货运管理系统等方面进行了深入分析和论述。全书共分为 9 章。第 1 章主要介绍智能运输系统的概念、内涵和起源及国内外发展现状。第 2 章主要介绍智能运输系统的体系框架与标准，包括体系框架的概念、意义及组成，重点介绍美国、欧盟和日本以及我国的智能运输系统体系框架的主要内容。还包括智能运输系统标准化的国内外现状及趋势，以及我国 ITS 标准化的重要内容。第 3 章主要介绍智能运输系统的关键技术，包括交通信息采集技术、信息预处理与融合技术、信息传输技术、交通信息的显示技术、智能运输中的智能控制技术、交通地理信息系统技术等。第 4 章主要介绍智能运输系统规划及设计，包括 ITS 规划的目标、意义及其特点，ITS 的系统分析方法，以及规划的基本步骤，ITS 需求分析基本方法，ITS 方案设计的基本思路和方法，ITS 近、中、远期发展项目设计方法等。第 5 章主要介绍城市交通信号控制系统。重点介绍交通信号控制系统的基本概念与系统分类、定时式脱机控制系统的功能原理、感应式联机控制系统的原理及组成、基于多智能体的区域交通控制系统。第 6 章主要介绍先进的交通管理系统。重点介绍交通监控系统的组成及工作原理、电子警察的基本概念及基本工作原理、国内外典型的公共交通管理系统的应用实例、国内外典型的电子收费系统的应用实例、交通事件管理系统的功能(事件监测、信息处理、应急管理方案决策支持、应急救援管理等)及系统组成。第 7 章主要介绍交通信息服务系统。重点介绍交通信息服务系统的含义、分类、服务内容、工作原理、关键技术以及国内外典型案例。第 8 章主要介绍先进的车辆系统,包括先进的车辆系统的概念、组成和功能,安全辅助驾驶系统,车辆自动驾驶系统及自动公路系统等。第 9 章主要介绍先进的货运管理系统,包括车辆管理系统和特殊货运系统等。

本书涵盖了智能运输系统的主要内容,是在收集国内外智能运输系统近年来最新成果的基础上,结合我们在这一领域的科研和教学实践而编写的。

本书可作为开设“智能运输系统”课程的教材,也可为从事智能运输系统设计、开发和运营等的相关工作的人员提供理论、方法和应用案例。根据有关专业教学的实际需要,讲解内容可以取舍。由讲解、实验、参观等环节构成的教学过程,更有助于学生对本书内容的理解。本书所附课件,也是讲授本课程的重要资料。

本书成功地申报为“十一五”国家级规划教材。全书由严新平制订写作提纲、定稿和统稿,吴超仲博士协助做了组织工作。本书共分 9 章,参加撰写人员为:严新平(第 1 章),吴超仲(第 2 章、第 8 章),初秀民(第 3 章),徐良杰(第 4 章),张存保(第 5 章),刘清(第 6 章),徐堃(第 7 章),熊伟、杨家其(第 9 章)。

本书在编写过程中参考了国内外从事智能运输系统研究工作者的有关资料,同时,本书的一些观点也来源于武汉理工大学 ITS 研究中心及交通、物流汽车和计算机等学院师生们的学术研讨。特别是本书得到了中国科学院院士、中国工程院院士、西南交通大学教授沈志云先生的热情鼓励和肯定,他为本书作了序。吉林大学交通学院杨兆升教授担任了本书的主审。在本书申报“十一五”国家级规划教材和编辑出版的过程中,得到“十一五”国家级规划教材评审专家组和武汉理工大学出版社的积极帮助和大力支持。在此对有关资料的作者们和上述各位人员表示衷心感谢!智能运输系统正处在不断发展之中,由于学识水平有限,本书肯定有不完善之处,敬请各位读者指正。

编者

2006 年 7 月 28 日于武汉理工大学

目　　录

第 1 章

绪　　论

见此图标
扫码查阅
智能交通
数字资源

1.1　概述

交通运输的发展一直与人类的进步紧密关联，甚至在促进社会快速发展方面起到至关重要的作用，但人类社会发展到一定阶段后，传统的交通管理模式和技术手段很难适应和满足高质量发展需求，需要引入更多先进的技术手段，而计算机技术、传感技术、控制技术和通信技术的高速发展，不仅带来了运输工具的智能化变革，也带来了交通管理技术手段的技术革新。智能运输系统的概念在 20 世纪 90 年代得到了全世界的认可和广泛传播，标志着交通运输的发展进入了一个新的时代。

与传统的运输系统相比，智能运输系统的原理、技术、方法和应用等方面都有重要创新和变革，因此，新时代运输系统的管理者和专业工程师应通过系统地学习，了解智能运输系统的发展历程和未来趋势、关键核心技术以及在智能化和网联化等方面的典型应用，掌握人工智能技术、通信技术和大数据等技术在交通系统中的融合应用方法以及交通管理智能化水平提升的重要途径和解决方案。

本书系统地介绍了智能运输系统的主要内容，具体包括智能运输系统的起源和内涵，分析比较不同阶段智能运输系统的特征；智能运输系统的体系框架和标准化体系，分析比较智能运输系统的技术基础和规划设计方法；以智能汽车和智能船舶为对象介绍智能运输系统中智能运载工具的技术变革；通过城市道路运输、水路运输以及港口运输的相关案例介绍智能运输系统的典型应用。

本章主要介绍智能运输系统的起源和内涵、发展历程、面临的挑战与发展趋势等内容。

1.2 智能运输系统的起源和内涵

1.2.1 智能运输系统的起源

第二次世界大战后，全球社会与经济的发展大幅促进了交通业的迅速发展，尤其是道路交通更是发展迅速。发达国家和地区大力投资道路基础设施建设，并推动汽车工业的快速发展，显著促进了道路交通的迅猛发展。美、日、欧等发达国家和地区从 20 世纪五六十年代开始大力发展汽车工业和道路基础设施，形成了以道路交通方式为主，其中又以私人车为主的交通模式。到了 70 年代，随着这种交通方式不合理性的逐渐暴露，发达国家开始大力发展以城市公共交通为主的公共交通，然而仍然无法治愈交通事故频发、交通拥堵、交通污染的通病。为此，美国于 1993 年成立了美国智能车路学会(Intelligent Vehicle-Highway Society of AMERICA，IVHS AMERICA)。欧盟于 1991 年成立了欧洲道路运输通信实施协调组织(European Road Transport Telematics Implementation Coordination Organization，ERTICO)。为加强世界范围内对于智能交通相关技术的交流，美国智能车路学会在 1993 年春提出召开 IVHS 世界大会，ERTICO 响应了该号召，并提议定名为 ATT&IVHS 世界大会。日本则于 1994 年 1 月成立了车辆、道路与交通智能化学会(Vehicle，Road and Traffic Intelligence Society，VERTIS)，同意并建议将世界大会的名称调整为智能运输世界大会(Intelligent Transportation Systems：ITS World Congress)，并得到了 IVHS AMERICA 和 ERTICO 的赞同。1994 年 9 月美国智能车路学会更名为美国智能运输学会(Intelligent Transport Society of AMERICA，ITS AMERICA)，三方最终定于 1994 年 11 月在法国巴黎举行首届 ITS World Congress，每年的全球智能运输大会也以此命名，正式标志着从此世界范围内对于交通发展到下一个高级阶段的系统有了统一的名称——智能运输系统，并得到了世界范围的广泛认可。

1.2.2 智能运输系统的内涵

要理解智能运输系统，先要理解智能。智能是指事物能认识、辨析、判断处理和发明创造的能力。工程中的很多系统或产品都具有某种智能，可以称为人工智能系统。人工智能系统就是用传感器、CPU 和执行机构来分别模拟人的五官、大脑和四肢。智能运输系统广义上说也是一种人工智能系统，是用交通类的传感器、带有交通知识的 CPU 和能执行交通功能的执行机构模拟人的五官、大脑和四肢，达到交通智能化的目的。以智能红绿灯为例来看人的智能、人工智能和智能交通信号系统之间的对应关系，如图 1-1 所示。

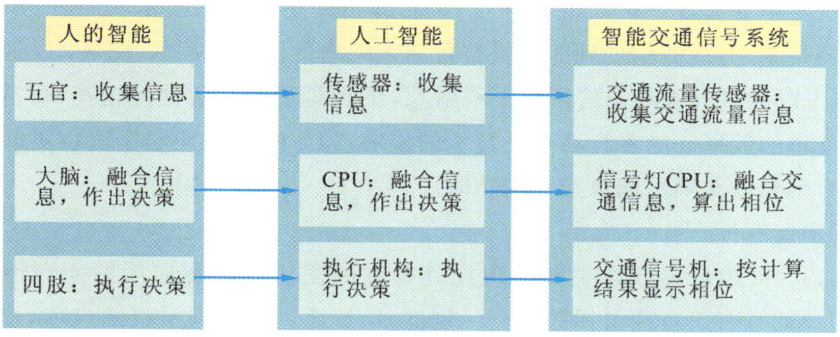

图 1-1 人的智能、人工智能和智能交通信号系统之间的对应关系图

ITS 的内涵是不断发展的，ITS 的所有组成部分都应该是智能的，ITS 与传统概念的交通系统之间的根本区别在于人的感知能力和执行能力的增强，以及交通工具和环境的智能化。为了更深入地理解 ITS，以道路交通系统为例，从其特点和属性来探讨其内涵。

(1)集成性

ITS 的集成性体现在信息技术和通信技术的全面融合上，从而确保了车辆、基础设施和管理中心之间的紧密衔接。信息技术（如大数据分析技术、云计算等）被用于处理和存储各种多源且庞大的交通数据；通信技术则涉及 5G 无线网络、专用短程通信和车载网络协议，这些技术支持车辆与车辆、车辆与基础设施以及车辆与网络之间的实时通信。高度的技术集成优化了交通数据的实时传输和处理，进一步增强了运输系统的交互操作性，使得交通管理更加智能化和自动化。

(2)实时性

ITS 的实时性通过高效的数据收集和处理机制体现出来，使得系统能够对交通状态进行实时监控和即时响应。ITS 系统通过部署在路面和车辆上的各种传感器和摄像头，实时收集关于车速、交通流量、事故发生等关键信息。这些数据通过高速的通信网络传输到数据处理中心，利用先进的数据分析技术和人工智能算法进行快速处理和分析，处理后的数据可以用来实时更新运输系统控制策略，提高交通通行效率，提升运输系统整体安全性。这种实时的数据处理和响应能力是提高城市交通系统效率和安全性的关键。

(3)智能性

ITS 的智能性主要体现在它能够集成和利用高级数据分析、自动化技术和人工智能，以提高交通管理的效率和响应能力上。如通过实时收集大量交通数据（例如车辆位置、速度和交通密度），ITS 使用高级的数据分析技术预测交通流量和拥堵情况，可为交通信号灯的动态调整和路线优化提供数据支持，人工智能和机器学习的应用使得 ITS 能够从历史数据中学习并优化交通控制策略，实现更加精准和高效的交通管理，从而显著提升整个交通系统的智能化水平和自动化程度。

(4)可拓展性

ITS 的设计着重考虑了系统的可扩展性和模块化，以便能够灵活适应不断革新的交通需求和技术革新。在可扩展性方面，ITS能够拓展集成新的技术及组件，如增加更先进的传感器技术、升级数据处理能力或整合新兴的通信协议。例如，随着5G通信技术的普及，ITS可以通过升级其通信模块来利用5G的低延迟和高数据传输速率，从而提高数据收集和处理的效率。随着自动驾驶技术的发展，ITS的车辆控制模块也可能需要更新以支持与自动驾驶车辆更高级交互的功能。

(5)用户友好性

首先，ITS的用户友好性主要体现在其提供的交通服务和应用的便利性和易用性上，使得用户的日常出行变得便捷安全。例如，ITS通过集成到手机的应用，提供实时路线建议和交通警告，利用卫星定位和实时交通数据，帮助用户规避拥堵，选择最佳路线。其次，ITS的用户界面设计注重直观和易操作，通过采用清晰的图形和符号设计，简洁的菜单结构，以及快速响应的触控功能，可降低用户的学习成本，提升使用舒适度。

(6)可持续性

ITS的可持续性体现在通过一系列技术和策略优化交通流和减少停车次数，从而降低汽车碳排放和能耗。ITS通过将实时数据分析与先进的交通信号控制系统相结合，优化信号灯时序和车道使用，减少车辆在路口的等待时间和停车次数，有效降低了能耗和碳排放量。通过提供优化的路线建议和实时公共交通信息，ITS鼓励使用公共交通和共享出行服务，减少私家车使用，从而减轻城市交通压力，提高整体交通效率。这些综合措施使得ITS不仅提高了交通系统的效率，也极大地促进了城市环境的改善和可持续发展。

目前国内外对智能运输系统的理解不尽相同，但不论从何种角度出发，有一点是共同的：ITS是利用各种高新技术，特别是电子信息技术来提高交通效率，增强交通安全性和环境保护的创新系统。因此，智能运输系统是基于新一代通信技术、传感技术、控制技术及计算机技术等融合应用，通过实时交通数据采集、分析，将人、载运工具（汽车、船舶等）、基础设施（道路、航道）、环境（云）的物理空间、信息空间融为一体，优化交通网络性能，提高通行安全性、效率和环境可持续性，从而构建起的一种在大范围内全方位发挥作用的实时、准确及智能的综合运输系统。

1.3 智能运输系统发展历程

智能运输系统的发展史是一部融合了技术创新、跨学科研究和社会发展需求的历史。以欧洲、美国和日本为代表的国家和地区自20世纪六七十年代开始到20世纪末，就率先启动智能运输系统工作，我国自20世纪末21世纪初开始逐步推动智能运输系统的发展。21世纪以来，世界各国的智能运输系统都开始快速发展，这与每个国家的大量交通相关项目投入密不可分。

1.3.1　国外智能运输系统发展历程

（1）美国智能运输系统发展历程

美国智能运输系统（ITS）起源于 20 世纪 60 年代。美国 ITS 通过技术创新、政策支持，优化交通管理，提高效率和安全性，推动交通系统现代化。纵观美国智能运输技术研究的发展历程，根据其研究目标、特点和关注的重点可以将其分为五个阶段，美国智能运输系统发展历程如图 1-2 及图 1-3 所示。

图 1-2　美国智能运输系统第一、第二阶段历程

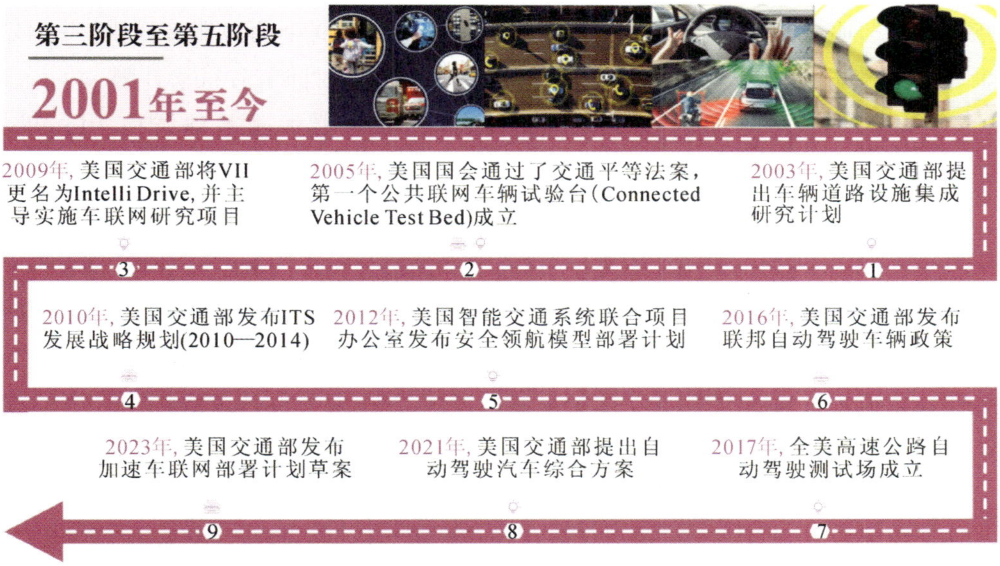

图 1-3　美国智能运输系统第三至第五阶段历程

第一阶段(1960—1990年):这一阶段主要是对ITS技术的早期展望和前期准备;1967年,美国联邦公路局开展了电子路径诱导系统(Electronic Route Guidance System,ERGS)实验,开始了美国对智能交通系统的具体实践,而不再是停留在展望和构思中。1986年,北美第一个ITS领域研究计划:公路先进技术研究计划(Program on Advanced Technology for the Highways, PATH)被提出,作为智能交通系统的先驱,为后续的交通技术研究和应用奠定了基础,推动了交通管理、车辆安全和道路效率等方面的技术进步。1988年,ITS发展计划协调研究机构Mobility 2000成立,首次提出了智能车路系统(The Intelligent Vehicle-Highway System,IVHS)概念,即后来的ITS。从此,智能交通系统逐步进入了大众的视野。

第二阶段(1991—2000年):这一阶段智能运输系统研究的主要特点是范围全面而广泛,涉及交通监控、交通信号智能控制、不停车收费、车路协同及自动驾驶等领域,表现为研究内容宽泛,项目相对分散;1991年,美国国会通过了《综合地面运输效率法案》(Intermodal Surface Transportation Efficiency Act,ISTEA),正式开始智能车路系统IVHS研究。由美国交通部负责全国IVHS的开发工作,并在1991年以后的6年中由联邦政府拨款6.6亿美元经费用于研究和开发IVHS技术。1993年美国正式成立了IVHS AMERICA,作为美国交通部的咨询机构,协助推动全国道路交通智能化工作。1994年,根据国际上的共识,美国将IVHS更名为ITS,相应地,IVHS AMERICA更名为ITS AMERICA,这标志着智能运输系统研究不再仅局限于车辆和道路,而是以推进整个交通系统智能化为目标。1995年3月,美国交通部首次正式发布"国家智能运输系统项目规划",明确规定了智能运输系统的7大领域和29个用户服务功能,并确定了2005年的年度开发计划。1996年,美国交通部宣布实施时间节省行动计划(Operation Time Saver, OTS),10年内在75个都会地区建立智能运输基础结构(Intelligent Transportation Infrastructure,ITI)。

第三阶段(2001—2010年):2003年,美国交通部提出车辆道路设施集成(Vehicle Infrastructure Integration,Ⅶ)研究计划,该项目包括公私部门的广泛合作,围绕车联网系统开展了一系列研究和测试,为车辆与车辆、车辆与基础设施间的通信奠定了基础。2005年,美国国会通过了交通平等法案(SAFETEA-LU),该法案继续资助ITS项目,并强调了技术应用方向的引导,促进了智能基础设施、车辆和控制技术的整合。同年,美国第一个公共联网车辆试验台(Connected Vehicle Test Bed)成立,这是一条信号化主干道,能够每天为旧金山和圣何塞之间行驶的50000多辆汽车提供服务。2009年,Ⅶ被更名为Intelli Drive,这是由于最初的Ⅶ项目已经超越了基础设施集成的范畴,开始包括更广泛的智能驾驶功能。同年,车联网研究(Connected Vehicle Research, CVR)项目由美国交通部主导实施。2010年美国交通部发布ITS发展战略规划（2010—2014）（ITS 2010—2014 Strategic Plan），该规划明确了五年内美国ITS研究计划的战略方向，同时标志着美国在智能交通系统领域的研究和部署进入了一个新的阶段。该阶段在战略上进行了调整，由第二阶段的“全面开展研究”转向“重大专项研究，重点关注车辆安全及车路协调技术”战略，并从综合交通运输体系的角度开展智能运输与安全技术的研究，研究内容包括综合运输协调技术、车辆安全技术等，特点是更加注重实效，促进相关技术产业化发展。

第四阶段（2011—2020年）：2012年，美国智能交通系统联合项目办公室（ITS JPO）发布安全领航模型部署计划（Safety Pilot Model Deployment，SPMD），该计划是全球规模最大的实地车联网技术测试项目之一，它在密歇根州安娜堡地区部署了大约3000辆装备有车联网设备的汽车和卡车，收集大量基本安全信息、车辆轨迹和各种驾驶员-车辆交互数据，为智能交通系统的研究和应用提供了重要的支持和参考。2016年，美国交通部发布联邦自动驾驶车辆政策（Federal Automated Vehicles Policy，FAVP），FAVP包括安全评估、车辆性能指南、州政府合作、数据记录共享和隐私保护等内容，为自动驾驶技术的创新发展提供一个全面的框架。2017年，全美高速公路自动驾驶测试场（National Highway Testing Facilities for Automated Vehicles）成立，它由多个测试中心组成，提供安全、受控的环境，用于测试和验证自动驾驶车辆技术的性能和安全性。该阶段集中在国家级测试中心的建设、政策法案推动、技术融合与创新、数据共享、网络安全、自动驾驶技术推进、完整出行服务以及智能交通新型基础设施建设等方面，展现出协同共享和综合发展的特点。

第五阶段（2021年至今）：随着智能交通系统战略规划（2020—2025）发布，该阶段紧跟该战略规划，美国交通部于2021年提出自动驾驶汽车综合方案（Automated Vehicles Comprehensive Plan），定义了三个目标：促进合作和透明度，实现监管环境现代化以及为自动驾驶系统（ADS）的安全集成准备交通系统。2023年，美国交通部发布加速车联网部署计划草案（Saving Lives with Connectivity：A Plan to Accelerate V2X Deployment），计划在10年内实现高速公路车联网应用全覆盖，75个大城市80%的信号灯路口联网，全国75%的路口部署C-V2X设备，50个州实现车与车、车与路互联互通。随着该阶段的进行，美国ITS的发展也将逐步实现先进化和全面化。第五阶段的主要任务是继续延续第四阶段的协同共享和综合发展特点，并致力于实现智能交通系统基础设施的全覆盖。

（2）日本智能运输系统发展历程

日本从20世纪70年代开始ITS的研究开发，1985年日本政府制定了“综合交通政策大纲”，将ITS作为提高交通效率和安全的重要手段。日本智能运输技术研究的发展历程经历了三个阶段。

第一阶段(2000 年之前):日本在 20 世纪 80 年代对智能运输系统有了初步探索成果,1986 年和 1987 年分别推出了路-车通信系统(Road/Automobile Communication System,RACS)和先进的道路交通系统(Advanced Road Transportation Systems,ARTS)。20 世纪 90 年代初期,日本先后研发了先进的安全汽车(Advanced Safety Vehicle,ASV)、车辆信息与通信系统(Vehicle Information and Communication System,VICS)和通用交通管理系统(Universal Traffic Management System,UTMS)。1994 年 1 月日本成立由民间企业、团体参加的汽车、道路与交通智能化学会(Vehicle,Road and Traffic Intelligence Society,VERTIS)。1995 年 6 月,日本政府制定了发展 ITS 的基本国策。该文件明确了 9 个开发领域,确定了 11 项推进措施,如图 1-4 所示。

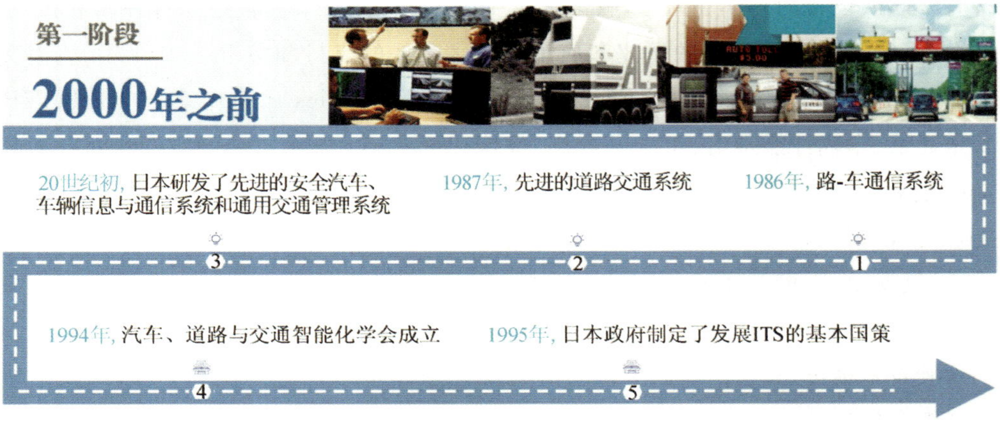

图 1-4 日本 ITS 第一阶段发展历程

该阶段研究领域虽然涉及交通安全辅助驾驶、导航系统、电子收费、交通管理优化、道路管理效率化、公共交通支援、卡车效率化、行人辅助、紧急车辆的运行辅助等方面,但是重点集中在导航系统、自动收费系统和先进的车辆系统,并在这些技术上都取得了突破。VICS 系统作为日本智能交通管理系统应用的一部分在日本得到了广泛应用,交通管理者和道路管理者(道路公团等)无偿提供交通信息,经日本道路交通信息中心集中到 VICS 中心,然后这些信息再由 VICS 中心通过多种方法传送给驾驶员和车载装置。这个系统在日本普及率很高,主要得益于一种成功的商业模式。

第二阶段(2001—2010 年):经过第一阶段的发展,日本进行了总结,结合本国面临的交通事故频发、交通拥挤严重、手机和网络的迅速增长、更加关注环境、老年化社会的来临、个人隐私保护的增强、经济低迷期的社会环境和部分 ITS 系统(车载导航系统、信息服务系统和电子收费系统 ETC)得到广泛应用的背景,制定了新的发展战略,日本 ETC

（不停车收费系统）、车载导航系统、车载导航上配的VICS（道路交通信息通信系统）等已成为世界上最大的智能交通应用系统。日本的ETC于2001年4月开始应用，2013年3月日本ETC利用台数达到7115000台/d，ETC利用率达到88.2%。

日本在本阶段还提出了21世纪ITS发展的四个阶段目标：①构建安全可靠的“ITS区”；②促进物流和运输车辆自动驾驶的发展；③导航系统商业化，使交通更舒适；④构建ITS综合平台。

该阶段研究重点转移到道路交通安全性的提高、交通顺畅化及环境负荷的减轻、个人便利性与舒适性的提高、地方活力的发挥和公共平台建设以及国际标准化促进，更加注重系统集成与人性化的交通服务以及技术的推广应用。

第三阶段（2011年至今）：经过第一阶段和第二阶段的发展，日本ITS的发展进入高级功能开发阶段。2013年，日本在东京ITS世界大会提出Cooperative-ITS，发布《创建世界上最先进的IT国家宣言》，次年发布《日本振兴战略》，以期解决出生率下降和人口老龄化、能源和环境问题、经济增长减速及安全保障四个社会问题，构建安全、环保、便利的宜居社会。2015年日本提供ETC 2.0服务，通过车辆与道路设施双向通信协作实现不停车收费及道路实时路况分析预警等功能。日本ETC2.0是世界上第一个通过DSRC实现高容量双向通信的车路协同系统，由车辆导航系统、VICS及ETC整合而成，通过车辆与道路协作提供更舒适的驾驶体验。截至2019年，日本ETC利用率已达92%，其中ETC2.0使用约175万台/d，利用率从2016年不到2%增加到2019年的20.2%，并保持快速增长趋势。与此同时，为拓展ETC2.0服务领域，日本广泛采纳公众意见，通过与用户数据相互应用和与其他交通相关数据进行组合，从而加强地区移动性服务，至今共采集到19条对ETC2.0服务方案的公众提案，包括在旅游区安装ETC2.0便携式路测机，通过道路交通拥堵预测实现良好的停车诱导等服务。与以往的ETC相比，日本的ETC2.0系统不仅可以实现自动收费，还能依托路侧机和车载器收发大量信息，实现道路信息实时交互、最佳出行线路规划等功能，同时为道路政策制定者对交通疏导、交通安全、道路收费等政策制定提供支撑作用。日本ETC2.0系统提供的优化服务如图1-5所示。

随后，日本丰田汽车公司主导推出ITS Connect项目，专注于车路协同技术和车载通信系统。该项目旨在通过利用车路协同技术（V2X）提升交通系统的智能化水平和交通安全性，优化交通流量和减少交通事故。ITS Connect使用DSRC技术进行短距离无线通信，支持车辆与道路基础设施之间的实时数据交换，提供交通流量、道路状况和事故警报等信息。该项目在日本的多个城市和高速公路上进行测试和应用，包括东京、大阪、名古屋等主要城市，在实施区域内，安装了配备DSRC技术的交通信号灯、道路标志和传感

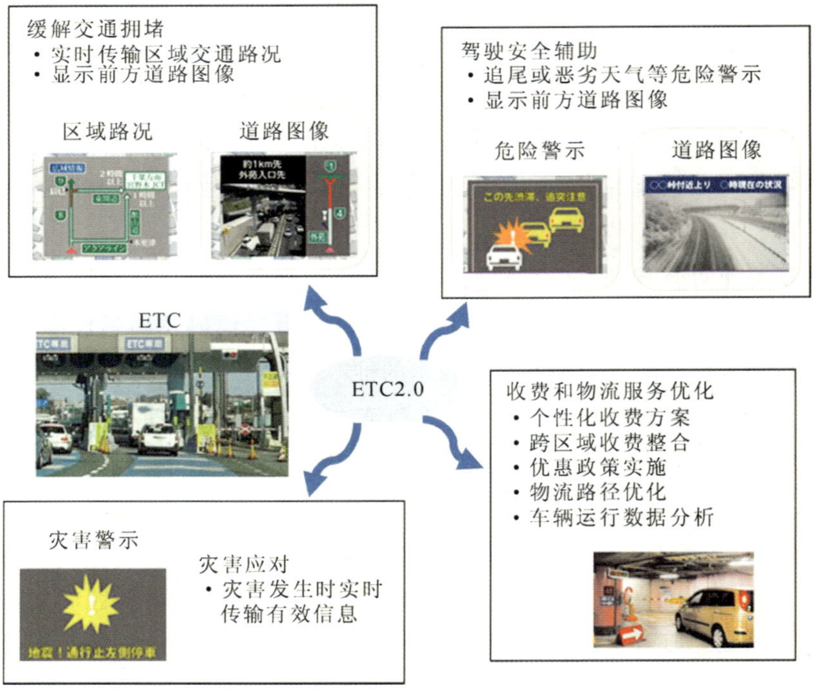

图 1-5 ETC2.0 优化服务

器，支持车辆与基础设施之间的通信。2024 年 6 月，东日本高速公路株式会社(East Nippon Expressway Company Limited，NEXCO)在新东名高速公路的部分区间进行了首次面向实现自动驾驶的车路协同实证试验。该试验的目的是验证自动驾驶技术，并讨论未来高速公路的车路通信规格。此外，丰田汽车公司开发的 ITS Connect 技术通过车辆间通信系统和车路间通信系统，提供了一系列驾驶辅助功能，如雷达巡航控制、紧急车辆存在通知等，以支持安全驾驶。

2016 年至今，日本先后发布《车路协同汽车道路测试指南》《车路协同汽车安全技术指南》等政策，开展车路协同道路测试工作，大幅提升道路交通管控和服务能力。2021 年日本自动驾驶出租车和巴士在部分地区开展了试运行，以缓解人手不足的问题，并推进自动驾驶技术的应用。

在当前阶段，日本在 ITS 领域的研发和应用也非常先进，涉及交通管理、自动驾驶、车路协同、智能基础设施等方面。研究重点集中于车联网、车路协同和自动驾驶等新技术，交通管控及服务再升级，实现道路交通高度信息化，着重于解决社会环境、道路安全和交通拥堵等社会问题(第二、三阶段发展历程如图 1-6 所示)。

(3)欧洲智能运输系统发展历程

欧洲的智能运输与安全的研究基本与美国和日本同期起步，发展历程也经历了五个阶段，欧洲智能运输系统发展历程如图 1-7 和图 1-8 所示。

图 1-6　日本 ITS 第二阶段和第三阶段发展历程

图 1-7　欧洲 ITS 第一、第二阶段的发展历程

图 1-8　欧洲 ITS 第三、第四和第五阶段的发展历程

第一阶段(1990 年之前):20 世纪 70 年代,德国开展了驾驶员引导和信息系统(ALI. Driver Guidance and Information System)项目工作。20 世纪 80 年代初,德、英、法等国先后还各自研究了路径诱导系统。由于各国的诱导系统彼此独立而不相容,给过境车辆和道路交通管理带来了不便,因此经济合作与发展组织 OECD 决定努力促进这一领域的发展并协调全欧进行有效的国际合作。1985 年,西欧国家提出“欧洲高效安全交通系统计划”(Program for a European Traffic with Highest Efficiency and Unprecedented Safety,PROMETHEUS),自此,西欧国家的政府与企业开始在 PROMETHEUS 计划指导下开展交通运输信息化领域的研究、开发与应用。1986 年,欧盟为共同推进 ITS 发展,成立了欧洲道路运输信息技术实施组织,并开始了一项名为 EUREKA 的联合计划,旨在建立贯通欧洲的智能化道路网。

1988 年,由欧洲共同体发起,欧盟委员会(以下简称欧委会)批准了以提高服务质量为主的欧洲道路交通安全设施(Dedicated Road Infrastructure for Vehicle safety in Europe,DRIVE)计划,DRIVE 计划共安排了 72 个项目,包括分类别的研究工具的开发、建模和评价,安全,人的行为,交通控制,远距离通信和数据库,出行规划,多功能路侧设备的开发,通信标准,实施的经济与财政问题等。DRIVE 工程是目前世界上交通运输界规模最大的合作研究计划,共有 12 个国家的 700 多个单位参加,经费达 5 亿欧元。DRIVE 计划的目的是完善道路设施,提高服务水平。其主要的研究内容包括需求管理、交通和旅行信息系统、集成化城市交通管理、集成化城市间交通管理、辅助驾驶、货运和车队管理、公共交通管理,该计划 1994 年已完成。

该阶段欧洲智能运输系统发展注重基础设施完善、多模式交通集成、绿色交通推进。

第二阶段(1990—2000 年):1991 年,欧洲成立了道路运输远程通信实施组织(European Road Transport Telematics Implementation Organization, ERTICO)。该组织提倡在全欧洲范围内建立专门的交通(以道路交通为主)无线数据通信网。本阶段进行远程信息处理(Telematic)的全面应用开发工作,在全欧洲范围内建立了专门的交通(以道路交通为主)无线数据通信网,ITS 的主要功能如交通管理、导航和电子收费等都围绕 Telematic 和全欧无线数据通信网来实现。研究开发智能的约束系统,制订采用信息与通信系统的道路安全长期计划,开展为优化人机界面和道路安全的远程信息处理“智能道路”的研究和示范,通过标准和使用者信息提高隧道的安全性,建立卫星定位事故警示系统等。

与 PROMETHEUS 计划类同,由欧洲民间企业主导的、为提高欧洲汽车竞争力和改善欧洲运输机动性的 PROMOTE (Program for Mobility in Transportation in Europe) 计划从 1995 年开始,为期 4 年完成。PROMOTE 包括研究各种不同交通方式的智能化措施。PROMOTE 绝非 PROMETHEUS 的简单继续,该计划的主要目的是提高道路交通基础设施的高度智能化,研究重点是车辆的交通管理系统和安全系统。研究内容从车辆技术转向交通管理系统与安全系统，参与者不仅有汽车制造商，还包括计算机公司和交通管理者。

1998 年启动的欧盟 KAREN 项目，2000 年正式发布的欧盟 ITS 体系框架是该项目中重要的一部分内容，主要针对道路相关交通系统而言。ITS 体系框架开发采用面向过程方法，但其目标不是提供全面的 ITS 系统构成，而是示范给出创建某项 ITS 服务的体系框架所应采取的方法，以便用户根据需要进行相应体系框架的开发和扩展。

该阶段研究领域涉及先进的出行者信息系统（Advanced Traveler Information System，ATIS）、车辆控制系统（Advanced Vehicle Control System，AVCS）、商用车辆运营系统（Commercial Vehicle Operations System，CVOS）、电子收费系统等方面，重点关注道路和车载通信设备、车辆智能化和公共运输，其特点与美国第一阶段比较相似，即研究的范围比较广，项目相对分散。

第三阶段（2001—2010 年）：欧洲 ITS 组织 ERTICO 于 2003 年 9 月提出 e-Safety 的概念，标志着第三阶段的开始。其主要内容是充分利用先进的信息与通信技术（Information and Communication Technology，ICT），加快安全系统的研发与集成应用，为道路交通提供全面的安全解决方案。除自主式的车载安全装置外，还考虑车路协调合作方式，即通过车车以及车路通信技术获取道路环境信息，从而更有效地评估潜在危险并优化车载安全系统的功能。具体研究项目如表 1-1 所示。

表 1-1　e-Safety 计划研究内容

类别	子类	描述
启动项目	事故原因分析	—
	道路基础设施	研究车路通信的可行性；调研车辆新技术对道路设计的影响；制定路侧信息的 HMI 标准；道路管理及运营的技术支持
	电信基础设施	伽利略系统、UMTS 以及其他电子设备对预防安全技术的影响评价
	驾驶员行为	驾驶员对新技术的行为适应性分析；驾驶员对新技术的接受性研究
安全功能	车辆预防安全与保护系统	面向 e-Safety 的车辆安全体系结构；车车、车路通信协议；车载系统与道路设施的相互作用；车辆零部件的可靠性
	事故后紧急呼救	e-Call 的技术结构体系；紧急时的及时处理
成本效益分析	影响的量化分析	安全方案及系统的效果评价方法研究，综合成本效益分析

另外，除了关注安全问题外，ERTICO 组织 2005 年 5 月颁布的智能运输系统战略框架指出的关注重点领域还有：①智能运输系统体系框架与标准；②智能运输信息基础技术，包括网络信息交换平台、智能化区域交通控制、伽利略计划车载定位技术和 RDS/TMC 通信技术以及 3G、GSM 技术等；③综合运输协同技术，包括物流优化、一体化电子

收费、全欧盟的运输协同等。

该战略框架同时制定欧盟智能运输与安全领域的发展目标。其中短期发展目标是获取高质量的数据，给大部分车辆装备通信装置；中期发展目标是构建开放、可靠的交通信息平台，提供更丰富的服务；远期目标是实现车车、车路的实时通信。

欧盟于 2009 年 8 月要求其 27 个成员国加入交通事故自动紧急呼救系统（e-Call 计划）。该系统致力于降低交通事故的死亡率，当发生重大道路交通事故时，通过车载系统将急救呼叫信号以及事故车辆所在位置信息通过无线通信网络以最快的速度传送给最接近出事地点的紧急事故处理中心。根据 e-Safety 计划，欧盟从 2008 年开始陆续实施 Car2car、I-way 等一系列重点子项目，并加大了在信息通信技术方面的投资，旨在推动车车、车路通信技术的发展，提高交通的安全性和工作效率。

该阶段的智能运输系统研究重点逐渐转移到安全方面，更加重视体系框架和标准、交通通信标准化、综合运输协同等方面的研究，并推动智能运输与安全技术的实用化。

第四阶段（2011—2020 年）：2011 年 3 月，欧委会推出的欧盟 2020 智能交通系统（ITS）确定了三大目标：交通可持续、竞争力和节能减排。为配合这个文件，欧委会于 2011 年积极制定配套措施和出台行动计划，在欧盟范围内全面部署和督促落实智能交通系统技术的研发及应用。2012 年 6 月，欧盟提出智能交通等领域快速发展 2020 实施方案，由相关欧盟政府官员、行业协会及企业代表共同参与的磋商机制（CAR21）发表了终期报告，报告在电动汽车、道路安全、智能交通系统、市场准入以及 CO_2 排放等领域提出了快速发展的 2020 战略实施方案，从而提高欧盟汽车产业国际竞争力，为欧盟经济增长注入动力。2013 年 9 月，由欧盟研究区交通科研（ERA-T）科学理事会提出，欧盟计划加强交通科研领域的国际科技合作。2014 年 2 月，欧盟标准化机构 ETSI 和 CEN 确认，已经根据欧委会要求完成车辆信息互联基本标准的制定。该标准将确保不同企业生产的交通工具之间能够相互沟通，并能与道路基础设施沟通。该标准 2015 年在欧洲道路上实现。据悉，欧盟投资 1.8 亿欧元用于合作交通系统（Cooperative Transport Systems）的研究项目，并成功研发出该标准。2017 年 ERTICO 组织和欧洲 ITS 委员会主办了第一届“Connected and Automated Driving”会议，旨在开发先进的出行信息服务系统与先进的车辆控制系统。2020 年 ERTICO 启动的一个名为“Solutions Plus”的四年项目，研究采用电动汽车解决方案以实现欧盟内外城市绿色出行。

该阶段智能运输系统聚焦于发展自动驾驶技术、车联网集成、智能交通管理优化、绿色出行推广及多模式交通协同。

第五阶段（2021 年至今）：2021 年 ITS 世界大会上，德国作为汽车大国在自动驾驶领域已为自己设定了目标，到 2022 将具有自动驾驶功能的车辆投入正常运营。21 世纪 20 年代以来，欧洲智能运输系统的发展致力于自动驾驶技术整合、智能基础设施升级、车联网通信、绿色出行推广、多模式交通协同、数据驱动决策、技术标准化、个性化用户服务创新以及安全安保增强，通过这些综合性措施，欧洲正推动交通系统向更高效率、更强安全性和更佳环境可持续性转型，同时加强国际合作，促进智能交通技术的全球标准化和广泛应用。该阶段智能运输系统致力于自动驾驶技术的测试与立法支持，智能交通基础设施的现代化升级，车联网技术的广泛应用，交通管理的智能化与数据驱动决策，绿色出行与电动车辆的推广，以及多模式交通系统的整合与协同优化，旨在提升交通效率、安全性和可持续性。

1.3.2　国内智能运输系统发展历程

第一阶段（1970—2000 年）（图 1-9）：我国最早在 20 世纪 70 年代末就已经开始在交通运输和管理中应用电子信息技术。此后的 20 多年内，在政府支持与坚持自主开发的基础上，通过广泛的国际交流与合作，在 ITS 领域进行了初步的理论研究、产品开发和示范应用，并取得了一定的成果。科技部从 1995 年开始关注国际上智能运输系统的发展，在国家“九五”（1996—2000 年）科技攻关项目中增加了有关 ITS 的内容，重点研究了“国家智能运输系统体系框架”和“国家智能运输系统标准体系”等内容，为发展打下了良好的基础。科技部 1999 年批准建立了国家 ITS 工程技术研究中心（ITSC），2000 年又批准建立了国家铁路智能运输系统工程技术研究中心。许多高校和研究机构也在该阶段纷纷组建 ITS 研究中心，例如武汉理工大学 ITS 研究中心等，从事 ITS 的理论研究和产品研发，国内的部分 ITS 中心研究机构分布如表 1-2 所示。

图 1-9　中国 ITS 第一阶段的发展历程

表 1-2 ITS 研究中心机构分布(部分)

序号	省份(市)	名称	成立年份
1	北京市	国家 ITS 工程技术研究中心	1999
2	上海市	同济大学 ITS 研究中心	1996
3	广东省	华南理工大学 ITS 研究中心	1999
4		中山大学 ITS 研究中心	2000
5	湖北省	武汉理工大学 ITS 研究中心	2000
6	吉林省	吉林大学 ITS 研究中心	1995

该阶段 ITS 发展还处于起步阶段，国家首次对智能交通技术立项支持，从总体上对国内智能交通系统建设与发展起到了良好的引领作用，促进了国内智能交通与安全技术的研究与发展，研究成果部分已经成功应用，从技术上对我国智能交通系统的建设和产业发展起到了积极的支撑作用。

第二阶段(2001—2010 年)：为协调和引导中国 ITS 的发展，2001 年初科技部会同当时的国家计委、经贸委、公安部、铁道部和交通部等部门，联合成立了全国 ITS 协调指导小组及办公室，并成立了 ITS 专家咨询委员会，负责组织研究制定中国 ITS 发展的总体战略、技术政策和技术标准，积极支持有关部委、地方、企业及科研单位，根据行业和地区特点开展 ITS 的关键技术研究与应用示范工程，促进 ITS 研究成果的产业化。科技部将 ITS 关键技术开发和示范工程列入"国家'十五'科技攻关计划"，从 2004 年下半年开始，科技部又组织开展"现代中心城市交通运输与管理关键技术研究"，该项目以缓解中心城市交通拥堵、提高交通运输安全、解决重大事件交通组织难题的部分内容为目标，设置了 13 个研究课题，2006 年年底已完成了研究开发工作。"十一五"期间，科技部首次在国家高技术研究发展计划("863"计划)中设立了现代交通技术领域，其中"综合交通运输系统与安全技术"专题以"提高交通运输的效率和安全"为指导思想，从综合交通运输和服务的网络优化与配置技术，智能化交通控制技术，综合交通信息采集、处理及协同服务技术，交通安全新技术和新型载运概念技术 5 个技术方向进行了总体部署。针对严峻的道路交通安全形势，2008 年 2 月 18 日，科技部、公安部和交通部联合开展了利用新技术解决交通安全问题的国家道路交通安全科技行动。

该阶段 ITS 发展的主要特征是 ITS 相关基础设施大建设，国家在 2001 年 12 月在全国范围内组织"ITS 关键技术开发和示范工程"项目的公开招标。在该项目中，科技部还选择 10 个城市进行了 ITS 应用示范，包括广州、中山、深圳、上海、天津、重庆、济南、青岛、杭州和北京；交通部开展了高速公路联网不停车收费的专项研究，并于 2007 年组织开展京津冀和长三角区域高速公路联网不停车收费示范工程，为我国智能交通迈进实际应用阶段作出了贡献。

第三阶段(2011—2020年):“十二五”期间,国家发展改革委在《“十二五”综合交通运输体系规划》中重点强调要提高交通运输的信息化、智能化水平,加强协调,推进综合交通运输公共信息平台建设,逐步建立各种运输方式之间的信息采集、交换和共享机制。2011年,交通运输部发布《公路水路交通运输信息化“十二五”发展规划》,强调信息化在改造传统产业、发展现代交通运输业中的支撑作用,提出交通安全应急、出行服务、市场监管、决策支持等方面的信息化建设任务,为“十二五”期间智能运输系统的发展提供了明确的指导和框架。科技部、公安部和交通运输部联合实施国家科技支撑计划二期项目,项目建设了具有示范效应的智慧安全高速样板路和安全、可持续发展的低等级样板路,并已在江苏、安徽、河南三省1752 km高速公路和浙江省丽水市遂昌县128 km低等级公路上实现了示范应用,取得了显著的社会经济效益。“十三五”期间,科技部启动了智慧交通相关的国家重点研发计划,如“道路交通安全主动防控技术与系统集成”“危险品运输过程安全保障技术研究及示范”等项目,交通运输部印发实施的客车、载货等营运汽车运行安全技术条件中,对车辆安装主动安全防控设备做了明确要求。2016年,交通运输部发布《“十三五”现代综合交通运输体系发展规划》和《推进智慧交通发展行动计划(2017—2020年)》,将推进交通运输行业与互联网深度融合,推动交通智能化发展,提升整体交通运输的效率和安全性,旨在提升交通运输的数字化、网络化、智能化水平。2019—2020年,交通运输部联合相关部门发布了《智能航运发展指导意见》(2019年5月)、《关于建设世界一流港口的指导意见》(2019年11月)、《关于大力推进海运业高质量发展的指导意见》(2020年2月)与《内河航运发展纲要》(2020年6月),对中国港口、航运提出绿色智能发展的要求,为新时代海运业和内河航运高质量发展指明了方向。以上政策文件和项目规划助力智慧交通管理在大数据、互联网+的时代背景下,加速转型升级,孵化和培育出适合我国交通运输管理工作的新型产业体系。

该阶段ITS发展迈上了新台阶,主要特征是规模化应用和场景创新。北京、上海、广州等城市进一步优化智能交通系统,如北京市推出了“互联网+交通”行动计划,实现了交通数据资源共享,推广了智能停车、智能公交等应用,开始试点无人驾驶公交车,并打造了全国首个自动驾驶测试区。上海市则重点发展了智能交通信号控制系统,通过大数据分析优化交通信号配时,提高了路口通行效率,同时,上海市还推出了“智慧交通”三年行动计划,推动交通基础设施的智能化升级,并启动了全球首个5G智慧交通示范区。广州市则加大了对智能交通基础设施的投入,推广了智能路灯、智能监控等设备,并建立了全国首个城市级智能交通大数据平台。长江干线则完成了数字航道全线连通及试运行,实现航道内通航设施和船舶状态的监测监控、运营维护和航道内港口等各部门间的交互,保证航道运营通畅。

第四阶段(2021 年至今):科技部在交通领域设置了“十四五”国家重点研发计划“交通基础设施”和“交通载运装备与智能交通技术”两个重点专项,旨在重点攻关交通基础设施绿色化、智能化建设与运维等重大技术和自主式交通系统基础前沿共性关键技术,形成具有国际领先水平的各种交通方式智能系统。交通运输部继续推进智能交通系统的创新与应用,重点发展智能网联汽车、智慧港口、智能铁路等领域。2021 年,交通运输部发布《数字交通“十四五”发展规划》,该项规划旨在推动国家综合交通运输信息平台建设,实现各领域信息互联互通,打造综合交通运输“数据大脑”。交通运输部联合科技部、公安部等多个部门,将推动智慧交通技术的进一步集成与应用,提升综合交通运输系统的智能化水平,进一步促进智能交通系统在全国范围内的推广与普及。《国家自然科学基金“十四五”发展规划》中将智能运载系统人-机共享驾驶与车-路-云协同技术列为优先发展领域,重点研究自动驾驶的车-路协同感知及信息融合,人-车-路-云协同智能驾驶规划、决策与系统优化控制等技术,提升交通系统安全与效率,为实现低成本智能驾驶奠定技术基础。

图 1-10 为中国 ITS 第二、三、四阶段的发展历程。

图 1-10　中国 ITS 第二、三、四阶段的发展历程

智慧城市基础设施与智能网联汽车协同发展试点城市(简称“双智”试点城市)是住房和城乡建设部与工业和信息化部共同确定的,以加强智慧城市基础设施建设、实现不同等级智能网联汽车在特定场景下的示范应用为目标,坚持需求引领、市场主导、政府引导、循序建设、车路协同的原则,不断提升城市基础设施智能化水平,加快智能网联汽车产业发展。“双智”是一个创新的探索,要从理论、技术、工程、应用、政策、标准、规范多个维度去推进这项工作,这里面应用是最主要的,是“双智”建设的终极目标。目前,全国共有 16 个试点城市,如表 1-3 所示。

表 1-3　"双智"试点城市

城市	批次	批复时间
北京、上海、广州、武汉、长沙、无锡	第一批	2021.5
重庆、深圳、厦门、南京、济南、成都、合肥、沧州、芜湖、淄博	第二批	2021.12

智能交通与智能汽车道路测试是开展智能网联汽车技术研发和应用不可或缺的重要环节，智能网联汽车测试示范区的建设和运营对于我国智能网联汽车的发展至关重要。在《智能网联汽车道路测试与示范应用管理规范（试行）》（工信部联通装〔2021〕97号）规定中要求："省、市级政府相关主管部门在辖区内选择具备支撑自动驾驶及网联功能实现的若干典型路段、区域，供智能网联汽车开展道路测试或示范应用，并向社会公布。道路测试、示范应用路段和区域内应设置相应标识或提示信息。"目前，全国已建设17 个国家级测试示范区（其中 7 个自动驾驶封闭场地测试基地），如表 1-4 所示。测试场地示意如图 1-11 所示。

表 1-4　国家级示范区

序号	示范区	所在城市
1	国家智能网联汽车应用（北方）示范区	长春
2	中德合作智能网联汽车车联网四川试验基地	成都
3	国家智能汽车与智慧交通应用示范公共服务平台	重庆
4	国家智能网联汽车（长沙）测试区	长沙
5	广州市智能网联汽车与智慧交通应用示范区	广州
6	国家智能汽车与智慧交通（京冀）示范区	北京
7	国家智能交通综合测试基地（无锡）	无锡
8	国家智能网联汽车（上海）试点示范区	上海（嘉定）
9	浙江 5G 车联网应用示范区	嘉兴
10	国家智能网联汽车（武汉）测试示范区	武汉
11	自动驾驶封闭场地测试基地（西安）	西安
12	自动驾驶封闭场地测试基地（重庆）	重庆
13	国家智能网联汽车封闭测试基地（海南）	琼海
14	自动驾驶封闭场地测试基地（北京）	北京
15	智能网联汽车自动驾驶封闭场地测试基地（泰兴）	泰兴
16	智能网联汽车自动驾驶封闭场地测试基地（上海）	上海（临港）
17	智能网联汽车自动驾驶封闭场地测试基地（襄阳）	襄阳

图 1-11　测试场地示意

创建车联网先导区是推动车联网应用发展的重要措施，将推动在现有测试示范基础上进一步扩大应用范围，推动实现车联网“由点到面”的突破，提供跨行业融合创新的良好环境，坚定各有关主体发展信心，在实际应用中逐一解决产业化面临的关键问题，不断丰富应用场景、完善商业模式，为全国范围规模应用奠定坚实基础。目前，全国已建成 7 个车联网先导区，如表 1-5 所示。

表 1-5　国家级车联网先导区

先导区	获批时间	主要任务和目标
江苏（无锡）	2019.5	实现大规模 C-V2X 网络部署和车联网改造，丰富应用场景。完善政府部门联络协调机制，明确运营主体，建立测试验证、安全管理和通信认证体系及云端服务平台。探索标准规范，构建开放创新的产业生态，形成可复制可推广的经验
天津（西青）	2019.9	发挥标准机构和测试环境优势，探索跨行业标准化新模式，加快关键标准制定和验证，完善测试评价体系和行业管理。部署 C-V2X 网络，改造交通设施，提升系统能力，明确通信终端安装方案，建立安全管理和云端服务平台。明确运营主体，丰富应用场景，构建创新产业生态，形成可推广经验
湖南（长沙）	2020.10	在高速公路和城市道路部署 C-V2X 网络，结合 5G 和智慧城市建设，改造交通设施，提升系统能力，推动全路网部署。发展车载终端用户，推广公共服务车辆使用。深化政策创新，探索新运营模式，完善安全管理和认证体系，建立信息开放的云端服务平台，构建创新产业生态，形成可推广经验
重庆（两江新区）	2021.1	在重点高速公路和城市道路部署 C-V2X 网络，结合 5G 和智慧城市，完成交通设施改造和系统升级，推动全路网部署。加强技术创新，构建车联网应用场景，发展车载终端用户，推动产业升级。深化政策创新，建立可持续运营模式，打造信息开放的云端平台，完善安全管理体系，形成可推广经验

续表 1-5

先导区	获批时间	主要任务和目标
湖北（襄阳）	2023.4	结合 5G 和智慧城市建设，在主城区部署 C-V2X 网络，实现智能交通路口全覆盖，改造交通设施，提升系统能力。推进技术创新，构建车联网场景，发展车载终端用户，促进产业升级。深化政策创新，探索可持续运营模式，打造开放的云端平台，完善安全管理，形成可推广经验
浙江（德清）	2023.4	统筹车联网与 5G、智能交通、智慧城市发展，强化重点区域车联网改造，提升系统能力，打造开放的云端平台。深化技术创新，发展新应用与服务，完善安全管理。推进北斗导航系统的自动驾驶地图标准化和数据服务。深化政策创新，建立可持续运营模式，形成可推广经验
广西（柳州）	2023.4	在城市道路部署 C-V2X 网络，结合 5G 和智慧城市发展，完成车联网功能改造和系统升级，打造开放的云端平台。依托汽车产业基础，构建商业化应用场景，发展车载终端用户，推动共享出行车辆使用，提升用户体验，深化政策创新

该阶段 ITS 发展主要以人工智能技术的应用为主要特征，具体包括各运输方式交通管理系统的智慧化以及运载工具智能化带来的运输模式创新。如科技部将水路交通的智能化作为重要研究方向，致力于推动智能航行、智能港口、智能航道等技术的深度融合和应用。这包括对水上交通安全的主动防控技术、船舶节能减排技术，以及基于物联网和云计算的水路交通信息服务系统的研究和示范应用。交通运输部水运科学研究院、智慧航海科技有限公司联合中船重工 704 研究所共同建造了我国首个智能船舶远程驾驶与控制中心。珠海市则聚焦于完成"筋斗云 0 号"的远程离泊和桥区航行试验，实现了自主货船远程遥控、自主循迹、会遇避碰和遥控靠离泊，并在上海海事展上发布自主航行技术成果。广州市则致力于打造"智慧交通＋智慧城市"的示范项目，通过智能交通系统提升城市管理水平，实现了交通信号灯的智能控制，有效减轻了交通拥堵。武汉理工大学则致力于研发基于"航行脑"系统的远程驾驶平台，实现对 7 m 自航模型船"求新号"的洲际远程航行控制，开展了江苏水网运河的集装箱船舶试验，验证了系统的自动避让操作能力。

近年来，随着新能源汽车和智能网联技术的快速发展，全球汽车行业正经历着深刻的变革。为了应对交通拥堵、减少交通事故、提升出行效率与体验，以及推动汽车产业向智能化、网联化转型，各国纷纷加大在智能网联汽车领域的研发投入和政策支持。《新能源汽车产业发展规划（2021—2035 年）》更是明确了我国新能源汽车及智能网联汽车的发展目标和路径。在此背景下，车路云一体化作为实现智能网联汽车高效协同运行的关键技术路径，被提上了议事日程。

2024 年 1 月 15 日，工业和信息化部、公安部、自然资源部、住房和城乡建设部、交通运输部联合发布了《五部委关于开展智能网联汽车“车路云一体化”应用试点工作的通知》，各地各城市响应号召申报试点。2024 年 7 月 1 日，工业和信息化部、公安部、自然资源部、住房和城乡建设部、交通运输部联合发布了《五部门关于公布智能网联汽车“车路云一体化”应用试点城市名单的通知》，确定了 20 个城市（联合体）为智能网联汽车“车路云一体化”应用试点城市，如表 1-6 所示。

表 1-6　智能网联汽车“车路云一体化”应用试点城市（联合体）

<table>
<tr><th>序号</th><th>获批时间</th><th colspan="2">城市</th><th>试点要求</th></tr>
<tr><td>1</td><td rowspan="20">2024 年
7 月 1 日</td><td colspan="2">北京市</td><td rowspan="20">坚持“政府引导、市场驱动、统筹谋划、循序建设”的原则，建成一批架构相同、标准统一、业务互通、安全可靠的城市级应用试点项目，推动智能化路侧基础设施和云控基础平台建设，提升车载终端装配率，开展智能网联汽车“车路云一体化”系统架构设计和多种场景应用，形成统一的车路协同技术标准与测试评价体系，健全道路交通安全保障能力，促进规模化示范应用和新型商业模式探索，大力推动智能网联汽车产业化发展</td></tr>
<tr><td>2</td><td colspan="2">上海市</td></tr>
<tr><td>3</td><td colspan="2">重庆市</td></tr>
<tr><td>4</td><td>内蒙古自治区</td><td>鄂尔多斯市</td></tr>
<tr><td>5</td><td>辽宁省</td><td>沈阳市</td></tr>
<tr><td>6</td><td>吉林省</td><td>长春市</td></tr>
<tr><td>7</td><td rowspan="3">江苏省</td><td>南京市</td></tr>
<tr><td>8</td><td>苏州市</td></tr>
<tr><td>9</td><td>无锡市</td></tr>
<tr><td>10</td><td>浙江省</td><td>杭州—桐乡—德清联合体</td></tr>
<tr><td>11</td><td>安徽省</td><td>合肥市</td></tr>
<tr><td>12</td><td>福建省</td><td>福州市</td></tr>
<tr><td>13</td><td>山东省</td><td>济南市</td></tr>
<tr><td>14</td><td rowspan="2">湖北省</td><td>武汉市</td></tr>
<tr><td>15</td><td>十堰市</td></tr>
<tr><td>16</td><td>湖南省</td><td>长沙市</td></tr>
<tr><td>17</td><td rowspan="2">广东省</td><td>广州市</td></tr>
<tr><td>18</td><td>深圳市</td></tr>
<tr><td>19</td><td>海南省</td><td>海口—三亚—琼海联合体</td></tr>
<tr><td>20</td><td>四川省</td><td>成都市</td></tr>
</table>

“车路云一体化”试点是推动智能网联汽车技术创新与突破的重要平台。通过实际场景的应用测试，可以加速自动驾驶、车联网通信、云计算等关键技术的研发与应用，为

智能网联汽车的商业化落地奠定坚实基础。

试点项目将促进汽车、通信、交通、地图等多个行业的深度融合与协同发展。通过跨行业合作，共同构建智能网联汽车生态系统，推动产业链上下游企业协同创新，实现互利共赢。

“车路云一体化”系统能够实时感知交通状况，优化交通信号控制，提高道路通行能力。同时，通过车辆与基础设施、车辆与车辆之间的实时通信，可以有效预防交通事故，提升道路交通安全水平。

作为智慧城市建设的重要组成部分，“车路云一体化”试点将促进城市基础设施的智能化升级，提升城市管理水平和服务效率。通过智能网联汽车的应用，可以构建更加便捷、高效、安全的城市出行体系，提升居民生活品质。

1.4 智能运输系统面临的挑战与发展趋势

1.4.1 智能运输系统面临的挑战

智能运输系统（ITS）的发展面临着一系列技术、社会、经济和政策方面的问题和挑战，这些问题可能会影响ITS的全面实施和普及。以下是当前智能运输系统发展中面临的主要挑战与问题。

（1）技术挑战

智能运输系统集成了自动驾驶、车路协同、智能交通管理等多种技术，但这些技术的开发和实施常常缺乏统一的标准和协议。不同厂商和国家采用的标准可能不一致，导致系统之间互操作性的问题，阻碍了跨区域和跨平台的应用。此外，随着数据传输量的增加和复杂性的增强，网络安全问题日益凸显。交通系统作为关键基础设施，一旦受到网络攻击，可能造成严重后果。因此，需要建立强大的安全机制来保护系统免受恶意攻击，同时保障用户数据隐私不被滥用。

（2）经济和成本问题

建设和维护智能运输系统所需的基础设施（如传感器、通信网络、数据中心等）投资巨大，这对于资金有限的地方政府和企业来说是一个重大挑战。尽管智能运输系统可以通过减少交通事故、提升运输效率和降低污染来提高经济效益，但这些效益的实现往往需要较长的投资回报期。在初期阶段，如何合理分配和管理资金，确保项目的经济可行，成为政府和企业面临的关键问题。

（3）政策与法规问题

智能运输系统的迅速发展有时会超越现有的法律和政策框架。例如，自动驾驶车辆的法律地位、责任划分以及测试标准尚未完全明确，这些限制了技术的实际应用和推广。

此外，ITS 系统涉及大量数据的采集和使用，缺乏统一的数据管理政策可能导致数据安全和隐私问题。政府需要及时更新和完善相关法律法规，以适应新技术的发展和应用需求。

(4)社会接受度与伦理问题

智能运输系统的推广和应用不仅仅是技术问题，还涉及社会接受度和伦理问题。例如，自动驾驶技术的广泛应用依赖于公众对其安全性和可靠性的信任。然而，任何技术故障或事故都会迅速引发公众的担忧和反对。因此，透明的信息披露、广泛的公众教育以及成功的示范项目是提高社会接受度的关键。此外，数据隐私、就业影响和社会公平等伦理问题也需要在技术开发和政策制定过程中得到充分考虑和解决。

(5)技术依赖和系统复杂性

智能运输系统的高技术依赖性带来了系统脆弱性的问题，一旦核心技术出现故障，可能导致整个系统的瘫痪。为了应对这种风险，需要设计冗余系统和应急响应机制，以确保系统在各种情况下的稳定性和可靠性。同时，ITS 系统的复杂性也增大了实施难度，涉及多个技术模块和利益相关者的协调与集成。这种复杂性不仅提高了系统开发和维护的成本，也增大了管理和操作的难度。

(6)环境与可持续性问题

虽然智能运输系统有助于提高交通效率和减少碳排放，但是其自身的环境影响不容忽视。基础设施建设和设备制造消耗大量资源，运行过程中也可能产生能源消耗和废弃物。这要求在设计和实施 ITS 系统时充分考虑环境因素，选择环保材料和技术，并采取措施减少系统运行对环境的负面影响。此外，智能运输系统的发展需要与可持续发展的长期目标相一致，确保在经济效益、社会公平和环境保护之间实现平衡。

(7)全球协调与合作

智能运输系统的有效实施和推广需要全球范围内的协调与合作，特别是在技术标准化、数据共享和跨境交通管理方面。缺乏国际合作可能导致各国发展路径和技术标准的不一致，从而限制全球范围内的互操作性和应用。全球性的问题如交通管理、环境保护和安全保障，都需要各国政府、国际组织和企业之间的合作与协同，才能有效解决。这种合作还需要超越技术层面，涵盖法律法规的统一、市场准入的协调以及跨国数据共享协议的建立。

1.4.2 智能运输系统发展趋势

进入 21 世纪，智能运输系统(ITS)得到稳步发展，大致的研究方向包括交通控制与管理、车辆安全和控制、旅行信息服务、交通中人的因素、交通模型开发、行政和组织问题、通信与广播技术、系统、研究框架、通信协议、使用范围和不法行为处理等。人们确定这些主要的研究方向是希望通过ITS的研究开发，用系统的观点来对待运输系统，使现在独自存在的车辆和道路设施及使用者能结合成一个整体，协同作用，最终形成一个快速、安全、方便、舒适、准时的大交通运输体系。

近年来，国外围绕数字化、自动化、可持续化修订或发布智能交通运输系统的相关战略，2020年3月，美国交通部发布的《智能交通系统(ITS)战略规划2020—2025》中，以指引智能交通系统的合作与创新研究和开发应用，保障人员通勤和货物运输的安全性和流动性为目标；2020年12月，欧委发布的《可持续与智能交通战略》中提出要全面推动交通系统数字化转型，通过大数据、人工智能以及信息通信技术领域的最新技术应用提高交通运输领域的效率、安全性和可持续性；2021年3月，德国通过了《自动驾驶法》，允许车辆在特定应用场景下使用L4级的自动驾驶功能；2023年4月，日本修订的《道路交通法》中解禁了在特定条件下L4级的自动驾驶出行服务，还将开启自动送货机器人等业务。国内围绕交通运输系统智能化、绿色化、安全化先后出台了多项相关的政策或规划，2019年9月，中共中央、国务院印发的《交通强国建设纲要》中提出了智能化作为交通强国建设的重要目标之一，并分别从交通装备、运输服务、运营控制与管理、新技术与交通融合四个方向部署了智能交通的研发与应用；2021年2月，中共中央、国务院印发的《国家综合立体交通网规划纲要》提出了加强智能化载运工具和关键专用装备研发、构建综合交通大数据中心体系、推动智能网联汽车与智慧城市协同发展等重要发展方向；2022年4月，交通运输部、科技部联合印发的《“十四五”交通领域科技创新规划》中围绕交通装备领域、运输服务领域、智能交通领域、安全交通领域等六大领域提出了相关的重点研究方向；2023年12月，交通运输部印发的《自动驾驶汽车运输安全服务指南(试行)》提出关于自动驾驶汽车的营运规定与保障，推动自动驾驶汽车产业营运发展；2024年5月，交通运输部等十三部门印发的《交通运输大规模设备更新行动方案》中提出加强创新支撑，提升交通装备智能化绿色化水平，切实推动交通运输设备绿色低碳转型落地见效。

围绕上述国内外出台的相关政策或方案提出的重点研究方向与保障措施，载运工具无人化、多网融合一体化、运输服务智能化、产业发展多元化已逐步成为智能运输系统未来的发展趋势，如图1-12所示。

(1)载运工具无人化，技术驱动下的安全与创新

在人工智能、机器视觉和传感器技术的发展推动下，载运工具无人化已成为智能运输系统的关键发展趋势。无人驾驶汽车、无人机和自动化船舶等技术的发展，正在逐步实现从简单的辅助驾驶到完全的自主运行，这一变革不仅提高了运输效率，还有助于降低事故率，减少能源消耗和环境污染。未来，无人化载运工具将更加智能化，能够自主应对复杂的交通环境和突发事件。无人化载运工具智能系统主要包含以下内容：①通过集成先进的多模态传感器数据融合技术，能够实现对周围环境的精确感知，及时识别和避让障碍物；②高精度地图和定位技术，为无人载运工具提供实时更新的导航信息，确保行

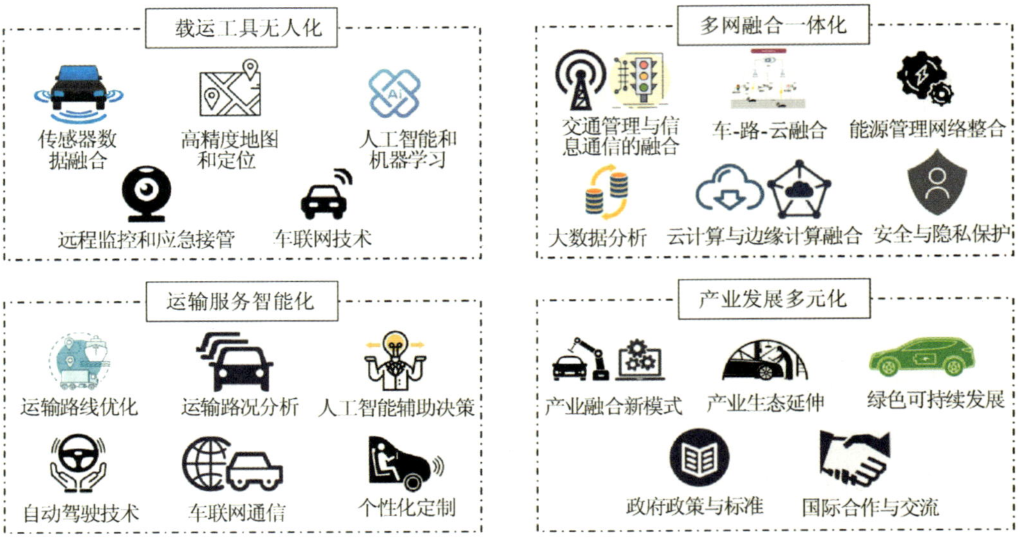

图 1-12　智能运输系统发展趋势

驶路径的精确规划；③人工智能和机器学习算法的不断优化，使无人载运工具能够学习和适应复杂的交通环境，自主作出安全高效的驾驶决策；④远程监控和应急接管技术，为无人化载运工具提供切实的安全保障，后台安全员可以实时监控车辆状态，并在必要时迅速接管控制权，应对复杂或不可预测的交通情况；⑤车联网技术，实现车辆与车辆、车辆与基础设施之间的实时通信，提升交通流的整体效率和安全性。此外，无人化载运工具还配备了多层次的安全保障系统，包括紧急制动、远程监控和商业保险等，确保在紧急情况下能够及时有效地响应，"端到端"自动驾驶能力使得无人载运工具能够实现从出发点到目的地的全程自主运行，无需人工干预。载运工具的无人化发展不仅预示着运输效率和经济性的巨大飞跃，更是交通安全革新的重要里程碑。随着技术的不断成熟和应用的逐步推广，无人化载运工具将为构建更加安全、高效、智能的交通环境提供坚实的技术支撑，推动交通系统向更高层次的自动化和智能化发展。

(2)多网融合一体化，构建未来交通的神经网络

智能运输系统正朝着多网融合的方向发展，实现交通管理、信息通信、能源管理和车联网等多个网络系统的无缝集成。通过 5G 通信技术，车辆能够实时交换信息，提高交通流的透明度和预测性。此外，物联网(Internet of Thing，IoT)技术使得交通基础设施和载运工具能够互联互通，实现更加精细和动态的交通管理。这种一体化趋势将促进形成更加高效、灵活和可靠的交通生态系统。多网融合一体化主要涉及以下技术与内容：①交通管理与信息通信的融合，通过 5G 通信技术，交通管理系统能够实时接收和处理来自各个交通节点的多维数据，基于高速、低延迟的通信能力，利于精准和实时监控、预测

和响应交通流量，提升交通管理的智能化水平；②车-路-云融合，车联网技术的应用使得车辆不再是独立的个体，而是成为交通网络中的一个智能节点，通过车载通信系统，车辆能够与其他车辆、道路基础设施以及交通管理中心进行信息交换，实现车-车、车-路、车-云的互联互通；③能源管理网络整合技术，智能交通系统的发展也带动了能源管理网络的整合，例如，电动车辆可以通过智能电网进行能源的优化分配和调度，而充电站的分布和运行也可以通过交通网络的数据进行智能管理；④大数据分析和人工智能技术的融合，可将多网融合产生的海量数据转化为有价值的交通信息和决策支持，优化交通流，预测和防范交通拥堵、事故等潜在问题；⑤云计算与边缘计算的技术融合，云计算提供强大的数据处理和存储能力，边缘计算能够在数据产生的地点即时处理数据，减少延迟，可为多网融合提供强大的计算支持，确保系统的高效运行；⑥安全与隐私保护技术，在多网融合的过程中，数据的安全和用户的隐私保护至关重要，通过加密技术、访问控制和匿名化处理等手段，确保数据传输和处理的安全性。多网融合一体化是构建未来交通神经网络的基础，通过多网融合技术，将交通系统的各个部分连接成一个协调一致的整体，实现资源的最优配置和效率的最大化。

(3) 运输服务智能化，技术革新引领服务升级

运输服务的智能化体现在对客户需求的精准识别和满足上。利用大数据分析和人工智能算法，智能运输系统能够提供个性化的出行建议、实时交通信息和优化的路线规划。此外，智能调度系统能够根据实时数据调整运输计划，提高运输工具的利用率和降低运营成本。随着服务智能化的深入，可为乘客和货物提供更加便捷、舒适和安全的运输体验。运输服务智能化主要涉及以下技术与内容：①通过应用智能优化算法提高海量数据的处理效率，优化运输路线、调整调度计划和提高货物装载效率，从而减少运输成本和时间；②采用数据实时分析技术能够对交通流量、天气条件、事故报告等信息做出快速响应，动态调整运输计划，确保运输过程的顺畅和安全；③应用人工智能辅助决策技术提高运输决策的智能化水平，AI 辅助系统能够提供预测性维护、故障诊断和能源消耗优化等决策支持；④应用自动驾驶技术提高运输效率，减少人为错误；⑤应用车联网通信技术实现运输工具与其他车辆、基础设施以及运输管理系统的实时通信，实现信息共享和协同作业，提高运输系统的透明度和响应速度；⑥利用大数据和机器学习技术开发个性化服务定制技术，可对用户的行为和偏好进行分析，提供个性化的运输服务，满足不同用户的特定需求；⑦采用绿色能源管理技术实现能源优化，通过电动车辆和替代能源的使用，减少碳排放，推动绿色、可持续的运输发展。运输服务智能化是未来交通发展的重要方向，通过技术革新，不仅有利于提升运输效率和安全性，也为用户提供了更加便捷、舒适、个性化的运输体验。

(4)产业发展多元化，技术融合推动产业创新

新兴技术的应用不仅为传统的交通运输业带来革新，还催生了一系列新的商业模式

和服务，如共享出行、智能物流和车联网服务等。跨行业合作成为常态，汽车制造业、交通运营服务、互联网、信息服务、智能交通等行业融合发展将是大趋势。多元化趋势促进技术和服务的创新，为智能运输系统的可持续发展提供动力。产业发展多元化主要涉及以下技术与内容：①技术创新推动产业发展多元化，物联网、大数据、云计算和人工智能等技术的发展，推动智能交通系统的智能化和自动化，为传统运输产业带来新的增长点；②技术进步促进不同产业间的融合，催生了新的业态和商业模式，例如，汽车制造业与信息技术的结合，推动了智能网联汽车的发展，物流行业与电子商务的融合，促进了智能物流和无人配送服务的兴起；③技术创新带动产业链的延伸和拓展，从车载系统、传感器制造到数据服务和内容提供，智能交通产业的上下游链条不断扩展，形成了更加完善的产业生态；④智能交通技术的应用促进服务模式的创新，例如，基于用户需求的定制化服务、按需出行服务、共享出行平台等新型服务模式，正在逐渐改变人们的出行习惯；⑤绿色可持续发展，电动车辆、智能能源管理系统等技术的应用，有助于减少交通领域的能源消耗和环境污染，推动产业向更加环保的方向发展；⑥政府的政策支持和标准制定为产业发展多元化提供了方向和保障，通过制定智能交通相关的政策和标准，政府引导产业健康发展，促进了新技术的推广和应用；⑦国际合作与交流，在全球化背景下，通过技术引进、联合研发和市场拓展，各国企业和研究机构能够共享资源，共同推动智能交通产业的全球发展。产业发展多元化是智能交通技术发展的必然结果，通过技术创新和跨界融合，不断推动产业的升级和转型。随着技术的不断进步和应用的深入，未来的智能交通产业将呈现出更加丰富和多元的发展前景。

1.5 本章小结

本章详细探讨了智能运输系统的起源、内涵和定义，深入阐述了其在国内外的发展历程。通过综述美国、欧洲、日本等典型国家和地区的智能运输系统发展，突显了不同国家和地区在该领域取得的成就和经验。同时，本书还着重论述了我国智能运输系统的发展历程和现状，通过对相关政策、技术创新和产业布局的分析，全面呈现我国在智能运输领域的努力和成就。然而，尽管智能运输系统取得了显著的进展，但仍然存在一系列局限性并面临问题与挑战。本章对当前发展中的困境进行了深入探讨，涉及技术瓶颈、法规标准不足、数据隐私等方面的问题。这些问题对智能运输系统的全面普及和发展构成一定的制约，需要在政策、技术、法规等多个方面采取综合措施加以解决。最后，本章对智能运输系统未来的发展趋势进行了展望，提出了一系列可能的解决方案和创新方向，强调了在人工智能、大数据、云计算等技术的支持下，智能运输系统将呈现出更加智能、高效、可持续的发展趋势。同时，鼓励跨国合作和政府支持，以推动全球智能运输系统的共同进步，构建更加安全、便捷的交通体系。

"课程思政"延伸阅读材料

万众一心:中国 ITS 技术从追赶到超越的跨越式发展之路

世界智能运输系统的起源可以追溯到 20 世纪六七十年代,最初由欧洲、美国和日本为代表的发达国家及地区引领。在这些国家引领世界智能运输系统发展时,我国当时仍处在初步的 ITS 技术理论研究和示范应用阶段,发展相对较为落后。

面对落后的局面,我国不断跟踪国际上前沿的智能运输系统发展情况,结合我国国情,设立了"九五"科技攻关项目,并先后成立了国家级、省部级,以及高校 ITS 科研机构,从事 ITS 的理论研究与产品研发,为我国 ITS 发展打下良好的基础。

在无数科研人员献身我国 ITS 理论研究的基础上,我国在 21 世纪初开始了 ITS 相关基础设施大建设,进行了广州、中山、深圳等 10 个城市的 ITS 示范应用,标志着我国从理论研究转到实际应用的重大进步,与发达国家的差距进一步缩小,这离不开国家、企业以及科研机构为发展我国 ITS 技术而奋斗的坚定信念与无私付出。

进入 21 世纪的第一个十年,我国 ITS 技术发展在各地、各行业人员不懈努力下,由局部试点及示范变为全国范围内规模化应用以及场景创新。北京市推出"互联网+交通"行动计划,上海市启动全球首个 5G 智慧交通示范区,长江干线完成数字航道全线连通,这些耀眼的成果均代表着我国在世界 ITS 领域已处于前列。2019 年,我国又提出《交通强国建设纲要》,从 2021 年到本世纪中叶最终全面建成人民满意、保障有力、世界前列的交通强国,为我国 ITS 发展进一步指明了发展方向。

现在,我国 ITS 发展在政府、行业、高校等领域交通人的不断攻坚、奋斗下,正式处于世界领先地位。我国致力于人工智能技术在交通运输行业的创新应用,例如提出了打造 16 个智慧城市基础设施与智能网联汽车协同发展试点城市、打造 20 个智能网联汽车"车路云一体化"应用试点城市、建设 17 个智能网联汽车测试示范区、建成 7 个车联网先导区、打造一批无人驾驶车辆商业化试点、建造我国首个智能船舶远程驾驶与控制中心等。2024 年党的二十届三中全会以深化综合交通运输体系改革为统领,明确了进一步全面深化交通运输改革,为奋力加快建设交通强国、努力当好中国式现代化的开路先锋提供强劲动力和体制机制保障。这些政策方针以及创新应用已经标志着我国正在以先进、前瞻的理念引领着世界 ITS 发展浪潮。

历经六十余载,我国 ITS 建设历经基础理论研究、部分城市试点、大规模试点、场景创新应用、人工智能赋能发展,终于从追赶逐渐走向领先。这些成果的背后是各行各业无数工作者、交通人夜以继日的努力与坚持,体现了中华民族艰苦奋斗、不断超越自我的进取精神,鼓励着我们进一步发愤图强,为实现交通强国建设目标而不懈努力!

思考题

1. 智能运输系统的定义和内涵是什么?
2. 智能运输系统概念在什么时候成为国际共识,标志性事件是什么?
3. 美国、日本和欧洲哪些智能运输系统项目与智能驾驶有关联?请举例说明。
4. 美国、日本和欧洲哪些智能运输系统项目与交通安全有关联?请举例说明。
5. 请简述美国、日本和欧洲智能运输系统发展的主要阶段及其特点。
6. 请列举我国 ITS 发展的四个阶段及其重要特征。
7. 请列举我国 ITS 各发展阶段国家和部委重要的支撑和支持文件。
8. 请列举我国 ITS 各发展阶段重要的智能运输研究项目。
9. 智能运输系统发展目前遇到的重要挑战有哪些?
10. 智能运输系统未来的发展趋势包括哪四化?请举例说明。

参考文献

[1] 严新平,吴超仲. 智能运输系统——原理、方法及应用[M]. 2 版. 武汉:武汉理工大学出版社,2014.
[2] 王云鹏,严新平,鲁光泉,等. 智能交通技术概论[M]. 北京:清华大学出版社,2020.
[3] 严新平,褚端峰,刘佳仑,等. 智能交通发展的现状、挑战与展望[J]. 交通运输研究,2021,7(6):2-10,22.
[4] 严新平. 水上交通安全导论[M]. 北京:人民交通出版社,2010.
[5] 高利. 智能运输系统[M]. 北京:北京理工大学出版社,2016.
[6] 于德新. 智能运输系统概论[M]. 4 版. 北京:人民交通出版社,2020.
[7] 黄卫,路小波. 智能运输系统(ITS)概论[M]. 北京:人民交通出版社,2008.
[8] 王艳辉. 智能运输系统概论[M]. 北京:北京交通大学出版社,2019.
[9] 戈什 S,托尼 S L. 智能运输系统:智能化绿色结构设计[M]. 2 版. 胡郁葱,译. 北京:机械工业出版社,2012.
[10] 曲大义,陈秀锋,魏金丽,等. 智能交通系统及其技术应用[M]. 2 版. 北京:机械工业出版社,2019.
[11] 戈登 R. 智能交通系统:面向高效交通管理功能设计[M]. 2 版. 张雷元,刘东波,华璟怡,等译. 北京:机械工业出版社,2021.
[12] CHAN E S,FISCHER S,SLOAN S,et al. Intelligent transportation systems (ITS) joint program office:Strategic plan 2020—2025[R]. Washington DC:Department of Transportation Volpe National Transportation Systems Center,2020.
[13] Society of Automotive Engineers of Japan,Intelligent transport systems[R]. 2020.
[14] TAVARES T,PROCEE R,WION A,et al. Supporting study on activities 3.2,3.3 and 3.4 of the new working programme of the ITS Directive[R]. Directorate-General for Mobility and Transport (European Commission),2021.

第 2 章

智能运输系统的体系框架与标准体系

2.1 概述

智能运输系统体系框架是运输系统体系和规格的说明，它决定了系统如何构成，确定了功能模块以及允许模块之间进行通信和协同的协议和接口，定义了运输系统的子系统及其用户所需的功能以及各个子系统之间的相互关系和集成方式。它主要由用户服务、逻辑框架、物理框架等组成。本质上讲，用户服务是从用户角度对 ITS 提供的服务内容进行描述；逻辑框架是从系统如何实现 ITS 服务的角度进行分析，给出 ITS 具有的功能及功能间数据流的关系；物理框架则是把 ITS 逻辑功能落到实体。

国外 ITS 的发展经历了从各系统单独开发应用到相互间协调整合的过程，美国、欧盟、日本等先后开展了 ITS 体系框架研究，描绘了 ITS 的发展蓝图，明确了 ITS 的发展目标，有力地促进了 ITS 的发展。

我国在 20 世纪 90 年代引入 ITS 的概念，并开展了相关研究。经过努力，国内一些大中城市已逐步建立了自己的 ITS 系统，在缓解交通拥堵、提高交通效率方面取得了一定的成效。然而，随着技术的不断进步和单个系统的增多，ITS 发展中缺乏整体规划的弊端愈发显著，如系统间彼此孤立，信息得不到共享，整体运行效率低等。针对 ITS 发展中的现实问题，我国在“九五”期间推出了“中国智能运输系统体系框架(第一版)”，开展了智能运输系统体系框架及支持系统开发和技术跟踪，并对 ITS 体系框架进行了适时的更新修订和深入研究。后续经过不断发展，形成了中国 ITS 体系框架(第二版)、基于车路协同的 ITS 体系框架等。经过 20 多年的发展，我国在 ITS 的标准化方面取得了显著的成果，形成了《智能运输系统标准体系(2024 年)》，为交通强国建设下智能运输系统发展提供了方向。

本章主要介绍国内外智能运输系统体系框架及其标准化建设情况。

2.2 国外智能运输系统体系框架

2.2.1 美国智能运输系统体系框架

美国 ITS 体系框架的设计原则是建立一个开放、公平、适应多层次系统集成的体系结构，同时提出一个能为用户提供多种性能价格比选择，保护用户隐私，并最大限度地增强互操作性和降低市场风险的系统架构方案。美国的智能运输系统体系框架从 20 世纪 90 年代至今不断发展演进。1993 年开展了其 ITS 用户框架的制定工作，它最初的出发点是为智能运输系统的规划以及集成提供一个结构化的方法。美国于 1996 年 6 月建立国家级系统框架的最初版本。1997 年 1 月美国交通部公布了美国 ITS 体系框架第一版，1998 年 9 月美国交通部又公布了修订后的美国 ITS 体系框架第二版，1999 年推出了第三版，2002 年推出了第四版，2003 年颁布第五版，2007 年推出了第六版，2012 年推出第七版，2017 年推出第八版（Architecture Reference for Cooperative and Intelligent Transportation，ARC-IT 8.0），2019 年推出 ARC-IT 8.3 版本，并于 2024 年更新了 ARC-IT 9.2 版本。不同版本的特点见表 2-1。

表 2-1 美国 ITS 体系框架的演进及特点

时间	版本	特点
1993 年	用户服务框架	提供了最初的 ITS 用户框架
1996 年	系统最初框架	发布了整套核心体系结构文档
1997 年	第一版	重点更新了 Highway-Rail Intersection（HRI）高速公路-铁路交叉口用户服务部分
1998 年	第二版	重点更新新出现的交通需求并采用新技术
1999 年	第三版	增加了 Archived Data User Service（ADUS）存档数据用户服务的特定更新。该版本的增强功能侧重于改善交通数据的收集、存储和利用，以用于规划、管理和研究
2002 年	第四版	更新了 Maintenance and Coordination Office（MCO）维护与协同部分，以适应不断变化的交通需求和技术进步
2003 年	第五版	增加了安全文档（Security Document）部分
2007 年	第六版	介绍了系统工程，并为如何将其应用于规划、设计和实施智能运输系统（ITS）项目提供了说明

续表 2-1

时间	版本	特点
2012 年	第七版	更新了逻辑体系结构、物理体系结构和其他几个关键体系结构定义文档
2015 年	7.1 版本	整合了 Connected Vehicle Reference Implementation Architecture (CVRIA) 网联车辆参考实现框架
2017 年	ARC-IT 8.0 版本	增加了协同式智能运输系统体系 Cooperative and Intelligent Transportation(ARC-IT) 参考框架，整合了网联汽车的能力，包括网联汽车和传统基础设施的 ITS 能力
2019 年	ARC-IT 8.3 版本	新增了“支持”和“可持续交通”两大服务领域
2024 年	ARC-IT 9.2 版本	重点关注了多模式无障碍交通标准评估(Multimodal and Accessible Travel Standards Assessment，MAT)、电子交通法规管理(Electronic Traffic Regulation Management，METR)以及其他新概念和定义的改进

2017 年 6 月，美国交通部发布的《协同式智能运输系统参考体系框架》(Architecture Reference for Cooperative and Intelligent Transportation，ARC-IT 8.0)是对全美智能运输系统体系框架(National ITS Architecture)的重大升级，其将国家智能运输系统体系框架(7.1 版本)和网联汽车参考体系框架(Connected Vehicle Reference ITS Architecture，CVRIA 2.2)进行了全面整合，形成涵盖所有 ITS 应用(含网联汽车应用)的统一框架，ARC-IT 概述了各种交通技术和系统的集成，以提高全美交通网络的效率、安全性和可靠性。它旨在指导 ITS 解决方案的开发和部署，为实施先进的运输系统提供了一种结构化的方法，并从企业、功能、物理、通信四个不同的体系结构视角处理 ITS 系统的安全问题，于 2019 年 10 月更新至 8.3 版，服务包由原来的 97 个增加到 141 个。同时为了支撑它的这些服务的实现，ARC-IT 又有两个大的特点：一是凸显了基础设施的作用，把基础设施作为整个框架的核心，打破了原来的人车路均衡的架构，同时强调信息安全、高精定位、高精地图这些技术的共性支撑能力，把这些技术都纳入了基础设施侧做共性支撑。

2020 年 3 月，美国 ITS 联合计划办公室发布了《智能运输系统战略规划(2020—2025)》，描述了这五年美国智能交通领域的重点任务和关键举措。该文件着重提出了 6 项重点计划，从新兴技术评估研发到具体应用部署，从数据权限共享到网络安全保障，从自动驾驶持续推广到完整出行的全人群全链条出行服务，力求实现 ITS 技术的全生命周期发展。

总体上，美国ITS体系框架分为三个层次，分别是制度层、运输层和通信层。制度层包括保证智能运输系统有效实施、操作和维护所需要的机构、政策、融资机制和流程，是体系框架的底层，良好的制度支持和有效的决策是ITS项目顺利进行的先决条件。运输层定义了运输服务的子系统、接口以及每个子系统的基本功能和数据，是体系框架的核心层。通信层从整体上描述了ITS的通信服务和技术支持，为各系统之间的集成提供有效的通信保障。

具体而言，美国ITS体系框架主要包括七个部分，分别是用户服务、逻辑框架、物理框架、安全、服务包、标准和体系应用。体系结构视图展示了美国ITS体系框架各组成部分之间的关系，见图2-1。

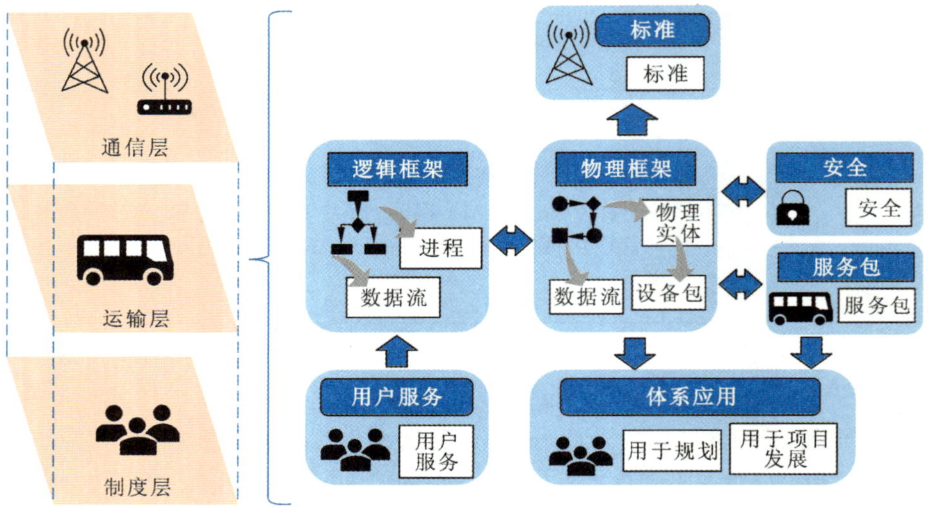

图2-1 美国ITS体系框架

(1)用户服务

从表2-2可以看出，ITS服务领域从8个扩展为12个，新增“支持”和“可持续交通”两大服务领域，凸显了信息安全、绿色交通的重要性；同时将“停车管理”和“气象”从原来的服务领域中独立出来，表明在机动车保有量不断增加、机动化出行比例日益提高的大背景下，这两大服务的地位在不断提高。

表2-2 美国ITS服务领域的演进

序号	National ITS Architecture 7.1	CVRIA 2.2	ARC-IT 8.3
1	先进的交通管理系统 Advanced Traffic Management Systems (ATMS)	交通信号 Traffic Signals 交通网络 Traffic Network 出入境管理 Border	交通管理 Traffic Management (TM)

续表 2-2

序号	National ITS Architecture 7.1	CVRIA 2.2	ARC-IT 8.3
2	先进的旅行者信息系统 Advanced Traveler Information Systems (ATIS)	旅行者信息 Traveler Information(TI)	旅行者信息 Traveler Information (TI)
3	先进的公共交通运输系统 Advanced Public Transportation Systems (APTS)	运输 Transit 运输安全 Transit Safety 电子支付 Electronic Payment	公共交通运输 Public Transportation (PT)
4	紧急事件管理 Emergency Management (EM)	公共安全 Public Safety	公共安全 Public Safety (PS)
5	商用车运营 Commercial Vehicle Operations (CVO)	商用车队运营 Commercial Vehicle Fleet Operations 商用车路边作业 Commercial Vehicle Roadside Operations 先进的货运驾驶人信息系统 Freight Advanced Traveler Information Systems	商用车队运营 Commercial Vehicle Operations (CVO)
6	维护和施工 Maintenance and Construction (MC)		维护和施工 Maintenance and Construction (MC)
7	归档数据 Archived Data (AD)	计划和绩效监测 Planning and Performance Monitoring	数据管理 Data Management (DM)
8	先进的车辆安全系统 Advanced Vehicle Safety Systems (AVSS)	车路通信安全 V2I Safety 车车通信安全 V2V Safety	车辆安全 Vehicle Safety (VS)
9		核心服务 Core Services 安全 Security	支持 Support (S)
10		可持续交通	可持续交通
11	(以前属于先进的旅行者) (Previously included in ATMS)		停车管理 Parking Management(PM)
12	(Previously included in MC) (以前属于维护和施工)	道路气象 Road Weather	气象 Weather

(2)逻辑框架

美国ITS逻辑框架以面向过程开发方法为指导,定义了满足用户服务所需的功能。逻辑框架由流程定义、数据流、终端和数据存储组成,逻辑框架顶层数据流见图2-2。

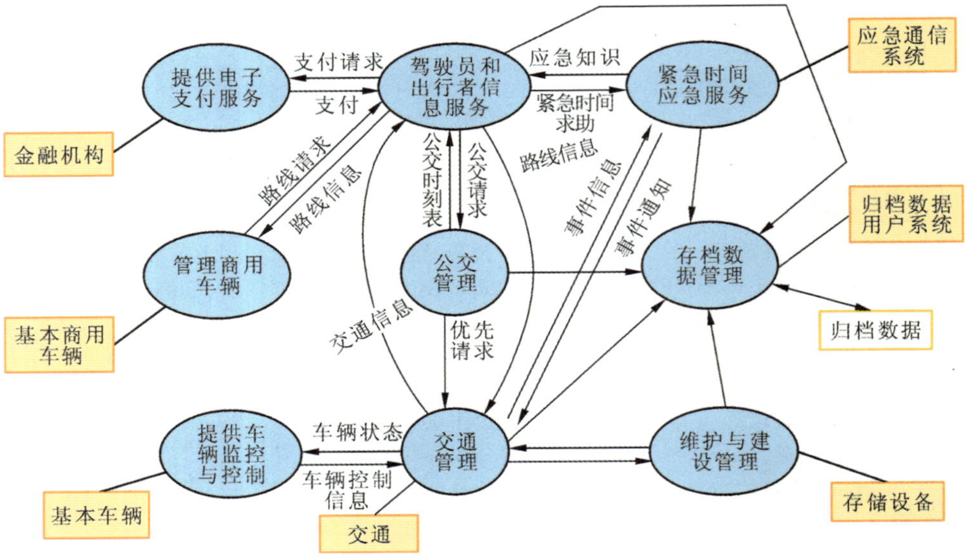

图2-2 美国ITS逻辑框架顶层数据流

(3)物理框架

物理框架将ITS划分为19个子系统。鉴于各个子系统在应用及管理上的特性,将其划分为4类:

①中心型子系统:空间独立性,空间位置选择不受交通基础设施的制约。与其他子系统联络通常依赖有线通信。

②外场设备子系统:通常需要进入路边的某些具体位置来安装或维护诸如检测器、信号灯、可程控信息板等设施。一般要与一个或多个中心型子系统以有线方式连接,同时还需要与通过其部署路段的车辆进行信息交互。

③出行者子系统:以旅行者或旅行服务业经营者为服务对象,运用ITS有关功能实现对多式联运旅行(Multimodal Traveling)的有效支持。

④车载子系统:安装在车辆上。可根据需要与中心型子系统、外场设备子系统及出行者子系统进行无线通信,也可与其他载体车辆进行车辆间通信。

每种类型的子系统通常共享通信单元。作为子系统间信息渠道(Interconnect Channel)的一个构成部分,通信单元所起的作用仅仅是传递信息,不参与智能运输系统的信息加工和处理。子系统间通过三种通信方式相互连接以便于数据和信息的交换,包括有线通信、广域无线通信和短程无线通信。顶层物理框架见图2-3。

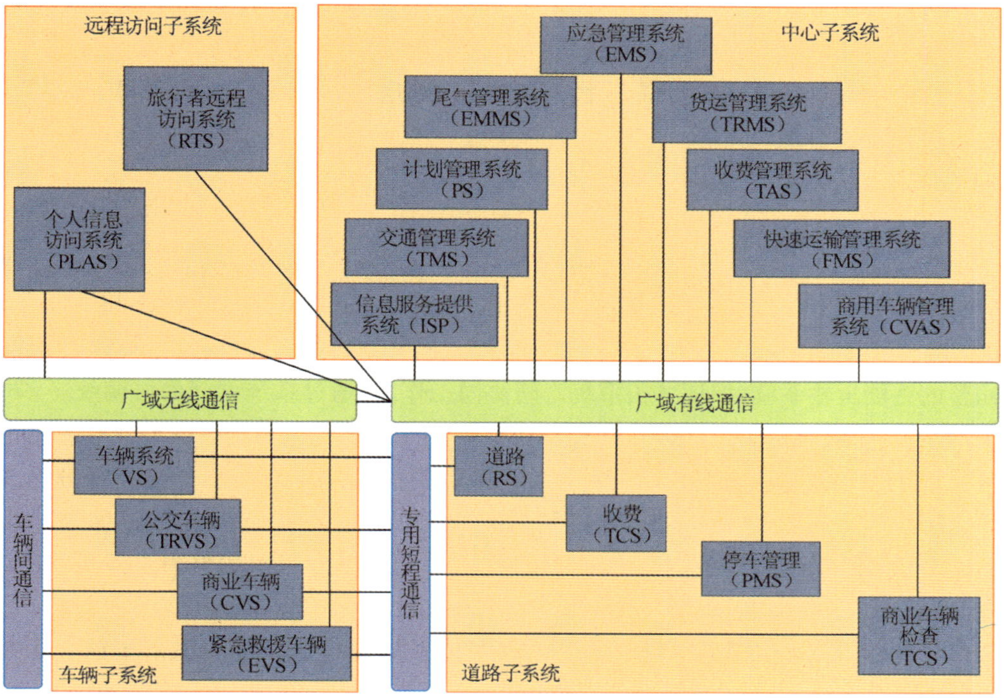

图 2-3　美国 ITS 顶层物理框架

(4)安全

系统不应对操作者和使用者造成损害，例如 ITS 中最常见的信息服务，就需要保证不能提供不确定的信息或错误的信息，防止使用者的利益受损。还要保障系统自身的安全，包括数据安全、设备安全、供电安全等。

(5)服务包

所谓服务包，是表示物理视图的一部分，这些物理视图处理特定的服务，如交通信号控制。服务包将若干不同的物理对象(系统和设备)及其功能对象和提供所需服务的信息流汇集在一起。ARC-IT 8.3 的服务包的数量已达到 141 个。其中，交通管理、商用车运营、公共交通运输、车辆安全 4 大领域服务包的数量位居前四，体现出上述四大服务领域在 ITS 中的重要地位和作用。

(6)标准和体系应用

为了协助工程人员选择与其计划进行部署的 ITS 服务最相关的 ITS 标准，需对标准进行分类，分成的类别被称为应用领域。由于每个应用程序区域地址对应一个接口类型，工程人员经常是组合多个应用程序来提供一个 ITS 服务。

(7)总结

①从整体角度而言，美国的新一代 ITS 更加强调车、路、通信的深度融合和协同运行，即从原有的 ITS 上升为协同式 ITS。

②从发展理念来看，美国的新一代 ITS 更加突出对绿色交通、安全交通和综合交通的支撑作用，包括生态驾驶、道路照明、应急管理、多式联运、多模式出行等。

③从技术层面来说，美国的新一代 ITS 强化了物联网、大数据、移动互联网、V2X 等新一代技术的应用。

2.2.2 日本智能运输系统体系框架

日本于 1998 年 1 月着手开发国家 ITS 体系框架(National System Architecture for ITS)，并于 1999 年 11 月完成。日本在 ITS 体系框架方面的研究主张为：高效地发展一个完整的智能运输系统，保证各子系统之间协同工作，并通过系统之间的协调统一，方便系统的扩展，同时帮助发展国家 ITS 标准和国际 ITS 标准。日本 ITS 体系框架最大的特点是强调 ITS 信息的交互和共享，整个 ITS 建设是社会信息化(e-Japan)的一部分。

经过几十年的发展，日本 ITS 走过了系统整合-广泛应用-重点攻关阶段，如今已发展成了一套较成熟的应用体系，这其中离不开政府部门和各大组织的努力。其中，日本道路新产业开发组织(Highway Industry Development Organization)发布了《ITS HANDBOOK 2019》(以下简称《ITS 2019》)，整体见图 2-4。日本持续发展车辆信息与通信系统(Vehicle Information and Communication System, VICS)、ETC2.0 和面向车路协同的 ITS 服务点(ITS Spot)等，推动日本 ITS 水平不断提升。VICS 用户超过 3000 万，ETC2.0 的车载一体化智能终端集成了 VICS 服务、ETC 收费、车路通信等多种功能，不仅可以自动收费、给车辆提供实时交通信息，同时还可以收集车辆的行驶信息。

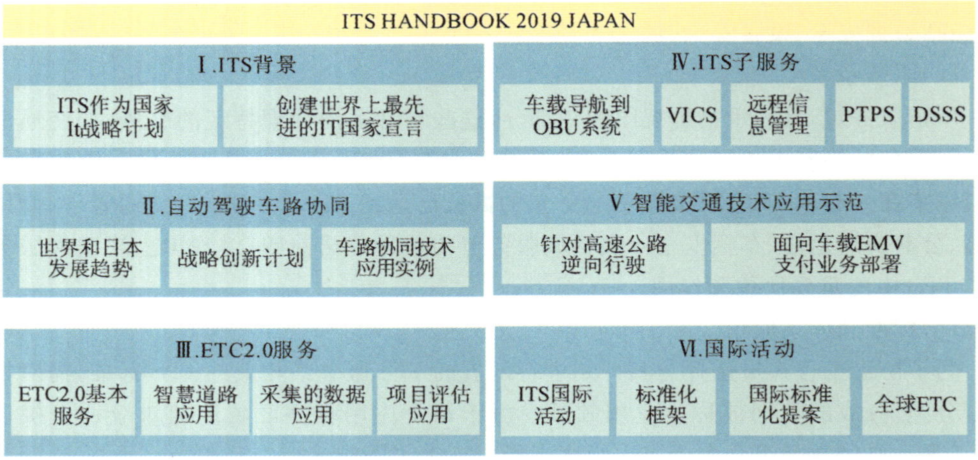

VICS—视频侦察作战系统；PTPS—公共交通优先系统；DSSS—直序扩频技术；EMV—芯片卡

图 2-4 ITS HANDBOOK 2019 整体内容

2.2.2.1　ITS HANDBOOK 2019 主要内容

(1)车路协同。日本最初的无人驾驶研究是在 20 世纪 60 年代由机械工程实验室进行的,从 2007 年开始在冲绳县进行自动公交车示范试验,2013 年开展了重型自动化卡车操作和能源 ITS 项目排放测试。在 2014—2018 年期间,政府以公私合作的方式推动跨部门创新促进战略计划(SIP)“车路协同系统”。从 2018 年起,政府开始在新成立的 SIP 二期“车路协同系统和服务拓展”下进行研发和示范试验等工作。

①SIP 与私营企业主要在开发与验证自动化操作系统、促进国际合作、提高基础技术减少交通事故和交通拥堵、发展新一代城市交通等四个方面开展基础技术研发和机构运营方面的合作。

②开展车路协同应用示范。一是推动基于车路协同车辆的物流运输示范。日本物流车辆编队系统主要在实现后续无人驾驶车辆编队系统商业化和基于无人驾驶车辆编队系统的扩散响应两个阶段展开研究,将在 2021 年实现“商业化后的高速公路载人车辆编队系统”,2022 年之后发展“商业化的高速公路无人驾驶车辆编队系统”。二是推动弱势群体车路协同服务示范。通过车路协同车辆自动化操作,保障丘陵地区的老龄化人群的交通安全及物流运输需求。国土交通省对有老龄化人群居住的丘陵地区进行测试,以“路侧基站”等区域为中心的自动化操作为例,在车路协同中增加光学导航系统来识别路面上的平整度折线,从而增强了丘陵道路的安全性,保障弱势群体出行安全和物流运输需求。

(2)ETC2.0 服务。与以往的 ETC 相比,日本的 ETC2.0 系统不仅可以实现自动收费,还能依托路侧机和车载器收发大量信息,实现道路信息实时交互、最佳出行线路规划等功能,同时为道路政策制定者对交通疏导、交通安全、道路收费等政策的制定提供支撑。

(3)ITS 技术应用。《ITS 2019》在重点描述车路协同和 ETC2.0 的基础上,进一步阐述了交通诱导系统、辅助驾驶系统、逆向行驶预警等方面的 ITS 技术应用,旨在通过技术应用实现路网运行效率最大化和安全辅助驾驶。

2.2.2.2　日本智能运输系统体系框架构成

(1)用户服务

在日本 ITS 体系框架中,共有 9 个开发领域,划分出 21 项用户服务,56 项特定用户服务,172 项子服务。开发领域包括先进的导航系统、电子收费系统、辅助安全驾驶、交通管理优化、提高道路管理效率、公交支持、提高商用车辆运营效率、行人支持、应急车辆运行支持。开发领域与用户服务划分情况见表 2-3。

表 2-3 日本 ITS 用户服务

开放领域	用户服务
1 先进的导航系统	1.1 路线导航信息提供 1.2 目的地信息提供
2 电子收费系统	2.1 电子自动收费
3 辅助安全驾驶	3.1 驾驶与道路信息提供 3.2 危险预警 3.3 辅助驾驶 3.4 自动化高速公路系统
4 交通管理优化	4.1 交通流优化 4.2 交通事故管制信息提供
5 提高道路管理效率	5.1 维护管理水平提高 5.2 特许商用车辆管理 5.3 道路危险信息提供
6 公交支持	6.1 公共交通信息提供 6.2 公交运行与运行管理支持
7 提高商用车辆运营效率	7.1 商用车辆运行管理 7.2 商用车辆自动跟车行驶
8 行人支持	8.1 人行道线路引导 8.2 车辆行人事故预防
9 应急车辆运行支持	9.1 应急车辆运行支持 9.2 应急车辆诱导与紧急救援支持 9.3 先进信息与通信系统

(2)逻辑框架

日本 ITS 逻辑框架建立详细的对象模型,包括整体模型(针对整体 ITS 或者几个服务领域共有的内容而言)、详细模型(针对单个服务而言),其中分别从总体和动态两个视角进行分析,给出对应于整体模型和详细模型的核心模型、细节模型。

(3)物理框架

日本 ITS 物理框架包括高层子系统、子系统、底层子系统、单个独立的物理模型、整体物理模型以及框架流。高层子系统以领域为划分标准;底层子系统以逻辑框架中的控制模型为基础,针对每一个控制模块给出一个独立的底层子系统。通过 ITS 体系框架中

172 项子服务所对应的逻辑功能实现领域的匹配，即完成底层子系统在高层子系统中的定位。物理模型以人、车、路、中心、环境为基本的物理系统划分原则，针对用户服务提出了相应的物理模型，由底层子系统为基本单位组合而成。高层子系统和框架流一起组合成整体物理模型，底层子系统和框架流一起组合成单个独立的物理模型。

日本的物理框架以人、车、路、中心、环境为基本的物理系统划分原则，针对用户服务提出了相应的物理模型。

2.2.3　欧盟智能运输系统体系框架

欧盟于 1998 年 4 月开始代号为 KAREN(Keystone Architecture Required for European Networks)的项目，奠定了开发欧盟 ITS 体系框架的基础。1999 年 8 月和 10 月，先后完成了逻辑框架和物理框架，此后陆续补充完善了其他部分的内容，形成了欧盟整体的 ITS 框架。

欧委会于 2016 年 11 月 30 日通过了一项欧洲合作智能运输系统(Cooperative ITS，C-ITS)战略，这是一项针对合作、互联和自动化移动的里程碑计划。C-ITS 战略的目标是促进整个欧盟的投资和监管框架的融合，以便在 2019 年及以后部署成熟的 C-ITS 服务。

2019 年 3 月，欧委会宣布出台新规，计划在欧洲道路上全面部署 C-ITS。从 2019 年开始，在欧盟范围内的车辆、交通标识和高速公路将配备智能化技术，以便与所有的交通参与方实现信息共享。另外，预计欧盟境内的多家车企将开始为旗下车辆配置新智能技术，旨在加快清洁车辆、互联与自动驾驶车辆的部署。C-ITS 允许道路上的车辆与其他车辆、交通标识、路边基础设施及其他道路使用者“对话”，包括人们所熟知的车对车(V2V)、车对基础设施通信(V2I)技术等。通过 C-ITS，道路使用者和交通管理人员可以共享信息，并利用信息协调他们的行动。主要应用场景有驾驶人可以获取所在区域交通拥堵、道路施工、附近停车位等信息，行驶的车辆可预知通过下一个绿灯所需的时间，在紧急刹车时自动向其他车辆发出预警，并与交通基础设施进行信息沟通等。此次 C-ITS 新规就是以 ITS-G5 标准为基础。但欧盟并没有完全否定 C-V2X(蜂窝车联网)技术，表示未来可能会集成其他技术。虽然欧盟暂时倾向于 ITS-G5 技术，但随着 2020 年 5G 商业化应用，C-V2X 技术仍大有可为。ITS 与 C-ITS 的区别见表 2-4。

C-ITS 有两种技术路线：一种是基于 802.11p 的 ITS-G5，属于专用短程通信技术(Dedicated Short Range Communications，DSRC)，在部分城市如丹麦的哥本哈根、瑞典的哥德堡、西班牙的巴塞罗那等城市应用在公交车上，并在奥地利、荷兰、德国的一条连接三国的高速公路上进行测试。第二种是基于蜂窝网络技术的 C-V2X(蜂窝车联网)，不需要专用设备，只在手机 App 中写入周期性信号收发功能，动态计算车辆位置和交叉口的距离，从而推导出车辆匀速到达交叉口并通过绿灯所需的速度。

欧盟 ITS 体系框架总体结构与美国的相似，主要由用户需求、逻辑体系结构、物理体系结构、通信体系结构和标准 5 部分组成。

表 2-4　ITS 与 C-ITS 的区别

区别	ITS	C-ITS
信息	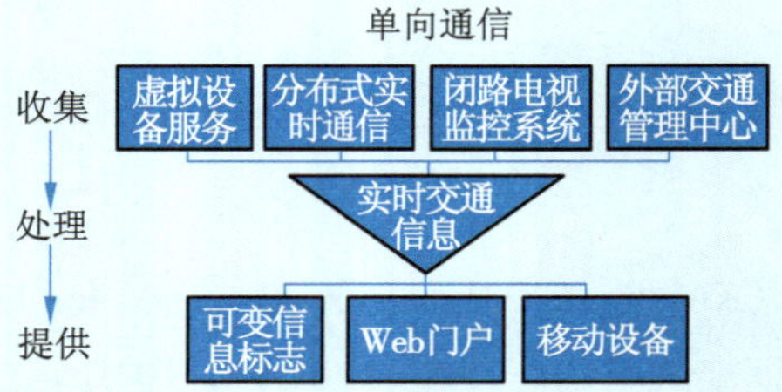	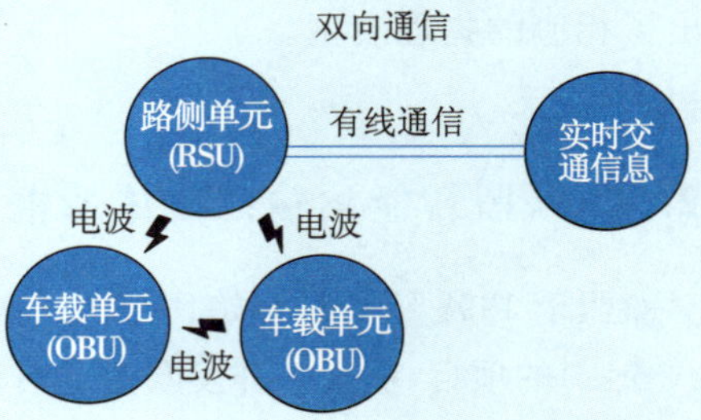
关键点	以运输管理为基础： 收集/提供系统分离信息：空间限制 提供中心处理的信息：延迟申请 难以对事件做出快速反应	以运输安全为基础： 持续的数据共享（V2V、V2I） 单车实时信息 迅速、积极地预防事件发生
示例	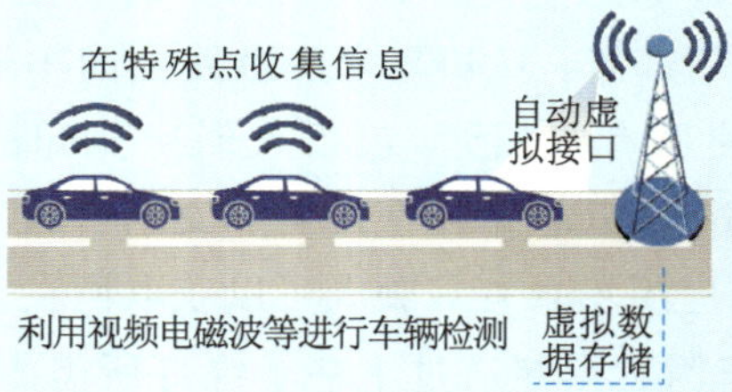	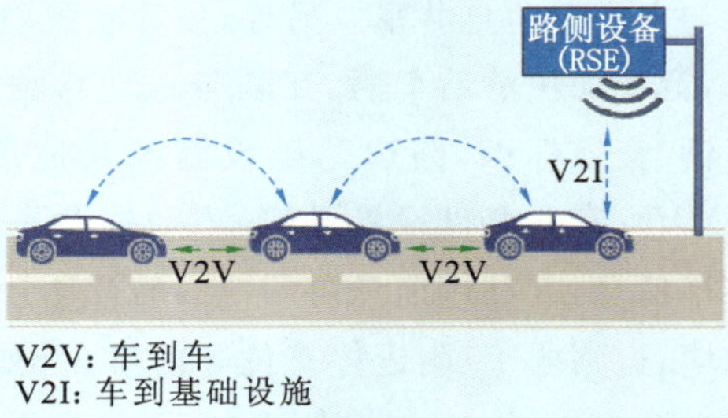

（1）用户需求

欧盟 ITS 用户需求覆盖框架体系结构和最终 ITS 运行效果的不同方面。

①对框架体系结构的需求：框架体系结构必须独立于目前的其他技术，以便适应未来的技术发展；框架体系结构必须从全欧盟的角度出发而不应局限于一个组织或一个地区；框架体系结构必须便于标准系统的建立，适用于各种服务商的服务和制造商的设备。

②对 ITS 设施和服务的兼容性、质量以及安全性的需求：信息、设备和基础设施的兼容性；服务在时间和空间上的连续性；避免不必要的费用；系统的可维护性和扩展性；系统安全性；用户友好性等。

③对 ITS 功能的需求：这也是用户需求的主体部分，具体有基础设施的规划和维护、法律约束、财政管理、紧急事件服务、旅行信息和导航、交通需求、事故需求管理、智能汽车系统、商务车和车队管理、公共交通管理。

(2)逻辑体系结构

KAREN 逻辑体系结构描述了欧盟 ITS 所列举的用户需求的功能及这些功能如何与外部世界联系起来，特别是与 ITS 使用者之间的联系，它也描述了欧盟 ITS 中使用的数据。

KAREN ITS 的逻辑体系结构由一系列功能领域构成，分别为：提供电子支付、提供安全和紧急情况处理、交通管理、公共交通运营管理、提供先进的驾驶便利、提供出行者旅行辅助、为法律保障提供支持、货物管理和车队调度。

KAREN 开发的所有逻辑结构模块都与用户需求紧密联系在一起，它提供了功能模块与用户需求之间的通道。

(3)物理体系结构

KAREN 项目开发了一系列示范系统来显示逻辑体系结构是如何被用来建立一个特定系统的。在物理体系结构中定义的子系统覆盖领域与逻辑体系结构中的功能领域是一致的。在物理体系结构中定义的子系统覆盖了以下领域：电子付费、安全和紧急情况处理、综合交通管理、公共交通运营、更方便的驾驶、出行者出行帮助、法律约束、货物管理和车队调度，这与逻辑体系结构中的功能领域是一致的。欧盟物理体系结构中的一个范例系统见图 2-5。

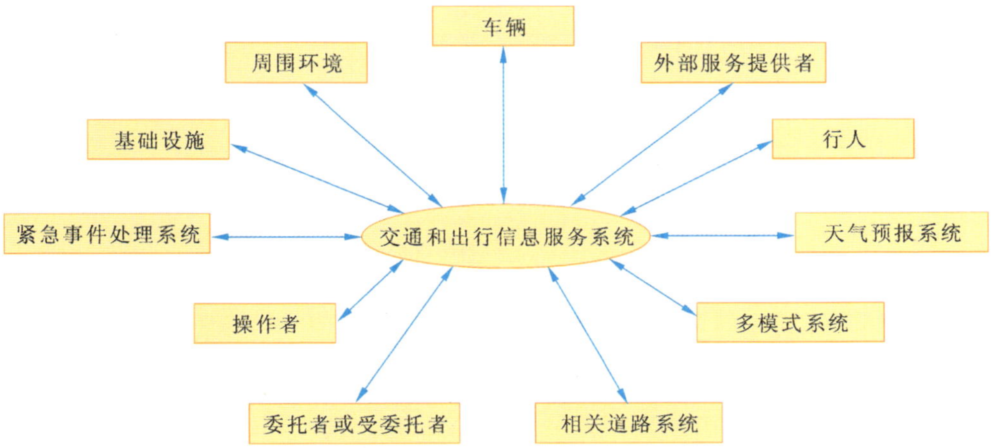

图 2-5　欧盟物理结构范例系统

2.3 我国智能运输系统体系框架

1995 年，交通部公路司组织代表团参加了第二届 ITS 世界大会。大会上，中国代表团意识到国际交通界对 ITS 十分关注，体验了当时即将在日本规模测试和推广的车载导航。1997 年，交通部代表团赴美考察，在加州体验了自动驾驶技术，并在华盛顿访问了美国 ITS 协会，为我国的 ITS 发展战略研究进行了广泛的实地考察。同时，科技部于 20 世纪 90 年代末期立项支持中国智能交通技术体系框架研究、中国智能交通体系标准框架体系研究等软课题，奠定了我国 ITS 体系框架发展的重要基础。

2.3.1 《中国 ITS 体系框架》(第一版，2001 年)

科技部于 2000 年 3 月组织全国交通运输领域的专家组成专家组，针对“九五”国家科技攻关项目“中国 ITS 体系框架研究”，起草了中国智能运输系统体系框架。2001 年提出的《中国智能运输系统(ITS)体系框架》(第一版)解决了中国 ITS 体系框架“从无到有”的问题，具有重要意义。

《中国 ITS 体系框架》(第一版)主要由以下几个方面组成：用户主体、服务主体、用户服务、系统功能、逻辑框架、物理框架、ITS 标准和经济技术评价。表 2-5 列出了 ITS 体系框架各组成部分与服务的关系。

表 2-5 ITS 体系框架各组成部分与服务的关系

组成部分名称	作用
用户主体	谁将是被服务的对象，明确了服务中的一方
服务主体	谁将提供服务，明确服务中的另一方，它与用户主体和特定的用户服务组成了系统基本的运行方式
用户服务	明确系统能提供什么样的服务
系统功能	将服务转化成系统特定的目标
逻辑框架	服务的组织化
物理框架	服务怎样具体提供
ITS 标准和经济技术评价	其他经济技术因素

(1)用户服务

我国 ITS 用户服务的服务领域共分为 8 个服务领域、34 项服务和 138 项子服务。用户服务层次(仅列出服务领域和服务)见表 2-6。

表 2-6 《中国 ITS 体系框架》(第一版)用户服务层次

用户服务领域	用户服务
1 交通管理与规划	1.1 交通法规监督与执行
	1.2 交通运输规划支持
	1.3 基础设施的维护管理
	1.4 交通控制
	1.5 需求管理
	1.6 紧急事件管理
2 电子收费	2.1 电子收费
3 出行者服务	3.1 出行前信息服务
	3.2 行驶中驾驶员信息服务
	3.3 途中公共交通信息服务
	3.4 个性化信息服务
	3.5 路径诱导及导航服务
4 车辆安全与辅助驾驶	4.1 视野的拓展
	4.2 纵向防撞
	4.3 横向防撞
	4.4 交叉路口防撞
	4.5 安全状况(检测)
	4.6 碰撞前乘员保护
	4.7 自动车辆驾驶
5 紧急事件和安全	5.1 紧急情况的确认及个人安全
	5.2 紧急车辆管理
	5.3 危险品及事故的通告
	5.4 公共出行安全
	5.5 易受伤害道路使用者的安全措施
	5.6 交汇处的安全服务
6 运营管理	6.1 公交规划
	6.2 车辆监视
	6.3 公交运营管理
	6.4 一般货物运输管理
	6.5 特种运输管理

续表 2-6

用户服务领域	用户服务
7 综合运输	7.1 交换客货运信息资源
	7.2 提供旅客联运服务
	7.3 提供货物联运服务
8 自动公路	8.1 自动公路

(2)逻辑框架

我国智能运输系统逻辑框架的顶层结构见图 2-6,逻辑框架最主要的内容就是描述系统功能之间的数据流。

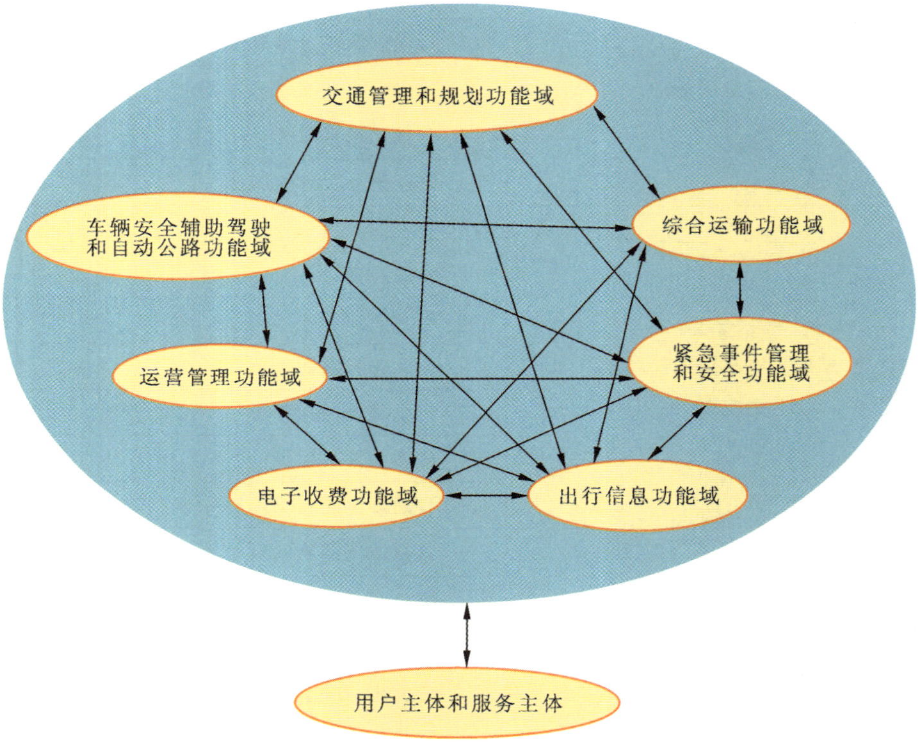

图 2-6 我国智能运输系统逻辑框架的顶层结构

(3)物理框架

物理框架是逻辑框架的具体实现,也是 ITS 从逻辑功能向实际物理硬件转化的一个重要层次,主要描述物理系统的功能和系统之间交换的框架流。物理框架是一些系统和子系统连接构成的。系统和子系统基本上是按交通系统的现状和职能进行划分的,图2-7是典型的物理顶层结构之一。

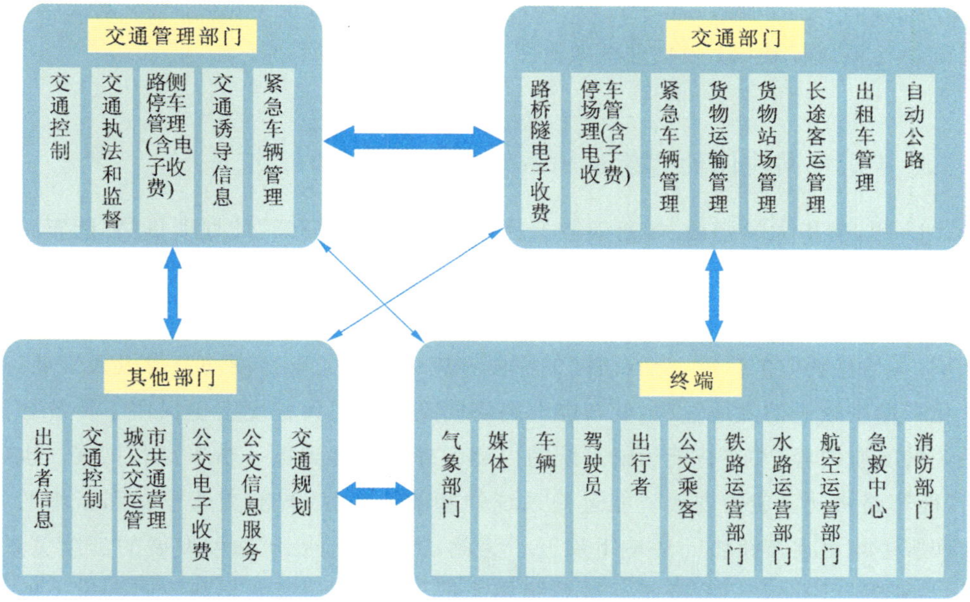

图 2-7　中国 ITS 物理框架顶层结构

2.3.2 《中国 ITS 体系框架》(第二版,2005 年)

科技部为了在《中国 ITS 体系框架》第一版的基础上,进一步推进中国 ITS 体系框架的相关工作,在 2002 年正式启动的国家"十五"科技攻关计划专项中,设立了"智能运输系统体系框架及支持系统开发"项目。该项目由国家智能交通系统工程技术研究中心承担,其目标主要有三方面:一是全面修订和完善国家体系框架,形成《中国 ITS 体系框架》(第二版);二是开发软件系统,主要为体系框架编制全过程提供支持环境;三是为在国家框架的指导下编制地方体系框架提供范例。

从 2004 年 1 月起,在国家智能交通系统工程技术研究中心的组织下,国家 ITS 体系框架的修订工作全面开展。2005 年发布的《中国 ITS 体系框架》(第二版)对用户服务进行全面更新,主要调整之处在于:

(1)新增和调整用户服务领域:新增 ITS 数据管理服务领域、新增交通基础设施管理服务领域,将原车辆安全与辅助驾驶、智能公路两个服务领域进行了合并。

(2)新增用户服务:勤务管理、停车管理、非机动车和行人通行管理、运政管理、长途客运管理、轨道交通运营管理、出租车运营管理、路政管理等。

(3)全面修订子服务:经过修订,《中国 ITS 体系框架》(第二版)包含的服务主要有:用户服务包含 9 个服务领域、47 项服务和 179 项子服务;逻辑框架包含 10 个功能领域、

57 项功能、101 项子功能、406 个过程、161 张数据流图；物理框架包含 10 个系统、38 个子系统、150 个系统模块、51 张物理框架流图；引入 58 个应用系统。

2.3.3 基于车路协同的智能运输系统体系框架(2011 年)

2011 年，清华大学张毅、姚丹亚教授团队依托科技部“863”计划项目“智能车路协同关键技术研究”，研究建立了“基于车路协同的智能运输系统体系框架”。智能车路协同系统作为智能交通发展的新阶段，各交通要素间存在的功能交互构成了整个交通系统的功能域，其信息获取的广度、交互协同的深度和应用开发的丰富度均获得极大扩展，这种层次化和循序渐进的发展过程，使智能车路协同系统在很大程度上仍保留了传统智能运输系统的实质内容，并在智能运输系统的内涵和外延上得到进一步丰富和拓展。也就是说，智能车路协同已成为现代智能运输系统的基础性内容，智能交通原有和新增的所有功能和服务均可在车路协同环境下展开。为此，为更好地展示这种发展的延续关系，张毅、姚丹亚教授团队在原有智能运输系统体系框架的基础上，就车路协同环境下的智能运输系统体系框架及其内容开展了深入、全面的分析和研究。

与近年来发布的各种智能运输系统体系框架相同，基于车路协同的智能运输系统体系框架也主要由以下四个方面组成，即用户服务、逻辑框架、物理框架和标准协议。目前，基于车路协同的智能运输系统框架基本情况为：用户服务包括 6 个服务领域、27 项服务、97 项子服务；逻辑框架包括 7 个功能领域、30 项功能、70 个过程；物理框架包括 6 个系统、30 个子系统。基于车路协同的智能运输系统服务领域、用户服务见表 2-7。

表 2-7 基于车路协同的智能运输系统服务领域、用户服务

用户服务领域	用户服务
1 车辆安全与控制	1.1 视野扩展
	1.2 车车纵向防撞
	1.3 车车横向防撞
	1.4 车辆交叉口防撞
	1.5 车辆与非机动车行人防撞
	1.6 安全状况实时监测与防护
	1.7 辅助车辆驾驶
2 行人及非机动车安全	2.1 危险预警
	2.2 安全通行

续表 2-7

用户服务领域	用户服务
3　信息服务	3.1　交通状态信息服务
	3.2　交通设施信息服务
	3.3　交通环境信息服务
	3.4　路径诱导信息服务
	3.5　公共交通信息服务
	3.6　个性化信息服务
	3.7　交通规划信息服务
4　交通管理	4.1　交通控制
	4.2　交通法规监督与执行
	4.3　需求管理
5　运营管理	5.1　交通运行过程监控
	5.2　交通设施运维
	5.3　公共交通管理
	5.4　货物运输管理
	5.5　电子收费服务
6　应急救援	6.1　紧急情况的确认
	6.2　紧急车辆管理
	6.3　危险品及事故的通告

2.3.4　智能交通实施方案(2016 年)

2016 年,国家发展改革委和交通运输部联合发布《推进“互联网+”便捷交通促进智能交通发展的实施方案》(以下简称“方案”),这是国家第一次就智能交通(ITS)发布的实施方案,方案为我国智能交通的未来发展指明了方向,这同时标志着历经二十多年的发展,我国智能交通即将进入新阶段。

方案明确以三个系统(智能运输服务系统、智能运输管理系统、智能决策支持系统)、两个支撑(智能交通基础设施、标准和技术)、一个环境(宽松有序发展环境)作为主要发展内容,在基础设施建设、产业发展、运行服务和技术应用等多个方面进行了详细的安排,同时覆盖了城市交通、公路、铁路、航空、水运。该总体框架不仅对 ITS 的开发和应用做出了安排,还特别注重推动智能交通前沿技术研发和对新兴战略产业的支持,如新一代国家交通控制网、车路协同、智能汽车、列车自动运行、综合枢纽协同、高速宽带无线互联和高速无线局域网等。总体框架主要内容见图 2-8。

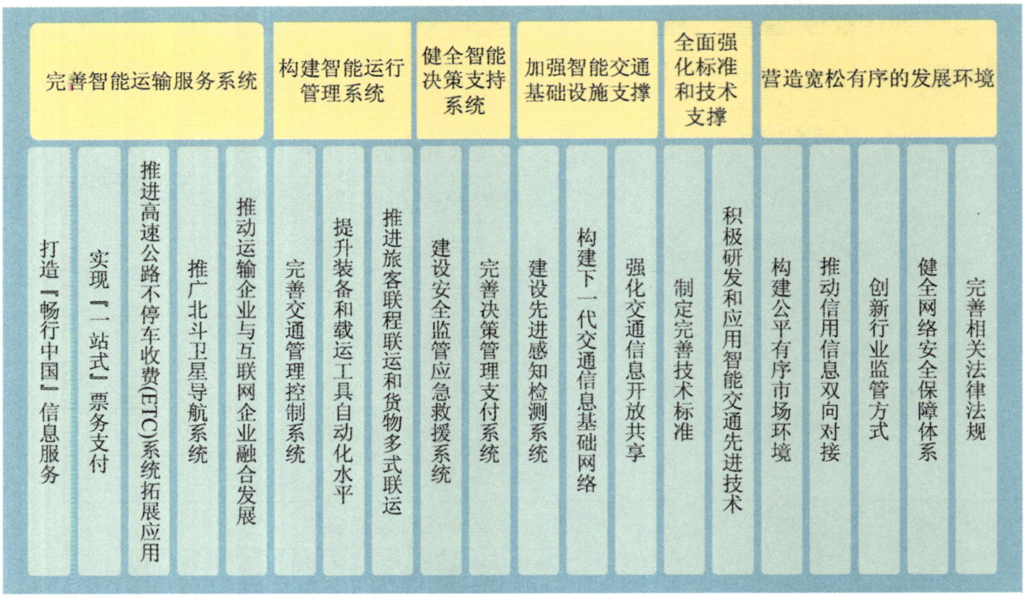

图 2-8 实施方案主要内容

2.3.5 交通强国下智能交通体系建设(2019 年)

2019 年党中央、国务院印发了《交通强国建设纲要》,勾画了未来 15～30 年我国交通运输现代化的愿景和路线图,目标是要实现交通运输的现代化,其中智能交通将发挥非常重要的作用,包括智能道路、智能高铁、智能船舶、智能物流、智能网联汽车等,AI、大数据等技术也将发挥重要作用。

2021 年上半年全国人大通过了《中华人民共和国国民经济和社会发展第十四个五年规划和 2035 年远景目标纲要》。该文件中对基础设施所做的布局非常多,包括传统的基础设施和新型基础设施,目标是要建成现代化的基础设施体系。新型基础设施包括 5G、数据中心等信息基础设施,融合基础设施与创新基础设施。同时在现代化基础设施体系的基础上,展望了未来数字中国的远景,对数字中国布局,包括数字服务、数字生活、数字产业和数字经济等。

在新政策和纲要的背景下,需要坚持创新驱动发展,推动互联网、大数据、人工智能、区块链等新技术与交通行业深度融合,推进先进技术装备应用,构建泛在互联、柔性协同、具有全球竞争力的智能运输系统,加强科技自立自强,夯实创新发展基础,增强综合交通运输发展新动能。智能交通战略主要建设目标为:全面建成世界领先的智能运输系统,领跑世界智能交通的发展;主要工作任务为:智能缓解交通拥堵、智能提升交通安全水平和提供高品质智能交通服务。交通强国的智能交通六大发展战略方向如下。

(1)大数据共享平台及交通云技术应用

①建立国家级、省级、市级三级大数据共享云平台,数据由下至上逐级汇聚,实现跨层级、跨地域、跨系统、跨部门、跨业务的数据共享、协同管理和一体化服务。

②建立大数据共享标准及安全管理机制。

③建立大数据政企开放共享模式和机制。

④建设模式:政府主导,企业建设运维。

⑤分析交通需求,优化基础设施和运营管理,挖掘交通大数据的潜在价值,建立健全大数据辅助科学决策机制。

⑥实现交通安全管理、拥堵管理、共享管理等智能化的组织管理。

(2)提高城市智能交通管理水平

①以智能交通为手段,创新数据驱动的城市交通智能化精细管理。

②建立基于大数据支撑的交通控制、管理、决策、服务一体化的部门联动、协同管控的智能交通管理系统。

③利用大数据、互联网+、人工智能等技术,创新交通管理服务新模式。

④推动基于大数据精准执法、互联网便民服务等智能交通部分领域领跑世界智能交通。

(3)实现高效便捷一站式智能客运服务,实现门到门一单制智能货运服务

①利用互联网、大数据、电子支付等先进技术,通过行车、停车、枢纽换乘、末端出行以及应答式定制服务等各个环节的智能化实现门到门的一站式高效便捷服务。

②实施个性化服务、多样化服务、全程服务、预约式服务等多种智能服务方式。

③建设信息共享、全程可视、智能可控的货运云平台,实现货运物流的全链条一体化信息服务与运输服务。

④推动使用货运电子运单,建立货物多式联运及共同配送。

⑤加强先进货运技术研发与应用,推动无人驾驶技术在货运车辆方面的研究和应用。

(4)智能提升交通主动安全水平

①交通安全智能分析研判体系建设。

②交通安全设施智能化提升。

③智能安全大通道建设。

④全社会智能交通安全防控体系。

⑤提高车辆安全水平、智能水平,改善车辆技术状况。

⑥智能化手段规范交通行为,促使交通安全文化的形成。

(5)车路协同一体化发展

①推进智能网联,强化理论研究,制定顶层设计,完善法律法规,建设智慧道路,完善

智慧车辆，推动应用“示范—推广—成网”。

②提高通行效率，提升交通安全性，促进节能环保。

③优先在长途货运和公交车方面推进无人驾驶。

(6)实现综合运输智能化关键技术突破

①基于交通大数据共享平台，建立涵盖全交通方式的全国综合运输智能监测和智能决策平台，并实现与城市智能平台对接。

②建设基于北斗导航系统的新一代智能运输系统。

③围绕连续导航、位置服务、紧急救援等领域展开北斗系统在交通领域规模化应用，实施北斗基础设施一体化、应用示范一体化和运营服务一体化。

④推进北斗导航系统在智能交通中的应用，建设基于北斗导航系统的交通监控、管理、公路收费、城市公交、停车以及交通事故应急救援系统。

2.4 智能运输系统标准体系

2.4.1 国外智能运输系统标准建设现状

国外智能运输系统标准化组织普遍根据技术发展趋势，在自动驾驶车路协同、信息交互、出行即服务、大数据、可持续发展等方面布局标准规范建设。其中，美国通过国家标准学会(ANSI)、美国机动车工程师学会(SAE)、电气与电子工程师协会(IEEE)、美国国家公路和交通管理者协会(AASHTO)、交通运输工程师协会(ITE)、美国测试和材料协会(ASTM)等机构来起草和制定，其标准制定范围涵盖：自动驾驶技术、车内和出行者信息服务、专用短程通信、车路协同相关设备、通信协议等；欧洲主要由欧洲电信标准化协会(ETSI)和欧洲标准化委员会(CEN)共同推进智能运输系统中与应用相关的标准以及智能运输系统通信相关标准，具体包括电子收费、货物运输、公共交通、交通及出行者信息、交通控制、物联网、信息与电子安全、合作系统；日本主要依托日本工业标准调查会(JISC)以及日本无线工业及商贸联合会(ARIB)等，重点开展智能交通车内设备技术、通信技术、通信协议、通信接口、智能运输系统架构等方面的标准制定。国际标准化组织方面，国际标准化组织(ISO)、国际电工委员会(IEC)、国际电信联盟(ITU)、第三代合作伙伴计划(3GPP)等分别以各自的技术支撑和应用场景为出发点，研究制定了针对交通服务、低碳减排等方面的相关标准，为智能交通的应用场景扩展和社会经济效益实现提供了支持。

各国非常重视对ITS规范与标准的制定，国际标准化组织于1992年设立运输信息与控制系统(TICS)技术委员会，也就是TC 204。2001年4月在夏威夷召开的ISO/TC 204全体会议上，一致通过将TC 204的名称更改为“智能运输系统(ITS)技术委员会”。

TC 204 负责制定交通信息与控制系统标准，涵盖了 ITS 的各个方面，包括交通信息管理、车辆控制系统、电子收费系统等。自 TC 204 成立以来，一些工作组已暂停或合并，目前有 12 个活跃的工作组(Working Group，以下简称 WG)，具体有 WG 1、WG 3、WG 5、WG 7、WG 8、WG 9、WG 10、WG 14、WG 16、WG 17、WG 18、WG 19。

(1)WG 1——体系构架

ITS 是一个庞大的系统集合，涉及多个应用领域，并且有众多参与者参与了长期的开发工作。因此，必须建立一种体系构架，以确保构成智能运输系统的各个系统的可扩展性，以及它们之间的互操作性和兼容性。WG 1 正在为 ITS 部门制定通用信息和方法的标准，包括标准化共享术语、数据表示格式、共享服务和系统概念架构，以及风险评估方法和服务的效益。WG 1 相关标准见表 2-8。

表 2-8　WG 1 相关标准

标准类别	标准信息
体系结构	智能运输系统　系统结构　ITS 标准和系统中的保密问题(ISO/TR 12859:2009)、智能运输系统　ITS 部门的参考模型体系结构　第 1、5、6 部分(ISO 14813-1:2015、ISO 14813-5:2010、ISO 14813-6:2017)
数据字典	智能运输系统　ITS 中央数据字典　第 1 部分至第 3 部分(ISO 14817-1:2015、ISO 14817-2:2015、ISO 14817-3:2017)
ITS/TICS 接口	智能运输系统　使用 UML 定义和记录 ITS/TICS 接口(ISO/TR 17452:2007)
合作 ITS	智能运输系统　合作 ITS　第 1 部分至第 3 部分(ISO/TR 17465-1:2014、ISO/TR 17465-2:2015、ISO/TR 17465-3:2015)
服务交付	智能运输系统　使用 Web 服务(机器　机器交付)进行 ITS　第 1 部分至第 3 部分(ISO 24097-1:2017、ISO/TR 24097-2:2015、ISO/TR 24097-3:2019)
系统体系	智能运输系统　结构、分类和术语　利用 ITS 系统体系结构开发 ITS 部署计划的程序(ISO/TR 24098:2007)、智能运输系统　系统体系结构　统一建模语言(UML)在 ITS 国际标准和可交付成果中的使用(ISO/TR 24529:2008)、智能运输系统　系统体系结构、分类和术语　在 ITS 标准、数据登记和数据字典中使用 XML(ISO 24531:2013)、智能运输系统　系统体系结构、分类法和术语　在 ITS 标准、数据注册表和数据字典中使用 CORBA(公共对象请求代理体系结构)(ISO/TR 24532:2006)、智能运输系统　系统结构　ITS 数据概念的协调(ISO/TR 25100:2012)、智能运输系统　系统体系结构“用例”形式模板(ISO/TR 25102:2008)、智能运输系统　系统体系结构、分类学、术语和数据模型　ITS 体系结构的培训要求(ISO/TR 25104:2008)、智能运输系统　系统结构　在 ITS 国际标准和其他可交付成果中使用面向过程的方法(ISO/TR 26999:2012)

(2)WG 3——ITS数据库技术

ITS的大多数应用涉及与人员、货物和车辆的流动有关的服务。这些服务不仅需要时间或费用等数据,还需要关于起点/目的地和路线的信息,与地理数据信息息息相关。车载导航系统的快速发展和协作式ITS的即将部署使得地理数据的作用至关重要。此外,包括道路环境的高精度3D图像和动态时空信息在内的信息,正在取代传统的地理数据概念,在快速发展的自动驾驶技术中发挥重要作用。WG 3专注于地理数据交换格式的标准化,以及支持高速搜索和位置引用的存储格式。此外,WG 3负责制定地理数据的功能需求、数据模型和数据元素。WG 3过去的工作主要集中在静态地理数据上,现在正尝试将动态空间-时间信息纳入其研究范围。WG 3相关标准见表2-9。

表2-9 WG 3相关标准

标准类别	标准信息
地理数据库	智能运输系统 协同ITS应用的地图数据库规范的扩展(ISO 14296:2016)、智能运输系统 地理数据文件(GDF) GDF5.0(ISO 14825:2011)、智能运输系统(ITS) 地理数据库的位置参考 第1部分至第3部分(ISO 17572-1:2015、ISO 17572-2:2018、ISO 17572-3:2015)、智能运输系统(ITS)数据库技术中使用的物理存储格式(PSF)和应用程序接口(API)的要求和逻辑数据模型以及PSF的逻辑数据组织(ISO/TS 20452:2007)
导航信息	智能运输系统导航系统应用程序接口(API)(ISO 17267:2009)、导航数据传送结构和协议(ISO 24099:2011)
时空数据	智能运输系统 用于协同ITS和自动驾驶系统2.0的时空数据字典(ISO/TR 21718:2019)

(3)WG 5——收费及通行费

WG 5正在推动电子收费标准的制定,包括ETC以及所有其他收费和结算类型,如道路收费、停车场收费和渡轮收费。目前,该工作组的主要焦点是ETC系统。车辆与路边设备之间的通信基于专用短程通信(DSRC),同时也基于使用全球导航卫星系统(GNSS)和蜂窝网络(CN)的GNSS/CN技术。在2008年TC 204全体会议上,GNSS/CN系统被更名为自主系统。自主系统是ISO和CEN共同承担的一项联合任务,其主要标准已于2010年完成。WG 5相关标准见表2-10。

表2-10 WG 5相关标准

标准类别	标准信息
电子收费	电子收费 专用短程通信应用接口定义(ISO 14906:2018、ISO 14906:2018/DAmd 1);电子收费 自治系统的应用接口定义 第1部分至第3部分(ISO 17575-1:2016、ISO 17575-2:2016、ISO 17575-3:2016);电子收费(EFC)-DSRC-OBE与外部车载设备之间的接口定义(ISO/TS 16785:2014);电子收费-IC卡车载计费接口定义(ISO 25110:2017)
	电子收费 服务提供和收费之间的信息交换(ISO 12855:2015)

续表 2-10

标准类别	标准信息
电子收费	电子收费　车载和路边设备符合 ISO 13141 的评价　第 1 部分至第 2 部分(ISO 13140-1:2016、ISO 13140-2:2016);电子收费　车载和路边设备符合 ISO 12813 的评价　第 1 部分至第 2 部分(ISO 13143-1:2016、ISO 13143-2:2016);电子收费　车载设备(OBE)的个性化　第 1 部分至第 2 部分(ISO/TS 21719-1:2018、ISO/TS 21719-2:2018);电子收费　车辆相关收费系统架构(ISO 17573:2010、ISO 17573-1)
	电子收费　用户和固定设备的测试程序　第 1 部分至第 2 部分(ISO/TS 14907-1:2015、ISO/TS 14907-2:2016)
	电子收费　设备符合 ISO/TS 17575-2 的评价　第 1 部分至第 2 部分(ISO/TR 16401-1:2018、ISO/TR 16401-2:2018);电子收费　符合 ISO 17575-1 的设备的评价　第 1 部分至第 2 部分(ISO 16407-1:2017、ISO 16410-2:2018)
	电子收费　安全框架(ISO/TS 19299:2015);电子收费　安全保护配置文件指南(ISO/TS 17574:2017)
	电子收费　调查多式联运服务共同支付办法的电子收费标准(ISO/TR 19639:2015);电子收费　未来标准化的收费政策和技术研究(ISO/TR 21190:2018);电子收费　收费性能　第 1 部分至第 2 部分(ISO/TS 17444-1:2017、ISO/TS 17444-2:2017)

(4)WG 7——一般车队管理和商业/货运

WG 7 工作组对危险货物运输和货物多式联运进行了标准化[将 1999 年 11 月蒙特利尔会议商定的前 WG 6(一般车队管理)和 WG 7(商业/货运)合并]。目前正在讨论的具体标准化工作项目包括商业货运车辆的业务监测、国际多式联运数据字典和信息集以及商业货运车辆监测。WG 7 相关标准见表 2-11。

表 2-11　WG 7 相关标准

标准类别	标准信息
管制商用货运车辆	智能运输系统　管制商用货运车辆(TARV)的协作远程通信应用框架　第 1 部分至第 22 部分(ISO 15638-1:2012、ISO 15638-2:2013、ISO 15638-3:2013、ISO 15638-5:2013、ISO 15638-6:2014、ISO 15638-7:2013、ISO 15638-8:2014、ISO/TS 15638-9:2013、ISO 15638-10:2017、ISO 15638-11:2014、ISO 15638-12:2014、ISO/TS 15638-13:2015、ISO 15638-14:2014、ISO 15638-15:2014、ISO 15638-16:2014、ISO 15638-17:2014、ISO 15638-18:2017、ISO/TS 15638-19:2013、ISO 15638-21:2018、ISO 15638-22:2019)

续表 2-11

标准类别	标准信息
促进货物流动及其多式联运的电子信息交换	智能运输系统 便利货物流动及其多式联运的电子信息交换 维持电子信息交换方法的管理规则(ISO/TS 17187:2013)、智能运输系统 促进货物流动及其多式联运的电子信息交换 道路交通信息交换方法(ISO/TS 24533:2012)
一般车队管理和商业货运操作	运输信息和控制系统(TICS) 一般车队管理和商业货运操作 危险材料/危险货物运输的电子识别和监控用数据字典和报文集(ISO 17687:2007)
	智能运输系统 商业货运 分销供应链中的汽车可见性 第 1 部分:体系结构和数据定义(ISO 18495-1:2016)
	智能运输系统 货运陆地运输内容识别和通信 第 1 部分至第 3 部分(ISO 26683-1:2013、ISO 26683-2:2013、ISO 26683-3:2019)

(5)WG 8——公共交通/紧急情况

WG 8 负责公共交通的标准化。公共交通包括公共汽车、火车、有轨电车和紧急车辆,WG 8 相关标准见表 2-12。

表 2-12　WG 8 相关标准

标准类别	标准信息
公共交通/紧急情况	智能运输系统 使用收费媒体支付应用程序的公共运输要求(ISO/TR 14806:2013)
	智能运输系统 公共运输用户信息 第 1 部分至第 3 部分(ISO 17185-1:2014、ISO 17185-2:2015、ISO/TR 17185-3:2015)
	智能运输系统 紧急疏散和灾难响应和恢复 第 1 部分:操作框架和概念(ISO/TR 19083-1:2016)
	基于账户的票务最新技术报告(ISO/TR 20526:2017)
公共交通/紧急情况	应急和公共交通车辆用优先信号系统的数据字典和信息集(PRESTO)(ISO 22951:2009)
	公共交通 互操作票价管理系统 第 1 部分至第 3 部分(ISO 24014-1:2015、ISO/TR 24014-2:2013、ISO/TR 24014-3:2013)

(6)WG 9——综合运输信息、管理和控制

WG 9 负责交通管理(交通信息与控制等)的标准化。具体来说,工作组正在对交通管理中心之间的信息系统化以及通信系统的标准化进行研究,以便实现高效的数据交

换，并向外部组织提供信息。WG 9 相关标准见表 2-13。

表 2-13　WG 9 相关标准

标准类别	标准信息
综合运输信息、管理和控制	智能运输系统　交通信号控制器和检测器之间的接口协议和信息集定义(ISO 10711:2012)
	运输信息和控制系统　运输信息和控制系统中心间数据接口　第 1 部分至第 3 部分(ISO 14827-1:2005、ISO 14827-2:2005、ISO 14827-3:2019)
	智能运输系统(ITS)　包括路边模块通信的数据交换　第 1 部分至第 3 部分(ISO 15784-1:2008、ISO 15784-2:2015、ISO 15784-3:2008)
	智能运输系统　交通管理系统评估用模拟模型　交通信号控制系统模拟用输入参数和报告模板(ISO/TR 16786:2015)
	智能运输系统　综合运输信息、管理和控制　ITS 系统中的数据质量(ISO/TR 21707:2008)

(7)WG 10——旅行者信息系统

由 WG 10 负责标准化的旅行者信息系统构成了 ITS 的核心部分。该工作组的研究旨在开发数据字典和消息集，以便通过不同的通信媒体[如 FM 广播、专用短程通信(DSRC)和数字广播]向驾驶员提供信息。WG 10 相关标准见表 2-14。

表 2-14　WG 10 相关标准

标准类别	标准信息
旅行者信息系统	智能运输系统　通过交通电文编码的交通和旅行信息电文　第 1 部分至第 3 部分(ISO 14819-1:2013、ISO 14819-2:2013、ISO 14819-3:2013)
	交通和旅客信息(TTI)　通过交通信息编码的 TTI 信息　第 6 部分:无线电数据系统的加密和条件接入　交通信息信道告警 C 编码(ISO 14819-6:2006)
旅行者信息系统	智能运输系统图形数据字典(ISO 14823:2017)
	智能运输系统　通过运输协议专家组的第 1 代(TPEG 1)二进制数据格式的交通和旅客信息　第 1 部分至第 11 部分(ISO/TS 18234-1:2013、ISO/TS 18234-2:2013、ISO/TS 18234-3:2013、ISO/TS 18234-4:2006、ISO/TS 18234-5:2006、ISO/TS 18234-6:2006、ISO/TS 18234-7:2013、ISO/TS 18234-8:2012、ISO/TS 18234-9:2013、ISO/TS 18234-10:2013、ISO/TS 18234-11:2013)
	智能运输系统图形数据字典(ISO 14823:2017)

续表 2-14

标准类别	标准信息
旅行者信息系统	智能运输系统 通过第 2 代运输协议专家组(TPEG 2)的交通和旅客信息(TTI) 第 1 至第 26 部分(ISO/TS 21219-1:2016、ISO/TS 21219-2:2014、ISO/TS 21219-3:2015、ISO/TS 21219-4:2015、ISO/TS 21219-5:2015、ISO/TS 21219-6:2015、ISO/TS 21219-9:2016、ISO/TS 21219-10:2016、ISO/TS 21219-14:2016、ISO/TS 21219-16:2016、ISO/TS 21219-18:2015、ISO/TS 21219-19:2016、ISO/TS 21219-21:2018、ISO/TS 21219-22:2017、ISO/TS 21219-23:2016、ISO/TS 21219-24:2017、ISO/TS 21219-25:2017、ISO/TS 21219-26:2018)
	交通和旅客信息(TTI) 通过传输协议专家组(TPEG)可扩展标记语言(XML) 的 TTI 第 1 部分至第 4 部分(ISO/TS 24530-1:2006、ISO/TS 24530-2:2006、ISO/TS 24530-3:2006、ISO/TS 24530-4:2006)

(8)WG 14——车辆/道路警告和控制系统

WG 14 正在推动驾驶控制技术的标准化，旨在减轻驾驶员的工作负担，提升驾驶便利性，增强对潜在危险的警觉性，减少交通事故的发生，并减轻事故造成的损害。WG 14 相关标准见表 2-15。

表 2-15 WG 14 相关标准

标准类别	标准信息
车辆/道路警告和控制系统	智能运输系统 曲线速度报警系统(CSWS) 性能要求和试验程序(ISO 11067:2015);智能运输系统 车道保持辅助系统(LKAS) 性能要求和试验程序(ISO 11270:2014);智能运输系统 自适应巡航控制系统 性能要求和试验程序(ISO 15622:2018);智能运输系统 车辆前方碰撞警告系统 性能要求和试验程序(ISO 15623:2013);运输信息和控制系统 交通障碍警告系统(TIWS) 系统要求(ISO/TS 15624:2001);智能运输系统 辅助停车系统(APS) 性能要求和试验程序(ISO 16787:2017);智能运输系统 车道偏离报警系统 性能要求和试验程序(ISO 17361:2017);运输信息和控制系统 低速操纵辅助设备(MALSO) 性能要求和试验程序(ISO 17386:2010);智能运输系统 车道变换决策辅助系统(LCDAS) 性能要求和试验程序(ISO 17387:2008);智能运输系统 行人探测和碰撞缓解系统(PDCMS) 性能要求和试验程序(ISO 19237:2017);智能运输系统 道路边界偏离预防系统(RBDPS) 性能要求和试验程序(ISO 19638:2018);智能运输系统 协同自适应巡航控制系统(CACC) 性能要求和试验程序(ISO 20035:2019);智能运输系统 部分自动停车系统(PAPS) 性能要求和试验程序(ISO 20900:2019);智能运输系统 部分自动车道内驾驶系统(PADS) 性能要求和试验程序(ISO 21717:2018);智能运输系统 低速跟随(LSF)系统 性能要求和试验程序(ISO 22178:2009);智能运输系统 前车碰撞缓解系统 操作、性能和验证要求(ISO 22840:2010);智能运输系统 倒车辅助装置增程倒车辅助系统(ERBA)(ISO 22839:2013);智能运输系统(ITS) 协作交叉口信号信息和违章警告系统(CIWS) 性能要求和试验程序(ISO 26684:2015)

续表 2-15

标准类别	标准信息
车辆/道路警告和控制系统	智能运输系统 外部危险检测和通知系统 基本要求(ISO 18682:2016)
	智能运输系统 车辆/道路警告和控制系统 车辆自动驾驶系统(RoVAS)/超越驾驶员辅助系统的标准化报告(ISO/TR 20545:2017)

(9)WG 16——通信技术

WG 16 参与了 ITS 中使用的通信系统的标准化工作。该工作组讨论了 ITS 通信中使用的 CALM 系统和从现已解散的 WG 16(专用短程通信)继承的 DSRC,以及探测器数据系统。WG 16 相关标准见表 2-16。

表 2-16　WG 16 相关标准

标准类别	标准信息
陆地移动通信接入(CALM)	智能运输系统 陆地移动通信接入(CALM) 合法侦听的安全考虑(ISO/TR 11766:2010)、智能运输系统 陆地移动通信接入(CALM) 执法数据保持(ISO/TR 11769:2010)、智能运输系统 地面移动通信接入(CALM) 使用广播通信(ISO 13183:2012)、智能运输系统 陆地移动通信接入(CALM) 全球使用的通信协议报文(ISO/TS 16460:2016)、智能传输系统 陆地移动通信接入(CALM) 演进通用陆地无线电接入网(E UTRAN) 第 1 部分:一般用途(ISO 17515-1:2015)、智能运输系统 陆地移动通信接入(CALM) 6LoWPAN 联网(ISO 19079:2016)、智能运输系统 陆地移动通信接入(CALM) CoAP 设施(ISO 19080:2016)、智能运输系统 陆地移动通信接入(CALM) IPv6 联网(ISO 21210:2012、ISO 21210:2012/ Amd 1:2017)、智能运输系统 陆地移动通信接入(CALM) 2G 蜂窝系统(ISO 21212:2008)、智能运输系统 陆地移动通信接入(CALM) 3G 蜂窝系统(ISO 21213:2008)、智能运输系统 陆地移动通信接入(CALM) 可扩展系统(ISO 21214:2015)、智能运输系统 陆地移动通信接入(CALM) 毫米波空中接口(ISO 21216:2012)、智能运输系统 陆地移动通信接入(CALM) 体系结构(ISO 21217:2014)、智能运输系统 陆地移动通信接入(CALM) 应用管理 第 1、2、6 部分(ISO 24101-1:2008、ISO 24101-2:2010、ISO 24102-6:2018)、智能运输系统 陆地移动通信接入(CALM) 媒体适配接口层(MAIL)(ISO 24103:2009)、智能运输系统 陆地移动通信接入(CALM) 使用公共网络的一般要求(ISO 25111:2009)、智能运输系统 陆地移动通信接入(CALM) 使用 IEEE 802.16 的移动的无线宽带(ISO 25112:2010)、智能运输系统 陆地移动通信接入(CALM) 使用 HCSDMA 的移动的无线宽带(ISO 25113:2010)、智能运输系统 陆地移动通信接入(CALM) 卫星网络(ISO 29282:2011)

续表 2-16

标准类别	标准信息
通信技术	智能运输系统 专用短程通信(DSRC) DSRC 应用层(ISO 15628:2013)、智能运输系统 广域通信 协议管理信息(ISO 15662:2006)、智能运输系统 局部化通信 ITS-M5(ISO 21215:2018)、智能运输系统 混合通信 接入技术支持(ISO 21218:2018)、智能运输系统 局部通信 第 1 部分至第 2 部分(ISO 29281-1:2018、ISO 29281-2:2019)、ITS CALM 移动的无线宽带应用使用符合 IEEE 802.20 的通信(ISO 29283:2011)、智能运输系统 灾害和紧急通信用 ITS 通信网络的优先权 用例方案(ISO/TR 18317:2017)
车辆探测	智能运输系统 探测车信息系统中隐私和完整性保护的标准(ISO 16461:2018)、智能运输系统 探测车信息服务中个人数据保护的基本原则(ISO 24100:2010)、智能运输系统 基于事件的探测车辆数据(ISO/TS 29284:2012)、用于广域通信的车辆探测数据(ISO 22837:2009)、智能运输系统 探测器数据报告管理(PDRM)(ISO/TS 25114:2010)
ITS 车站管理	智能运输系统 ITS 车站管理 第 1 部分至第 4 部分(ISO 24102-1:2018、ISO 24102-2:2018、ISO 24102-3:2018、ISO 24102-4:2018)
紧急信息	智能运输系统 使用任何可用无线媒体的 ITS 安全和紧急信息 数据登记程序(ISO 24978:2009)

(10)WG 17——智能运输系统中的移动设备

WG 17 负责制定针对使用便携式设备如智能手机和便携式导航设备等 ITS 服务的标准。涵盖了车辆接口的标准制定、安全辅助系统的引导协议,以及向旅行者提供信息服务。WG 17 相关标准见表 2-17。

表 2-17 WG 17 相关标准

标准类别	标准信息
智能运输系统中的移动设备	智能运输系统 使用移动和便携式设备支持车辆中的 ITS 服务和多媒体供应(ISO/TR 10992:2011、ISO/TR 10992-2:2017)
	智能运输系统(ITS) 使用个人 ITS 站支持为旅行者提供 ITS 服务 第 1 部分:一般信息和用例定义(ISO 13111-1:2017);智能运输系统(ITS) 通过个人 ITS 站的咨询安全系统的指导协议 第 1 部分至第 3 部分(ISO/TR 13184-1:2013、ISO 13184-2:2016、ISO 13184-3:2017)
	智能运输系统 ITS 服务的提供和支持的车辆接口 第 1 部分至第 3 部分(ISO/TR 13185-1:2012、ISO 13185-2:2015、ISO 13185-3:2018)

续表 2-17

标准类别	标准信息
智能运输系统中的移动设备	智能运输系统　个人和车辆 ITS 站的室内导航　第 1、4 部分(ISO 17438-1:2016、ISO 17438-4:2019)
	智能运输系统　绿色 ITS(G ITS)标准框架　第 1 部分:一般信息和用例定义(ISO/TR 20529-1:2017)
	智能运输系统(ITS)　微型移动设备服务平台　第 1 部分:一般信息和用例定义(ISO/TR 22085-1:2019)
	智能运输系统(ITS)　基于网络的陆地运输精确定位基础设施　第 1 部分:一般信息和用例定义(ISO/TR 22086-1:2019)

(11)WG 18——合作系统

合作式智能运输系统集成了车辆到车辆(V2V)、车辆到基础设施(V2I)和基础设施到基础设施(I2I)通信,并通过通信系统支持广泛的 ITS 服务。WG 18 不仅开展自己的标准化工作,还协调其他工作组的相关工作项目。WG 18 相关标准见表 2-18。

表 2-18　WG 18 相关标准

标准类别	标准信息
合作制度	智能运输系统　合作制度　全球唯一标识(ISO 17419:2018)、智能运输系统　合作制度　应用需求和目标(ISO 17423:2018)、智能运输系统　合作制度　本地动态地图概念的艺术状态(ISO/TR 17424:2015)、智能运输系统　合作制度　车内显示外部和轨道相关数据的数据交换规范(ISO/TS 17425:2016)、智能运输系统　合作制度　上下文的速度(ISO/TS 17426:2016)
合作式智能运输系统	智能运输系统　合作式智能运输系统　第 1 部分至第 10 部分(ISO 17427-1:2018、ISO/TR 17427-2:2015、ISO/TR 17427-3:2015、ISO/TR 17427-4:2015、ISO/TR 17427-6:2015、ISO/TR 17427-7:2015、ISO/TR 17427-8:2015、ISO/TR 17427-9:2015、ISO/TR 17427-10:2015)
合作 ITS	智能运输系统　合作 ITS　ITS 站间信息传递的 ITS 站设施(ISO/TS 17429:2017)、智能运输系统　合作 ITS　局部动态地图(ISO 18750:2018)、智能运输系统　合作 ITS　车载信息(IVI)数据结构词典(ISO/TS 19321:2015)、智能运输系统　合作 ITS　ISO/TS 17426 的测试要求和协议实现一致性声明(PICS)形式(ISO/TS 21189:2019)
协作 ITS	智能运输系统　协作 ITS　使用 V2I 和 I2V 通信用于信号交叉口相关应用(ISO/TS 19091:2019)、智能运输系统　协同 ITS　测试体系结构(ISO/TS 20026:2017)

(12)WG 19——移动集成

在2018年秋季,于布达佩斯举行的TC 204全体会议上,决定成立WG 19。WG 19在ISO/TC 204中被定位为与CEN/TC 278/WG 17(城市ITS)的联合工作组。该工作组的主要目的是定义机动性整合的国际标准,不包括现有工作组的工作项目。WG 19与其他工作组协作,并处理其他工作组无法完成的项目。WG 19的范围广泛,包括城市和城市间的流动。为了实现一个在人口密集的城市地区利用自动化驾驶系统解决人口集中和流动性问题,并在人口稀少地区提供流动性的社会,城市管理者需要工具/指南来解决这些问题。WG 19的目标是开展活动,确定在实施ITS技术以改善城市环境时应使用和参考的国际标准。

(13)WG 4——自动车辆和设备识别(已解散)

WG 4负责讨论在处理AVI/AEI的系统之间实现互操作性所需项目的标准化,AVI/AEI是使用车载设备或标签等简单媒体的汽车或货物的自动识别系统。虽然WG 4处理的国际标准在交换信息时广泛使用,但是在最近几年中,除了回应已发布文件中的勘误或纠正不一致之外,没有提出任何新的标准提案。鉴于这种情况,考虑对WG 4的活动范围进行修订,使其成为TC 204处理CEN/TC 278/WG 17(城市ITS)中所提出的问题的工作组。然而,由于担心这可能与其他工作组产生混淆,修订WG 4活动范围的提议被放弃。在2018年9月举行的第53届TC 204全体会议上正式批准了其解散。WG 4相关标准见表2-19。

表2-19 WG 4相关标准

标准类别	标准信息
自动车辆和设备识别	道路运输和交通远程信息处理 自动车辆和设备识别 参考体系结构和术语(ISO 14814:2006)、道路运输和交通远程信息处理 自动车辆和设备识别 系统规范(ISO 14815:2005)、道路运输和交通远程信息处理 自动车辆和设备识别 编号和数据结构(ISO 14816:2005、ISO 14816:2005/Amd 1:2019)
	智能运输系统 自动车辆和设备识别 联运货物运输体系结构和术语(ISO 17261:2012)、智能运输系统 车辆和设备自动识别 编号和数据结构(ISO 17262:2012、ISO 17262:2012/Amd 1:2019、ISO 17262:2012/Cor 1:2013)、智能运输系统 车辆和设备自动识别 系统参数(ISO 17263:2012、ISO 17263:2012/Cor 1:2013)、智能运输系统 车辆和设备自动识别 接口(ISO 17264:2009、ISO 17264:2009/Amd 1:2019)、智能运输系统 自动车辆识别 基本电子登记识别(ERI)(ISO 24535:2007)
	车辆和设备 自动识别车辆电子注册识别(ERI) 第1部分至第5部分(ISO 24534-1:2010、ISO 24534-2:2010、ISO 24534-3:2016、ISO 24534-4:2010、ISO 24534-4:2010/Amd 1:2019、ISO 24534-5:2011、ISO 24534-5:2011/Amd 1:2019)

此外，美国于 1992 年建立了 ITS 的通信协议 NTCIP，2019 年，美国通信委员会(FCC)为 C-V2X 分配了 5.905～5.925 GHz 专用频谱，并把 5.895～5.905 GHz 频段的 10 MHz从 DSRC 转给 C-V2X。欧盟标准化组织于 1990 开始 CEN/TC 278 的工作，并与 ISO 订立了 Vienna 协议；日本 1991 年 12 月开始 ITS 标准的全面制定工作，日本汽车委员会被指定为制定标准的秘书单位。

针对智能交通中的车路协同应用，美国、欧盟和我国都重点针对车路协同感知规划了大量的标准。美国在 DSRC 通信技术的基础上，发布了 SAE 2735、SAE 2945、SAE 3016、SAE 3216 及相关标准，具体见表 2-20，是全球范围内最早的车路协同标准，规划了一系列协同感知类场景，比如弱势交通参与者预警、信号灯信息共享、紧急车辆警告等。欧洲 ETSI 也在 DSRC 的基础上制定了欧洲的 ETSI G5 标准，场景方面与美国标准基本类似。2011 年国际标准化组织道路车辆技术委员会(ISO/TC 22)发布的 ISO 26262 道路车辆功能安全(Road Vehicles Functional Safety)国际标准，并于 2018 年正式启动全球首个自动驾驶安全国际标准 ISO/PAS 21448 道路车辆预期功能安全(Road Vehicles-Safety of the Intended Functionality)的制定，其立足于对自动驾驶安全影响更广泛的非故障安全领域，重点关注自动驾驶系统的行为安全，解决因自身设计不足或性能局限在遇到一定触发条件(如环境干扰或人员误用)时而导致的危害；同时，针对车联网的网络信息安全，国际标准化组织 ISO 与美国汽车工程学会 SAE 联合编制 ISO/SAE 21434 汽车信息安全工程，该标准为确保网络信息安全预先设计到车辆中定义了一个结构化过程，为整个供应链提供了一种交流和管理网络安全风险的通用语言，量化了车辆中不同系统或功能的网络风险。中国车路协同系列标准具有领先优势，DAY Ⅰ、DAY Ⅱ、增强型、高等级车路协同应用场景行业标准和国家标准已经完成制定并发布，V2X 应用层标准的场景设计比欧美更加全面，服务对象兼顾了 L0—L5 的普通网联汽车和高等级自动驾驶汽车，应用场景不仅涉及协同感知类应用场景，甚至还包括协同决策规划和协同控制类应用场景。

表 2-20　SAE 相关标准

标准类别	标准编号	标准名称
J2735 系列标准	J2735_202309	V2X 通信报文集字典
J2945 系列标准	J2945_201712	专用短程通信(DSRC)系统工程流程指南，适用于 SAE J2945/X 文件和通用设计概念
	J2945/1_202004	V2V 安全通信的车载系统要求
	J2945/2_201810	提高 V2V 安全意识的专用短程通信(DSRC)性能要求
	J2945/3_202201	道路气象应用要求
	J2945/4_202305	道路安全应用

续表 2-20

标准类别	标准编号	标准名称
J2945 系列标准	J2945/5_202002	互联车辆应用服务特定权限和安全指南
	J2945/6_202310	协同自适应巡航控制系统(CACC)和排队的性能要求
	J2945/7_202308	用于 V2X 系统的高精度定位系统
	J2945/9_201703	弱势道路使用者安全信息最低性能要求
J3016 系列标准	J3016_202104	公路机动车辆驾驶自动化系统相关术语的分类和定义
J3216 系列标准	J3216_202107	公路机动车辆自动协同驾驶相关术语的分类和定义

这些标准组织在当前以及未来将会加强与智能交通专业方向的标准化组织的联系，在新技术和新场景的基础上研究制定与之匹配的国际标准，为全球智能交通发展提供推进动力。

2.4.2 我国智能运输系统标准体系

(1)我国智能运输系统标准体系发展历程

为做好智能运输系统的标准化工作，1999 年 10 月，在科技部和国家质量监督检验检疫总局的统一安排下，国家智能交通系统工程技术研究中心和 ISO/TC 204 中国秘书处承担了我国智能运输系统标准体系的研究工作。制定了包括标准体系表在内的 200 多项标准，内容覆盖了信息定义和编码、专用短程通信、数字地图及定位、电子收费、交通管理与紧急事件管理、综合运输与运输管理、信息服务、自动公路与车辆辅助驾驶系统等领域。

后续经过不断完善与发展，形成的智能运输系统标准体系包括基础标准、服务标准、技术标准、产品标准四个部分。

①基础标准，包括术语与定义、分类编码与符号、数据管理三类。

②服务标准，包括道路管理与应急处置、出行服务、运输组织三类。

③技术标准，包括信息采集技术、信息交互技术、信息安全技术三类。

④产品标准，包括路侧及中心系统、车载及便携设备、测试三类。

当前，交通运输进入了加快建设交通强国、推动交通运输高质量发展的新阶段。交通强国建设对智能运输系统提出了新的更高的要求，新技术的发展催生了新的交通运输管理和服务模式，现有智能运输系统标准体系框架和标准内容与新形势下智能运输系统发展需求存在一定的差距：在体系框架方面，原有标准体系划分为道路管理与控制、交通信息服务、城市交通智能化、营运车辆管理、电子支付、智能驾驶、车路协同、交通通信和信息交换、交通数据管理与信息安全等专业方向，未充分体现智慧物流、设备设施数字化智能化、一体化出行等现阶段及未来智能交通发展的重点方向。在标准内容方面，智慧物流、设施设备数字化智能化、一体化出行等现阶段及未来智能交通发展的重点方向标准供给不足。新一代人工智能、大数据等技术在智能运输系统中的创新应用引领性标准不足。2022 年 5 月，交通运输部下发了《交通运输部办公厅关于更新完善交通运输各专业标准体系的通知》(交办科技函〔2022〕689 号)，要求进一步更新完善智能运输系统标准体系，明确新形势下标准制修订任务，ITS 标准化技术委员会(以下简称标委会)承担了我国智能运输系统标准体系的研究工作。2023 年 11 月 18 日，在 2023 年 ITS 标委会年会上，全体委员审议通过智能运输系统标准体系。会后，修改完善形成《智能运输系统标准体系(2024 年)》，内容覆盖智慧出行、智慧物流、枢纽运营管理与服务、交通运行管理与服务、感知检测、通信传输、协同管控、网络数据安全、智能载运装备及系统、设施智能化设备及系统等领域。

(2)智能运输系统标准体系总体情况

按照《交通强国建设纲要》《国家综合立体交通网规划纲要》《国家标准化发展纲要》《“十四五”新型基础设施建设规划》《交通运输标准化“十四五”发展规划》《关于推动交通运输领域新型基础设施建设的指导意见》等总体部署，以服务交通运输高质量发展为目标，聚焦智慧物流、智慧出行，以及设施设备数字化智能化、自动驾驶与车路协同等需求，研究构建智能运输系统标准体系。通过加快智能运输系统重点标准的制定和修订，推广智能化、数字化交通装备及成套技术，推进交通基础设施数字化、网联化，推动新一代智能交通管理，提高交通运输智慧发展水平，提升交通系统运行效率、安全性和出行体验，更好地服务加快建设交通强国。

《智能运输系统标准体系(2024 年)》收录的标准包括全国智能运输系统标准化技术委员会归口管理的现行有效、在编和拟编的国家标准 145 项、行业标准 95 项，以及与智能运输系统相关的国家标准及行业标准 22 项。按照国家标准《标准体系构建原则和要求》(GB/T 13016—2018)，根据标准体系的内在特征和智能运输系统的具体特点，确定标准体系的结构，包括术语、分类编码和数据字典等基础标准，智慧出行、智慧物流、交通运行等管理与服务标准，感知监测、通信传输、协同管控等技术标准，智能载运装备、设施智能化设备及系统等产品标准，以及相关标准。

(3)智能运输系统标准体系结构和范围

按照《标准体系构建原则和要求》(GB/T 13016—2018)的要求，根据智能运输系统标准化活动的基本要素、业务流程和标准化对象，按照标准的类型划分为五个板块：100 基础标准、200 服务标准、300 技术标准、400 产品标准、900 相关标准。体系架构见图 2-9。

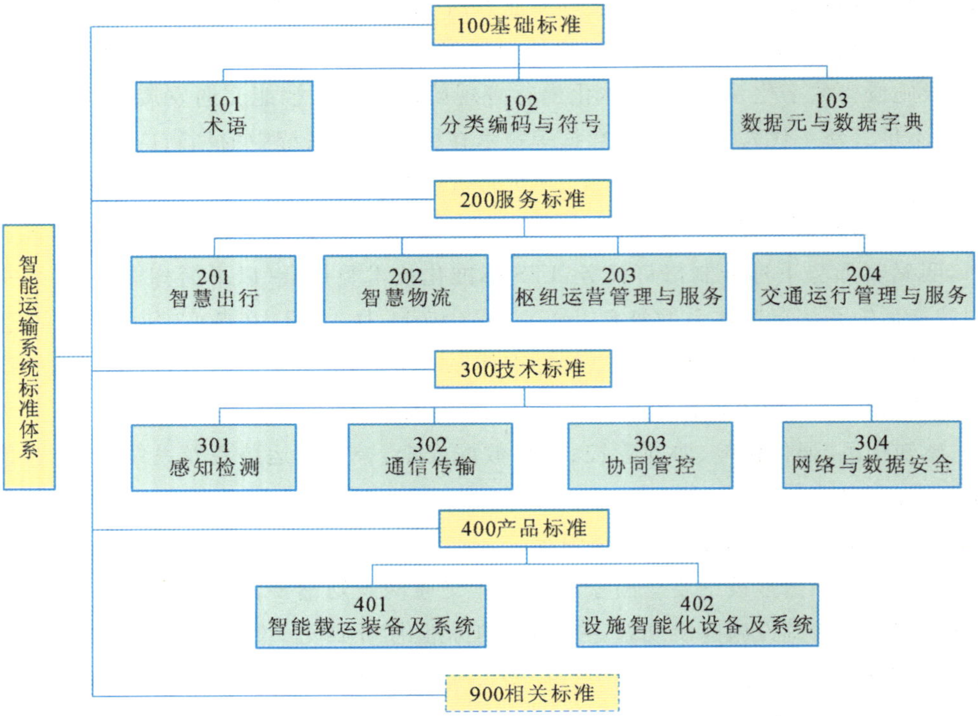

图 2-9　智能运输系统标准体系架构图

①基础标准主要内容

100 基础标准包括 101 术语、102 分类编码与符号、103 数据元与数据字典，其标准内容如下。

100 基础标准：智能运输系统领域具有通用性特征的共性标准。

101 术语：包括多种运输方式的智能运输系统相关术语。新增智慧物流的内容，具体如表 2-21 所示。

表 2-21　101 术语相关国家标准

标准类别	标准信息	体系编号
体系结构	智能运输系统体系结构服务(GB/T 20607—2006)	101.1
通用术语	智能运输系统通用术语(GB/T 20839—2007)	101.2
	道路交通信息服务术语(GB/T 29108—2021)	101.3

102 分类编码与符号：包括多种运输方式的交通信息、交通信息服务等编码规则、代码结构和图形符号。新增车路协同、综合交通客运站点数字化、公路智慧化出行服务数字化的内容，具体如表 2-22 所示。

103 数据元与数据字典：包括数据元、数据字典类、信息集和消息集。新增公路路侧设备数据交换协议的相关内容，具体见表 2-23。

表 2-22　102 分类编码与符号相关国家标准

标准类别	标准信息	体系编号
交通信息采集	道路交通信息采集　信息分类与编码(GB/T 20133—2006)	102.1
信息属性分类	交通管理信息属性分类与编码　城市道路(GB/T 21379—2008) 道路交通信息服务　信息分类与编码(GB/T 21394—2008)	102.2 102.4
地理信息实体标识	交通管理地理信息实体标识编码规则　城市道路(GB/T 21381—2008)	102.3
电子收费	电子收费　关键信息编码(GB/T 28422—2012)	102.5
监控系统	交通电视监控系统设备用图形符号及图例(GB/T 28424—2012)	102.6
信息服务	道路交通信息服务　交通事件分类与编码(GB/T 29100—2012) 道路交通信息服务　浮动车数据编码(GB/T 29105—2012) 道路交通信息服务　道路编码规则(GB/T 29744—2013)	102.7 102.8 102.9
物联网	交通运输　物联网标识规则(GB/T 37375—2019) 交通运输　物联网标识应用分类及编码(GB/T 37377—2019)	102.10 102.11

表 2-23　103 数据元与数据字典相关国家标准

标准类别	标准信息	体系编号
智能运输系统	智能运输系统　数据字典要求(GB/T 20606—2006)、智能运输系统　中央数据登记簿数据管理机制要求(GB/T 20611—2006)、智能运输系统　消息集模板(GB/T 28425—2012)	103.1 103.2 103.5
道路、水路货物	道路、水路货物运输地理信息基础数据元(GB/T 26767—2011)、道路、水路货物运输基础数据元(GB/T 26768—2011)	103.3 103.4
道路交通	道路交通运输　地理信息系统　数据字典要求(GB/T 28970—2012)、道路交通管理数据字典　交通检测器(GB/T 29095—2012)、道路交通管理数据字典　交通事件数据(GB/T 29096—2012)、道路交通管理数据字典　交通网络(GB/T 29097—2012)、道路交通管理数据字典　交通信号控制(GB/T 29098—2012)	103.6 103.7 103.8 103.9 103.10

②服务标准主要内容

200 服务标准包括 201 智慧出行、202 智慧物流、203 枢纽运营管理与服务、204 交通运行管理与服务，其标准内容如下。

200 服务标准：智能运输系统领域服务应满足的要求以确保其适用性的标准。

201 智慧出行：包括多种客运及旅客联程的交通信息发布、设备及系统、便捷支付等，具体见表 2-24。

表 2-24　201 智慧出行相关国家标准

标准类别	标准信息	体系编号
信息采集与结构	道路交通信息采集 事件信息集(GB/T 20134—2006)、停车诱导信息集(GB/T 26770—2011)、实时交通信息服务数据结构(GB/T 29746—2013)、面向个人移动便携终端智能交通运输信息服务应用数据交换协议(GB/T 37380—2019)	201.1 201.6 201.23 201.39
电子收费	智能运输系统电子收费系统框架模型(GB/T 20135—2006)	201.2
交通及出行信息	交通和旅客信息(TTI)经交通报文编码的 TTI 报文(GB/T 20612.1—2006、GB/T 20612.2—2006、GB/T 20612.3—2006)、跨区域交通出行服务信息交换(GB/T 33576—2017)	201.3 201.4 201.5 201.33
电子收费	电子收费 OBE-SAM 数据格式和技术要求(GB/T 28420—2012)、电子收费基于专用短程通信的电子收费交易(GB/T 28421—2012)、电子收费路侧单元与车道控制器接口(GB/T 28423—2012)、电子收费车道系统技术要求(GB/T 28967—2012)、电子收费车道配套设施技术要求(GB/T 28968—2012)、电子收费车载单元初始化设备(GB/T 28969—2012)、电子收费集成电路(IC)卡读写器技术要求(GB/T 31441—2015)、电子收费 CPU 卡数据格式和技术要求(GB/T 31442—2015)	201.7～201.12 201.24 201.25
道路信息服务	道路交通信息服务 浮动车历史数据交换存储格式(GB/T 29099—2012)、道路交通信息服务 数据服务质量规范(GB/T 29101—2012)、道路交通信息服务 通过调频数据广播发布的道路交通信息(GB/T 29102—2012)、道路交通信息服务 通过可变情报板发布的交通信息(GB/T 29103—2012)、道路交通信息服务 长途客运线路信息(GB/T 29104—2012)、道路交通信息服务 交通状况描述(GB/T 29107—2012)、道路交通信息服务 通过无线电台发布的交通信息(GB/T 29109—2012)、道路交通信息服务 公共汽电车线路信息基础数据元(GB/T 29110—2012)、道路交通信息服务 通过蜂窝网络发布的交通信息(GB/T 29111—2012)	201.13～201.21
停车场	公共停车场(库)信息联网通用技术要求(GB/T 29745—2013)、停车场电子收费第 1 至第 4 部分(GB/T 35070.1—2018、GB/T 35070.2—2018、GB/T 35070.3—2018、GB/T 35070.4—2018)	201.22 201.34～201.37
公共交通	快速公交(BRT)智能系统第 1 至第 7 部分(GB/T 31455.1—2015、GB/T 31455.2—2015、GB/T 31455.3—2015、GB/T 31455.4—2015、GB/T 31455.5—2015、GB/T 31455.6—2015、GB/T 31455.7—2015)、公共交通车载电子设备数据总线通信接口规范(GB/T 35174—2017)	201.26～201.32 201.38

202 智慧物流：包括多种货运的信息发布、设备及系统、“一单制”物流服务等，具体见表 2-25。

203 枢纽运营管理与服务：包括综合枢纽的信息发布、监测及运行调度等，具体见表 2-25。

204 交通运行管理与服务：包括多种运输方式的交通运行状态监测、控制及运行管理服务等，具体见表 2-25。

表 2-25　202 智慧物流、203 枢纽运营管理与服务、204 交通运行管理与服务相关国家标准

标准类别	标准信息	体系编号
物流数据	运输与仓储业务数据交换应用规范(GB/T 26772—2011)	202.1
枢纽	基于 XML 的道路客运结算数据交换(GB/T 20925—2007)	203.1
公路网	公路网图像信息管理系统平台互联技术规范第一至第四部分(GB/T 28059.1—2023、GB/T 28059.2—2023、GB/T 28059.3—2023、GB/T 28059.4—2023)	204.1 204.2 204.3 204.4
匝道控制	匝道控制系统设置要求(GB/T 34599—2017)	204.5

③技术标准主要内容

300 技术标准：智能运输系统领域涉及的相关技术要素应满足的要求以确保其统一性的标准。

301 感知检测：包括多种运输方式的交通设施、运输工具、交通运行、运输环境等信息采集、状态感知技术指标和参数要求，具体见表 2-26。

表 2-26　301 感知监测相关国家标准

标准类别	标准信息	体系编号
信息采集	交通信息采集 微波交通流检测器(GB/T 20609—2023) 交通信息采集 视频交通流检测器(GB/T 24726—2021)	301.1 301.2
检测方法	路面损坏视频检测方法(GB/T 26769—2011)、机动车号牌自动识别系统(GB/T 28649—2012)、视频交通事件检测器(GB/T 28789—2012)	301.3 301.4 301.5

302 通信传输：包括多种运输方式的不同设备、系统、服务间的数据传输、信息交换技术要求，具体见表 2-27。

303 协同管控：包括多种运输方式的管控决策、自动驾驶与车路协同等技术，具体见表 2-28。

304 网络与数据安全：包括多种运输方式的交通运输数据感知、通信及决策等的网络与数据安全技术，具体见表 2-28。

表 2-27　302 通信传输相关国家标准

标准类别	标准信息	体系编号
电子收费通信	电子收费 专用短程通信 第 1 至第 5 部分(GB/T 20851.1—2019、GB/T 20851.2—2019、GB/T 20851.3—2019、GB/T 20851.4—2019、GB/T 20851.5—2019)	302.1～302.5
通信协议	交通信号控制机与上位机间的数据通信协议(GB/T 20999—2017)、城市公共汽电车车载智能终端与调度中心间数据通信协议(GB/T 28787—2023)	302.6 302.8
专用短程通信	合作式智能运输系统专用短程通信 第 1 至第 4 部分(GB/T 31024.1—2014、GB/T 31024.2—2014、GB/T 31024.3—2019、GB/T 31024.4—2019)	302.10～302.13
信息技术要求	运输信息及控制系统 车载导航系统 通信信息集要求(GB/T 23434—2009)、交通数据广播通信技术要求(GB/T 37372—2019)、内河船舶 2.45GHz 射频识别系统技术规范(GB/T 37379—2019)	302.7 302.9 302.14

表 2-28　303 协同管控、304 网络与数据安全相关国家标准

标准类别	标准信息	体系编号
自动驾驶	自动驾驶封闭测试场地建设技术要求(GB/T 43119—2023)	303.1
智能交通	智能交通 数据安全服务(GB/T 37373—2019)、智能交通数字证书应用接口规范(GB/T 37374—2019)	304.1 304.2
交通运输	交通运输 数字证书格式(GB/T 37376—2019)、交通运输信息安全规范(GB/T 37378—2019)	304.3 304.4

④产品标准主要内容

400 产品标准：规定了智能运输系统领域中产品应满足的要求，以确保其适用性的标准。

401 智能载运装备及系统：包括多种运输方式的智能化载运工具的设备和系统，具体见表 2-29。

表 2-29　401 智能载运装备及系统相关国家标准

标准类别	标准信息	体系编号
智能运输系统	智能运输系统 自适应巡航控制系统 性能要求与检测方法(GB/T 20608—2006)、智能运输系统 车道偏离报警系统 性能要求与检测方法(GB/T 26773—2011)、智能运输系统 车辆前向碰撞预警系统 性能要求和测试规程(GB/T 33577—2017)、智能运输系统 扩展型倒车辅助系统 性能要求与检测方法(GB/T 37436—2019)、智能运输系统换道决策辅助系统 性能要求与检测方法(GB/T 37471—2019)	401.1 401.3 401.4 401.5 401.6
城市公交	城市公共汽电车车载智能终端(GB/T 26766—2019)	401.2

402 设施智能化设备及系统：包括多种运输方式的信息化交通基础设施、多网融合新型基础设施、车路协同路侧设备及系统等，具体见表 2-30。

表 2-30　402 设施智能化设备及系统相关国家标准

标准类别	标准信息	体系编号
数据采集	公路地理信息数据采集与质量控制(GB/T 28788—2012)	402.1
技术要求	路面管理系统技术要求(GB/T 32233—2015) 道路内电子泊车系统及设备技术要求(GB/T 38044—2019)	402.2 402.3
智能运输系统	智能运输系统 智能驾驶电子道路图数据模型与表达 第 1 部分：封闭道路(GB/T 42517.1—2023)、智能运输系统 智能驾驶电子道路图数据模型与表达 第 2 部分：开放道路(GB/T 42517.2—2023)	402.4 402.5

⑤相关标准

900 相关标准：与智能运输系统关系密切且需直接采用的其他部门或标委会归口管理的标准，具体见表 2-31。

表 2-31　900 相关标准

标准类别	标准信息	体系编号
路线标识	公路路线标识规则和国道编号(GB/T 917—2017)	900.1
隧道监控	高速公路隧道监控系统模式(GB/T 18567—2010)	900.2
气象监测	公路交通气象监测设施技术要求(GB/T 33697—2017)	900.3
卫星定位	道路运输车辆卫星定位系统 平台技术要求(GB/T 35658—2017)	900.4

《智能运输系统标准体系(2024 年)》中，根据实际列出了近 3～5 年拟制定的标准，既结合实际，又适度超前考虑了技术发展方向。标准体系也将根据技术发展和业务需求的变化进行动态调整和维护更新。

(4)支撑重点专项情况

《智能运输系统标准体系(2024 年)》同步积极落实《交通运输智慧物流标准体系建设

指南》《交通运输安全应急标准体系》《国家车联网产业标准体系建设指南(智能交通相关)》等任务,将其中的部分任务纳入体系。

①支撑《交通运输智慧物流标准体系建设指南》

ITS 标委会积极落实《交通运输智慧物流标准体系建设指南》任务,智能运输系统标准体系中有 29 项标准纳入《交通运输智慧物流标准体系》中,支撑交通运输智慧物流标准体系建设。目前已有 9 项标准已发布,1 项已下达,已申报 6 项制定计划,具体见表 2-32。

表 2-32 支撑智慧物流标准体系标准清单

智慧物流标准体系编号	标准信息
101.1	智慧物流 术语
102.1、102.2、102.5	交通运输物联网标识规则(GB/T 37375—2019)、交通运输物联网标识应用分类及编码(GB/T 37377—2019)、货运物流标识解析应用指南
103.1、103.2、103.3	道路、水路货物运输地理信息基础数据元(GB/T 26767—2011)、道路、水路货物运输基础数据元(GB/T 26768—2011)、交通运输物流信息交换 第 1 部分:数据元(JT/T 919.1—2014)
201.2、201.3	智慧货运枢纽基本要求(2023 年,已申报,完成国标答辩)、智能分拨配送中心基本要求
202.3、202.6	内河船舶 2.45GHz 射频识别系统技术规范(GB/T 37379—2019)、冷链运输保温箱技术规范
203.8、203.9	冷链运输便携式智能温湿度记录仪技术规范、货运电子铅封及系统技术要求(2023 年,已申报,完成国标答辩)
301.5、301.8、301.9	应急物流智能调度与服务系统技术要求、自动驾驶车辆智能调度平台技术要求、城市货运配送公共信息服务平台技术要求
302.1、302.11	运输与仓储业务数据交换应用规范(GB/T 26772—2011)、国际物流供应链系统 调度信息交换要求(2022 年,已申报,完成国标答辩)
303.1、303.2、303.7、303.8	交通运输物流信息交换 第 2 部分:道路运输电子单证(JT/T 919.2—2014)、交通运输物流信息交换 第 3 部分:物流站场(园区)电子单证(JT/T 919.3—2014)、危险货物道路运输电子运单技术规范、冷链运输电子运单技术规范(2023 年,已申报,完成国标答辩)

续表 2-32

智慧物流标准体系编号	标准信息
401.2、401.3、401.5、401.7	封闭区域内自动驾驶车辆物流运输服务规范、自动驾驶货运车辆编队行驶技术规范(2023 年,已申报,完成国标答辩)、物流配送 5G 应用技术要求、应急物流智能调度与服务保障规范
402.1、402.2、402.4	国际物流供应链系统 干散货物(2022 年,已申报,完成国标答辩)、智慧货运枢纽运营服务评价指标、港口集装箱码头交通系统智能运行评价技术规范(计划号 JT 2023-01)

②支撑《交通运输安全应急标准体系》

ITS 标委会支撑《交通运输安全应急标准体系》任务,共有 6 项智能运输系统标准纳入《交通运输安全应急标准体系》,具体见表 2-33。

表 2-33　支撑安全应急标准体系标准清单

安全应急标准体系编号	标准信息
102.3	公路水路安全应急资源分类与代码(JT/T 1420—2022)
501.3.7	公路水路安全应急处置交换信息(JT/T 1419—2022)
502.3	智能运输系统 车辆前向碰撞预警系统 性能要求和测试规程(GB/T 33577—2017)
502.4	智能交通 数据安全服务(GB/T 37373—2019)
502.5	交通运输 信息安全规范(GB/T 37378—2019)
502.7	营运车辆弯道速度预警系统性能要求和测试规程(JT/T 1374—2021)

③支撑《综合交通运输标准体系》

ITS 标委会支撑《综合交通运输标准体系》。《道路、水路货物运输地理信息基础数据元》(GB/T 26767—2011)、《道路、水路货物运输基础数据元》(GB/T 26768—2011)、《综合客运枢纽智能化系统建设总体技术要求》(JT/T 980—2015)等 6 项智能运输系统标准纳入《综合交通运输标准体系》900 相关标准。

④支撑《国家车联网产业标准体系建设指南(智能交通相关)》

ITS 标委会积极落实《国家车联网产业标准体系建设指南(智能交通相关)》任务,智能运输系统标准体系中将 33 项标准纳入了《国家车联网产业标准体系建设指南(智能交通相关)》,积极推进标准制修订工作,其中,目前已有 15 项标准已发布,4 项标准立项并推进,其他标准预研,具体见表 2-34。

表 2-34 支撑车联网产业标准体系建设指南(智能交通相关)情况

车联网标准体系(智能交通)编号	标准信息
101.1	智能运输系统 通用术语(GB/T 20839—2007)
102.1	车路协同 应用信息分类与编码(预研,国标)
103.1、103.2、103.3	营运车辆服务 车辆交互信息集(JT/T 1324—2020)、车路协同数据管理技术规范 第 1 部分至第 2 部分(预研,国标)
201.2、201.3、201.5	公路智能化分级(预研,国标)、自动驾驶封闭测试场地建设技术要求(GB/T 43119—2023)、公路智能化设施运营维护规范(预研,国标)
202.1、202.6、202.7	交通信息采集 路侧毫米波雷达交通状态检测器技术要求(预研,国标)、交通信息采集 视频车辆检测器(GB/T 24726—2021)、交通信息采集 微波交通流检测器(GB/T 20609—2023)
204.1	车路协同系统智能路侧协同控制设备技术要求和测试方法(计划号 20204959-T-469)
205.2～205.5	合作式智能运输系统 专用短程通信 第 1 部分至第 4 部分(GB/T 31024.1—2014、GB/T 31024.2—2014、GB/T 31024.3—2019、GB/T 31024.4—2019)
206.1、206.2	智能运输系统 智能驾驶电子道路图数据模型与表达 第 1 部分至第 2 部分(GB/T 42517.1—2023、GB/T 42517.2—2023)
301.1～301.6	合作式智能运输系统应用集 第 1 部分至第 2 部分(计划号 20202530-T-469、计划号 20202532-T-469)、车路协同信息交互技术要求 第 1 部分至第 4 部分(预研,国标)
302.1、302.3	基于车路协同的营运车辆前方交通障碍预警系统要求(JT/T 1460—2023)、合作式智能运输系统 车速引导服务(预研,国标)
401.2、401.3	车路协同 隧道路段信息服务技术规范(预研,国标)、自动驾驶出租汽车运营技术要求(预研,国标)
402.1	营运车辆编队行驶交通组织技术规范(预研,国标)
501.1、501.2、501.3	交通运输 数字证书格式(GB/T 37376—2019)、智能交通 数字证书应用接口规范(GB/T 37374—2019)、车路协同 车路协同路侧设施证书认证技术规范(国标,已申报)
502.1	交通运输 信息安全规范(GB/T 37378—2019)

(5)未来几年工作聚焦方向

ITS 标委会牢固树立“综合交通运输”意识，并借鉴国际智能运输系统标准化工作经验，参考其未来发展动向。未来几年，在交通强国建设的总体部署下，将重点加强智慧出行、智慧物流、设施设备数字化智能化、自动驾驶与车路协同、网络与数据安全等方面的标准化工作。

2.5　本章小结

本章详细探讨了国内外智能运输系统的体系框架与标准体系，其中国外智能运输系统体系框架分别总结了美国、欧盟、日本的框架演进过程及其特点，国内智能运输系统体系框架包括 2001 年、2005 年、2011 年、2016 年、2019 年提出的中国 ITS 体系框架及其内容和特点。最后梳理了国内外智能运输系统标准，其中国外重点介绍了国际标准化组织 TC 204技术委员会下设 12 个活跃的工作组标准体系，而国内重点介绍了《智能运输系统标准体系(2024 年)》体系结构及其收录的相关标准，包括全国智能运输系统标准化技术委员会归口管理的现行有效、在编和拟编的国家标准以及与智能运输系统相关的国家标准及行业标准。

思考题

1. 研究智能运输系统体系框架的目的和意义是什么？其核心组成部分有哪些？

2. ITS 与 C-ITS 有什么区别？

3. 比较美国、欧盟、日本和中国智能运输系统体系框架的特点以及组成。

4. 请谈谈我国不同时期的智能运输系统体系框架的区别与联系。

5. 智能运输系统标准化对智能运输系统体系框架的发展有什么作用？

6. 根据智能运输系统标准化活动的基本要素、业务流程和标准化对象，其标准的类型划分为哪几个板块内容？

7.《智能运输系统标准体系(2024 年)》的建设意义是什么，对中国未来智能运输系统发展有什么促进作用？

参考文献

[1]　《中国智能运输系统体系框架》专题组. 中国智能运输系统体系框架[M]. 北京：人民交通出版社，2003.

[2]　陆化普. 智能运输系统概论[M]. 北京：中国铁道出版社，2004.

[3]　王笑京，齐彤岩，蔡华. 智能运输系统体系框架原理与应用[M]. 北京：中国铁道出版社，2004.

[4] 张可，刘浩，刘冬梅，等. 智能运输系统体系框架构建方法与应用[M]. 北京：人民交通出版社，2013.

[5] 张可. 智能运输系统体系框架构建方法与应用[M]. 北京：人民交通出版社，2013.

[6] 张毅，姚丹亚. 基于车路协同的智能运输系统体系框架[M]. 北京：电子工业出版社，2015.

[7] 杨兆升，于德新. 智能运输系统概论[M]. 3 版. 北京：人民交通出版社，2015.

[8] 王云鹏，严新平，鲁光泉，等. 智能交通技术概论[M]. 北京：清华大学出版社，2020.

[9] 国家发展改革委，交通运输部. 推进"互联网＋"便捷交通促进智能交通发展的实施方案[EB/OL]. 2016. http://big5. www. gov. cn/gate/big5/www. gov. cn/xinwen/2016-08-05/5097842/files/4a6788763ac24835b6972caa4c13c51f. pdf.

[10] 交通强国建设纲要[M]. 北京：人民出版社，2019.

[11] 熊烈强，陈明昭，严新平. 关于智能运输系统(ITS)的 ISO/TR14813-1 技术报告介绍[J]. 交通与计算机，2001(1)：43-46.

[12] 任江涛，张毅，许俊华，等. 美欧日 ITS 体系结构比较分析[J]. 公路交通科技，2001(2)：61-65.

[13] 王东柱，杨琪. 欧洲合作智能运输系统发展现状及相关标准分析[J]. 公路交通科技，2013(9)：128-133.

[14] 严新平，褚端峰. 海峡两岸 ITS 的发展现状与展望——海峡两岸智能运输系统学术研讨会综述[J]. 交通信息与安全，2013，31(6)：1-5.

[15] CHAN E S，FISCHER S，SLOAN S，et al. Intelligent transportation systems joint program office：Strategic plan 2020-2025[R]. Washington DC：Department of Transportation Volpe National Transportation Systems Center，2020.

[16] FESTAG A. Cooperative intelligent transport systems standards in Europe[J]. IEEE communications magazine，2014，52(12)：166-172.

[17] SJOBERG K，ANDRES P，BUBURUZAN T，et al. Cooperative intelligent transport systems in Europe：Current deployment status and outlook[J]. IEEE Vehicular Technology Magazine，2017，12(2)：89-97.

[18] Society of Automotive Engineers of Japan. ITS standardization activities of ISO/TC 204[R]. 2019.

[19] Japan Highway Industry Development Organization. ITS handbook 2019[R]. 2019.

[20] Comité Européen de Normalisation(CEN)，Cooperative intelligent transport systems (C-ITS). Guidelines on the usage of standards(ISO)：Cooperative intelligent transport systems (C-ITS) Guidelines on the usage of standards[R]. 2020.

第 3 章

智能运输系统技术基础

见此图标 扫码查阅
智能交通 数字资源

3.1 概述

ITS 技术是指利用先进的信息、通信、数据处理和自动控制技术，对交通运输系统进行智能化管理与优化，以提升交通效率、增强安全性并减少环境影响的综合性技术体系。相比于其他交通运输系统技术，ITS 技术具备实时数据处理、信息集成互联以及智能决策支持的特征，能够实现交通系统的高效优化和精细化管理。ITS 技术还可以通过多源数据融合和车路协同等技术，实现自动驾驶支持和动态交通控制，为构建安全、高效、环保的现代化智能交通系统提供了坚实的技术基础。ITS 技术发展坚持创新驱动，推动互联网、大数据、人工智能、区块链等新技术与交通行业深度融合，构建泛在互联、柔性协同、具有全球竞争力的智能交通系统，增强综合交通运输发展新动能。

ITS 技术作为加快建设交通强国，构建现代综合交通运输体系的关键手段，为服务行业和现代化经济体系提能升级注入了新动能。ITS 技术通过综合应用，推进基础设施智能化升级，完善设施数字化感知系统，构建设施设备信息交互网络，整合优化综合交通运输信息平台；推动先进交通装备应用，具体包括促进北斗系统推广应用，推广先进适用运输装备，提高装备标准化水平；创新运营管理模式，以满足个性化、高品质出行需求为导向，推进服务全程数字化，支持市场主体整合资源，提供“一站式”出行服务，打造顺畅衔接的服务链；夯实创新发展基础，推动交通科技自立自强，培育交通科技创新生态圈，强化数据开放共享。ITS 系统通过集成先进的交通信息采集技术、交通信息预处理与融合技术、交通信息传输技术与交通信息显示技术，提高了交通效率和安全性。ITS 技术的典型集成应用包括智能交通管理系统、智能交通信号控制系统、车联网系统(Vehicle to

Everything，简称 V2X)与公共交通智能调度系统。未来车路协同和智能汽车技术将是智能交通发展的关键方向，推动交通系统向更安全、高效和环保的方向发展，随着智能运输系统的深入研发和应用，许多智能交通技术已经成熟，并在实际交通系统中得到广泛应用。智能交通系统技术基础具体如图 3-1 所示。

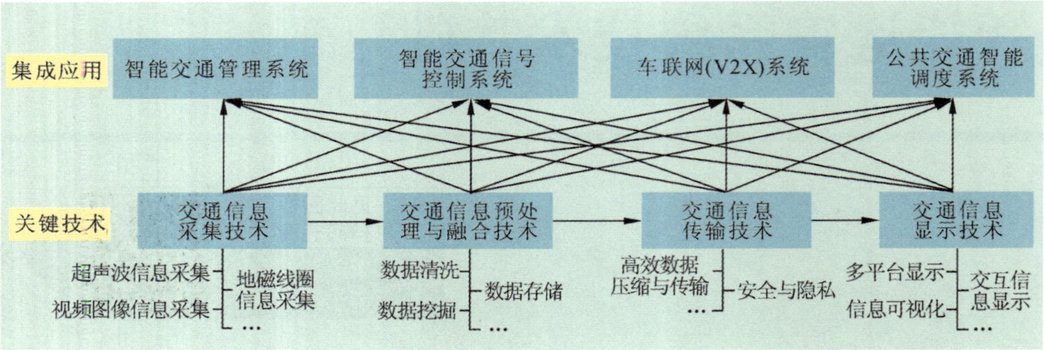

图 3-1 智能交通系统技术基础

本章将从交通信息采集技术、交通信息预处理与融合技术、交通信息传输技术、交通信息显示技术等四个方面，阐述智能运输系统技术基础。

3.2 交通信息采集技术

3.2.1 地磁线圈信息采集技术

地磁线圈是一种广泛应用于智能交通中的车流量检测器，利用软磁性材料的高导磁特性制成。地磁线圈信息采集技术通过埋设在道路中的地磁传感器，检测车辆经过时引起的磁场变化，从而采集交通流量、车速等信息。当车辆接近传感器时，传感器检测到磁场的变化，并通过微处理器分析判断车辆的存在和通过状态。

(1)地磁线圈检测装置的组成

地磁线圈检测装置主要由传感器、中央处理器、检测卡、输入输出四部分组成。

①传感器

传感器采用模块化设计，体积小巧，垂直安装在地面下方。安装时，需在道路表面开槽，嵌入由导电材料制成的线圈，并用耐用材料封装，以承受车辆重量和恶劣天气影响。如图 3-2 所示，线圈通常安装在车道内，通过电缆连接至道路旁的控制箱。控制箱内的数据采集系统接收来自地磁线圈的电信号，并将这些信号传输至中央处理系统进行分析。当车辆经过安装地磁线圈的道路时，金属部分改变周围磁场，引发电流变化。地磁线圈通过感应电流变化检测车辆的存在，并根据电流变化的频率和幅度判断车辆的速度、长度和数量。这些信息随后传输至交通管理系统，用于实时监控交通流量、自动计费及车道管理等功能。

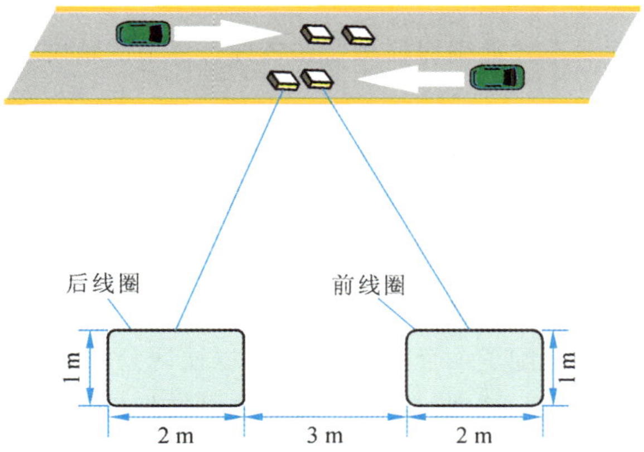

图 3-2 地磁线圈埋设示意图

②中央处理器

中央处理器是地磁传感器系统的核心，负责处理和分析采集到的信号。它由嵌入式处理器、内存和接口电路组成，主要功能是接收传感器信号，将其转换为交通数据，如车辆长度、速度和数量等。

中央处理器实时分析输入信号，并通过通信接口将结果传输至外部控制系统或数据存储设备。常见通信接口包括 RS232/485，先进系统可能配备以太网接口和全球导航卫星系统(Global Navigation Satellite System，GNSS)模块，以支持更多应用场景。系统集成商通常使用调制解调器或其他设备进行点对点数据传输，或利用可编程逻辑控制器(Programmable Logic Controller，PLC)中继传输，以应对监控路面与中心之间存在距离的问题。

为实现在线调试和编程，通常应用 PLC 系列单片机以实现更灵活的控制与检测功能。为确保系统稳定性，中央处理器在发生死机或故障时，需在 30 s 内自动重启并恢复正常运行，以保证系统的连续性和可靠性。

③检测卡

当车辆通过或停留在感应线圈的检测区域内时，线圈的电感量会下降，检测卡的作用是检测这一电感变化并输出相应的电平信号。通常，线圈式车辆检测器的检测卡采用符合欧洲标准的卡式接口。为确保车辆经过时的检测精度，检测卡必须具备稳定的响应时间和高精度的电平跳变性能，尤其在车辆高速通过时尤为重要。

车辆在高速通过两个感应线圈之间的时间仅为一二百毫秒，单个线圈的响应时间更短。车辆的底盘高度和重量差异也会影响检测卡的电平响应时间。这种响应时间及其启动时刻是计算车辆长度和速度的关键参数。因此，车辆在高速通过时，某些检测卡可能会出现车长和车速测量不准确的情况，这通常通过引入补偿值和精确调节灵敏度来解决。只有适当的灵敏度调节才能确保检测器在各种条件下的精度和稳定性。

④输入输出

传感器信号输入部分将线圈连接至振荡电路，系统通过微控制器检测振荡信号的频率变化，以判断车辆是否通过。信号输出部分包括光隔离的开关量输出和工作状态指示灯，用于显示传感器的工作状态。

(2)地磁线圈信息采集协议的构架

每个车辆检测器都被分配了一个唯一的地址，以便区分和管理。现场检测器检测到的交通物理数据(如车辆长度、速度、数量等)经过电平转换后形成电子数据，通过约定的通信协议上传到数据中心。

数据上传采用应答式协议，即车辆检测器在接收到监控中心的请求后才传输数据。通信命令通常分为查询命令和设置命令两类。查询命令用于获取检测器的实时工作状态和故障信息，并根据预设的车长类型对车辆进行分类处理；设置命令则用于调整检测器的计算参数，如时间设置和车长分类等。地磁线圈检测系统总体框架如图 3-3 所示。

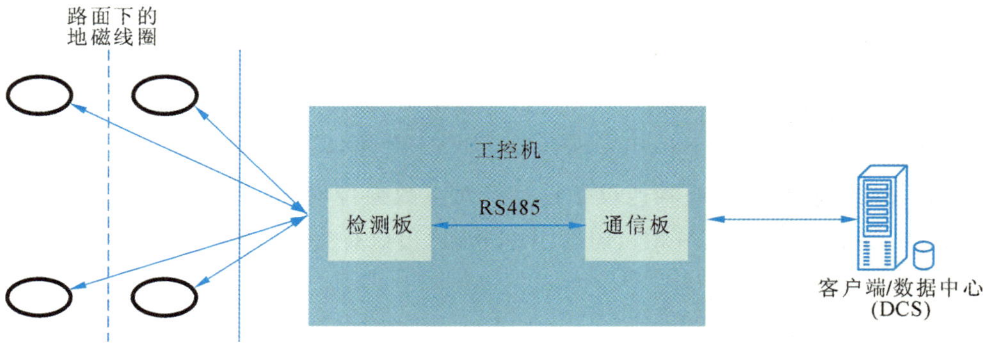

图 3-3 地磁线圈检测系统总体框架

(3)地磁线圈信息采集的主要参数对象

在交通控制系统中，常用的交通参数包括交通流量、车道占有率、排队长度、速度、平均车长、平均车间距和密度等。部分参数可以直接测量，其他则需根据检测结果计算得出。

3.2.2　超声波信息采集技术

车流量和车速是反映道路交通状况的基本指标，具有一定的正相关性。超声波检测器通过发射频率为 25～50 kHz 的超声波来获取车辆和道路的相关数据。大多数超声波检测器采用脉冲波测量，以提供车辆计数、速度和道路占有率等信息。

超声波信息采集的基本原理是利用超声波的反射特性。超声波发射器发射特定频率的超声波，当遇到障碍物时产生反射波。超声波接收器接收到这些反射波，并将其转换为电信号。通过测量发射波和回波之间的时间间隔 t，应用下式计算距离：

$$R=\frac{tv}{2} \tag{3-1}$$

式中，v——超声波传播速度；

t——发射波和回波之间的时间间隔；

R——发射器与障碍物之间的距离。

进一步，通过计算距离变化量和两次测量时间间隔的比值，可以得出车辆的运动速度。

超声波检测技术在高速公路上的应用较为广泛，属于非接触式主动检测技术。探头通常悬挂在车道上方，车辆经过时进行检测，如图 3-4 所示。

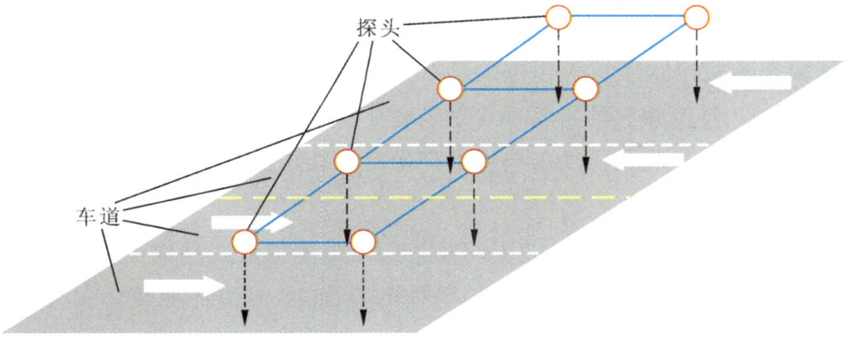

图 3-4　超声波探头的安装示意图

超声波测距技术因其高分辨率而备受青睐，但测量距离相对有限。由于超声波信息采集技术要求较低且成本经济，广泛应用于工业测距领域。近年来，随着技术进步，超声波测距技术逐渐扩展至民用市场，展现出强劲的发展潜力。

超声波测距的常用方法包括渡越时间法、频差法和幅值法。其中，渡越时间法因原理简单、易于实现而被广泛采用。

当前应用较广泛的超声波检测器有脉冲超声波检测器和恒定频率超声波检测器。

超声波检测器的探测区域由超声波发射器的波幅决定，通过测量由路面或车辆表面反射回的脉冲超声波波形，可以确定检测器与目标表面之间的距离。在不同情况（例如车辆存在与否）下，检测器接收到的信号会有所不同，从而判断车辆是否出现。接收到的超声波信号被转换成电信号，并由信号处理单元分析。由于超声波传感器发射的脉冲能量已知，并且这些脉冲在较小的角度范围内分为两束，通过测量车辆通过这两束波的时间差可以计算车辆速度。脉冲超声波检测器通常采用高架安装以俯视车流，或采用路旁安装以侧视车流。

恒定频率超声波检测器通过多普勒效应测量车速，成本通常高于脉冲超声波检测器。此类检测器通常以 45°角高架安装对准车流，配备两个转换器，一个用于发射超声波，另一个用于接收超声波。通过检测接收的超声波的频率变化，可以判断车辆是否经过。检测器的电子系统会生成与车辆速度成正比的脉冲宽度信号，通过计算这些信号来确定车速。

3.2.3 视频图像信息采集技术

视频图像处理技术是在传统电视监控系统基础上逐步发展起来的一种新型道路信息采集技术。该技术主要由监控摄像机、微处理器和计算机处理技术等组成，涉及计算机视觉、视频图像处理、信号处理、模式识别和模式融合等多个领域，利用闭路电视和数字技术分析交通数据。

视频图像车辆检测器通常采用电荷耦合器件（Charge-coupled Device，CCD）摄像机作为核心组件。CCD 摄像机的主要特点是以电荷作为信号形式，这与依赖电流或电压信号的检测器不同。CCD 的核心功能包括电荷的存储和转移，工作过程涉及信号电荷的生成、储存、传输和检测。

CCD 主要有两种类型：表面沟道 CCD（SCCD）和体沟道或埋沟道 CCD（BCCD）。表面沟道 CCD 的电荷包存储在半导体与绝缘体的界面上，并沿界面传输。其工艺较为简单，动态范围较大，但转移效率可能受表面态影响而较低。体沟道 CCD 则将电荷包存储在距离半导体表面一定深度的体内，并在半导体内部传输。由于不受表面态干扰，体沟道 CCD 的转移效率较高，因此在许多应用中更为常见。通过这些 CCD 技术，可实现高质量的视频图像采集，适用于交通监控和车辆识别等自动检测应用。

摄像机利用电子束或 CCD 自扫描系统，将图像分解为与像素对应的时间信号。CCD 传感器逐行扫描图像，将每个像素的光信号转换为电信号，形成时间序列信号。电视监视器使用电子束或其他显示技术，通过从左到右、从上到下的扫描方式逐行显示图像，确保图像重现的准确。例如，DL32 型面阵 CCD 黑白摄像机使用的水平时钟发生器产生 18.3 MHz 的脉冲频率，用于同步图像扫描。

视频图像检测技术的基本原理是利用半导体电荷耦合器件摄像机，在极短时间内连续捕捉两幅数字图像。比较这两幅图像的差异，若超出设定的阈值，则表明存在运动车辆。这种技术使车辆检测更加准确和高效。

随着数字化、高清化和网络化技术的发展，以及红外补光和星光级成像技术的进步，视频图像采集中诸如低光环境下的图像模糊、夜间效果差和网络共享困难等问题已得到有效解决。智能交通系统中的视频信息采集技术迅速发展，极大提高了交通监控效率。

近年来，深度学习技术的引入进一步推动了视频图像信息采集技术的发展。深度学习使视频智能分析技术逐渐成熟，车辆特征分析和静态人脸识别技术已进入实用阶段。同时，视频信息采集也进入了结构化处理的新阶段。智能卡口、电子警察、人脸识别设备和智能摄像机等设备生成的大量视频数据，通过大数据技术处理和分析，推动了技术应用的全面深化，且与其他物联网系统的多源信息融合分析逐渐成为主流。

3.2.4　雷达信息采集技术

雷达信息采集技术通过电磁波探测物体的位置、速度及其他特性，广泛应用于自动驾驶、航空航天、军事侦察和遥感测绘等领域。随着技术发展，微波雷达和激光雷达成为其中的两种关键类型。

微波雷达传感技术是一种有效的距离和位移测量手段，最初用于军用领域，现已广泛应用于物位测量、目标识别、速度测量、振动监测和位移监测等民用领域。相比其他传感技术，微波雷达因其非接触、抗雨雾粉尘的优点，逐渐成为近程位移测量的重要工具。

微波雷达检测技术最早用于车辆速度检测，设备通常称为雷达测速器或多普勒雷达。通过向移动物体(如车辆)发射特定频率的无线电波，并测量反射波与发射波之间的频率差异，来计算物体的速度。基于多普勒效应，该技术不仅能测量车速，还能对车辆进行计数，统计交通流量。在交通管理中，雷达测速器在实时车速监测和流量统计方面具有重要作用。

微波雷达按频率划分为多个波段，常见的工作频率为 24 GHz 或 10 GHz，各波段的性能和应用领域不同。民用雷达主要使用 X 波段(8～12.5 GHz)和 K 波段(12.5～40 GHz)。K 波段易被水蒸气吸收，不适用于雾天，而 X 波段不受水蒸气影响，常用于恶劣天气，且易于小型化，广泛用于交通信息采集。

图 3-5 展示了典型的 X 波段微波雷达传感器，主要由射频前端和前置电路组成，射频前端包括收发天线、微波振荡器、环流器和混频器，前置电路包括发射前端和前置放大电路。

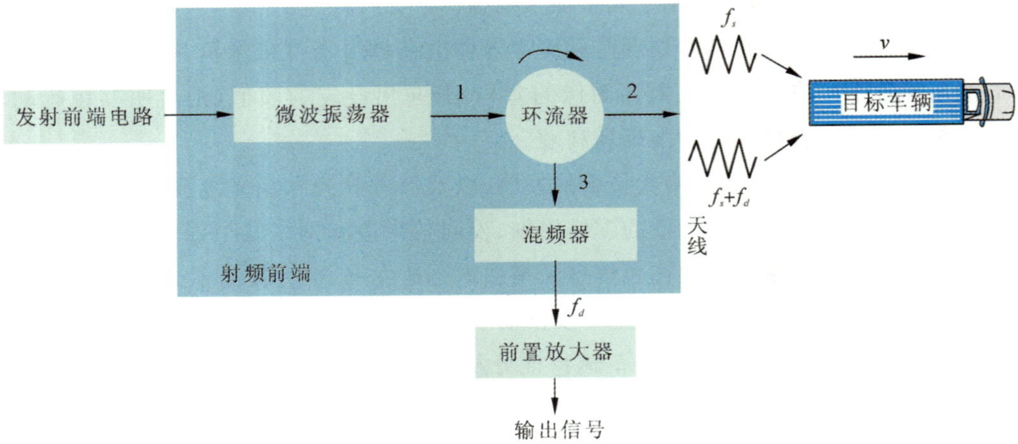

图 3-5　微波雷达传感器结构原理

微波振荡器是微波雷达传感器的波源，属于核心部件。根据所用半导体有源器件的不同，微波振荡器分为电真空振荡器和固体振荡器。早期微波雷达装置多采用速调管、行波管、磁控管等真空器件，虽然能满足功率需求，但是由于结构庞大、供电电压高、功耗大且成本高，逐渐被固态振荡器取代。混频器是微波雷达传感器中的关键部件，用于将发射和接收信号进行频率差异处理。

激光雷达传感器是一种测距设备，类似于雷达和声呐，它通过发射激光脉冲并接收物体反射的脉冲来感知周围环境的结构。通过记录反射光能，激光雷达可以确定物体的距离，从而生成环境的二维或三维图像。激光雷达已成为多个行业开发感知系统的主要传感器之一，广泛支持目标检测、语义分割、地图构建、同步定位与地图构建(Simultaneous Localization and Mapping，SLAM)及路径规划等导航任务。

激光雷达通过发射极短的激光脉冲，并测量脉冲从发射到反射回接收器的时间差来计算目标距离。通过分析反射光的相位差，激光雷达还可以确定目标的相对速度。由于激光波长短，激光雷达具有高方向性和角度分辨率，能够构建精细的三维空间图像，广泛应用于无人驾驶、交通信息采集和地貌测量等领域。

在智能交通系统中，微波雷达和激光雷达是关键的传感技术。两者各具优势，协同应用以推动更安全、高效的交通管理。激光雷达工作原理如图 3-6 所示。

微波雷达作为智能网联汽车的传感技术，促进了互联网、外部环境与汽车之间的信息交换，能帮助驾驶员了解前后障碍物与车辆的距离，掌握汽车速度与方向，从而规避风险，提升安全性。因成本较低，微波雷达广泛应用于自动紧急制动系统(Automatic Emergency Braking System，AEB)、自适应巡航控制(Adaptive Cruise Control，ACC)等汽车安全功能，以及城市交通流量监控和信号控制系统中。

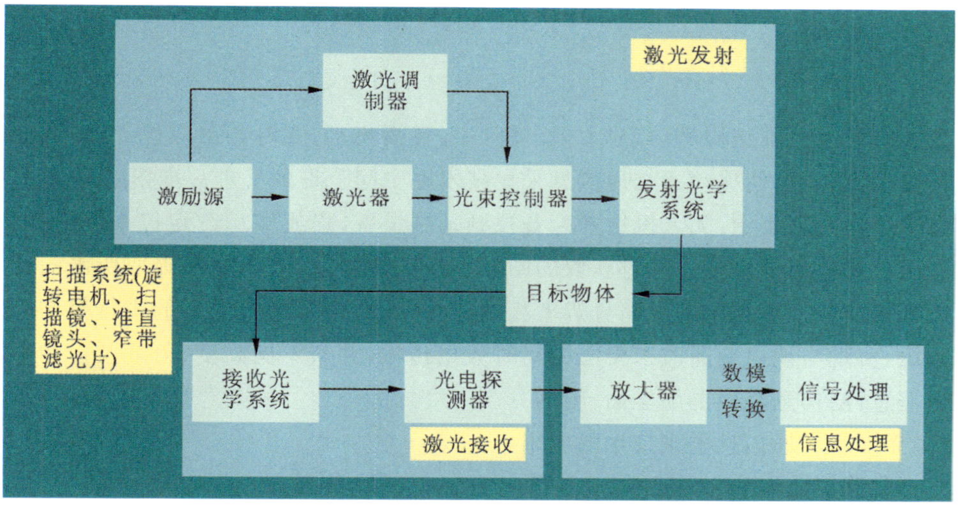

图 3-6　激光雷达工作原理

激光雷达凭借其高精度及与相机的互补性，在车路协同感知技术中占据重要地位。随着技术进步，激光雷达与图像数据的融合成为提升系统性能的关键。

激光雷达在自动驾驶领域广泛用于精确定位，技术包括点云注册、三维特征提取和三维深度学习。点云注册技术通过对比两个点云片段来计算刚体变换，常用算法包括迭代最近点（Iterative Closest Point，ICP）和正态分布变换（Normal Distributions Transform，NDT）。这些算法精度高，但在实时性和初始值选择上有一定挑战。三维特征提取通过点云数据匹配特征，代表性技术如 PoseMap 和 Lego-LOAM。近年来，三维深度学习方法通过神经网络模型处理点云数据，提升了定位效果，如 LocNet。这些方法推动了自动驾驶定位技术的发展，提升了系统的精确度和可靠性。

虽然激光雷达在定位精度和抗干扰能力方面表现出色，但是其高成本和高功耗限制了广泛应用。为提高定位精度，激光雷达常与 GNSS、惯性测量单元（Inertial Measurement Unit，IMU）、相机或轮速计等低成本传感器结合使用。例如，通过激光雷达检测道路边缘和标识，结合 GNSS-RTK 和 IMU，可将定位误差减小至 20 cm 以内，满足自动驾驶需求。通过融合 GNSS、IMU、轮速计和激光雷达构建高精度地图，并剔除变化的地图特征，可进一步提升精度。也可采用离线建图和在线定位的方法，其精度接近激光雷达定位，但显著降低了传感器成本和能耗。

总之，激光雷达在智能交通中凭借高精度和抗干扰能力，为车路协同感知和自动驾驶提供了可靠支持。激光雷达通过与微波雷达等传感器结合，在提升定位精度的同时，优化了成本和能耗，展现出广阔的发展前景。

3.2.5 无人机信息采集技术

无人机技术因其结构简单、成本低、风险小、灵活机动、实时性强等优点，广泛应用于交通信息采集领域，使移动式交通信息采集技术在空间上得到了进一步拓展。

在交通信息采集中，无人机通常配备视频录制设备，集成GNSS定位系统、无线通信系统和高分辨率摄像设备。通过获取的图像和视频数据，无人机能够提取所需的交通信息。无人机交通检测技术结合高分辨率相机和GNSS定位，通过先进的飞行控制和无线通信系统，实现与地面交通监控中心的实时数据传输，并从不同高度、角度监控和采集道路交通信息，使信息获取更加全面、精准。

(1)无人机交通信息采集技术的应用

①日常路况监控

大型固定翼无人机因其速度快、航程远、飞行高度高等优势，在日常路况监控中表现出色，成为空中交通监控的理想选择。这些无人机配备高清摄像头，能够清晰记录地面交通状况，适用于日常巡逻和路况采集任务。当固定翼无人机进入巡航模式时，可实现自动化操作，无需人工干预，按预设路线自动执行任务。无人机采集的高质量视频数据通过移动互联网络传输至道路指挥中心，中心可以直观掌握道路状况，并将实时路况发布至信息平台，帮助驾驶员和出行者选择最佳路线和出行时间，保障出行安全与便捷。

②辅助交通管制

当现场出现逃逸、闯卡等严重违章行为时，无人机搭载的视频传输系统和GNSS能够对涉事车辆进行长时间、远距离的跟踪与定位，并将相关信息实时传输至交通指挥中心。这为执法人员提供了准确的位置信息，便于拦截和处理，同时避免了在高速公路等危险环境中直接拦截或追逐，保障了执法人员和其他出行者的安全。

③应急处置和现场指挥

当道路发生交通拥堵、事故或自然灾害时，迅速准确地了解现场情况至关重要。传统固定摄像机在覆盖范围上有限，车载监控系统可能因车流阻塞而难以迅速到达现场。此时，快速响应的视频传输平台显得尤为关键。在欧美发达国家，直升机常被用于这种快速反应任务，但因成本高、维护难度大，在中国国内应用有限。相比之下，无人机因成本低、维护简单，成为更合适的选择。无人机能实现实时视频传输，迅速对事故现场进行全景监控和指挥调度，为决策者提供关键信息，有效应对突发情况。

固定翼无人机飞行速度显著高于常规车辆，且飞行不受地形限制，能够迅速抵达事故现场。在突发事件发生时，固定翼无人机能够在第一时间获取现场视频，并实时传输至指挥调度中心。鸟瞰视角帮助道路管理部门全面掌握车流情况，有效进行全局指挥和疏导，解决道路阻塞问题。

在突发事件发生后，旋翼无人机可迅速抵达现场，携带喊话器、警报器和交通信号灯等任务模块，进行初步调度和指挥工作。在执法人员到达前，无人机可执行现场管理，直接指挥和疏通交通，提高应急响应效率，确保道路安全畅通。无人机的应用极大提升了突发事件现场信息采集和传输的能力。

④协助救援

高速公路发生严重交通事故时，通常会引发大范围拥堵，救援人员可能因急需的设备或药物未能及时送达，无法及时救治或转移伤员。这种情况下，无人机凭借其快速机动性和远程传输能力，在事故现场与救援指挥中心之间建立高效沟通渠道，确保救援资源及时调配。无人机可以在严重交通阻塞下迅速将关键物资送达，协助完成紧急救援任务，提高救援效率和效果。

(2)基于无人机视频的交通检测

①基于无人机视频的车辆检测

在视频交通信息采集系统中，准确检测运动车辆是系统有效运行的核心。确保检测速度、准确性和可靠性是后续交通参数提取的基础。随着视频检测技术进步，系统能够更高效地识别和跟踪车辆，为交通管理和分析提供及时、精确的数据支持。利用无人机等先进技术，车辆检测可在更广范围内进行，提高交通信息采集的整体效率和效果。

基于无人机视频的车辆检测通常分为视频稳像处理、车辆目标检测、多目标跟踪轨迹修复和平滑等过程，如图 3-7 所示。

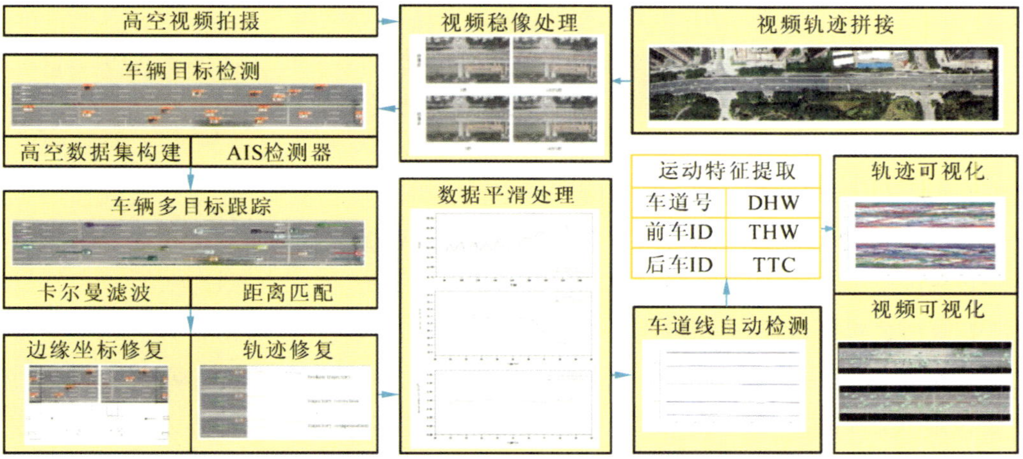

图 3-7　基于无人机视频的车辆检测

使用无人机视频进行车辆检测时，交通状态和光照条件是影响精度的关键因素。交通状态包括车速和交通密度，高车速下帧间差分法能有效识别车辆，而在低速或静止状态下识别率较低；高密度交通环境下图像分割算法复杂，背景建模困难，而低密度情况下检测相对简单。光照条件对检测精度影响也很大,不同时间段和天气状况会影响目标清晰度和阴影,进而影响识别准确性。此外,无人机飞行高度和使用的视频设备不同,视频中车辆像素尺寸也会不同,这些因素都会影响检测算法的选择。

②基于无人机视频的交通密度和流量提取

交通密度是交通流研究中的核心参数。尽管目前的交通信息采集技术尚未实现交通密度的完全自动化获取,无人机凭借高空飞行和广角视野的优势,结合先进的车辆检测技术,也可以自动且准确地提取交通密度。无人机通过空中视角全面监控路面状况,提供高精度的交通密度数据,优化交通管理和规划。

交通密度提取流程,包括获取无人机拍摄的视频,选取提取交通密度的区域,计算实际长度与图像像素密度的比例,利用车辆检测算法检测车辆,最后计算交通密度。

③基于无人机视频的车辆轨迹与车速提取

车辆轨迹提取对交通参数分析、驾驶行为研究和交通安全评估至关重要。传统车辆速度检测方法面临技术和设备的限制,如车辆遮挡可能影响检测准确性。随着技术发展,目前车辆轨迹提取主要依赖全球导航卫星系统定位跟踪和地面固定视频摄像机视觉检测。这些方法各有优点,但也有局限性,如 GNSS 在城市环境中可能受到信号干扰,地面摄像机在车辆密集或遮挡严重时效果欠佳。

无人机视频采集在这方面展现出显著优势。无人机从空中提供广阔视角,减少车辆遮挡影响,提高轨迹和速度检测的准确性。无人机视频轨迹提取的方法包括数据获取、处理和分析,为交通管理和安全分析提供了更加可靠的工具。

GNSS 定位跟踪通过卫星信号提供车辆实时位置,具有高精度、全覆盖和全天候的优点,适用于广域范围内的车辆轨迹监控,但其精度可能受到信号遮挡或多路径效应影响。地面固定视频摄像机通过图像处理提取车辆轨迹,适用于特定区域的详细交通监控,能捕捉车辆类型、颜色和行驶状态等更多视觉信息,但监控范围有限,易受天气影响。此外,视频检测需要复杂的图像处理算法和较高的计算资源。总体而言,GNSS 适合大范围连续轨迹跟踪,地面摄像机更适合局部区域精细交通监控。

车辆轨迹提取流程,包括将无人机视频图像转换为色度图像(HSV/HSL),使用算法处理图像,确定车辆坐标,处理下一帧图像以确定新坐标,记录每帧图像中的车辆坐标,并显示在当前帧图像上,生成车辆轨迹。目前,多数高精度轨迹数据集采用这种基于无人机的视频检测技术,如中国武汉的 WUT-NGSIM、美国佛罗里达州的 CitySim 和德国科隆的 High-D 数据集。这些数据集涵盖了复杂的城市与高速交通环境,为交通信息采集、轨迹分析及智能交通系统研究提供了重要的实证支持。

3.2.6 用户众包信息采集技术

用户众包(User Generated Content,UGC)是企业通过互联网平台分配任务给用户,以获取创意或解决问题的方式。在交通信息采集中,用户众包通过移动终端获取和分享交通信息,能有效提高数据的实时性和覆盖范围,主要包括主动众包和隐性众包两种形式。

主动众包指用户主动通过智能终端(如智能手机或平板)的应用,将交通信息以文字、语音、图片或视频形式上传至后台。该方式依赖用户主动参与,能够即时提供道路状况、交通事故等信息。

隐性众包是用户无感知地通过智能终端的应用授权实时位置数据,系统利用这些数据和特定算法估算交通流量和道路状况。隐性众包类似于浮动车数据采集方法,借鉴了传统出租车的浮动车数据,但由于智能终端普及率远高于出租车,隐性众包提供了更全面的交通流信息。

相比传统浮动车数据源,智能终端的普及使每个用户都能成为数据提供者,显著扩展了数据覆盖范围且提高了实时性。现代移动互联网的发展和智能终端的普及,尤其是智能手机的广泛应用,使得这一信息采集方式更加实用和高效。

(1)交通信息用户众包的方式

①开放移动设备的位置接口

移动终端设备如智能手机、平板和车载终端,通过安装应用程序(如导航或路况监测软件),定时将其位置信息、速度和行驶方向等数据发送至数据处理中心。这使每个移动终端成为虚拟浮动车,当用户数量达到一定规模时,能为特定区域或道路提供详细的交通流量数据。相比传统出租车浮动车数据,这种方法的优势在于数据采集覆盖面更广,数量远超出租车,提供了更全面的交通状况信息。

②用户直接反馈

在交通拥堵、事故发生或交通信号设备故障发生等情况下,用户可以通过多种方式反馈信息,如使用手机、固定电话或车载通信设备,通过短信、语音通话、图片、文字或视频等形式报告。直接电话联系数据中心是一种直接且高效的反馈方式。交通广播电台也常依赖信息员上报的实时路况信息来更新交通状况,旨在增强信息的实时性和准确性。

③用户通过微博、微信等发布

随着微博、微信等社交媒体平台的普及,用户数量已达到庞大规模。这些平台的用户形成了随时随地分享信息的习惯,许多人在遇到交通问题时会通过这些平台及时发布信息。通过搜索和关注社交媒体,可以获取大量最新的交通动态和路况信息。这种信息传播方式快速且覆盖广泛,有助于实时掌握交通状况和事件发展趋势。

(2)众包平台工作流程

如图 3-8 所示,在时空众包系统中,任务请求者和众包参与者通过平台建立联系,平台在工作流程中起核心作用，具体包括以下步骤：

信息预处理：平台接收任务请求者提交的任务信息和参与者的相关信息，并进行初步整理和处理，确保数据的完整性和准确性。

任务分配：经过预处理的信息传递给任务分配引擎，任务分配引擎根据任务要求和优化目标，将任务智能地分配给合适的参与者。

结果反馈：任务完成后，平台将执行结果反馈给请求者，或先整合汇总后再反馈。这一流程确保了任务高效处理和信息准确传递，优化了时空众包系统的整体运作。

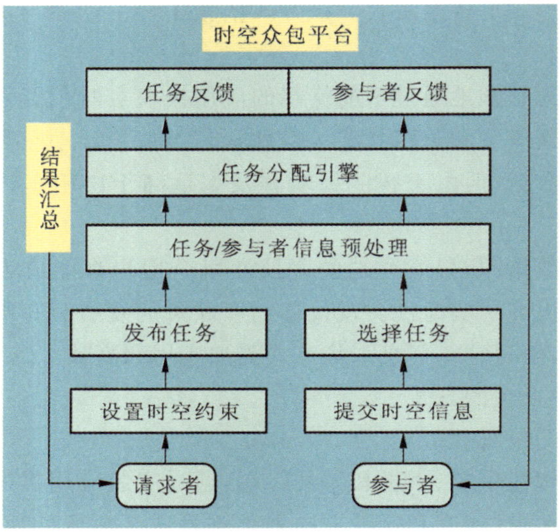

图 3-8　时空众包平台的工作流程

3.3　交通信息预处理与融合技术

3.3.1　交通数据清洗技术

数据清洗是对数据进行重新审查和校验的过程，目的在于检测并消除数据中的错误和不一致性，以提高数据质量。在交通信息采集过程中，可能存在交通检测设备故障、通信系统故障及环境因素异常等不确定性因素，从而导致采集数据存在遗漏、错误和不精确等问题的情况。如果直接将这些有质量问题的数据进行数据分析与挖掘，必将影响分析结果，并进一步影响了数据在交通基础设施领域的应用效果，因此对交通采集数据进行一定的清洗十分有必要。常见的数据问题包括数据重复、数据缺失、数据异常等。

(1)重复数据删除

重复数据删除是基于数据自身的冗余度来检测数据流中的相同数据对象，只传输和存储唯一的数据对象副本，并使用指向唯一数据对象副本的指针替换其他重复副本。

交通数据重复的产生原因主要包括多源数据融合、采集频率不一致、定位误差以及数据传输与存储错误等。首先，交通数据通常来自多个不同来源的传感器，如摄像头、GPS设备、雷达等，不同设备可能会对同一事件或目标进行重复记录，造成数据冗余。其次，采集频率的不一致会导致同一车辆或事件在短时间内被多次记录。定位误差也是重要因素之一，尤其是GPS定位精度受限时，同一车辆可能被标记为不同的地理位置，从而被认为是不同的记录。数据传输和存储过程中的网络延迟或传输错误，也可能导致重复数据的产生。

重复数据检测的主要方法包括排序合并法、基于特定领域知识的判别法、基于数据特征的判别法和机器学习法。排序合并法是一种通用的方法，适用于多种场景，不依赖于特定应用领域，其原理是通过对数据进行多次排序并结合聚类算法来识别重复数据，重复识别结果，主要依赖于聚类标准；基于特定领域知识的判别法则依赖于特定领域的业务规则，通过建立相关的规则框架来识别重复记录，虽然能取得较高的精度，但需要大量特定领域知识的支持，人工定义的工作量较大；基于数据特征的判别法通过分析数据的固有特征进行识别，这类方法依赖数据自身的特征，而不是外部规则；机器学习法通过学习相似性度量函数和阈值，自动化地发现重复数据的判别规则，减少人工干预，尤其适用于具有强规律性的数据，它可以通过贝叶斯分类等模型提高检测效率和精度，处理重复、非重复和可能重复的数据分类任务。

(2)数据缺失处理

数据缺失是指在数据集中某些值或记录未能被成功采集、存储或处理，导致数据不完整的现象。

数据缺失的主要原因包括：首先，设备故障或传感器错误可能导致部分数据无法采集。其次，人为错误在数据录入或处理过程中也可能造成数据的遗漏或丢失。此外，网络问题、数据传输中断或存储系统故障也可能导致数据在传输或保存过程中丢失。隐私保护或安全性考虑可能导致某些敏感数据被故意隐藏或删除。最后，数据采集设计存在缺陷，例如设计的问卷和传感器不能全面覆盖所有情况，这可能导致某些数据未能被有效采集。

数据缺失的处理方法可以分为三大类：加权法、删除法和插补法。加权法主要用于处理由于单元无回答导致的数据缺失问题，其原理是在缺失为非完全随机缺失的假设下，通过logistic等方法将缺失单元的权重分配给非缺失单元，从而减少缺失数据带来的偏差。该方法适用于缺失不多的情况，但不适合多属性缺失的数据集，因为计算复杂性较高。删除法包括列表删除和成对删除，适用于处理项目无回答引起的缺失数据。如果缺失数据是完全随机缺失，且缺失比例较低（如低于5%），删除法可以有效去除缺失数据而不会显著影响分析结果。然而，若数据集缺失较多，简单删除会导致样本量减少过多，从而引发较大的误差。插补法则通过为每个缺失值填补替代数据，使数据集保持完整。

插补法适用于项目无回答造成的缺失数据,并能够保持样本量。常见的插补方法包括基于均值填补、回归预测和机器学习插补方法。统计学插补方法基于对数据集的假设,如EM 算法、回归分析和多重插补,而机器学习插补方法则通过对数据进行分类或聚类后进行填补,代表性方法有 K 最近邻填补、K-means 填补、贝叶斯网络等。相比传统的统计学方法,机器学习插补方法能更好地适应复杂数据,在数据类别多样时表现更为出色。

(3)数据异常处理

数据异常是指数据集中存在偏离正常模式或预期范围的异常值,这些异常数据可能会影响数据分析和模型的准确性。异常数据的产生通常源于多种原因,包括数据采集错误、数据传输或存储过程中的故障、数据录入的人工错误、极端事件或特殊情况的发生,以及数据处理不当等。为了有效处理异常数据,首先需要通过统计方法(如均值、标准差等)、机器学习方法(如随机森林、K－means 聚类等)或基于业务规则的阈值判断等技术手段来检测这些异常值。对于检测出的异常数据,可采取多种处理策略,包括删除异常值、根据规则进行数据修正或插补,甚至在某些情况下将异常数据分离出来进行单独分析。插补方法如均值插补、回归插补或 K 最近邻插补可用于填补异常数据,保证数据集的完整性。

3.3.2 交通数据挖掘技术

(1)数据查询

数据查询旨在从大量数据中提取所需数据集,通常借助数据库软件如 SQL Server 或 DB2 进行管理。

①简单查询:用于查看数据中的变量情况。

②条件查询:通过关键词“where”有针对性地筛选数据。常用的条件判断运算符如表 3-1 所示。

表 3-1　SQL Server 中的常用运算符

运算符分类	符号或关键字	意义
比较运算符	>、<、=、<=、>=	大于、小于、等于、小于等于、大于等于
	between…and…	某一区间的值(含边界)
	in(x1,x2,…,xn)	在列表中的值
	like	模糊查询,“%”代表任意字符
	is null	判断是否为空
逻辑运算符	and	多条件同时成立
	or	多条件任意一个成立
	not	不成立

③排序查询:按指定变量对数据进行排序。

(2)数据分类

数据分类是根据数据特征将其划分为不同类别或组别的过程。在交通领域,分类分析是常见任务,用于处理大量的连续型或复合型数据。常用方法包括 K 近邻(K Nearest Neighbor,K-NN)、支持向量机和神经网络等。

决策树方法通过信息增益选择信息量最大的属性字段来构建决策树节点,根节点代表整个数据集,分支节点对应单一变量的测试,最终形成分类模型。

(3)数据聚类

数据聚类是一种用于将数据分组,使同一组内的数据点尽可能相似的技术。常用方法包括系统聚类法、K-均值、K-中心点等。这些方法广泛应用于统计分析工具如 SPSS 和 SAS 中。聚类分析通常包括数据预处理、定义距离度量、应用聚类算法和评估结果。与分类不同,聚类不依赖预先定义的类别标签,而是自动识别数据中的自然分组。聚类分析广泛应用于揭示数据内部结构,并作为其他分析任务的预处理步骤,如在分类或预测前识别数据中的潜在模式。

(4)数据关联

数据关联分析在大数据中尤为重要,尤其是跨行业数据积累后。灰色关联分析是基于灰色系统理论的方法,用于分析部分信息已知、部分信息未知的系统。其基本原理是通过判断序列曲线的几何相似性来确定关联度。

(5)时空数据分析

地理信息系统(Geographic Information System,GIS)用于收集、存储、管理和分析地理信息。交通地理信息系统(Geography Information System-Transportation,GIS-T)是 GIS 在交通领域的扩展,集成了多种交通信息分析技术,能为交通管理提供强大的空间信息服务。

传统 GIS 采用二维或三维空间数据管理,但缺乏时间动态性,通常只能描述某一时刻的状态,无法追踪历史变化或预测未来。这种 GIS 被称为静态 GIS,引入时间维度可以形成时态 GIS,使其具备时间动态性,进一步增强应用效果。

时态 GIS 是一种能够表达地理现象时间行为的系统,它通过管理和表达地理对象的空间和时间信息,逼真地存储、再现和分析动态的现实世界。随着 GIS 技术的发展,时态 GIS 的应用越来越广泛,它能够在时间和空间两个维度上全面展现 GIS 系统的功能,例如通过模拟事故事件导致的路况拥堵的发生与消散、区域通勤客流的汇聚与消散(图3-9)等时空动态过程。这些过程的数据具有很强的时间敏感性。为了实现这些功能,时态 GIS 采用了基本原理、科学计算可视化技术以及面向对象的编程语言构建了时空索引模型(图 3-10),进而构建了一个专业应用模型,用于模拟和展现城市交通的时空动态。

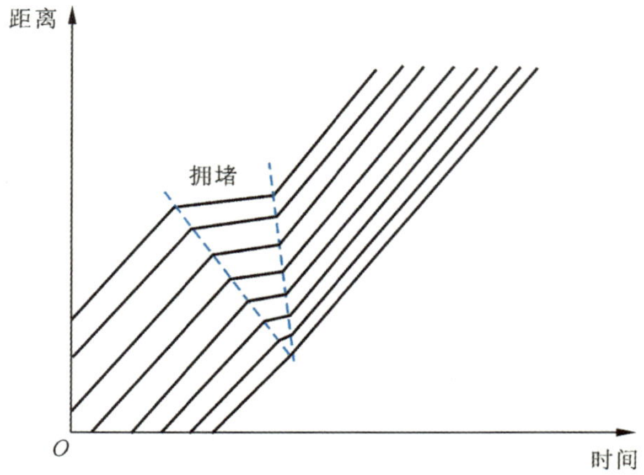

图 3-9 路况拥堵的发生与消散示意图

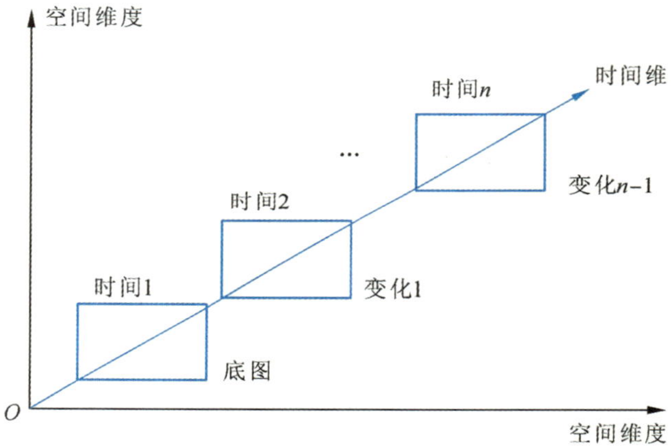

图 3-10 时空索引模型

目前主要有两种时态 GIS 的实现方法：扩展传统的关系模型和采用面向对象的方法。传统的关系模型因其语义丰富、理论完备及高效灵活的实现机制被广泛使用。为了处理时态数据，研究人员在关系模型中引入了时间维度，通过扩展传统关系模型，利用关系代数和查询语言来支持时态数据的存储、表示和处理。然而，传统关系模型在数据类型上较为简单，缺乏复杂地理实体和结构的表达能力，使得许多地理信息难以在其框架下映射和处理。

因此，近年来的研究开始探索面向对象的方法，将其作为处理复杂地理信息的替代方案。面向对象的方法能更自然地表示地理信息中的复杂关系和结构，这使它成为在时态 GIS 实现中的一个研究重点。此外，还有基于事件的方法和基于特征的方法，这些也是时态 GIS 实现的重要研究方向。这些方法通过不同的视角和技术，进一步增强了时态 GIS 的应用能力和灵活性，以应对地理数据中时间变化和复杂空间关系的挑战。

(6)地理编码

地理编码(Geo-coding),是将数据库中的数据与地图上的地理坐标匹配的过程。通过 GIS 地理编码技术,可以将信息系统与空间信息融合,实现城市交通信息的空间可视化,支持空间分析和决策。

通过地理编码技术,可以将非空间数据资源与空间数据关联,确定其在地理空间中的位置,实现信息资源的整合。编码后的交通信息可以精确表达,并满足用户需求,如提供路况、事故和施工地点的信息。这使得各类交通信息系统能够有机结合,发挥综合性作用。

3.3.3 交通数据存储技术

采集得到交通数据后,经过数字化处理形成原始数据,这些原始数据还须在物理和网络空间存储。交通数据存储技术主要包括定义数据格式和存储方法。

(1)数据格式

数据格式是数据在文件或记录中的组织形式,需定义其类型和长度。

格式应确保信息保存完整,提高存储效率,并实现标准化以便系统间交换。数据格式可分为定长和变长两种,定长格式长度固定,变长格式长度则依据内容变化。

(2)数据存储方法

数据存储可以通过以下四种基本方法实现。

①顺序存储:将逻辑上相邻的节点存储在相邻的物理位置,常用于线性数据结构。

②链接存储:逻辑相邻节点可存储在不同位置,逻辑关系由指针表示。

③索引存储:创建索引表以加速节点查找,分为稠密索引和稀疏索引。

④散列存储:通过节点的关键字直接计算其存储地址。

这四种方法可单独或组合使用,具体选择取决于操作的便利性和算法的需求。

3.3.4 大数据和人工智能技术

大数据和人工智能(Artificial Intelligence,AI)是现代信息技术的两大核心支柱,各自具有独特的特性和优势。当这两者结合时,能够产生超越单一技术应用的强大效应。大数据具有 Volume(数量)、Variety(多样性)、Velocity(速度)、Value(价值)、Veracity(准确性)的特征,如图 3-11 所示,尤其在交通、金融和医疗等领域,其规模和复杂性超出了传统数据处理工具的能力范围。人工智能通过模拟人类智能,实现机器学习、推理和感知。生成式人工智能作为 AI 的重要分支,正迅速发展,并在大数据的应用中发挥着日益重要的作用。大数据 5V 特征如图 3-11 所示。

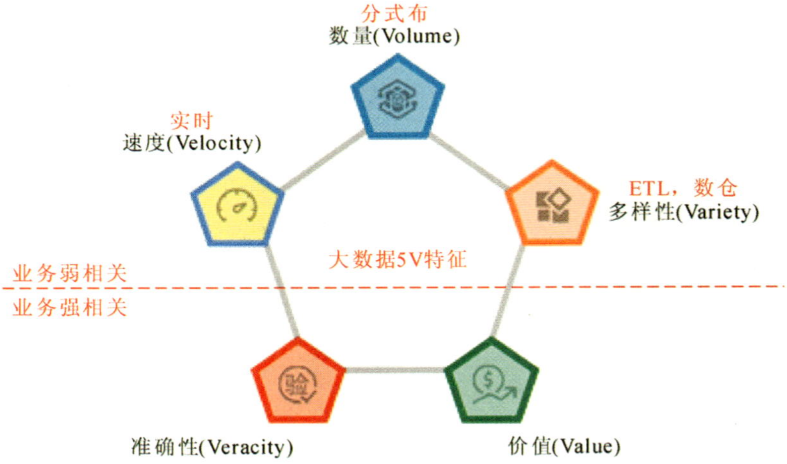

图 3-11 大数据 5V 特征

大数据为人工智能提供了丰富的训练资源，而人工智能，特别是机器学习和深度学习技术，则能够从这些海量数据中提取隐藏的模式、关联。这种协同作用使 AI 能够处理和分析复杂的数据集，从而提高决策的准确性和智能化水平。随着大数据的持续积累和 AI 算法的不断优化，两者的结合变得更加紧密，使得大数据在科学研究、商业创新和社会发展中的应用更为高效，并逐渐成为推动各行各业创新发展的核心动力。基于此背景，政府相关部门也开始着力推动人工智能与各行业的深度融合。

随着人工智能与大数据技术的不断发展，2024 年 1 月，国家数据局等十七部门关于印发《“数据要素×”三年行动计划(2024—2026 年)》的通知中强调，支持交通运输龙头企业推进高质量数据集建设和复用，加强人工智能工具应用，助力企业提升运输效率；以科学数据支持大模型开发，深入挖掘各类科学数据和科技文献，通过细粒度知识抽取和多来源知识融合，构建科学知识资源底座，建设高质量语料库和基础科学数据集，支持开展人工智能大模型开发和训练；完善数据资源体系，在科研、文化、交通运输等领域，推动科研机构、龙头企业等开展行业共性数据资源库建设，打造高质量人工智能大模型训练数据集。

与此同时，生成式人工智能(Generative AI，GAI)在智能交通中的应用尤为突出。通过在大量交通数据上进行自监督训练，生成式 AI 模型展现出卓越的分析和预测能力。这些模型能够在交通流量预测、路径规划和事故预防等任务中生成高质量、连贯的方案，从而显著提升了交通管理的效率和安全性。

AI 大模型的发展历程(图 3-12)可以大致分为三个阶段：大模型开端(2018 年)，谷歌发布了 3 亿个参数的 BERT 模型，标志着 AI 大模型时代的开启；大模型探索(2020 年)，OpenAI 推出了拥有 1750 亿个参数的 GPT-3 模型，大幅提升了模型的能力，并引领了大模型技术的深入探索；大模型热潮(2022 年后)，ChatGPT 的发布引发了 AI 领域的新一轮热潮，随后各大公司相继推出了更强大的模型，如 ChatGPT-4 和 Gemini 1.5 Pro，进一步扩展了大模型的能力边界。

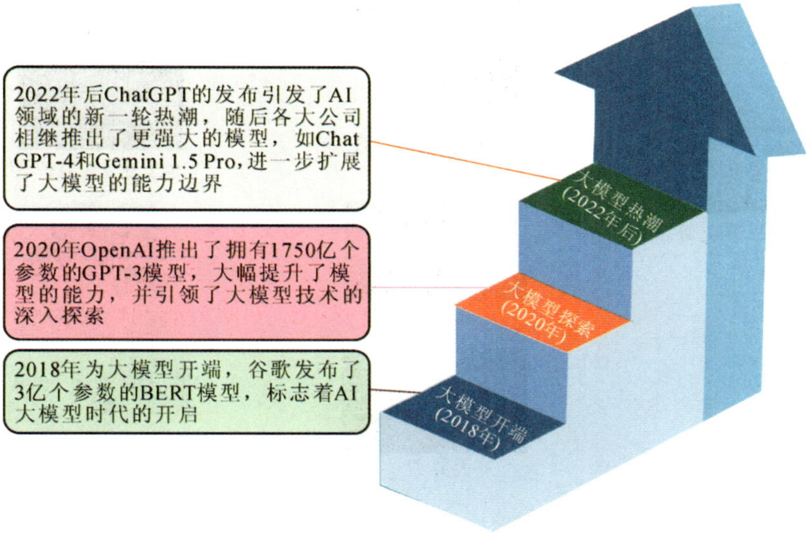

图 3-12　AI 大模型的发展历程

基于生成式人工智能的 AI 大模型在大数据中的应用已经深入到交通领域，特别是在智慧交通系统的建设中表现尤为突出(图 3-13)。智慧交通依赖对海量数据的收集和分析，来提升交通管理效率和服务水平。然而，这些数据的规模和复杂性也带来了前所未有的信息处理挑战。AI 大模型凭借其强大的数据处理和自我学习能力，能够从庞大的数据集中提取有价值的洞察，从而支持智能决策。

在智慧交通的基础设施智能化、交通管理现代化和服务个性化方面，AI 大模型发挥了至关重要的作用。例如，通过分析交通数据，大模型可以优化交通流量，提高出行效率；通过预测交通需求，大模型可以帮助城市实现更高效的资源管理；通过分析乘客反馈和行为数据，大模型还能够提供个性化的公共交通服务，提升乘客的出行体验。

大数据与人工智能的结合为现代交通带来了前所未有的机遇，尤其是 AI 大模型的出现，极大地提升了我们处理和分析海量数据的能力。随着 AI 技术和大数据的持续发展，它们将继续深刻影响交通行业，推动智能交通系统的发展。未来，AI 大模型将在大数据应用中发挥越来越重要的作用，成为智慧交通建设的核心驱动力。

尽管生成式 AI 已经取得了显著进展，但在理解能力、模型轻量化和安全生成方面仍面临挑战。未来的发展方向包括提升模型的理解和推理能力，优化模型的规模和效率，增强内容生成的安全性和可控性，以及实现可持续的知识更新。通过持续的技术创新和优化，生成式人工智能将在技术突破和交通系统进步中发挥更大作用。

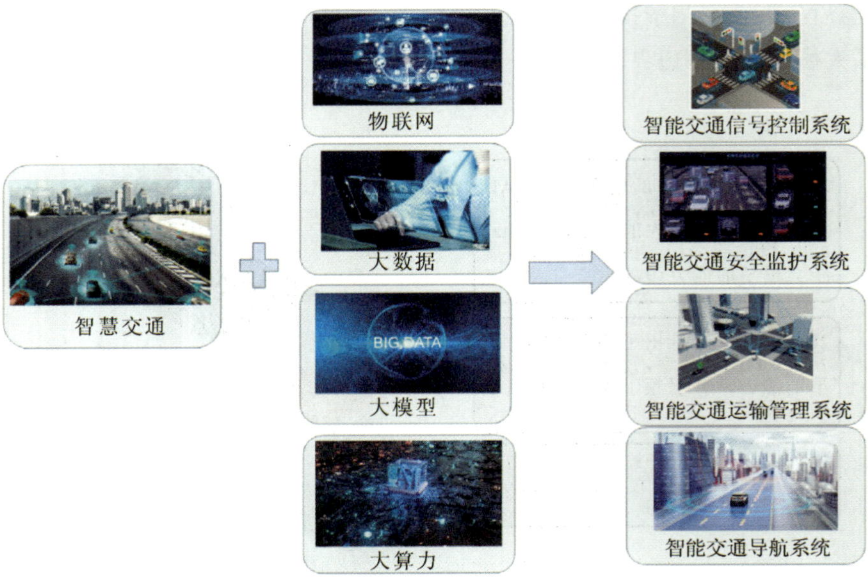

图 3-13　基于 AI 大模型的新型智慧交通建设展望

3.4　交通信息传输技术

在当今高度信息化的社会中，交通信息传输技术正以前所未有的速度发展，为智能交通系统提供了强大的支撑。高效的数据压缩与传输技术确保了海量交通数据能够迅速、准确地在各个节点间传递。此外，安全与隐私保护机制的应用确保了这些数据在传输过程中不被非法获取或篡改，维护了数据的完整性和用户的隐私安全。边缘计算在数据传输中的应用进一步提高了这一过程的效率与响应速度，通过在数据产生的源头进行初步处理和分析，减少了数据传输的负担，并加快了决策过程。无线网络技术在 ITS 中的广泛应用更是为这一切提供了坚实的基础，通过无线通信技术将车辆、基础设施及其他交通参与者连接起来，实现了交通信息的无缝对接与实时共享。这些技术的紧密结合不仅提升了交通系统的整体性能，还让公众获得了更加安全、高效、便捷的出行体验。

3.4.1　高效数据压缩与传输

在当今的数字化时代，高效的数据压缩与传输技术成为信息技术领域的一个关键研究点。数据压缩旨在减少数据存储和传输时所需的空间，而数据传输则关注于如何快速、安全地将数据从一个地方传输到另一个地方。

(1)数据压缩的基本原理

数据压缩技术是指在不丢失有用信息的前提下，通过特定的编码机制或算法，对原有数据进行重新组织或转换，以缩减数据量，从而达到减少存储空间，提高其传输、存储和处理效率的目的。数据压缩分为有损压缩和无损压缩两种类型。

无损压缩是指在不丢失原始数据信息的前提下，通过特定的编码算法对数据进行压缩，使得压缩后的数据能够完全恢复到原始状态。其原理主要是基于数据的统计冗余和编码冗余进行压缩，同时确保解压后的数据与原始数据完全一致。

常见的无损压缩算法有：

①霍夫曼编码：一种基于字符出现频率的压缩算法。通过构建一个最优编码树，将频率较高的字符用较短的编码表示，从而减小文件的大小。在智能交通系统中，对于交通流量数据，可以使用霍夫曼编码来压缩数据中频繁出现的数值，如车辆计数、平均速度等。

②LZ77 和 LZ78 算法：这两个算法属于 LZ(Lempel-Ziv)算法系列，它们利用字典来存储已经遇到的字符串，并用相应的索引来代替重复出现的字符串，实现压缩效果。LZ77 算法的核心思想是利用数据的重复结构信息来进行数据压缩。LZ78 算法则侧重构建一个动态的字典来存储已出现的短语或数据模式，使用动态树状词典维护历史字符串。在智能交通系统中，LZ77 和 LZ78 算法可以应用于车辆位置数据的压缩。例如对于车辆的行驶轨迹数据，LZ77 和 LZ78 算法可以通过压缩连续的位置坐标，减少数据传输的延迟。

③LZW 压缩：LZW 压缩算法是一种字典压缩算法，它通过构建和维护一个可扩展的字典来压缩数据。对于交通流量数据、车辆位置数据等，LZW 可以用来压缩这些数据，以便存储和传输。对于交通相关的文本数据，如公告、警告信息等，LZW 则可以用来压缩这些文本信息，以便存储和传输。

④算术编码(Arithmetic Coding，AC)：一种通过对数据流中的不同符号进行编码来压缩数据的技术。通过更加精细地描述符号概率分布，算术编码可以实现比其他方法(如霍夫曼编码)更高的压缩率，尤其在压缩符号概率分布广泛的数据时具有明显优势。算术编码可以用于压缩视频监控数据，特别是对于交通监控系统中捕捉的视频流。它能够有效减小视频数据的存储空间和传输带宽，同时保持较高的视频质量。在交通标志识别、车牌识别等应用中，算术编码可以用于压缩图像数据。例如，对于静态或动态的交通标志图像，算术编码可以减少存储空间和传输时间。

有损压缩允许压缩过程中损失一定的信息，虽然不能完全恢复原始数据，但是所损失的部分对理解原始图像的影响较小，因此换来了大得多的压缩比。当数据(如图像或声音)经过有损压缩后，部分数据会被删除或修改，以达到减小文件大小的目的。在智能交通系统中，有损压缩算法被广泛应用于车辆图像和视频数据的传输和存储。在图像处理中，JPEG 是一种常见的有损压缩格式，它可以显著减小图像文件的大小，同时保持图像的基本质量和可视性。JPEG 算法可以应用于车辆监控视频的压缩，降低存储和传输的带宽需求。

虽然无损压缩不会丢失数据，但是由于其压缩率通常低于有损压缩，因此在一些对存储空间要求较高的应用中，可能需要在数据完整性和压缩率之间进行权衡。然而，对于需要保持数据精确性的场景，无损压缩仍然是首选的压缩方式。

(2)高效数据传输方法

高效的传输方法对于现代通信至关重要，尤其是在交通领域，它们能够极大地提升系统的响应速度和可靠性。高效数据传输方法包括有线传输(如光纤)、无线传输，如4G/5G、蓝牙、Wi-Fi以及卫星通信等。在交通领域，这些方法被广泛应用，以提高安全性、效率和便利性。

①有线传输通过物理介质(如电缆和光纤)来保证稳定的数据传输。例如，在交通监控系统中，摄像头和其他传感器通过电缆连接到中央监控中心，数据以电信号的形式沿着电缆传播。而光纤通信则是利用光脉冲通过光纤电缆进行数据传输。在交通领域，光纤通信特别适合用于需要大量数据传输的情况，例如交通数据中心之间的高速数据交换。光纤传感器可以集成到隧道安全监控系统中，用于检测温度变化、振动或其他异常情况，并迅速做出反应。

有线传输方式虽然不如无线传输灵活，但是提供了高度可靠的数据传输途径。无线传输技术利用电磁波(如无线电波或微波)来传递信息，无需物理介质，更为灵活和便捷。

②蓝牙是一种短距离无线通信技术，它使用2.4 GHz ISM频段，通过跳频扩频技术减少干扰。蓝牙技术可用于自动收费系统，使得车辆能够通过短程通信完成支付过程。此外，智能停车导航系统也采用了蓝牙信标技术来帮助驾驶员快速找到空闲停车位。

③移动通信网络，特别是4G和5G技术，通过使用蜂窝网络结构实现了远距离的无线通信。通过这些网络，交通管理部门能够收集和分析来自交通参与者的位置数据，从而更好地了解交通流量和拥堵状况。同时，这些网络也被用于远程车辆管理和跟踪，帮助车队运营商进行高效的调度安排。

④卫星通信是一种利用人造地球卫星作为中继站来转发无线电波，从而实现地球表面不同地点之间的通信的技术。在道路交通中，卫星通信可以用于车队管理，通过卫星通信对车辆进行跟踪和调度，从而提高运营效率。

高效的传输方法对于现代交通系统至关重要，它们极大地提升了系统的响应速度和可靠性。

3.4.2 安全与隐私保护机制

在数字化时代，安全与隐私保护已成为互联网技术、移动应用、智能设备及其服务用户最关注的问题之一。随着信息技术在交通领域的广泛应用，从车辆到基础设施再到乘客服务，都需要采取适当的安全措施来防止未经授权的访问、数据泄露和恶意攻击。安全与隐私保护机制的核心在于构建多层次、全方位的防护体系，其中关键领域包括：

(1)加密技术

加密技术是一种利用技术手段将重要的数据转换为乱码(加密)进行传送，到达目的地后再用相同或不同的手段还原(解密)的安全保密措施。加密技术主要包括四个核心内容：明文、密文、算法和密钥。加密技术有多种分类方式，按照加密密钥的分配方式，可以分为对称加密和非对称加密。

在交通监控系统中，加密技术被用来保护视频监控数据的安全。摄像头和其他传感器收集的视频和图像数据通常需要通过网络传输到中央监控中心，为了防止这些数据在传输过程中被截获或篡改，通常会对数据进行加密。

在自动收费系统中，加密技术被用来保护收费交易的安全。例如，在使用蓝牙技术的自动收费系统中，加密技术确保车辆通过收费口时的交易数据得到保护。

(2)访问控制

访问控制是用于限制用户对系统资源或网络资源访问权限的技术。它主要通过设定一系列规则，确定用户可以访问的资源，以及他们可以对这些资源执行的操作。

在交通管理系统中，通过基于角色的访问控制来限制不同用户的角色和权限，确保只有经过认证的管理员能够更改交通信号灯的设置或查看监控视频。此外，交通数据中心使用访问控制来管理数据访问，确保敏感信息只对特定的工作人员开放。

(3)匿名化和数据脱敏

为了保护个人隐私，在处理敏感信息时，采用匿名化和数据脱敏技术来隐藏个人身份或敏感信息。

匿名化是一种数据处理技术，通过对原始数据进行处理，使得数据中的个体无法被识别。数据脱敏则是对敏感数据进行处理，使其无法识别特定个体，但仍保留数据的基本特征和分析价值的过程。尽管匿名化和数据脱敏在保护个人隐私方面有所相似，但它们在实际应用和操作上有所不同。匿名化更多地关注消除个人身份信息的可识别性，而数据脱敏则更侧重在保留数据一定特征的同时，降低数据的敏感性。

在交通领域，这些技术被用于处理收集到的交通流量数据和个人位置信息。例如，当收集车辆位置数据用于交通流量分析时，可以通过数据脱敏技术去除或替换车牌号等个人标识符，以保护车主的隐私。另外，在共享交通监控视频时，可以对视频中的人脸和其他敏感信息进行模糊处理，以避免侵犯个人隐私权。

(4)安全协议

安全协议是以密码学为基础的消息交换协议，其目的是在网络环境中提供各种安全服务。这些协议运用密码算法和协议逻辑来实现认证、密钥分配、数据加密等目标，确保信息的保密性、完整性和可用性。常见的安全协议包括认证协议、密钥交换协议、数据加密协议、访问控制协议和安全传输协议等。

认证协议用于验证通信双方的身份，确保通信双方的身份是合法且可信的。常见的认证协议有 Kerberos、SSL/TLS 等，它们通过使用数字证书、密钥交换、身份验证等技术手段，防止通信双方的身份被伪造或篡改。

密钥交换协议用于在通信双方之间安全地交换密钥。常见的密钥交换协议包括 Diffie-Hellman 密钥交换协议、公钥密码体制等。

数据加密协议用于对通信数据进行加密保护，确保数据在传输过程中不被非法获取或篡改。常见的数据加密协议有 IPsec、SSL/TLS 等。

访问控制协议用于对网络资源进行权限控制，确保只有经过授权的用户才能访问特定的资源。

安全传输协议则用于保护通信数据传输过程中的完整性和可用性，防止数据在传输过程中被篡改或丢失。常见的安全传输协议包括 SSL/TLS、SSH 等。

在交通领域，安全协议的应用非常关键，特别是在车联网（V2X）通信中。例如，车辆与车辆之间（Vehicle-to-Vehicle，V2V）、车辆与基础设施之间（Vehicle-to-Infrastructure，V2I）的数据交换必须使用安全协议来确保通信的安全性和完整性。常用的协议包括 TLS/SSL（Transport Layer Security/Secure Sockets Layer）来加密数据传输，确保车辆和基础设施之间的通信不会被第三方拦截或篡改。此外，交通管理系统中的服务器与客户端之间的通信也采用类似的安全协议，以保护敏感数据的安全。

在数字化时代的交通领域中，安全与隐私保护机制是确保交通系统稳定运行和用户信息安全的关键。上述几种措施共同构成了一个多层次、全方位的安全防护体系。这些技术的应用不仅提升了交通系统的安全性，也为用户提供了更加可靠和令人安心的服务。

3.4.3 边缘计算在数据传输中的应用

边缘计算，作为一种分散式计算架构，旨在将数据处理从数据中心转移到网络的边缘，即靠近数据产生的地点。这种方法不仅能减少数据在网络中的传输距离，降低延迟，还能提高数据处理速度和系统效率。边缘计算通过在网络边缘部署计算资源来解决这些问题，它能够在数据产生的源头或接近源头的地方进行实时处理和分析，从而显著提升数据处理的效率和响应速度。

在交通领域，边缘计算在数据传输中的应用主要体现在以下几个方面：

首先，它能实现实时的交通流量监控。通过部署在路口、高速公路上的智能摄像头和传感器，边缘计算设备可以立即分析出车辆的数量、类型以及行驶方向等信息，进而根据这些数据调整交通信号灯的配时，优化交通流，缓解交通拥堵。

其次，边缘计算还可以用于支持高级驾驶辅助系统（Advanced Driver Assistance Systems，ADAS）和自动驾驶车辆。边缘计算使得车辆能够迅速处理来自周围环境的信息，如识别行人、障碍物和交通标志等，并据此做出相应的行驶决策，极大地提高了行车安全。

此外，边缘计算还能改善公共交通系统的运营效率。通过实时分析乘客流量和出行模式，公交调度系统可以动态调整班次安排，以更好地匹配实际需求，减少等待时间，提升乘客满意度。

3.4.4 无线网络技术在 ITS 中的应用

随着信息技术的飞速发展，无线网络技术已经成为现代交通信息系统不可或缺的一部分。无线网络技术通过电磁波在无需物理连接的情况下传输数据，极大地增强了通信的灵活性且扩展了覆盖范围。通过无线网络技术，ITS 能够实现实时的数据采集、传输和处理，从而提升交通安全性、效率和环保水平。

(1)车辆通信与协同

无线网络技术在智能交通中的一个重要应用是车辆通信和协同。通过车辆之间的无线通信，可以实现实时的车辆位置和速度信息交换。这使得交通管理者可以更加准确地了解路况和车辆行驶情况，并做出相应的调度和控制。此外，车辆之间的协司也能够提高交通效率，降低能耗，避免交通拥堵和事故发生。

(2)交通信号灯优化

无线网络技术还可以应用于交通信号灯的优化。传统的交通信号灯是按照固定的时间间隔切换的，无法根据实时的交通情况进行调整。而通过利用无线网络技术，交通管理者可以根据道路上的车辆流量和拥堵情况对交通信号灯进行智能调度。

(3)实时交通监控与调度

利用无线网络技术，交通管理者可以对道路进行实时监测和管理。通过在交通节点部署无线传感器和摄像头，可以实时收集交通流量、速度、密度等数据，并通过无线网络实时传输到中央控制系统。中央控制系统对这些数据进行处理和分析，能够实时了解交通状况，进行精确的交通调度和优化。这有助于及时发现和解决交通拥堵问题，提高道路通行效率。

(4)车辆定位与导航

无线网络技术结合卫星定位技术，为车辆提供了高精度的定位服务。通过无线网络，车辆可以实时接收交通信息、路况数据等，从而进行智能导航。系统可以根据实时交通状况为驾驶员提供最优的导航路线，避开拥堵路段，提高出行效率。此外，无线网络技术还可以实现车辆间的信息共享和协同驾驶，提高道路安全性。

(5)智能停车管理

智能停车管理是无线网络技术在ITS中的又一重要应用。通过无线传感器和通信技术,系统可以实时监测停车场的空余车位情况,并通过无线网络将信息传输到车主的手机或导航设备上。车主可以根据这些信息方便地找到附近的空余车位,节省寻找车位的时间。同时,无线网络技术还可以实现停车场内车辆的安全监控和故障预警,提高停车场的管理能力和服务质量。

(6)车联网技术

车联网技术的核心在于实现车辆之间的通信以及车辆与周围环境之间的通信,包括与交通基础设施、行人和云端服务器的通信。这些通信能够实时分享车辆的状态信息、交通状况、天气条件等,从而保障道路安全、提高交通效率并减少环境污染。车联网技术的实现离不开多种通信技术的支持。例如,车辆之间的直接通信通常使用专用短程通信技术(Dedicated Short Range Communication Technology,DSRC)或蜂窝车联网技术(Cellular Vehicle-to-Everything,C-V2X)。车联网技术通过将车辆与车辆、车辆与基础设施以及其他交通参与者连接起来,利用传感技术感知车辆的状态信息,并借助无线通信网络与现代智能信息处理技术,实现了交通的智能化管理以及车辆与道路、车辆与车辆之间的深度互动与协同。

在现代智能交通系统中,无线网络技术发挥着至关重要的作用。无线网络技术不仅提高了交通管理的效率和安全性,还为驾驶者和乘客带来了前所未有的便利性。通过利用各种无线通信技术,ITS能够实现高度动态和实时的交通信息共享,极大地改善了交通流,减少了交通拥堵,并提高了道路安全性。

3.5 交通信息显示技术

3.5.1 多平台信息显示策略

随着城市化进程的加速和交通网络的日益复杂,高效的交通信息发布系统成为提高道路安全性和交通效率的关键。多平台信息显示策略通过在不同的数字平台上同步展示交通信息,有效提升了信息的可达性和实时性。

信息技术的快速发展,尤其是移动互联网、大数据、云计算、物联网和人工智能的广泛应用,为多平台信息显示策略提供了强大技术支持。这些技术的应用,使得交通信息服务更加高效、个性化和智能化。

(1)多样化的信息发布平台

①官方网站与移动应用程序

官方网站和移动应用程序，如高德地图和百度地图，为用户提供了全面的交通信息服务。这些服务包括实时路况、导航指引、停车位查询以及紧急事件通知。通过集成 GNSS 定位、实时交通数据分析和云计算技术，这些应用能够提供准确的出行建议和路线规划，帮助用户规避交通拥堵，优化出行方案。

②社交媒体平台

微信公众号和微博等社交媒体平台具有广泛的用户基础。政府交通管理部门和公共交通公司通过这些平台发布实时交通更新、警告和通知。借助社交媒体的快速传播能力，重要的交通信息可以迅速传达给大量用户，实现与公众的即时互动和反馈。

③公共显示屏

在地铁站、公交站、主要路口等公共场所安装的电子显示屏，实时展示最新的交通信息、公交到站时间、重要通知及紧急情报。这些显示屏通常连接到城市交通管理中心，能够实时更新数据，为过往行人和驾驶员提供重要的出行信息。

(2)信息管理与同步更新

①实时数据处理

交通管理系统依赖来自各种传感器和监控设备的海量数据。这些数据需要经过快速处理和分析，才能转化为有用的交通信息，为了实现这一点，可以使用流数据处理技术。这些技术能够迅速处理和分析大量实时生成的数据，确保所有平台上展示的交通信息是最新的和一致的。

②内容管理系统

高效的内容管理系统(Content Management System，CMS)在交通信息管理中起着重要作用。通过 CMS 工具，交通管理部门可以在一个集中的平台上编辑和发布信息。这些系统使得信息的管理和更新更加便捷，并通过应用程序接口(Application Programming Interface，API)和数据同步技术，确保在所有发布平台上展示的信息一致且实时。

(3)多平台信息显示支撑技术

①数据集成与处理

数据集成与处理通过 ETL 工具和中间件(如 Apache NiFi)，将来自交通监控摄像头、GNSS、传感器等不同源的数据整合到统一系统中。ETL 过程包括抽取、转换和加载，确保数据的一致性和完整性，为交通信息系统提供全面视图。

②云计算与大数据技术

云计算与大数据技术利用云服务提供的计算资源和大数据处理框架(如 Hadoop 和 Spark)来管理和分析大量数据。云计算提供按需扩展的灵活性，大数据框架通过分布式计算技术高效处理数据，支持复杂数据分析任务，如交通流量预测和拥堵分析。

③物联网技术

物联网技术(Internet of Things,IoT)通过在智能交通信号灯、车载传感器、监控摄像头等设备中嵌入传感器和通信模块,收集并传输数据至中央管理系统。这使得交通系统能够实时监控和响应交通动态,提供准确及时的信息。

④人工智能技术

人工智能技术利用算法和模型分析预测交通数据。机器学习和深度学习技术通过从历史数据中学习模式和趋势,构建预测模型,帮助交通管理者制定有效策略,优化交通流量,减少拥堵。

(4)多平台信息显示优化方法

①交互设计

各平台的用户界面(UI)和用户体验(UX)设计必须简洁直观、易于操作。采用用户中心设计(UCD)原则优化界面布局和交互流程,确保信息易获取和可读。

②个性化服务

基于用户的位置、出行习惯和偏好,提供个性化的交通信息和服务,如定制化路线建议、交通拥堵预警和停车位推荐。利用数据挖掘和用户行为分析技术实现对用户需求的精准识别和满足。

交通领域多平台信息显示策略的有效实施,提升了交通信息服务的效率、准确性和便利性,为公众提供了更安全、更便捷的出行体验,并为城市交通管理和规划提供了有力的技术支撑。

3.5.2 交互式信息显示技术

随着科技的进步,交通系统正在经历前所未有的变革,其中交互式信息展示技术在提升用户体验和行车安全方面发挥着重要作用。这项技术的应用不仅极大地便利了人们的出行,还为交通管理和城市规划提供了新的视角和工具。以下是对这项技术在交通领域应用的详细介绍。

(1)基础设施的构成

①智能显示终端

交互式智能显示终端是现代城市交通信息系统的重要组成部分,它的投入使用旨在提高信息的可达性和用户出行体验。这些终端包括智能公交站牌、地铁站内互动显示屏、智能停车场导引屏和智能交通信号灯显示屏。通过触控屏或其他互动方式,这些终端提供实时交通信息、导航指导和周边服务信息,已在伦敦、新加坡、东京和纽约等先进城市进行了测试和应用,显著提升了交通信息服务的效率和用户体验。

②交互式触控屏

在车站、机场、停车场等交通枢纽装设的交互式触控屏,能提供路线查询、票务信息、出行建议等服务。用户可以通过触控操作获取所需信息，部分设备还支持声音输入和手势操作，提供更为便捷的交互功能。这些触控屏不仅提升了信息获取的便捷性，还提高了用户在公共交通中的互动性和满意度。

③移动设备应用

智能手机、平板电脑等个人移动设备上的交通应用程序，如高德地图、百度地图、滴滴出行等，也提供定位服务、路线规划、在线订票、即时交通状况更新等功能。这些应用通过收集用户反馈，不断优化服务内容和用户体验。

(2)交互式技术介绍

①增强现实(Augmented Reality,AR)技术

增强现实技术通过实时计算摄像机影像的位置和角度，并叠加相应的虚拟图像，将虚拟信息和真实世界无缝集成，实现互动。它融合了多媒体、三维建模、实时视频显示、多传感器融合等技术，使用户通过设备能够感知虚拟信息与现实环境的叠加，从而获得超越现实的感官体验。

②虚拟现实(Virtual Reality,VR)技术

虚拟现实技术通过计算机生成虚拟环境，提供沉浸式体验。VR系统通常包含头戴显示器(Head-Mounted Display,HMD)、传感器(如位置跟踪、运动捕捉等)和输入设备(如控制器、手套等)。用户通过佩戴HMD进入虚拟环境，并与虚拟环境进行交互。

③人工智能技术

AI在交互式信息显示技术中发挥着重要作用，其原理主要包括自然语言处理(Natural Language Processing,NLP)和图像识别技术。自然语言处理利用深度学习模型，如循环神经网络(Recurrent Neural Networks,RNN)和Transformer，通过训练大规模的文本数据，计算机能够理解和生成自然语言，实现语音识别和语义理解。图像识别则通过卷积神经网络(Convolutional Neural Networks,CNN)等算法，从图像数据中提取特征，实现对象检测和分类。AI处理器通过这些模型和算法，能够实时分析用户输入的语音和图像数据，生成对应的虚拟信息并进行反馈。

(3)交互式技术的应用方法

①增强现实技术的应用

增强现实技术在交通导航中具有广泛应用。例如，在车辆的HUD系统中，AR技术可以将导航指示、车速和警告信息直接投影到驾驶员的前方视野中，与实际路况无缝融合，使驾驶员无须分心查看其他设备即可获得必要的信息。高级的AR HUD系统还能根据车辆的实时位置和行驶方向，动态调整信息展示的位置和大小，确保其准确性和易读性。

移动设备上的AR导航应用同样便捷，通过智能手机或平板电脑的摄像头捕捉实时路况，叠加虚拟导航线路、兴趣点和道路名称等信息，使步行者或骑行者能够更直观地理

解导航指示，轻松找到目的地。

②虚拟现实技术的应用

VR 技术可以在驾驶训练和城市规划展示中发挥重要作用。通过虚拟环境模拟真实的交通场景，用户可以预演驾驶过程，熟悉路线特征，提高应对突发情况的能力。城市规划展示通过 VR 技术，可以更好地呈现规划方案，方便评估和决策。

③人工智能技术的应用

在交互式信息显示技术的应用中，AI 大幅提升了系统的智能化和用户体验。例如，在 AR 导航系统中，AI 通过语音识别技术使用户能够通过语音指令与导航系统互动，免去手动操作的麻烦，提高驾驶安全性。同时，图像识别技术实时分析摄像头捕捉的路况，识别交通标志和潜在障碍物，并将这些信息叠加在用户视野中，提供实时的导航辅助。AI 还能够根据用户的历史行为和偏好，动态调整信息显示内容和形式，提供个性化的导航建议和出行方案，优化用户体验。

3.5.3 信息可视化技术

信息可视化是一种利用图形和图像将数据表示为可视形式的技术。交通信息显示包括但不限于交通流量图、路况地图、公交和地铁运行时刻表的动态显示等。通过颜色、形状、大小等视觉元素的巧妙运用，信息可视化技术能够突出重点数据，揭示数据之间的关系和模式。

(1)信息可视化技术的原理和方法

信息可视化技术是一种利用图形和图像将数据表示为可视形式的技术，通过视觉元素如颜色、形状、大小和位置等，将复杂的数据转换为直观易懂的图形。这种技术依赖人类视觉系统对图形的敏感性，能够揭示数据中的模式、趋势和关系。以下是信息可视化的主要原理和方法。

①图表：包括柱状图、折线图和饼图等，利用长度、位置和面积等视觉元素表示数据。柱状图便于比较不同类别的数据；折线图展示数据随时间的变化趋势；饼图展示数据的组成部分及其比例关系。

②地图：通过颜色深浅、符号和区域划分等地理空间上的视觉元素表示数据的地理分布和空间关系。热力图利用颜色变化表示数据密度分布，帮助用户快速识别数据分布情况。

③网络图：展示数据间的连接关系，节点代表数据项，边表示它们之间的关系，通过位置和连线作为视觉变量展示节点间的连接结构。

④树图：类似于网络图，展示数据中的层次结构和关系。

(2)信息可视化技术的应用方法

在交通信息显示中,信息可视化技术的应用非常广泛,涵盖了多个方面。

①实时交通地图:利用颜色和符号表示交通流量、拥堵情况及事故地点,帮助驾驶者做出合理出行决策。颜色(绿、黄、红)标识交通流畅度,符号标识事故或施工区域。

②路况监控系统:通过热力图和时间序列图展示交通流量变化趋势,辅助管理部门进行实时监控和决策。热力图通过颜色深浅显示交通密度,时间序列图显示流量变化,帮助识别拥堵点和潜在问题。

③公共交通信息发布:电子显示屏使用图表和图像显示车辆到达时间、站点信息和线路图,方便乘客获取实时信息。图表展示预计到达时间、运行状态和线路图,提高透明度和乘客满意度。

④交通预测:通过可视化预测模型结果,显示未来交通流量变化趋势,帮助管理部门提前制定应对措施。预测模型基于历史数据、天气和特殊事件,生成未来交通流量预测,帮助用户直观了解未来交通状况。

(3)信息可视化技术的优化方法

为了进一步提升信息可视化技术在智能交通系统中的效果,确保其能够提供准确、实时和用户友好的信息,以下优化方法可以显著改进数据的可视化表现。

①数据整合:将多源数据(如交通流量、天气信息、事故数据等)整合到一个平台上,提供全面的交通状况视图,帮助管理者综合考虑各种因素做出决策。

②高级分析和预测:运用机器学习和人工智能技术进行交通流量预测,提高预测准确性,为管理者和出行者提供有价值的参考。

③用户反馈机制:收集用户对可视化界面的反馈以持续改进设计,确保信息展示直观且易于使用,提升用户满意度和促进技术进步。

(4)GIS可视化在交通规划中的应用

交通规划成果常借助空间图形语言来表达,这种方式比单一的属性表格和文字描述更加直观、生动且全面。利用GIS软件的专题制图技术,可以高效制作专题地图。GIS的图属一体化数据管理模型确保属性数据的变化能即时反映在空间图形上,无须因数据更新而重新制作地图。此外,GIS软件的坐标系统动态转换功能使得专题地图可根据需要随时调整坐标系统和投影参数。

3.6 本章小结

本章主要介绍智能运输系统中上述各种关键技术的基础类型、原理、特点及应用。交通信息采集与处理是智能交通运输系统的重要组成部分之一。通过信息采集系统,可得到反映交通状况的各种实时信息,并作为交通信息预处理与融合的基础来源。交通信息采集相关技术包括:地磁线圈信息采集技术、超声波信息采集技术、视频图像信息采集技术、雷达信息采集技术、无人机信息采集技术、众包信息采集技术等。交通信息预处理与融合技术是只能运输系统的核心部分，是将交通信息系统中对采集到的各种交通数据进行处理和整合，以提高数据的准确性、一致性和可用性，并为后续的分析和应用提供可靠的基础。交通信息预处理与融合技术包括数据清洗、数据挖掘、数据存储以及大数据和人工智能技术等。

智能运输系统技术的提高和发展很大程度上受交通信息传输与交通信息显示技术的影响。本章以智能运输系统技术为背景，介绍交通信息传输技术与交通信息显示技术的主要特点。

思考题

1. 如何综合运用高效数据压缩与传输技术、安全与隐私保护机制、边缘计算以及无线网络技术，以提高智能交通系统中的数据传输效率与安全性？

2. 如何在不影响数据质量的前提下，利用高效数据压缩技术减少 ITS 中的数据传输量？

3. 在保证数据安全与用户隐私的前提下，如何设计有效的加密方案和访问控制策略？

4. 如何利用边缘计算技术在数据源附近处理和分析数据，以减轻中央系统的负载并提高响应速度？

5. 如何选择合适的无线网络技术，以确保 ITS 中的车辆、基础设施和其他交通参与者之间的无缝连接？

6. 试结合本章内容，讨论交通信息显示技术在现代交通系统中的应用。

7. 多平台信息显示策略如何提高公共交通乘客的出行体验？

8. 如何设计一个多平台的信息显示系统，以便在不同的设备（如手机、车载显示屏、公共信息板等）上有效地向驾驶员和行人展示实时交通状况？

9. 在交互式信息显示技术的帮助下，如何优化交通导航系统的用户界面，使得驾驶员能够更直观地了解路况并快速做出决策？

10. 考虑到信息可视化技术在交通领域的应用，如何通过图表、地图和其他可视化手段来帮助公众理解和预测交通流量模式？

参考文献

[1] WU C Z，CAI Z G，HE Y，et al. A review of vehicle group intelligence in a connected environment [J]. IEEE Transactions on Intelligent Vehicles，2024，9(1)：1865-1889.

[2] 吴超仲，杨鑫炜，贺宜，等. 前馈多源信息下异构动力学卡车队列协同控制系统[J]. 交通运输工程学报，2023，23(1)：256-266.

[3] 严新平，褚端峰，刘佳仑，等. 智能交通发展的现状、挑战与展望[J]. 交通运输研究，2021，7(6)：2-10，22.

[4] YANG X W，WU C Z，HE Y，et al. A dynamic rollover prediction index of heavy-duty vehicles with a real-time parameter estimation algorithm using NLMS method [J]. IEEE Transactions on Vehicular Technology，2022，71(3)：2734-2748.

[5] 贺宜,鲁曼可,高嵩,等.基于 MobileViT-CA 模型的营运车辆驾驶人分心行为检测[J].中国公路学报,2024,37(1):194-204.

[6] 陈志军,胡军楠,冷姚,等.基于轻量化网络和注意力机制的智能车快速目标识别方法[J].交通运输系统工程与信息,2022,22(6):105-113.

[7] QIAO D Y,YUAN W Z,REN Y. Review of MEMS LiDAR[J]. Microelectronics & Computer,2023,40(1):41-49.

[8] WANG D J,LV H F,WU J. In-flight initial alignment for small UAV MEMS-based anvigation via adaptive unscented Kalman filtering approach[J]. Aerospace Science and Technology,2017,61:73-84.

[9] DUAN H P,XIAO K M,LIU L H,et al. Online unmanned aerial vehicles search planning in an unknown search environment[J]. Drones,2024,8(7),336.

[10] CHEN Q J,LIN H,KUANG J,et al. Rapid initial heading alignment for MEMS land vehicular GNSS/INS navigation system[J]. IEEE Sensors Journal,2023,23(7):7656-7666.

[11] 吕能超,王玉刚,周颖,等.道路交通安全分析与评价方法综述[J].中国公路学报,2023,36(4):183-201.

[12] 吕能超,彭凌枫,吴超仲,等.基于视频轨迹参数的边缘率减速标线驾驶行为效果评价方法[J].安全与环境学报,2021,21(2):461-469.

[13] HE Y,CAO B,CHAN C Y,et al. WUT-NGSIM:A high-precision and trustworthy vehicle trajectory dataset[C] //2020 Chinese Control and Decision Conference (CCDC). Hefei,2020.

[14] ZHENG O,ABDEL-ATY M,YUE L,et al. CitySim:A drone-based vehicle trajectory dataset for safety-oriented research and digital twins[J]. Transportation Research Record,2024,2678(4):606-621.

[15] KRAJEWSKI R,BOCK J,KLOEKER L,et al. The highd dataset:A drone dataset of naturalistic vehicle trajectories on German highways for validation of highly automated driving systems[C] //Proceedings of the 2018 21st International Conference on Intelligent Transportation Systems (ITSC). IEEE,2018.

[16] 王秉旺.城市交通规划中的新技术应用[J].交通世界,2015(5):62-63.

[17] 刘刚,周炳俊,安铭刚,等.时态 GIS 理论及其数据模型初探[J].北京测绘,2007(4):16-20.

[18] 吴信才,曹志月.时态 GIS 的基本概念、功能及实现方法[J].地球科学:中国地质大学学报,2002,27(3):241-245.

[19] 吴超仲,冷姚,陈志军,等.基于强化学习的智能车人机共融转向驾驶决策方法[J].交通运输工程学报,2022,22(3):55-67.

[20] 严新平,吴兵,贺宜,等.我国"零死亡愿景"交通安全理念及实施战略研究[J].交通信息与安全,2019,37(1):1-6.

[21] YIN J H,SHEN D,DU X D,et al. Distributed stochastic model predictive control with Taguchi's robustness for vehicle platooning[J]. IEEE Transactions on Intelligent Transportation Systems,2022,23(9):15967-15979.

第 4 章

智能运输系统规划

4.1 概述

ITS 规划是在对交通运输系统现状深入分析的基础上，结合未来交通发展需求和趋势，制订出的关于智能交通系统建设、升级和优化的长远计划。ITS 规划作为综合交通体系规划的一个组成部分，相比于其他交通规划，其项目建设更倾向于充分发挥现有交通设施的供给潜力，及时向交通参与者传达交通信息并提高交通安全性。ITS 规划可以为建立系统齐全、功能完善、高效运行的智能化交通运输系统提出解决方案。

ITS 规划立足规划区域经济和社会发展战略，依据交通基础设施建设规划，通过调研现有交通需求，特别是道路交通基础设施和智能交通发展现状，制定规划区域的智能运输系统发展战略目标，研究选择发展智能运输系统的关键技术，拟定各系统功能实施项目，明确智能运输系统未来的发展方向、思路和模式。

ITS 规划在定性与定量研究相结合的基础上，使交通基础设施发挥出最大的效能，提高服务质量，使社会能够最有效地使用有限交通基础设施和资源，同时推动相关产业发展，从而获得巨大的经济效益和社会效益。ITS 规划通过统筹规划，系统性整合交通资源，避免重复建设，确保交通设施的合理布局与高效利用。通过规划，可以确保各类交通设施与系统的协调配合，打破不同交通系统之间的信息孤岛，实现交通信息的互联互通，从而提升交通管理的智能化水平，提高整体交通效率。

本章首先介绍智能运输系统规划的概念、目的、原则、层次和范围，而后，简要阐明智能运输系统规划特点以及基本方法和步骤。各种交通运输方式具有不同特点，分属不同管理部门，具体工作内容有所差别，本章从方法论的角度说明规划的方法和一般过程或步骤。然后，着重对 ITS 系统规划基础资料调查和分析、ITS 需求分析与预测、ITS 功能分析与设计、ITS 规划方案设计与评价作进一步阐述。

4.2　ITS 规划工作内容

ITS 规划依据基本的原则与目标，针对不同的规划区域范围、规划对象和规划深度具有不同的规划层次与范围，其具体工作内容也有所差别。

4.2.1　规划定位

ITS 规划的定位包括指导思想、依据、原则与目标等。

(1)ITS 规划指导思想

制定 ITS 规划时，必须以国家宏观政策为总的行动指南，以服从党中央、国务院关于加快建设交通强国的思路目标和行动任务为前提，以系统工程方法及综合运输规划方法为理论指导，以充分发挥区域综合运输优势为目标，立足区域社会经济特色以及交通运输特点，将区域综合运输系统作为一个与社会、经济密切相关的有机整体，对其进行全面、综合、系统的研究并制定科学的规划。通过规划，建立系统完善、功能齐全的高效运行的智能化交通运输体系，做好新时代的交通运输工作。

(2)ITS 规划依据

从交通发展现状出发，在估计交通未来发展趋势的基础上，充分结合当地经济、科技、社会发展水平，根据《中华人民共和国城市规划法》《中华人民共和国智能交通系统(ITS)体系框架》《交通强国建设纲要》等和各省、市、自治区 ITS 体系框架有关规定，参照地方国民经济与社会发展规划、城市总体规划、信息化发展规划等相关内容，结合国家颁布的有关交通管理政策、法规、标准和规范，编制 ITS 发展规划。

(3)ITS 规划原则

在制定 ITS 规划时，必须遵循以下基本原则：

①充分借鉴国内外智能运输系统的发展经验和教训，并紧密结合客观实际，制订符合实际需求的规划方案。

②规划方案应具有一定的前瞻性，并实现近期、中远期规划方案相互协调；遵循当前服从长远，局部服从整体，治标服从治本原则。

③充分利用现有应用系统和设施，通过对现有系统的优化、改造和扩展，逐步发展为功能完善的 ITS 应用系统。

④与国家 ITS 发展政策相适应，引导交通信息资源的整合、共享和利用，全面推进 ITS 产业的快速发展。

(4)ITS 规划目标

制定 ITS 规划，必须设置明确的规划目标，一个完整的 ITS 规划方案通常会包含以下规划目标：①构建高效的交通信息基础设施建设方案；②提高交通运输网络的安全与效率；③为交通运输规划部门和管理部门提供信息化的决策支持手段；④提高对交通事件的快速反应能力，增强交通出行的安全性和可靠性；⑤提高交通运输企业的经济效益。

4.2.2 规划层次与范围

智能运输系统规划可以是全国范围的，也可以是区域性的或单个城市的；可以是多种运输方式的综合运输规划，也可以是单种方式的专业运输规划；可以是一个较大的系统规划，也可以仅是一个子系统项目的规划。因此，规划可以是不同类型、不同层次和不同范围的，规划期可分为近期(1～2 年)、中期(3～5 年)和远期(6～10 年)。

在规划开展前期，应首先明确规划研究对象，这对 ITS 规划的合理定位非常重要。总体而言，依据规划区域范围、规划对象、规划深度可将 ITS 规划分为若干个层次。

(1)按规划区域范围划分

①国家级 ITS 规划

一般而言，国家级 ITS 规划关注战略层面，主要解决 ITS 发展法规、政策以及发展导向等方面的问题。从技术层面来看，国家级 ITS 规划需要制定国家级 ITS 体系框架，如美国国家 ITS 体系框架、中国 ITS 体系框架等，此外，还关注于制定基础性的 ITS 实施通信标准、协议等。

②区域级 ITS 规划

区域级 ITS 规划服从国家级 ITS 规划相关文件的指导，并充分考虑地方交通特征及 ITS 现状。区域的概念是广义的，它可以指省域、市域，也可以指跨省区域，如长三角区域、珠三角区域等。

③城市级 ITS 规划

城市级 ITS 规划服从国家级与区域级 ITS 规划相关文件的指导，并充分考虑城市交通特征以及 ITS(或交通信息化)现状。城市级 ITS 规划一般仅涉及城市建设用地范围内的区域。

④通道级 ITS 规划

通道级 ITS 规划一般针对特定干线通道，更多的是考虑系统的整体协调性，关注通道 ITS 与沿线城市 ITS 的融合，主要体现在城际公路、轨道、航空以及沿线城市的部分 ITS 应用系统的衔接，典型代表为美国 GCM(Gary-Chicago-Milwaukee)ITS 规划、美国 I-97 通道 ITS 规划等。对于国内而言，可根据实际需要开展如京津塘通道、沪宁通道等通道级 ITS 规划。

(2)按规划对象划分

①综合交通系统的 ITS 规划

综合交通系统的 ITS 规划可在不同区域层面开展，包括的交通子系统越多，则其区域层面越高。

②ITS 子系统规划

ITS 子系统规划是针对特定的交通子系统而实施的 ITS 规划，如公路网 ITS 规划、铁路系统 ITS 规划等。多数情况下，此规划在区域层面制定。

(3)按规划深度划分

①ITS 战略规划

ITS 战略规划是从宏观层面开展，规划内容主要涉及围绕着既定的规划目标，制定 ITS 体系框架；在此基础上，制订合理的部署方案并制定其更新流程，同时常见的战略部署规划也纳入战略规划范畴。对于 ITS 战略规划而言，从规划对象角度来看，主要针对综合交通系统开展；从规划区域范围来看，可在不同层面上开展。

②ITS 系统级规划

ITS 系统级规划是相对于战略规划而言提出的。系统级 ITS 规划是在相对区域 ITS 战略规划的基础上，进一步对特定 ITS 子系统功能需求及系统整体架构进行规划，并制订可操作性强的应用系统规划方案及实施序列。就规划对象来看，主要针对交通子系统开展；从规划区域范围来看，主要在区域(省域、城市圈等)级、城市级、通道级层面开展。

4.2.3 规划方法和步骤

ITS 规划采用系统分析的方法，其过程为：①分析系统存在的问题，明确规划的指导思想、依据、原则和目标；②制订解决问题并实现预期目标的规划方案；③评价各个规划方案，选择实施方案；④实施和修订规划。

国内外 ITS 系统规划流程在表述上可能有所差异，但主要思想是一致的，遵循系统分析的基本思路，结合 ITS 规划的特点，ITS 规划可划分为如表 4-1 所示的三个阶段和七个步骤。

表 4-1　ITS 规划基本步骤流程

规划阶段	规划步骤
基础调研	现状数据的调查、采集和交通信息数据库建立
	ITS 系统现状问题诊断分析及目标和政策制定
系统规划设计	ITS 需求分析和预测
	ITS 系统功能分析与设计
方案实施评价调整	ITS 项目方案设计与实施
	ITS 规划方案分析与评价
	ITS 规划调整、实施与滚动

(1)现状数据的调查、采集及交通信息数据库的建立

进行规划的第一步工作是收集所有与规划有关的数据、研究报告、各种相关规划和计划,它们是整个规划工作的基础和依据。其宏观目的是能够充分地了解和掌握交通运输设施及智能运输系统的现状,具体要达到以下三个目的:①了解所调查区域当前ITS发展中存在的主要问题,为ITS规划方案的制订提供依据;②掌握区域ITS运作和发展规律,为规划未来ITS发展提供依据;③为建立ITS信息数据库提供基础资料。

(2)ITS系统现状问题诊断分析及目标和政策制定

在对交通运输系统现状进行全面调查的基础上,由交通运输部门会同有关部门组成"会诊"小组,依据调查和采集到的现状数据,对智能运输系统中各个组成部分进行分析,发现其中存在的问题和不足,从而提出解决问题的思路和对策。

在进行智能运输系统的现状分析及问题诊断时,应根据规划区域的性质、规模、类型,着重从区域交通布局、交通结构组成、交通环境、基础设施等全局性方面进行分析,制定ITS及其设施发展或改善的目的、目标和政策。

(3)ITS需求分析和预测

ITS需求分析主要包括ITS重点项目分析与集成、ITS关键技术需求分析和信息需求分析等。ITS需求分析的目的就是要确定ITS发展现状的工作基础及ITS发展需求,包括现行使用的交通控制系统、交通管理模式、科技现代化交通管理进程、交通管理的软硬件基础、未来的区域交通建设规划和发展战略、ITS的发展目标等,建立ITS发展需求与产生这一需求的社会—经济—文化活动和交通运输服务之间的关系模型,以便利用所建立的关系模型来预测未来ITS发展需求。

(4)ITS系统功能分析与设计

ITS是为区域交通运输服务,并作为交通运输系统基础设施的一部分。通过分析交通运输系统特点、问题、投资资金等现实条件,对比ITS系统框架各功能模块组成、建设成本、建设周期、关联性等,考虑道路使用者需求和承受力,进行合理选择、优化组合。从交通管理、车辆运行状态、调度跟踪、危险监测和自动报警等多角度全方位,增强交通管理者进行交通疏导和事故应急处理的能力;提高驾驶员对行车环境的感知和控制能力,支持安全驾驶;保证ITS能对道路状况、车辆状况进行实时数据采集,具有数据及时传输、高效处理和迅速反馈能力。

(5)ITS项目方案设计与实施

ITS规划是对智能运输系统内各子系统及其基础设施的规划,不同城市及水域的发展状况和需求特点不同,因而规划内容也不尽相同。表4-2和表4-3列举了国内外ITS规划案例。

表 4-2　国外 ITS 规划案例

国家和地区	年份	ITS 规划名称	规划内容
美国	2020 年	《智能交通系统战略规划 2020—2025》	新兴技术、网络安全、数据访问和交换、自动驾驶、完整出行 ITS4US 等
欧洲	2020 年	《可持续及智能交通战略》	车辆导航系统、智能停车系统、共享汽车、驾驶辅助系统、线上电子票务系统，货物运输系统等
日本	2019 年	《ITS HANDBOOK 2019》	自动驾驶、车路协同、ETC2.0 服务等
韩国	2019 年	《第三次智慧城市综合规划(2019—2023)》	智慧出行及共享停车系统、公交乘客信息系统、动态线路引导系统、自动化管理系统等

表 4-3　国内 ITS 规划案例

省份(市)	年份	ITS 规划名称	规划内容
江苏省	2021 年	《江苏省“十四五”智慧交通发展规划》	智慧公路系统、智慧铁路系统、智慧航道系统、智慧民航系统、智慧港口系统、智慧综合交通枢纽等
北京市	2021 年	《北京市“十四五”时期智慧交通发展规划》	智慧交通基础设施(智慧道路、区域信号网联系统、智能监控摄像机、MaaS 平台系统等)、智慧交通数据云脑、智慧交通应用与网络安全防护
深圳市	2016 年	《深圳市智能交通“十三五”规划》	智能公交系统、智能设施系统、智能物流系统、智能政务系统等
广州市	2021 年	《广州市智慧交通管理系统发展规划(2021—2025 年)》	道路交通安全防控系统、交通协同治理系统、交通管理服务系统、综合业务支撑系统、数据智能系统等

总结 ITS 规划的主要内容包括：

①智能交通管控系统规划：主要包括对智能交通信号控制系统、智能港口管理系统、智能车船识别系统、交通流量监测系统、交通视频监控系统、网联车船监管系统的规划等；

②智能载运工具系统规划：主要包括对自动驾驶系统、智能公交车辆系统、智能地铁系统、公交线网优化辅助决策系统的规划等；

③智能信息服务系统规划：主要包括对智能导航系统、智能票务系统规划、交通信息发布管理系统、MaaS(Mobility as a Service，出行即服务)系统的规划等；

④智能物流系统规划：主要包括对智慧物流配送系统、智慧仓储系统、智慧供应链系统、多式联运系统的规划等；

⑤智能停车/运输场站/港口系统规划：主要包括对智能停车/泊位诱导系统、载运工

具进出管理系统、运输场站/港口/停车场管理系统、智能收费系统等的规划。

ITS项目的实施方案包括ITS项目实施计划和ITS项目实施的推进机制。ITS项目实施计划是以ITS项目的规划为基础，以提高整个交通网络的通行能力和交通安全为目标，结合目前ITS项目实施特点，以近期、中期和远期来划分规划阶段，按照项目逐步推进、分层次、有侧重的发展原则，以近期和中期为主，达到项目实施和规划目标顺利实现的目的。ITS项目实施推进机制的目的是针对区域ITS发展需要，改变现有机制中不合理部分，合理引导ITS项目实施。

(6)ITS规划方案分析与评价

ITS规划方案分析与评价就是要通过对ITS项目的经济合理性、技术可行性、经济效益、社会和环境影响作出评价，为ITS项目的可行性研究、方案比选、实施效果分析以及对已有的系统进行优化提供科学依据。

(7)ITS规划调整与实施

通过方案分析与评价，当发现所提出的ITS规划方案不能满足交通要求或不能达到预期目标时，就必须对ITS规划方案进行调整。根据评价结果，调整可分为三个层次，即小范围调整、结构性调整和全局性调整。随着时间推移、交通状况改变，规划调整必须持续进行。ITS规划的调整或持续支持，基本上是按原规划编制办法重新进行一次规划编制工作。为了规划调整与持续支持的方便，在进行ITS规划时，必须建立详细的数据库，即调查数据库、预测数据库及方案数据库；同时，最好建立一套ITS规划系统软件，以便经常化的调整与方案滚动。

4.3 ITS规划方案设计与评价

4.3.1 ITS现状调查与分析

智能运输系统规划和设计需要对城市整体发展情况、综合交通系统状况等进行充分的调研和分析，通过现状及需求调查与分析，全面、准确地认识城市的智能交通系统发展水平等，找出目前该城市所面临的问题。

与城市综合交通体系规划相比，进行城市智能运输系统的规划或设计所需进行的调查工作量或许较小，但是由于智能运输系统本身特点，在进行相关调查工作时，亦要有所侧重。进行科学、全面、有效的综合调查，是智能运输系统规划或设计的重要内容之一。

4.3.1.1 现状调查

(1)现状调查主要内容

ITS规划现状调查主要包括城市总体发展状况、交通现状、交通管理现状、交通安全现状、智能交通系统现状、相关行业发展政策等。ITS 规划交通调查项目结构如图 4-1 所示。

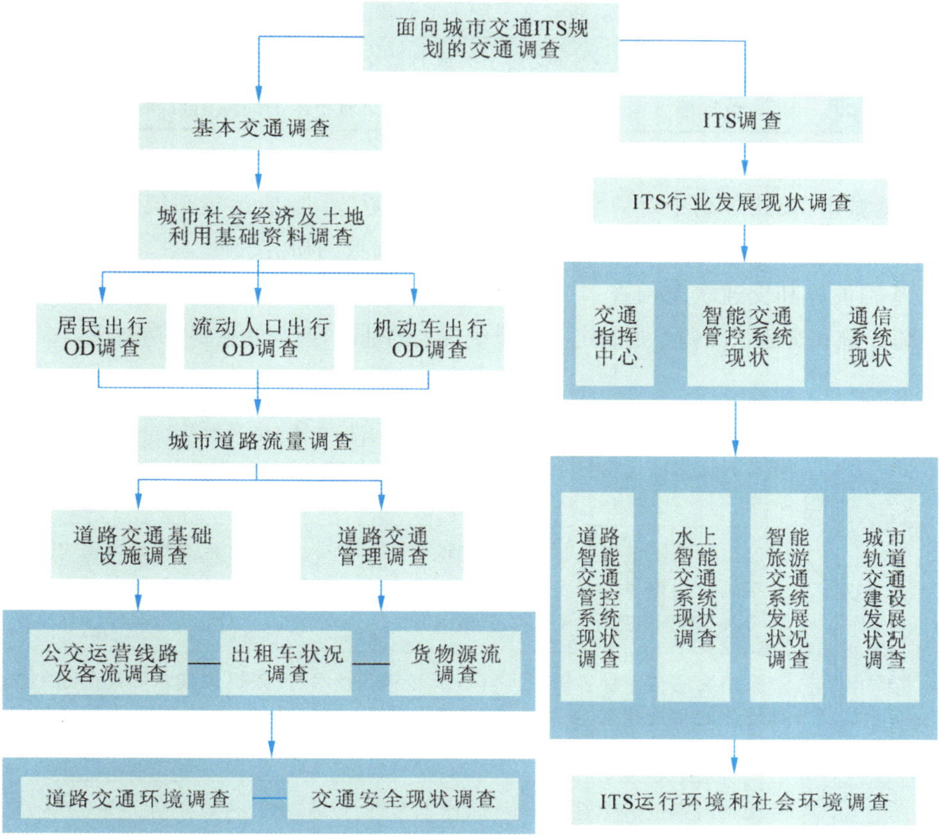

图 4-1　ITS 规划交通调查项目结构

①城市社会经济及土地利用基础资料调查

智能交通系统的发展与城市总体发展状况密切相关，城市社会经济及土地利用大体上可以反映城市的总体发展水平，而城市发展水平决定了城市智能交通系统的建设水平，具体调查内容如表 4-4 所示。

表 4-4　城市社会经济和土地利用基础资料调查

城市社会经济基础资料调查	人口资料	城市人口总量及各交通小区人口分布量，城市人口年龄结构、性别结构、职业结构、出生率、死亡率等
	国民经济指标	国内生产总值、各行业产值、人均收入、产业结构等
	运输量	客货运输历年运输量、各种运输方式所占比重等
	交通工具	各种运输方式、各种交通工具拥有量等

续表 4-4

土地利用基础资料调查	土地利用性质调查	各交通小区主要土地利用类别的土地面积，如工业、商业、居住、科教文卫等土地利用类别面积
	就业及就学人数	全部交通小区或典型交通小区的就业及就学人数
	商品销售额	全部交通小区或典型交通小区的商品销售额

在社会经济总体发展状况中还需要特别关注城市在“智慧城市”方面的发展状况，尤其是“智慧城市”发展规划中对智慧交通的总体规划状况，智能运输系统的规划和设计应在符合智慧交通整体规划的前提下进行更加深入、细致的研究。

②基础设施和交通状况调查

基础设施和交通状况调查是制定 ITS 系统规划的基础，调查的主要内容如表 4-5 所示。

表 4-5　基础设施和交通状况调查

交通需求状况调查	主要包括居民出行情况(如出行目的、出行方式、出行次数、出行量分布、出行时耗等)、城市居民出行 OD 调查、城市流动人口出行 OD 调查和城市机动车出行 OD 调查
城市道路流量调查	城市道路流量资料是进行交通网络现状评价、交通阻抗函数标定以及未来网络方案确定的重要依据。一般需要分车型、分时段进行交通量调查，重要路段调查 24 h，一般路段调查 16 h、12 h 或 8 h
道路交通基础设施调查	道路交通基础设施调查可以基于 GNSS 技术、视频摄像技术等勘测道路交通基础设施的相关数据，主要包括对路网状况、道路路段、交叉口和停车场等状况的调查
道路交通管理调查	调查内容包括交通安全设施、标志标线、管理方式、信号控制、管理装备、警力配备等资料
公交运营及线路客流调查	主要调查内容包括公交公司运营发展状况、车辆发展情况、运营线路发展情况、站点覆盖情况、场站情况、公交客流分布情况，公交换乘率、时耗、出行交通分担率，智能公交系统的建设情况等
出租车状况调查	主要包括出租车类型及数量、运营时间与里程等内容的调查
货物源流调查	货物源流调查目的是为货物运输发生、分布预测提供基础数据，调查内容包括货物运输场站分布，运输企业数量和规模，运输车辆(客运、货运)数量，及有关单位的某一年(或一月、一周)内的货物运入、运出量，运输起讫点，货物种类及单位基本情况
道路交通环境调查	对环境污染严重的路段、交叉口进行调查，包括对交通噪声、尾气排放等指标的调查
交通安全现状调查	交通安全现状主要从交通事故和交通违法两个方面进行调查分析，通过调查分析找出目前交通事故、交通违法行为发生的时空规律和分布特点

③城市智能交通系统现状调查

智能运输系统规划和设计过程中必须充分考虑已有的智能交通系统设备的利用以及新增设备与原有设备之间的兼容性和适配性情况，因而对系统建设现状的了解要更深入、细致，对于系统所采用设备的分布情况、运维情况以及类型、型号、主要技术参数等可能都需要进行调研。

以城市智能交通管理系统的规划设计为例，其主要调查内容如表 4-6 所示。

表 4-6　城市智能交通管理系统主要调查内容

<table>
<tr><td rowspan="8">路面道路交通管理和控制系统的现状</td><td>交通信号控制系统</td><td>主要包括现有路口数和信号灯控路口数；路面交通信号灯、监控摄像头、交通诱导标志等设备的布局、数量和状态、主要控制功能；设备的技术特点、型号和生产厂家；设备的维护保养情况，包括定期检修、故障处理等</td></tr>
<tr><td>交通视频监视系统</td><td>摄像头的位置分布、覆盖的交通路段和区域范围；是否覆盖了交通繁忙的重要区域；摄像头的类型和分辨率、视角、夜视能力等技术参数；监控系统的稳定性和可靠性，是否经常出现故障或中断等</td></tr>
<tr><td>交通流信息采集系统</td><td>交通流信息的采集方式，包括实时监测、定时采集等；是否使用传感器、摄像头等设备进行数据采集，或者结合 GNSS 等定位技术；系统监测的交通路段和区域范围，包括主干道、高速公路、城市道路等</td></tr>
<tr><td>交通信息发布系统</td><td>路侧信息发布设备如电子显示屏、可变情报板等分布和功能；其厂家、型号，与中心联网方式等；还需要注意新型的交通信息发布手段利用调查，如百度出行 APP、微博。</td></tr>
<tr><td>交通违法行为监测记录系统</td><td>违法行为监测设备的类型和布局，如摄像头、雷达等软硬件设备型号；系统运行情况、系统通信网络结构、中心联网可控情况、外场设备点位分布情况等。</td></tr>
<tr><td>机动车稽查布控系统</td><td>主要包括本地机动车稽查布控系统的建设情况、前端设备的接入情况；公路车辆智能监测记录系统的设备厂家、型号、配置；与中心联网方式，外场设备点位分布情况等</td></tr>
<tr><td>交通指挥中心现状</td><td>交通指挥中心的位置，各类交通指挥设备的种类、数量和使用情况；交通指挥中心的人员组织和管理水平、与相关部门（警察、消防、医疗等）的协调机制以及对交通指挥中心未来发展的规划和战略等</td></tr>
<tr><td>通信系统现状</td><td>主要包括通信网络的总体架构，包括通信网络的网络类型、带宽、设备厂家、型号、运行状况、网络安全情况等；通信系统的未来发展规划，包括技术更新、网络扩容、覆盖范围扩展等方面以及是否有针对新技术和趋势的应对策略等</td></tr>
</table>

④水上智能交通系统现状调查

水上智能交通系统的调查内容主要如表 4-7 所示。

表 4-7 水上智能交通系统的主要调查内容

水上交通网络	调查城市或地区的水域交通网络，包括河流、湖泊、港口等水域，了解水上交通的覆盖范围和交通流线
交通工具和设施	调查水上交通工具和设施，包括船舶类型和数量、码头和泊位的分布情况等
运行情况	调查水上交通工具的运行情况，包括运行时间、频率、线路覆盖范围等，了解水上交通系统的运行效率和服务水平
安全管理	调查水上交通的安全管理措施，包括船舶安全设施、航行规则、应急救援等，确保水上交通安全运行
智能技术应用	调查水上交通系统中智能技术的应用情况，例如船舶定位系统、智能导航系统、船舶通信系统、船岸协同系统等

(2)交通信息数据库建立

上述调查完成后，需对调查表格进行编码处理，并输入计算机，建立城市交通信息数据库。城市交通信息数据库可利用 MySQL 和 GIS 等软件建立，也可以用专门的数据库管理系统建立。数据的存储管理与 ITS 手段的结合如表 4-8 所示。

表 4-8 数据的存储管理与 ITS 手段的结合

数据形式	交通规划中涉及大量图形数据(交通小区划分、道路网、交叉口、用地状况等)和属性数据(与图形数据密切相关的属性信息，其他相对较独立的信息)的存储与管理
存储管理形式	交通规划中的属性数据存放在数据库中；空间数据以电子地图的形式存放；彼此间建立有效联系，并实现数据处理、维护、查询、分析与评价功能
ITS 支持手段	GIS 对于图形数据和属性数据的良好结合形式；数据库针对规划主题的有效数据存储与管理方式

ITS 规划数据库是用计算机处理、存储、查询有关道路交通信息的系统，其主要作用体现在以下方面：

①对大量有关数据资料进行存储、检索、修改、删除、插入等；

②与其他应用程序一起，运用统计学和数学原理进行数量分析；

③与其他应用程序结合使用，用以制作数学模型，开展交通形态的研究。

4.3.1.2 问题分析

在对道路交通系统现状进行全面调查的基础上，对系统中各个组成部分进行分析，发现症结，从而提出解决问题的思路和对策。

在进行现状分析与诊断时，可从以下几个方面进行考虑：

(1)城市土地利用现状与居民出行特征

城市交通需求来源于土地利用和居民出行，分析土地利用现状和居民出行特征，找出其对交通系统的不利影响。一般可从以下几个方面进行考察：城市功能的集中程度；城市土地的利用性质与强度；大型公共建筑是否进行了交通影响分析；居民出行方式结构是否合理；居民出行时段是否集中等。根据城市土地利用现状和居民出行特征，提出改进的对策。

(2)道路基础设施状况

根据《城市综合交通体系规划标准》(GB/T 51328—2018)的要求，确定城市道路网的各项特征指标。了解城市发展的规模与交通需求的增长规律，掌握城市道路交通基础设施状况，明确城市现状道路总体布局形式，以及各种性质道路所占比例。分析比较城市现状道路网与城市道路网的规范指标，找出现状城市交通存在的突出问题，并提出解决方案。一般可从表 4-9 所示的几个方面进行考察，并根据城市道路基础设施状况，提出改进对策。

表 4-9 城市现状道路网与城市道路网的规范指标比较

道路结构和布局	城市道路网络结构级配是否合理
	城市路网形态是否合理
	城市道路功能是否明确
交通流畅度	是否存在制约路网效率发挥的瓶颈交叉口
	城市出入口道路是否畅通
道路建设情况	城市道路基础设施建设速度及其是否匹配交通需求增长速度
	道路通行能力是否与交通需求相匹配
	是否存在河流、铁路等制约道路建设的因素
	道路建设资金来源是否有保证

(3)城市交通机动化水平分析

分析现状城市机动车拥有量和增长率，预测城市交通机动化发展趋势。一般可从以下几个方面进行分析：①历年城市机动车拥有总量及其增长速度；②历年各种类型机动车拥有量；③摩托车、私人小汽车等个体机动化交通工具的增长速度；④城市机动化发展趋势与所处阶段等。根据城市机动化发展现状，提出发展对策。

(4)交通流分布

根据调查结果，分析是否存在不合理的交通流量分布情况。一般可以从以下几个方面进行考察：①是否存在少数道路、交叉口集中了主要的交通量；②是否短时间内集中了主要的交通量；③是否存在过境交通穿越城市的情况；④道路交通车种构成是否合理等。对交通流分布不合理的原因进行分析，并提出解决对策。

(5)城市公共交通发展

一般可以从以下几个方面进行考察：①公交管理体制是否满足城市公交发展要求；

②公交线网布局是否合理，是否存在公交薄弱区、公交线路过度密集区；③公交运营车辆数是否满足要求；④公交运营车辆是否有优先通行措施；⑤公交场站用地是否有保证；⑥公交站点覆盖率是否满足要求；⑦公交车站设置是否合理；⑧公交换乘及与其他交通方式的衔接是否合理；⑨公交建设发展资金是否有保障等。分析城市公共交通存在问题的原因，明确解决对策。

（6）静态交通设施

一般可以从以下几个方面进行考察：①停车设施供给总量能否满足要求；②停车设施布局是否合理；③各类停车设施收费标准是否合理；④停车设施是否完善等。分析静态交通设施存在的问题并分析原因所在，明确解决对策。

（7）城市交通管理现状

一般可从以下几个方面进行考察：①城市交通管理的现代化程度、交通管理基础设施建设情况；②交通秩序、交通质量及交通安全状况；③交通管理体制；④交通管理规划开展情况；⑤交通法制建设、宣传教育情况；⑥市民交通安全意识、交巡警队伍的精神风貌和整体形象等。

（8）ITS 发展现状与问题

一般从以下几个方面入手：①ITS 行业发展状况；②道路交通智能化发展状况；③动态交通信息服务水平；④城市交通智能综合控制现状；⑤车载导航系统市场状况；⑥交通安全及管制专用设备企业发展现状；⑦城市轨道交通建设发展状况；⑧水上智能交通系统发展状况；⑨智能旅游交通系统发展状况；⑩ITS 运行环境和社会环境。

根据上面列出的内容进行分析，深入了解城市道路及交通管理现状，发现问题和不足，找出原因，为制定城市交通管控规划，改善城市交通质量提供依据。上述现状问题诊断分析如图 4-2 所示。

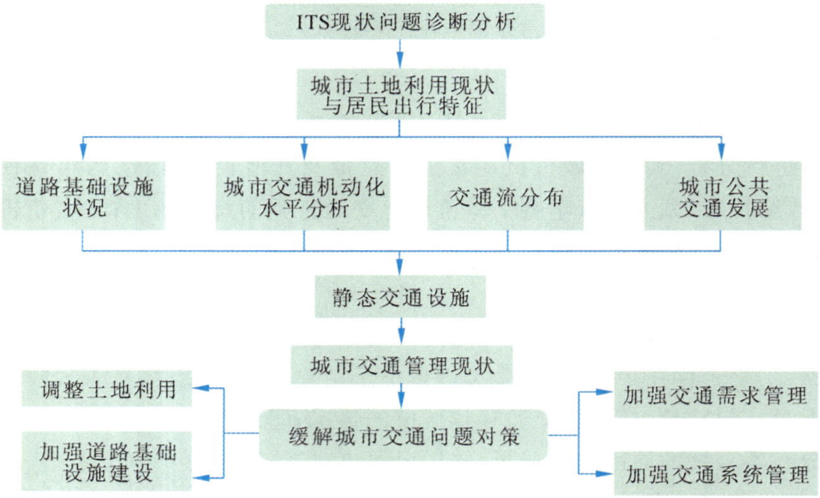

图 4-2 现状问题诊断分析

4.3.2 ITS 需求分析和预测

ITS 需求分析是 ITS 规划的基本步骤之一，基于 ITS 系统现状问题的诊断结果以及 ITS 发展条件，可以初步确定该区域的 ITS 需求。在此基础上，研究人员需要具体分析每个 ITS 需求能够带来的经济、社会、环境和能源效益，再进行综合评判以确定各个 ITS 需求的重要程度和优先级。

4.3.2.1 需求分析

(1)分析步骤

ITS 需求分析是 ITS 系统开发基础，目的是确定用户对目标系统的需求。进行 ITS 需求分析，可以总结为以下三个步骤：①调查研究当前系统的工作状况，即进行详细的"用户调查"；②通过对调查内容的分析与总结，归纳出经过用户许可的目标系统需求；③针对目标系统的需求进行"数据分析"和"功能分析"，分别得出系统用户对系统规模和系统功能两个方面的需求。

根据需求性质不同，ITS 需求分析可以分为 ITS 关键技术需求分析、ITS 信息需求分析和 ITS 重点项目分析和集成等。

(2)分析方法

在 ITS 需求分析过程中，研究人员通常会遇到以下两方面问题：①ITS 需求数量较多；②ITS 需求特征指标较多，并且其中有若干定性指标。由于这两方面问题的影响，研究人员的工作量很大，并且不容易得到准确、客观的分析结果。

聚类分析方法可以按照事物属性的内在联系规律和一定的要求对事物进行分类。在现实世界中，一组事物根据其亲疏程度和相似性是否形成了一个类群，或一个事物是否属于某一个类群，其界限往往具有很大程度的模糊性，模糊聚类正是刻画和解决这类聚类问题的数学方法。模糊聚类分析是依据客观事物间的特征、亲疏程度和相似性，通过建立模糊相似关系对客观事物进行分类的数学方法。利用模糊聚类方法可以客观、快捷地处理带有模糊性的聚类问题。

考虑到 ITS 需求分析问题的特点和模糊聚类方法的优点，本节尝试利用模糊聚类方法分析 ITS 需求。如果采用多目标决策方法（评分比较法、层次分析法、模糊综合评判等）则会面临评价对象和指标过于复杂、定性指标的优先级向量（权重）不容易确定等问题。

模糊聚类方法采用了系统分析技术中的聚类技术，该方法可以依据客观事物间的特征、亲疏程度和相似性，建立模糊相似关系对客观事物进行分类。利用模糊聚类方法分析 ITS 需求，分析基本流程如下：首先，对规划区域交通系统的基本情况进行调研，初步确定 ITS 中各个服务领域的需求；然后，针对每个 ITS 服务领域，分别确定该领域中 ITS 需求的特征指标；从若干特征指标中选择一组较简单的、能够概括性表征全部 ITS 需求的特征指标;采用专家打分法对每个 ITS 需求的各项特征指标进行评分;利用模糊聚类方法对 ITS 需求进行聚类;最后,结合实际情况进一步分析聚类结果。分析基本流程如图 4-3 所示。

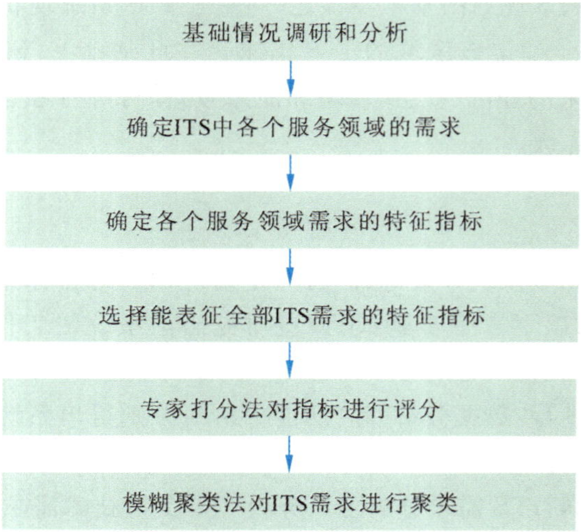

图 4-3 模糊聚类方法分析 ITS 需求

(3)关键技术需求分析

①ITS 关键技术分类及特点

ITS 用户服务最终依赖一系列先进技术,主要分为两大类,即:a. 平台性关键技术,包括数据交换与融合技术、数据提取与处理技术、数据标准与数据库技术、数据发布技术等;b. 功能性关键技术,包括交通及环境监测技术、交通通信与控制技术、交通导航与仿真技术等。这些技术主要由计算机、通信、人工智能等信息技术来实现,如图 4-4 所示。

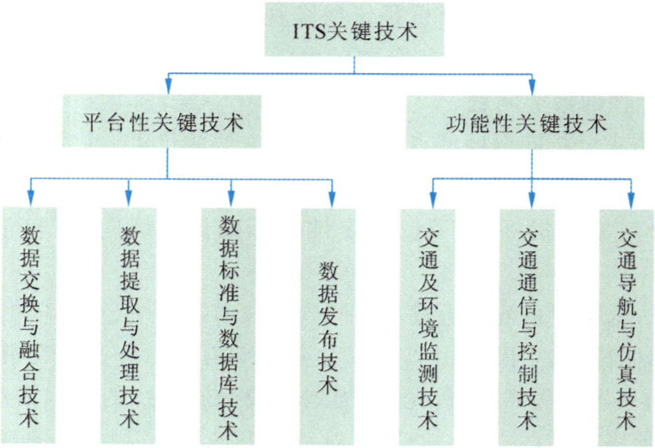

图 4-4 ITS 关键技术需求框架

ITS 关键技术需求主要有以下四类特点：

a. 集成性。集成性是 ITS 技术最大的特点，将新兴的信息、控制、通信和计算机技术和交通工程集成，就形成了 ITS 中各项特有的技术。

b. 系统性。ITS 系统各项技术构成要集成到一块，形成一个有机和完整的系统，首先，这些技术手段本身要符合系统的特定要求，有助于实现系统功能，其次，系统的技术与技术之间要有良好的接口和兼容性，才能整合到一起，真正实现系统的总体功能和目标。

c. 先进性。ITS 的技术基础是新兴发展和迅速革新的信息技术，如计算机、网络、通信、控制等技术，都是现代信息社会当中的先进技术。

d. 综合性。ITS 关键技术要被综合利用，而不是简单叠加，技术与技术之间必须有很好的分工协作，甚至就系统当中的某一子系统而言，也要综合运用各种相关技术，才能实现一定范围内的功能目标。

②ITS 关键技术需求分析原则主要有以下四点：

a. 以构建高效的交通信息设施及建设方案为主体；

b. 以提高交通设施和交通运输网络的安全与效率为导向；

c. 以为交通运输规划部门和管理部门提供信息化的决策支持手段为目标；

d. 以提高对交通事件的快速反应能力，增强出行的安全性和可靠性，提高交通运输企业的经济效益为目的。

(4)信息需求分析

①ITS 信息需求种类

ITS 信息需求按照需求的对象可以分为政府部门信息需求和社会公众信息需求两大类，ITS 信息需求框架图如图 4-5 所示。

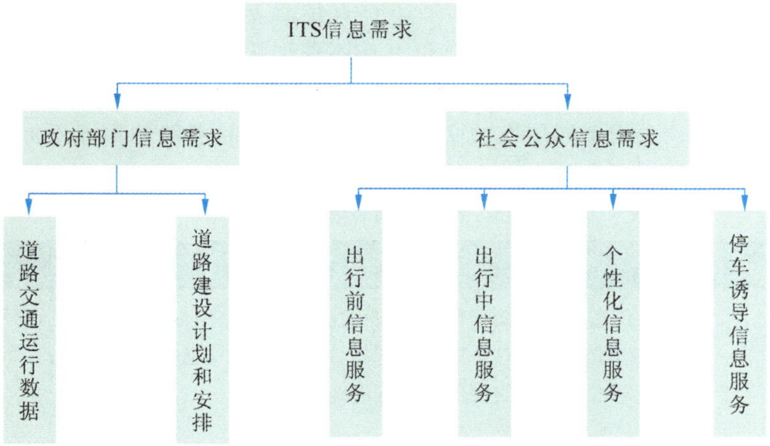

图 4-5　ITS 信息需求框架

a. 政府部门信息需求

智能运输系统涉及交通规划、交通建设、交通管理、运输管理等多个政府部门，各部门根据自身业务需要采集与本部门密切相关的部分基础信息。政府部门对信息的需求，一方面体现在对现有信息采集系统的扩展和完善，另一方面则体现在与其他部门之间的信息交互和共享。例如，交通规划部门需要从交通管理部门获得道路交通运行数据（如各主要道路的流量、车速等），为制订合理的道路交通规划方案提供数据支持；交通管理部门需要从交通建设部门获得道路建设计划和进度安排等，以便更好地实施道路交通管理措施等。

b. 社会公众信息需求

社会公众对交通信息有较强的需求，主要内容如表 4-10 所示。

表 4-10　社会公众信息需求主要内容

出行前信息服务	主要包括公交时刻表和公交线路、换乘地点、票价以及合乘匹配等实时信息；交通事故、道路施工、拥堵路段、个别路段车速、特殊活动安排以及气候条件等信息。出行者可以依据这些信息制订出行方式、出行路线、出行时间等，规划出最优出行路线
出行中信息服务	驾驶员在出行中需要的信息包括动态的最优路径信息、路网交通运行状态信息、交通事件信息、停车场信息、交通管制信息、收费站信息、气象信息及路边服务信息等。可通过可变情报板、百度 APP、车内导航设备等向驾驶员发布上述信息，便于驾驶员选择最优的出行路径
个性化信息服务	个性化信息是指满足特定出行者个体需要的信息，出行者需要的信息包括沿途及目的地加油站、汽车修理厂、餐饮住宿服务、警察局、医院等服务及设施的地理位置分布、电话号码、地址、办公或营业时间等。

②ITS 信息需求特点

相对于出行者而言，交通管理者既是出行者信息系统相关信息的采集、处理、发布者，又是信息的使用者，直接参与信息发布方式体系构建、信息发布计划和信息发布形式制订等各方面工作；同时，为加强管理、提高交通服务质量，其自身又是信息的需求者，涉及的信息更为广泛。由于不同层次的交通管理者对信息需求的侧重点不同，因此有必要分析不同管理层次的管理者信息需求特点，如表 4-11 所示。

表 4-11　交通管理者信息需求特点

不同管理者	信息需求特点
交通职能管理部门	1. 需求信息的覆盖面较广，所需信息是为整体路网的安全、高效运行服务； 2. 信息需求以提高整个路网的运行效率和增强交通安全为目标； 3. 信息需求以整个路网的运行状况为重点； 4. 需求信息实时性要求较强； 5. 对路网的历史交通流数据有很大的需求

续表 4-11

不同管理者	信息需求特点
交通运输运营管理企业	1 信息需求以道路的突发事件信息和运行状况为重点； 2. 信息需求以提高所管辖路段的运行效率和增强交通安全为目标； 3. 对于动态信息，信息需求的实时性要求较强

不同的出行者由于出行目的和出行方式存在差异，在出发前和旅行途中所需要的信息种类及时效性也存在很大差异，具有不同出行目的的出行者信息需求特点见表 4-12 所示。

表 4-12　出行者信息需求特点

出行目的	信息需求特点
公务出行	1. 出发前以所选择路径的拥挤度信息为重点需求信息； 2. 途中以出发时间和服务信息为重点需求信息； 3. 对实时交通信息要求较高； 4. 对信息的准确性具有较高的需求； 5. 对信息发布的连续性具有一定的需求
货物运输	1. 出发前以货物的运输信息为重点需求信息； 2. 出发途中以出行费用和服务信息为重点需求信息； 3. 对实时信息要求时效性较高
旅游	1. 出发前以目的地信息为重点需求信息； 2. 途中以服务信息为重点需求信息
探亲访友	以出行时间为重点需求信息

4.3.2.2　需求预测

ITS 需求预测与 ITS 需求分析、ITS 建设发展紧密相连。有关交通需求分析与预测的基本原理和方法已经有了一套完整的理论体系，ITS 需求预测方法仍然遵循以下基本流程：

（1）确定 ITS 发展近、中、远期所规划预测的年限范围。

（2）设计出 ITS 近、中、远期的战略发展目标，从而为 ITS 发展提出一个近期的发展重点和远期的发展方向。

（3）根据设定的 ITS 近、中、远期发展目标，按照前面需求分析各个方面，在每个目标下设计出近、中、远期各阶段的子系统和子项目，并分别列出各目标下各个具体项目的名称、目的、内容、要求等。

（4）考虑 ITS 自身发展规律和特点，分别进行 ITS 发展近、中、远期预测，应当注意 ITS 的多样化交通信息服务和路径诱导技术直接影响出行者的出行决策，包括出发时间、出行方式和路径选择决策，这些影响会引起路网上交通需求时空分布特征的某些变化。在进行交通需求预测尤其是短期预测时，交通量的时空分布建模需要更多地考虑ITS对出行特征的影响。相对于ITS对个体出行决策的直接影响，ITS对交通需求总量似乎难以产生直接影响。但实际上由于ITS改进了交通设施的使用效率，实质上等同于增加了设施供给，因此先前受到抑制的交通需求会有一定的释放，打破原有的供求平衡状态，进而促进更高强度的土地开发，进入新一轮交通供需状态的演进。因此，就目前土地利用决定交通需求总量的理论而言，ITS同样会间接地影响交通需求总量的变化。因此，从某种意义上讲，ITS可理解为是从技术上缓解交通需求、增加交通供应、充分挖掘现有交通供应设施潜力的一种手段和方法。ITS需求预测流程图如图4-6所示。

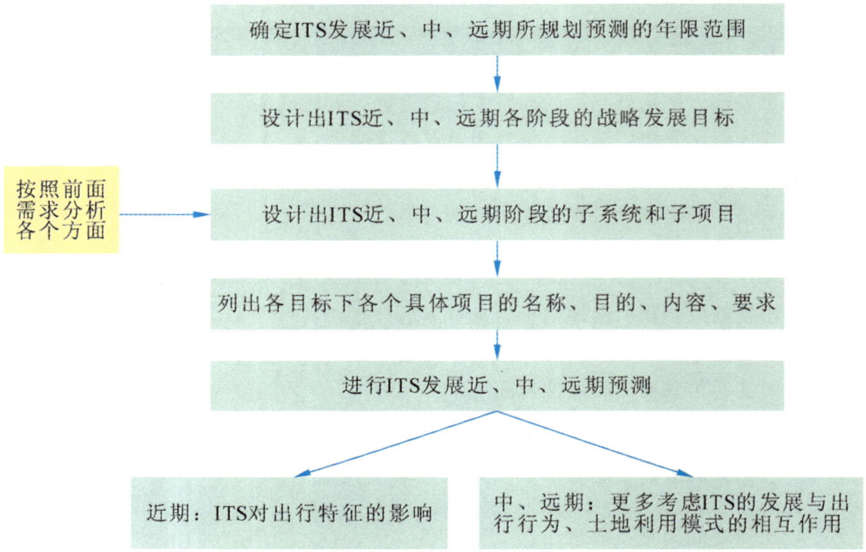

图 4-6 ITS需求预测流程

4.3.3 ITS系统功能分析与设计

智能运输系统是一个集通信、监测和控制为一体的综合系统。它主要实现以下几个方面的功能：监测道路网络的交通状况，控制交通信号系统的运行，保证交通网络的可靠、高效、有序运作；收集和处理有关交通的信息（如不同路段的交通量、路面质量、定位信息等）或其他方面的信息（如天气情况等），为用户提供实时的信息服务；实现智能的交通管理（如自动计费系统，自动车辆识别系统，运行中车辆重量自动测试等）。

系统功能设计目的是通过发展区域ITS系统，实现道路使用者进行交通方式和路线的合理选择；交通管理者进行交通疏导和事故的应急处理；运输经营者随时掌握车辆的运行状态，开展调度和跟踪指挥。通过ITS危险监测、自动报警等，达到提高驾驶员对行车环境的感应和控制，支持安全驾驶的目的；利用 ITS 对道路状况、车辆状况进行实时数据采集的功能，达到数据及时传输、数据高效处理和迅速反馈的目的。

4.3.3.1　功能分析

智能运输系统由六大应用系统组成，分别是道路交通监控系统、交通信息服务系统、智能公共交通系统、公路交通管理系统、道路运输管理系统和综合交通分析与评价系统，如图 4-7 所示。

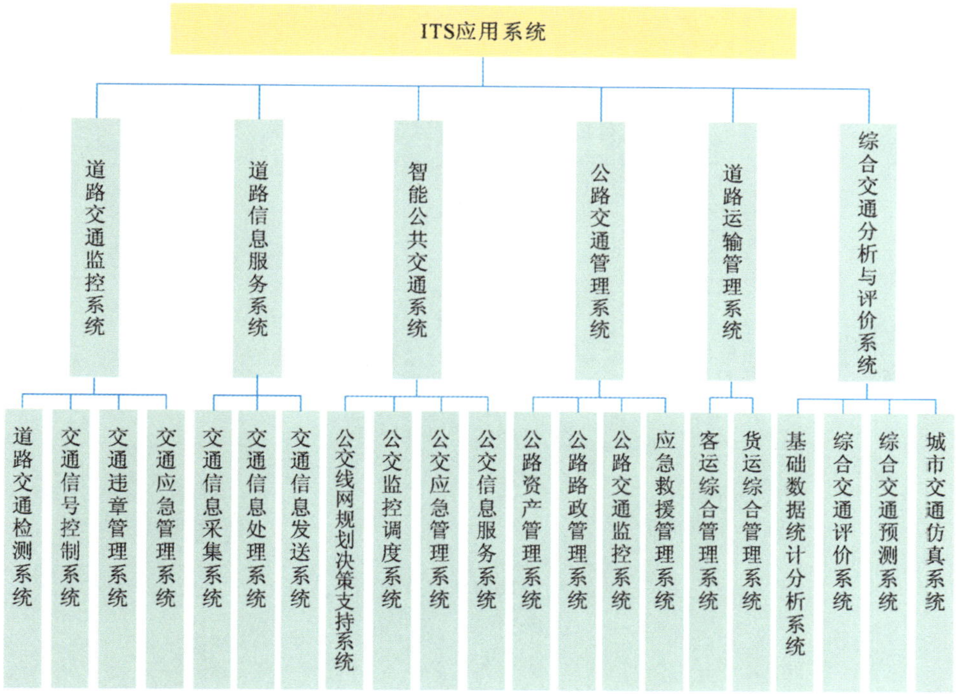

图 4-7　ITS 应用系统

4.3.3.2　功能设计

ITS 系统功能设计的基本方法及程序是根据基础资料调查结果，分析得出的急需解决的区域交通问题（包括交通规划中的问题、交通管理中的问题、运行组织中的问题、交通安全中存在的问题、环境恶化的问题等），对比 ITS 系统框架各功能模块的组成、建设成本、建设周期、关联性等，结合区域交通特征、交通建设规划、交通发展战略、ITS 系统的发展目标以及区域未来的交通发展态势，理顺区域 ITS 的主体关系（包括政府的责任、企业的职责、研究机构职责、政府各行政部门之间及政府与企业之间的协调、行业间的协调等）；在区域 ITS 建设策略、需求导向策略、适用技术集成策略、系统融合策略、公用信息平台引导相关系统接入策略等技术策略的指导下，得出区域 ITS 的建设特点；结合区域 ITS 发展需求分析，进行区域 ITS 功能的分析、选择与划分，并设计出区域 ITS 的功能模块和框架结构；形成区域 ITS 共享的空间数据库，包括道路信息数据库、交通信息数据库和道路交通地图库等；确定 ITS 的数据传输通信设施，例如局域网、专用通信网和互联网等，其中包括无线数据通信的方式；拟定 ITS 的功能要求和实施路线，包括 ITS 总的功能要求以及各子系统、子项目的功能要求；最后对 ITS 的各项功能进行检验并加以完善。其设计流程可参考下面的设计流程，如图 4-8 所示。

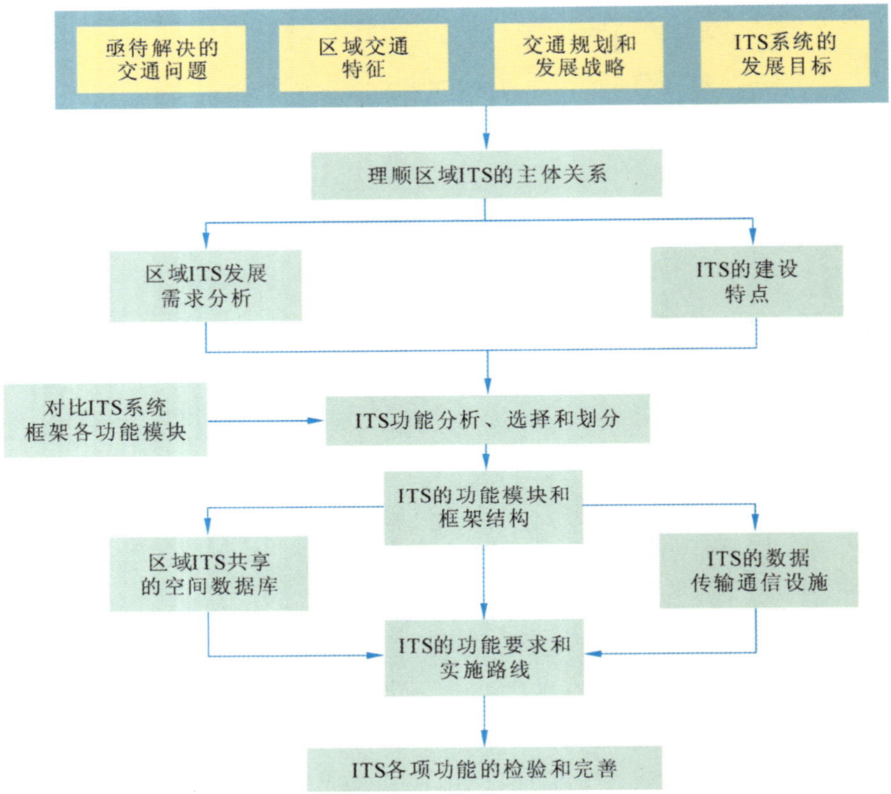

图 4-8 功能设计流程

4.3.4 ITS 项目方案设计与实施

4.3.4.1 方案设计

与传统运输系统相比，ITS 具有显著的系统创新特征。传统的运输观念、运输行业组织形式、运输管理方法以及运输技术都将由于 ITS 的发展而发生变革。ITS 的建设不仅是一种技术开发研究过程，而且是一种组织创新、观念创新、技术创新和管理创新的过程。

ITS 系统是一个长期发展过程，在进行 ITS 系统规划时，要对当前可用的技术进行评估，包括传感器技术、数据处理和分析技术、通信技术、智能控制技术等，了解这些技术的优劣以及适用场景，有助于选择最适合的技术方案。先进技术的应用能够提高系统的性能和效率，通过关注先进技术的应用前景和发展趋势，并在进行 ITS 系统规划时加以考虑和应用，可以提高 ITS 系统的整体性能，提升用户体验和服务质量，并为未来系统升级和扩展做好准备，确保 ITS 系统规划的科学性、先进性和可持续性。

ITS 具有交叉性强的特点，从实现的技术来看，它是各种高新技术与传统技术结合的整合体，系统的研究和开发也是多学科的综合；从建设的角度来看，它又牵涉众多的城市建设和管理部门。因此，对系统建设中各方力量的有力协调是系统建设的关键因素之一。

在 ITS 建设中，要处理好与已有系统的关系，在现有基础上，进行有效的整体协调、系统整合，充分发挥它们的功效，制定系统的发展战略规划，避免重复建设问题，并采用系统科学的方法进行组织管理。

方案设计与方案分析评价是紧密相连并且相互交替进行的。优秀的设计方案并不是一蹴而就的，而是通过方案设计—分析评价—比较和筛选—合成新方案，这一过程的反复作用之后才能获得。在方案评价与比较筛选过程中，规划者不只是为了筛选出现有的较优方案，更重要的是要从分析和比较过程中获得信息及领悟，更深刻地认识交通现状及其发展变化规律，挖掘出那些被遗漏的比较有价值的设计方案。对所形成的新方案，连同本轮选出或获得的更有价值的方案一起，进入下一轮分析评价与比较筛选过程。如此循环往复，不断筛选出或获得更有价值的方案。这是一个动态的过程，也是一个逐步趋优的过程。

ITS 规划方案的主要设计过程如图 4-9 所示。

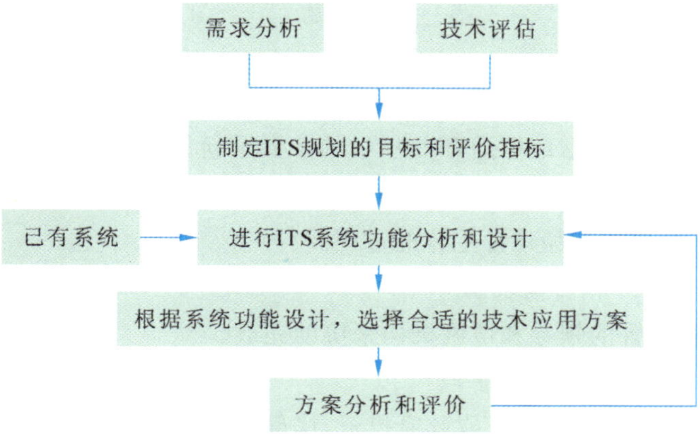

图 4-9　ITS 规划方案设计过程

4.3.4.2 方案实施

ITS项目的实施计划是以ITS项目的规划为基础，以提高整个路网的通行能力和交通安全为目标，结合区域交通运输及ITS项目实施特点，以近、中、远期为规划阶段，按照项目逐步推进、分层次、有侧重的发展原则，以近期和中期为主，重点分析近、中期各年要实现的目标，以中期和远期发展为辅，坚持“按部就班、逐步实施”的方针，切实做到“分项进行、标准统一、分期建设、立足现状、稳步发展”。具体根据ITS需求分析和预测的项目规划，在逐步完善基础工程建设和改造的前提下，分步骤地进行各ITS项目的实施。实施方法和步骤参见下面流程，如图4-10所示。

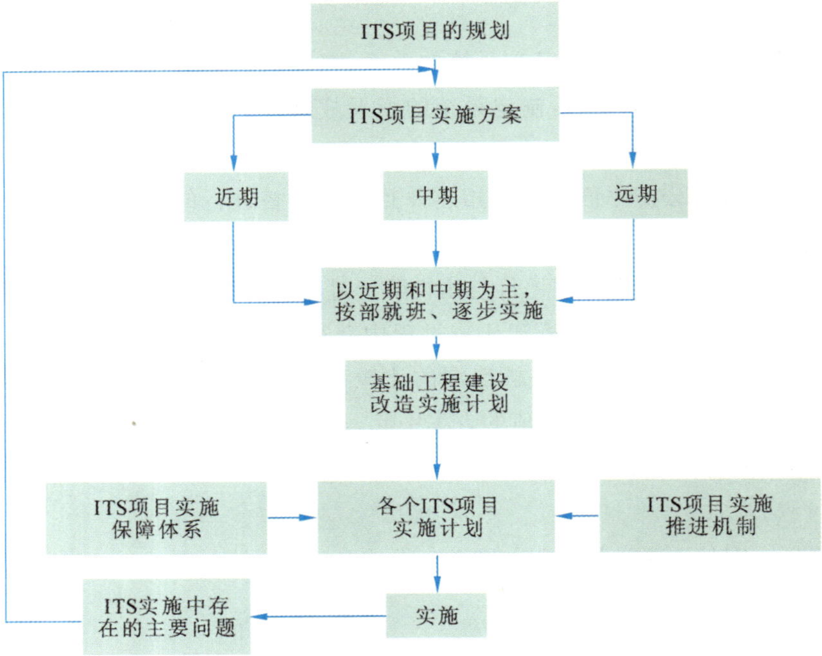

图4-10 ITS项目实施流程

ITS项目实施保障体系是根据ITS项目的需要重新设置部分管理机构职能，成立服务于ITS发展的专门技术信息部门和履行行业管理责任的主体和管理部门，并明确ITS建设的责任主体、管理主体和建设主体的过程。

①完善的ITS领导和协调机构

ITS实施要有完善的领导和协调机构来协助完成。

②建立有效的系统建设融资手段

ITS建设费用非常高昂，宜采取政府投资、民间集资、吸引外资相结合的方式来积极筹集资金。这些投资行为涵盖范围包括系统的研究、开发以及系统的工程建设等方面。政府在政策制定、资金调配和项目审批上应尽量采取相对灵活的方式予以扶持。将加大政府投资与实施股份制运作等多种模式有机结合，努力建立相应机制，使这些资金有效地进行分配和使用，以保证系统建设的健康发展。对于一些 ITS 的基础工程，如公用信息平台建设，政府应从财政上给予大力支持。

③加强 ITS 信息化建设

ITS 建设的重要特点是交通系统的信息化，ITS 的核心是围绕信息处理的信息基础设施进行相关系统建设。一般而言，ITS 基础设施包括：公用信息采集子系统、公用信息处理子系统、公用信息传输子系统、公用信息管理及发布子系统。因此，在建设系统的过程中，要特别重视信息在各个子系统间的共享与协调，提高信息利用率和保证信息有效性。只有一个相对完善的物资基础设施，才能够保证 ITS 系统的顺利建设和系统目标的顺利实现。

④规划连续性

ITS 是一个巨大的系统工程，它的建设要持续相当长的时间，因此不可能在 ITS 立项之初便制定一个完整规划，而是在建设的各个时期根据实际需要和客观情况制定出分阶段规划。同时，这种分阶段规划要有良好连续性。又因为实际情况千差万别，预测和规划都有一定的局限性，所以在立项时制定规划要能够根据新发生的情况进行适当调整。所以动态调整规划项目是实现 ITS 建设目标的重要前提。

4.3.5 ITS 规划方案评价

4.3.5.1 评价类型

ITS 系统的评价包括预评价和后评价两种方式。

(1)预评价：是指在项目实施前对项目的预期效益进行评价，为判断 ITS 项目是否有必要实施提供决策支持，也是备选方案评估方法设计的基础。

(2)后评价：是指项目运行后对项目的实际效益进行评价，以评估系统运行情况、向公众报告相关信息、总结经验教训为将来的系统设计与运行提供依据。

4.3.5.2 评价目的与意义

ITS 规划是一个定性与定量相结合的过程，规划方案的形成和选择，需要大量的相关数据分析结果来支持。在 ITS 项目规划和设计阶段进行预评价，可以利用基于模型(包括仿真)或历史收集的数据，评价智能运输系统项目的经济合理性、技术合理性、社会效益、环境影响和风险情况，为 ITS 项目的可行性研究、方案比较筛选与决策和对已有的 ITS 系统运作进行优化提供科学依据，梳理 ITS 项目实施可能对交通系统及其使用者所产生的影响，量化 ITS 项目实施的效益，为投资者决策提供辅助支持。ITS 评价的意义如图 4-11 所示。

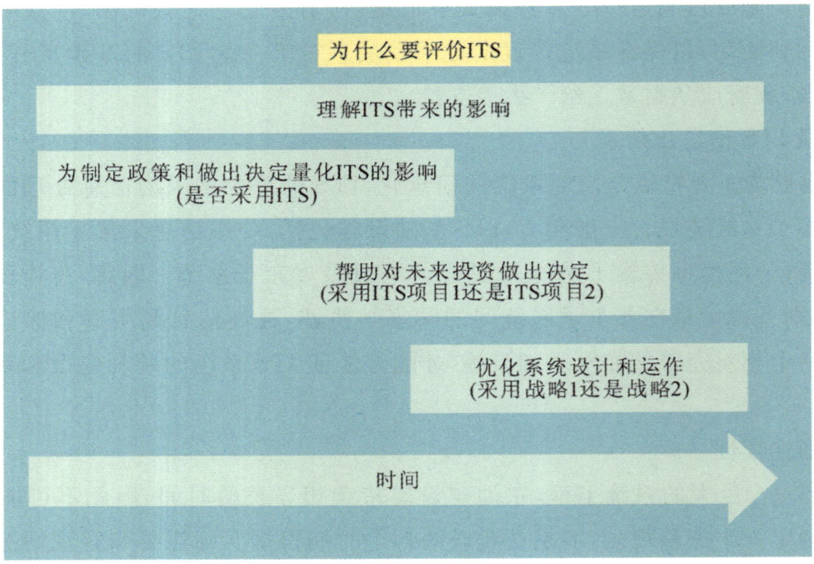

图 4-11 ITS 评价的意义

4.3.5.3 评价内容

(1)评价指标建立原则

选取评价指标的前提是对评价指标进行分类,一般而言,系统的评价指标分为两大类:一类是定量指标,一类是定性指标。定量指标往往构成指标体系的主体,属于评价体系中的硬指标,它们能从较大范围和较广角度来反映系统的运行情况;定性指标属于软指标,虽然多数不能按照数学关系给出准确值,但总可以使用变通的途径找到合理的计算方法,它们虽然在整个指标体系中只起到补充说明的作用,但正是由于其存在,评价结果才能更加合理和全面。

在评价 ITS 项目时,要以目标导向为原则,选取能够全面、综合地反映 ITS 项目目标的具体实现情况的评价指标,还要考虑用于量化指标数据的客观性、可获得性和可操作性。指标应按照一定的规则与方法,对评价对象从某一方面或全部的综合状况作出判断。指标体系的建立应遵循以下原则:

①整体性原则

ITS 项目评价指标体系作为一个有机整体,应该从不同侧面反映对交通运输系统和社会发展的支持程度。

②客观性原则

指标体系的客观性是评价结果客观准确的根本保障。客观性原则指标体系应建立在科学的基础上,即指标的选择、各指标权重确定及数据处理方法必须客观公正。

③动态性原则

指标体系应包含反映时间跨度的指标，用来反映系统的动态变化特性，使其能够体现出 ITS 的发展趋势。

④指导性原则

项目评价既是为了支持决策，同时也是为了指导项目的建设、运营和管理。评价是实现总体目标的一种手段。

⑤实用性原则

除上述几项原则外，指标体系的建立同时还应考虑实用性原则，确保数据的客观性。尽量避免选择在实际中缺乏可操作性的指标。

数据获取的范围、精度和难易水平会影响指标体系的构建。ITS 项目评价可利用的数据大致分为三类：统计年鉴和资料；现场调查数据；部门或单位的数据库。近些年来，随着技术的快速发展，社交媒体、移动应用程序、物联网设备等多样化的数据，也可更好地帮助评估 ITS 项目的效果和效益。

(2)评价指标体系

评价指标体系是评价的基础框架，它确定了要考虑的关键因素和度量标准，确保评价是全面而系统的。从实际应用的角度出发，以道路交通为例，对评价指标进行分类，可以尝试建立综合评价指标体系，如图 4-12 所示。

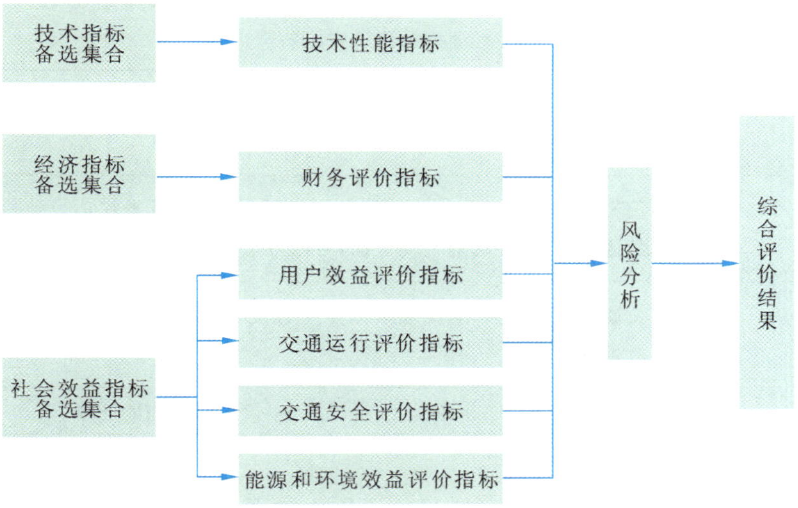

图 4-12　综合评价指标体系结构

①技术指标备选集合

技术指标备选集合主要是技术性能指标，现对技术性能指标进行总结，如表 4-13 所示。

表 4-13 技术指标备选集合

指标类型	指标备选集合
定性指标	有效性、先进性、标准化程度、技术适应性及可靠性、兼容性、系统的可扩展性与灵活性、易使用性(界面友好性)、安全保密性、数据采集和更新能力
定量指标	信息系统容量、通信速率、数据库性能、定位精度、处理速度等

表 4-13 给出的技术指标备选集合是不完全的，同时指标也不一定适用于所有类型的 ITS 项目，鉴于各种类型的 ITS 项目所需技术和设备差异较大，在具体使用时需结合具体项目加以选择和补充。

②经济指标备选集合

一些常用的经济指标备选集合如表 4-14 所示。

表 4-14 经济评价指标备选集合

静态指标	投资回收期、投资利润率、投资利税率、资本金利润率等
动态指标	财务内部收益率、财务净现值等
清偿能力指标	借款偿还期、资产负债率、流动比率、速动比率等

③社会效益指标备选集合

这里的社会效益指标包括：用户效益评价指标、交通运行评价指标、交通安全评价指标以及能源和环境效益评价指标。一些常用的社会效益指标备选集合如表 4-15 所示。

表 4-15 社会效益评价指标备选集合

用户效益评价	出行成本(包括货币成本和其他成本)、出行速度、出行时间的变化性、出行满意度、是否满足交通需求等
交通运行评价	信号控制交叉口的排队长度及平均延误、各路段平均运行速度、路口或路段的通行效率；在智能公交方面，可以考虑公交分担率、准点率、运行速度等
交通安全评价	交通事故发生频率、交通事故严重程度、人员伤亡损失、事故的反应时间、事故处理时间等
能源和环境效益评价	各类交通污染物排放量、交通噪声、单位距离交通能耗等

4.3.5.4 评价方法

从美国和欧洲的研究成果来看，在 ITS 评价中效益—成本分析法应用较多，即将 ITS 项目的效益和成本都折算成货币进行评价。然而，在评价过程中，一些影响很难折算成货币而定量化，特别是很多效益难以量化，例如环境改善、安全性提高、舒适度提高等。因此仅采用效益—成本分析法是不够的，有必要结合其他的方法对 ITS 的影响进行全面、综合的评价。

(1)效益—成本分析法

在美国和欧洲，费用效益分析法在 ITS 项目评价中占据了主导地位，费用效益分析法的过程可分为 3 个阶段：确定备选方案、影响分析、评价。下面分别予以阐述。

①确定备选方案

基础方案：不严格地说，基础方案就是“做最少”方案。

备选方案：可供选择的方案，例如，是建设 ITS 设施还是采用其他方案（如拓宽道路）等。

辅助设施：不管哪一个备选方案被选中，都有与之相关的一套辅助设施以确保该投资获得最大效益。

②影响分析

对 ITS 项目的影响分析是一个复杂而关键的过程，旨在评估该项目对交通、社会和经济等方面的影响，主要分析其产生的费用和效益。

实际操作上，费用一般由 ITS 项目的直接费用组成，它应该包括建设投资，可以包括或不包括运营和维护费用。ITS 项目费用的估计相对而言是较为容易的，例如其项目成本主要包括设备采购和安装、基础设施建设等方面的成本，数据可以直接来自供应商报价、历史项目成本经验以及相关专业估算。

ITS 项目的效益来源于建设 ITS 项目的目标，它包括正效益和负效益。通常包括：a. 时间的节约；b. 用户费用和外部费用的减少；c. 安全性提高；d. 质量提高，例如客运舒适度、准时性提高，货物破损率降低；e. 消费者剩余增加。上述效益都可归为交通费用的降低，当此交通费用的降低以一般化费用呈现给用户时，将会促进更多的交通出行的出现。

相对于费用估计而言，效益估计是一个非常困难的工作。ITS 项目的使用年限较长，一般为 20～25 年，且 ITS 项目通常是一个复杂的系统，其实施效果受到技术发展水平、社会和文化等方面的影响，许多因素是难以准确预测的，例如未来交通流量、用户行为、技术变化等。在利用模型估计 ITS 项目评价数据时，需要复杂的假设和仿真技术提供估计的输入，由于不同的假设和仿真技术将导致效益计算不同的输入，最终将导致评价结果的差异，因此 ITS 评价人员应该充分意识到这些问题。为估算费用和效益做出合理的假设需要 ITS 评价人员做出不懈的努力，为了精确预计 ITS 项目的费用和效益，现在亟须建立 ITS 项目的费用和效益的数据库（数据来源于仿真、历史数据和现场实时监测采集），这个数据库应该包括工程、经济、社会、环境等方面的费用和效益的数据。

③评价

将各备选方案在项目周期内的总效益和总费用的折现值进行比较，计算效益费用比或效益费用差，确定项目的可行性和最佳方案。

(2)多目标分析法

①多目标分析法的特点

a. 目标之间的不可公度性

各指标之间没有统一的度量标准,难以直接进行比较。例如 ITS 评价指标既有定性指标也有定量指标,指标的量纲也不相同。

b. 目标之间的矛盾性

如果选择一种方案以改进某一指标的值,可能会使另一指标的值变坏。例如实施 ATIS(先进的出行者信息系统),可以减少拥堵和出行时间,降低延误,然而由 ATIS 导致的诱增交通量可能导致环境污染的加剧,甚至加剧拥堵。

②适合 ITS 评价的多目标分析法

综合评价方法有很多,如模糊综合评价法、主成分分析法、层次分析法、效益成本法等,都可用来对项目进行综合评价,不过这些方法在对项目进行评价时各有侧重,各有优劣,要根据具体情况选用适合的评价方法,实际的项目评价中往往是多种方法的综合使用,以达到定性评价和定量评价相结合的效果。

结合我国的交通特点和数据的可获得性,设计简要的城市 ITS 综合效益评价体系,如图 4-13 所示。

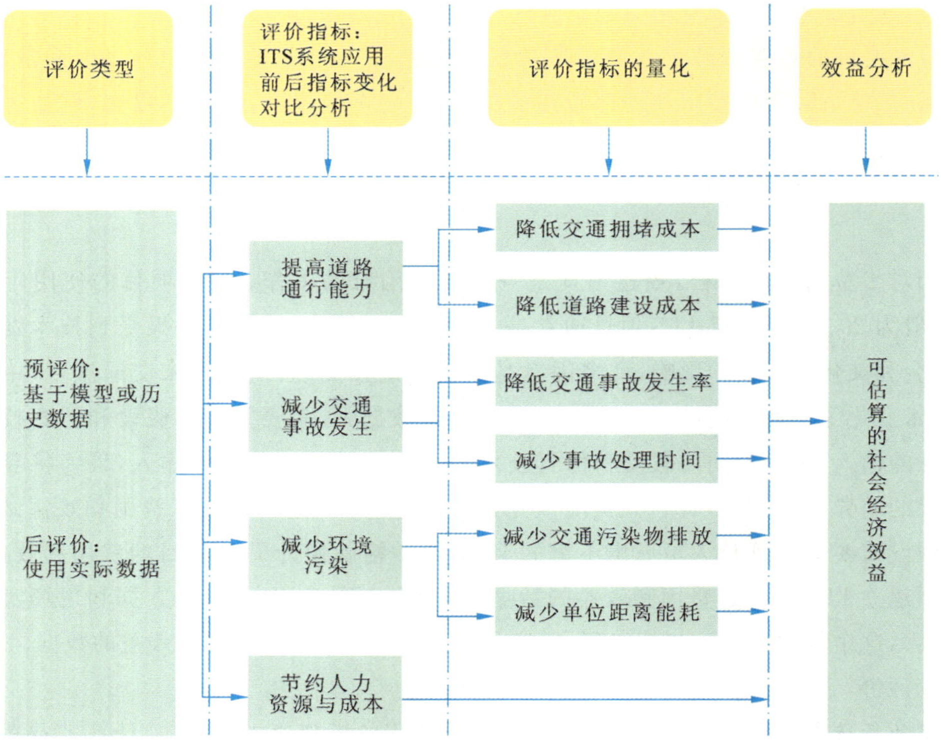

图 4-13 城市 ITS 综合效益评价体系

4.4 ITS 规划案例

深圳是被誉为“中国硅谷”的城市，始终站在科技创新的最前沿。通过科技创新和技术发展，深圳充分利用大数据、云计算、人工智能等先进技术，推动交通系统的智能化、绿色化、高效化转型。从智能公交系统到自动驾驶出租车，从轨道交通的无人驾驶技术到智能交通信号控制，深圳交通的每一步发展都凝聚着科技创新的力量，展现了中国在智能交通领域的强大实力和创新能力。

通过前期发展，深圳市已经建设了部分较为完善的智能交通管理系统，但是随着城市人口增多和机动车保有量进一步增加，已有系统已不能满足城市交通管理需要，因此，必须在已有系统基础上开展新一轮智能交通管理系统建设工作，构筑全市智慧交通管理发展共同体，满足人民平安出行需求，提升交通治理效能。

(1)发展现状

经过多年的交通信息化建设，深圳市智能交通在前端设施设备感知、数据汇聚共享和业务场景应用等方面，取得了一定成效。前端感知方面，初步建立了视频联网监控系统，接入城市道路、高速、隧道、建筑工地、交通枢纽、长途客运站、公交场站、地铁、口岸、货运场站、客运码头等 10 余类节点共 1.4 万路监控视频，其中自建视频 382 路；接入 3 万多辆公交车、出租车等车载终端。数据汇聚方面，初步采集交通运输全行业静态信息和动态运营信息数据，开放数据 57 大类、共享目录 82 项。业务应用方面，通过复用部省的信息化系统，在基础设施、综合运输、公共出行三大领域相对独立地建设了 40 多个业务系统，并初步建成面向城市交通运行指挥的信息载体。

(2)存在问题

现阶段，深圳市实际管理人口密度超 2 万人/km^2，机动车密度约 500 辆/km，位居全国前列；交通拥堵程度持续加剧，万车死亡率持续下降，但重点车辆亡人事故不降反增；交通设施规模日趋庞大，有 8000 km 道路、3000 多座桥梁和近 3000 面边坡，高密度高强度运输和出行需求导致交通设施面临养护难题。

自 2009 年深圳交通大部制改革后，交通体制机制得到整合优化，但业务相关的数据、应用系统相对割裂，尚未完成一体化融合。一是外场感知不足，智能化缺失。枢纽、场站、港口等重点交通区域视频监控存在盲区；运输安全、交通执法、出行服务的前端感知不足，智能化识别效果差；重点桥梁和边坡等设施防护依赖人工，以事后处置为主。二是数据能力共建共享不足。交通数据以行业接入和跨部门共享为主，部分数据缺乏统一的数据治理和标准；重点业务场景的算法建模与关联研判辅助决策支撑不足；缺乏 BIM、AI 及大数据等新技术的支持。三是已有系统堆积木式建立。信息化系统以行政审批、档案及业务管理为主，功能相对单一，动态管理决策和跨业务协同有待提升；应用系统烟囱化严重，缺乏内外部共享与联动支撑。

(3)规划目标

智慧交通构建的核心是以人为本，以满足市民出行需求为出发点和落脚点，按照市政府“世界一流、国内第一、湾区引擎、城市典范”的建设要求，以交通与城市、交通与经济、交通与民生的数字化共生关系为基础，打造交通全要素的一体化数字化新引擎。

近期通过数字化新引擎赋能行业与城市治理，实现基础设施更加智能融合、运输管理更加高效协同、服务体验更加品质温暖，整体推进深圳超大城市治理水平与竞争力的提升，助力深圳建设成为竞争力、创新力、影响力卓著的全球标杆城市。

远期全面形成主动、高效、精准的城市交通治理格局，打造面向未来交通的数字基建、数字治理、数字运营新模式，创建触手可及、随想而至的交通数字服务新体验，形成全球城市交通治理典范。

(4)总体框架

按照外场感知、配套工程、交通大脑、业务应用四大板块形成智能交通系统总体框架，建立从感知前端进行数据采集，搭建基础平台实现数据、通用能力、算法能力的统一集成、生长，并为业务应用提供支撑服务的框架体系，具体如图 4-14 所示。

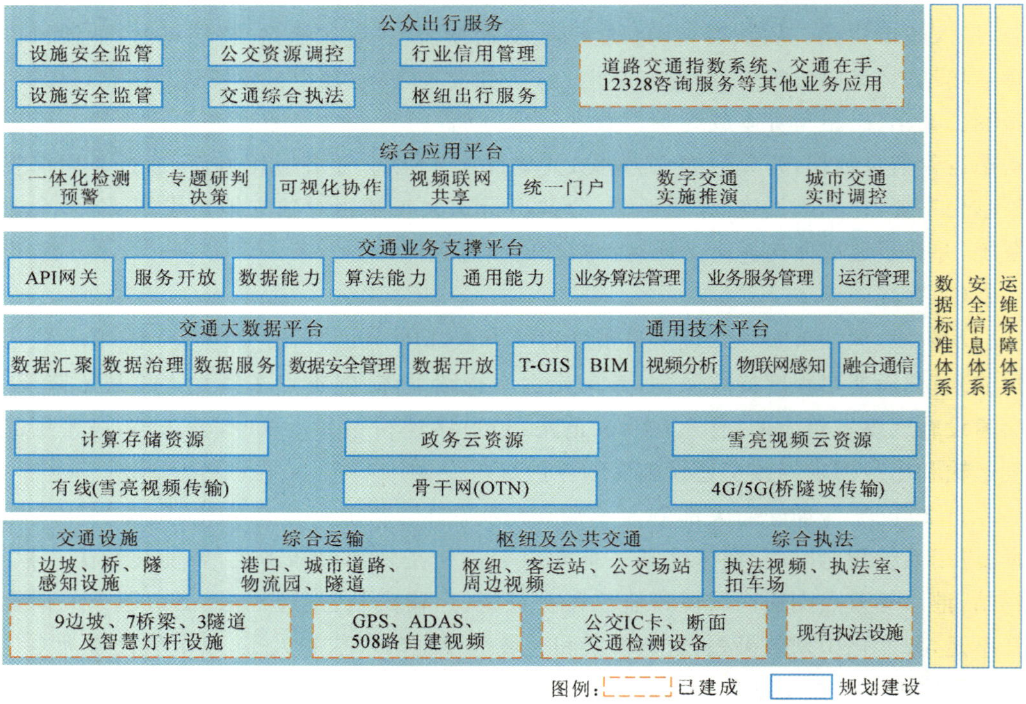

图 4-14 深圳市智能交通系统总体框架

在外场感知层面，新增设施包括相关边坡、桥、隧感知采集设备，各板块视频监测点等内容。视频监测点基于业务应用需求，选择集监测、边缘计算、分析于一体的智能设备，整体丰富前端感知分析能力。

在配套工程层面，主要包括现有计算资源复用、申请政务云资源、改造升级接入网并新建 4G/5G 传输网络等，构建高效运行基础。

在交通大脑层面，新建大数据平台、业务支撑平台、通用技术平台与综合应用平台。通过大数据平台与通用技术平台实现数据与通用技术的核心能力汇聚，并通过业务支撑平台的统一集成服务能力与算法能力，统一向业务应用提供数据、技术、算法访问及调用管理服务，整体构建能力中枢。

在业务应用层面，对局内各业务处室已建业务系统的数据接入汇聚、系统页面集成融合、系统升级改造和新建业务系统，实现业务应用的一体化协同和联动。

(5)重点建设内容

①外场设施建设

面向设施安全管理与养护建设 60 座桥梁、14 个隧道、54 面边坡的健康监测设备；面向运输安全监管、交通执法、停车监管、枢纽出行服务、公交资源调控等建设 5735 路视频监控，整体强化城市交通运行感知能力。

②业务应用建设

业务应用建设用于重点支撑设施、运输、执法、公交、枢纽、行业信用等业务的管理与服务，具体如表 4-16 所示。

表 4-16　业务应用建设板块

板块名称	内容
设施安全管养板块	建立设施综合运行监管子系统，实现桥梁、隧道、边坡等重大道路设施的健康状态监测，评估重大设施性能及分析病害，及时发现早期安全隐患；建立设施全生命周期监管子系统，打破设施规建管养信息壁垒，实现设施全生命周期业务管理的无缝衔接
运输安全监管板块	面向重点营运车辆的安全监管，建立运输安全监管平台，补全交通运输安全的全链条防控短板，形成“事前风险防控、事中全程监管、事后精准执法、征信审批闭环”的一体化安全监管体系，有效减少全市客货运输的违法事件
交通综合执法板块	建设交通综合执法平台，实现综合运输执法监测分析预警、协同指挥调度以及勤务管理考核的信息化支撑，推动交通执法由“大海捞针”式的“粗放型”执法模式向“定点清除”式的“精准化”执法模式转型
公交资源调控板块	升级智慧公交平台，重点强化公交线网优化、公交大客流协同疏解、公交设施运行评估、公交财政补贴的支撑，补全公交资源调控短板，实现公交、地铁、出租资源的融合衔接，有效提升公共交通运行效率

续表 4-16

板块名称	内容
枢纽出行服务板块	建立枢纽出行服务平台，实现全市 1 个机场、6 个口岸、8 个火车站、10 个一级汽车站、2 个客运码头的实时运行监测及协同疏运支撑，有力保障公众对外出行
行业信用管理板块	面向交通建设、运输服务、设施养护三大领域，建立面向政府监管的信息化平台及为公众服务的信用交通（公众服务端），打造信用监管与信用服务体系，营造“守信激励、失信惩戒”的行业环境

③城市交通大脑建设

城市交通大脑围绕数据聚能、赋能、释能开展建设，重点打造一体化交通数据支撑能力，为市其他部门提供共性的数据、算法及交通运行指标计算的支撑，具体如表 4-17 所示。

表 4-17　城市交通大脑建设平台

交通大数据平台	针对交通信息割裂、系统烟囱严重问题，搭建交通大数据平台，开展数据汇聚、治理、开放、共享及综合服务的建设，实现海量交通数据轻量化、结构化、特征化存储，支持对外数据开放与共享，更好地发挥交通大数据价值
交通业务支撑平台	建设交通业务支撑平台，实现具有较强通用性的算法和模型的统一集成设计和沉淀，实现计算分析与上层应用解耦；构建弹性、解耦的交通支撑底座，支撑轻量化前端应用建设，避免后续共性资源的重复建设。同时实现算法高效管理，保证数据、算法、业务服务和通用技术的顺利使用和系统稳定安全
综合应用平台	针对全局交通态势难以精准掌握、数据驱动业务提升不足的问题，搭建城市交通大脑综合应用平台，实现全市综合交通运行的多维度监测，交通行业发展态势的量化分析评估及专题研判，建立可视化协作平台，提供统一登录门户，支撑突发事件下的可视可查
通用技术平台	建立 BIM 支撑系统，接收已建的各类重大基础设施的 BIM 数据，支撑重大基础设施全生命周期管理；升级 T-GIS 系统，整合交通设施全生命周期资料，统一为智慧交通各类应用平台提供 GIS 服务；建立视频分析服务平台，提供视频图像数据分析、加工、清洗等处理服务；建立物联网管理平台，实现各种物联网设备的统一管理；建立融合通信平台，为多渠道接报、事件管控、应急处置、视频会商等场景提供融语音、视频、数据、业务应用于一体的联动支撑

④配套工程建设

为满足全市交通运输一体化监测、决策、指挥的需求，配套工程建设项目如表 4-18 所示。

表 4-18　配套工程建设项目

ICT 基础设施建设	ICT 基础设施建设主要用于支撑外场海量视频传输（雪亮部分）。向市政务云申请资源，针对雪亮视频配套建设的视频云存储 IT 资源，优先考虑国产化产品；开展网络工程建设，包括 OTN 光网络建设、IP 网络建设、光纤接入网建设等；对标等保 2.0 要求，落实二级等保要求建设内容，开展信息安全工程建设，实现智能交通系统信息安全保障的可管、可控、可视和合规
配套环境及设备建设	围绕全市交通运输一体化监测、决策、指挥的需求，重点开展市综合交通运行指挥中心（包括大屏显示系统、坐席协作管控系统及配套环境升级）、市交通运输执法支队分中心、设施监管分中心升级改造。执法分中心升级改造包括大屏显示系统、智能中控系统、会议发言扩声系统、无纸化会议系统及配套环境升级内容
配套规范建设	从数据模型、数据分类、数据编码、数据生命周期管理、数据质量等方面建立数据标准规范；围绕市交通运输局信息安全管理需求，从数据安全、运行安全、物理安全、网络安全、系统安全五个层面建立信息安全标准规范

(6)效益分析

智慧交通体系的建设将带来显著的社会效益、经济效益和环境效益。通过提升城市交通治理和服务能力，能够大幅度提升行业发展水平和居民出行体验，打造绿色、和谐的城市出行环境。通过智能交通系统建设实施，能够带动相关产业发展，形成产业链集群，推动技术突破和新业态发展落地。

①经济效益

a. 直接经济效益

智慧交通赋能中心建设能够通过提供有偿数据、信息服务来获取直接经济收入；引导交通领域数据算法技术突破，部分通用型算法还能广泛应用于其他城市获得营收；高质超前的智慧交通创新服务平台建设将直接促进自动驾驶、5G、区块链等行业发展。

b. 间接经济效益

有利于减少交通事故和减轻交通事故所引起的交通拥塞的影响；有利于带来各种资本的投入，尤其是外资的投入，加快社会经济的运转速度；有利于进一步挖掘现有交通基础设施的巨大潜能；有利于避免数据和信息资源的重复建设，减少交通信息的资金投入。

②社会效益

a. 提高路网承载能力，缓解交通拥堵问题依托全路网全息感知能力、智慧交通赋能中心，能够支撑城市交通信号动态调节和动态诱导，均衡道路交通分布，提高设施运行效率和路网承载能力，从而提升城市交通的总体运行效率，减少道路交通拥堵。

b. 提高交通运输行业管理水平，推动产业转型升级

通过交通运输领域业务流程优化，提升公共交通、客货运输、综合执法、基础设施维护、综合交通调控、政务服务等方面业务的信息化监控、处置、应急管理能力，提高行业监管水平和依法行政效率，同时运输企业也将借助信息化建设促进企业的逐步转型升级。

c. 提高公众出行服务水平，提供舒适的出行体验

通过网站、短信、小程序等渠道，面向公众发布及时、准确的出行信息，提供方便的换乘线路，打造居民出行全链条服务。

d. 提高交通新业态创新能力，推动新兴技术应用落地

创新前瞻性布局未来交通体系建设，能够促进 MaaS+、自动驾驶、5G 等新兴技术试点示范落地，促进技术成熟；另外还能够逐步提升市民对新兴交通技术的接受度，为自动驾驶等技术落地扫清障碍。

③环境效益

开展智慧化交通治理，有利于减少交通量，减少尾气污染和环境副作用；有利于提高公共交通的竞争力和服务质量，树立绿色、和谐、环境友好的城市形象；交通环境的改善，对水资源、大气层、道路用地以及郊区生态圈都产生积极作用。

4.5 本章小结

本章从方法论的角度论述 ITS 规划的理论方法和一般过程或步骤。着重介绍了 ITS 系统发展现状的调查，需求分析内容、过程和方法，功能分析与设计方法，规划方案的实施与评价方法等。

由于 ITS 改进了交通设施的使用效率，等同于增加了设施供给，因此先前受到抑制的交通需求会有一定的释放，打破了原有的供需平衡状态，促进了新一轮交通供需状态的演进，使得交通规划需求预测理论需相应地进行新一轮的研究和发展；ITS 对交通规划的支持贯穿交通规划的各个阶段，因此 ITS 各要素之间连接关系的理清以及 ITS 数据流的选择是 ITS 规划的新研究领域；在进行 ITS 项目的评价时，交通规划模型和交通分析模型间如何有效地进行数据转换，如何借助交通流仿真对 ITS 技术实施的交通影响进行分析并融合到规划模型中去，以及在对 ITS 效益指标进行统一量化时如何准确衡量当中一些效益的价值等，都有待进一步研究。

思考题

1. 简述 ITS 规划与其他交通规划之间的联系与区别。
2. 进行 ITS 规划的目的是什么？在规划时，要遵循怎样的原则？
3. 在进行 ITS 规划时，需要考虑对哪些方面的内容进行调查？
4. 对交通系统现状进行调查后，需要从哪些方面对存在的问题进行诊断分析？
5. 在进行 ITS 规划时，如何对 ITS 需求进行分析？
6. 简述 ITS 规划方案评价的类型和各自的特点。
7. 在对 ITS 规划方案进行评价时，如何选取评价指标？
8. 列举并简要介绍至少 1 种 ITS 规划方案评价方法。
9. 简述 ITS 规划方案评价的意义。
10. 简要介绍一个典型城市的 ITS 规划方案。

参考文献

[1] 严新平，褚端峰，刘佳仑，等. 智能交通发展的现状，挑战与展望[J]. 交通运输研究，2021，7(6)：2.

[2] 严新平，张晖，吴超仲，等. 道路交通驾驶行为研究进展及其展望[J]. 交通信息与安全，2013，31(01)：45-51.

[3] 严新平. 智能船舶的研究现状与发展趋势[J]. 交通与港航，2016，3(01)：25-28.

[4] YAN X P，ZHANG H，Wu C Z. Research and development of intelligent transportation systems[C]//2012 11th International Symposium on Distributed Computing and Applications to Business. Engineering & Science，2012：321-327.

[5] 朱顺应，蒋若曦，王红，等. 机动车交通冲突技术研究综述[J]. 中国公路学报，2020，33(02)：15-33.

[6] 朱顺应，王红，严新平. 道路交通安全宏观评价 F-AHP 法[J]. 武汉理工大学学报(交通科学与工程版)，2005，29(5)：4.

[7] DING N K，ZHU S Y，JIAO N S，et al. Effects of peripheral transverse line markings on drivers' speed and headway choice and crash risk in car-following：A naturalistic observation study[J]. Accident Analysis & Prevention，2020，146：105701.

[8] 邓桂花，钟鸣，周勇. 基于整体规划框架的区域综合货运规划建模方法研究[J]. 交通运输系统工程与信息，2022，22(4)：30.

[9] ZHONG M，HUNT J D，ABRAHAM J E，et al. Advances in integrated land use transport modeling[J]. Advances in Transport Policy and Planning，2022(9)：201-230.

[10] 王炜，赵德，华雪东，等. 创建综合交通体系规划新理论[J]. 中国公路，2023(02)：27-29.

[11] BLACK J. Urban transport planning：Theory and practice[M]. Maryland：Johns Hopkins University Press，1981.

[12] IBARRA-ROJAS O J, DELGADO F, GIESEN R, et al. Planning, operation, and control of bus transport systems: A literature review[J]. Transportation Research Part B: Methodological, 2015, 77: 38-75.

[13] GIOVANNA C, GIUSEPPE M, ANTONIO P, et al. Transport models and intelligent transportation system to support urban evacuation planning process[J]. IET Intelligent Transport Systems, 2016, 10(4): 279-286.

[14] SUNIO V, FILLONE A, ABAD R P, et al. Why does demand-based transport planning persist? Insights from social practice theory[J]. Journal of Transport Geography, 2023, 111: 103666.

[15] 陆化普，李瑞敏. 城市智能交通系统的发展现状与趋势[J]. 工程研究-跨学科视野中的工程，2014, 6(01): 6-19.

[16] 张毅. 智慧城市中智能交通建设的应用研究[J]. 价值工程，2022, 41(10): 163-165.

第 5 章

城市智慧交通管理系统

见此图标 扫码查阅
智能交通 数字资源

5.1 概述

城市交通管理是根据相关交通法规和政策，利用交通工程科学与技术，对交通系统中的人、车、路及环境等要素进行有效管理，通过合理引导、限制和组织交通流量来提升交通运行效率的过程。随着城市化进程的加快和交通需求的不断增长，传统的交通管理模式面临着日益严峻的挑战，智慧交通管理应运而生。城市智慧交通管理系统依托物联网、大数据、人工智能和云计算等先进技术，按照系统工程的原理进行系统集成，实现各类交通管理手段的协作，从而有效提升交通运行效率，减少拥堵。

目前，欧美和亚太等地区的城市智慧交通管理系统已经发展了半个多世纪，城市交通管理水平得到了显著提升。尽管我国智慧交通管理系统的相关研究起步较晚，但经过多年的不懈努力，在智能交通管理系统、智能交通信号控制系统、出行服务系统等方面取得了较大进步。

智能交通管理系统(Intelligent Traffic Management Systems，ITMS)：随着大数据、云计算和物联网等新兴技术的快速发展，我国智能交通管理水平得到了显著提升。例如，华为基于视频云、大数据和人工智能等核心技术推出了“TrafficGo”交通智能体，构建了“感知—认知—诊断—优化—评价”全流程的城市交通管理体系；阿里云构建了“交通云控平台”，为交通精细化管理提供地图、数据、智能、控制、视觉和计算等六大核心能力；百度则通过车路云图技术、自主 AI 和海量互联网数据，构建了“智慧大脑”，支持“安全管控、缓堵保畅和出行服务”等交通管理业务场景。

智能交通信号控制系统：随着信息技术、控制技术和人工智能的迅猛发展，各种信号控制系统相继面世并得到广泛应用，例如 SCOOT(Split-Cycle-Offset Optimization Technique)、SCATS(Sydney Coordinated Adaptive Traffic System)和 RHODES(Real-time Hierarchical Optimized Distributed and Effective System)等。同时,我国也逐步开发了一些具有代表性的交通信号控制系统,如南京莱斯城市交通控制系统、青岛海信HiCon交通信号控制系统和深圳格林威SMOOTH交通信号控制系统等。国内的主流信号控制厂商,如南京莱斯、北京易华录、上海宝康、连云港杰瑞和浙江大华等,在城市交通控制方面发挥着关键作用。随着检测技术、大数据、云计算、人工智能和数字孪生等技术的不断发展,智能交通信号控制系统正向智能化和集成化方向演进。

出行服务系统:随着互联网技术、通信技术、定位技术等先进技术的应用,出行服务系统正经历着巨大的变革,人们对“出行服务”的理解也随之发生了变化。“移动即服务”或“出行即服务”(Mobility-as-a-Service,MaaS)的理念得到了越来越多人的认可。近年来,MaaS在国内引起广泛关注,北京市率先启动了北京MaaS 1.0,依托高德地图、百度地图等社会化出行服务平台,为公众提供了实时公交、公交或地铁拥挤度查询等功能,有效提升了“公交+步行”等组合方式的出行体验。2022年10月10日,上海推出了绿色出行一体化平台“随申行”APP,集成了公交、轨道交通、轮渡等公共交通服务以及一键叫车、智慧停车等功能,为市民提供了更加便捷的一站式出行服务。

本章将从城市智能交通管理系统、智能交通信号控制系统和一体化智慧出行服务系统三个方面,阐述城市智慧交通管理系统的关键技术及应用。

5.2 城市智能交通管理系统

5.2.1 城市智能交通管理系统概述

城市智能交通管理系统是ITS的重要组成部分。该系统通过传感器、通信网络和计算机技术,利用信息技术手段,对城市交通设施、交通方式和交通流进行智能化管理和优化调控,其框架如图5-1所示。

城市智能交通管理系统主要包括六个组成部分:

(1)交通管理支撑系统。它为ITMS集成应用平台提供数据存储管理、数据计算、数据交互和地图服务,包括交通管理数据资源管理系统和交通管理地理信息系统。

(2)运行保障系统。它为ITMS的正常运行提供通信支持、系统安全保障及运行维护管理等服务,包括通信系统和信息安全防护系统。

(3)基础应用系统。它集成多个功能模块,负责交通基础数据采集、交通控制执行、交通违法行为监测及信息发布,主要包括交通视频监控系统、交通违法监测系统、交通流信息采集系统和机动车稽查布控系统等子系统。

(4)集成应用平台。它是集道路交通监测、决策、控制和服务为一体的应用软件系统,包括交通应急管理、信息分析研判、交通安全态势评估和智慧停车管理等。

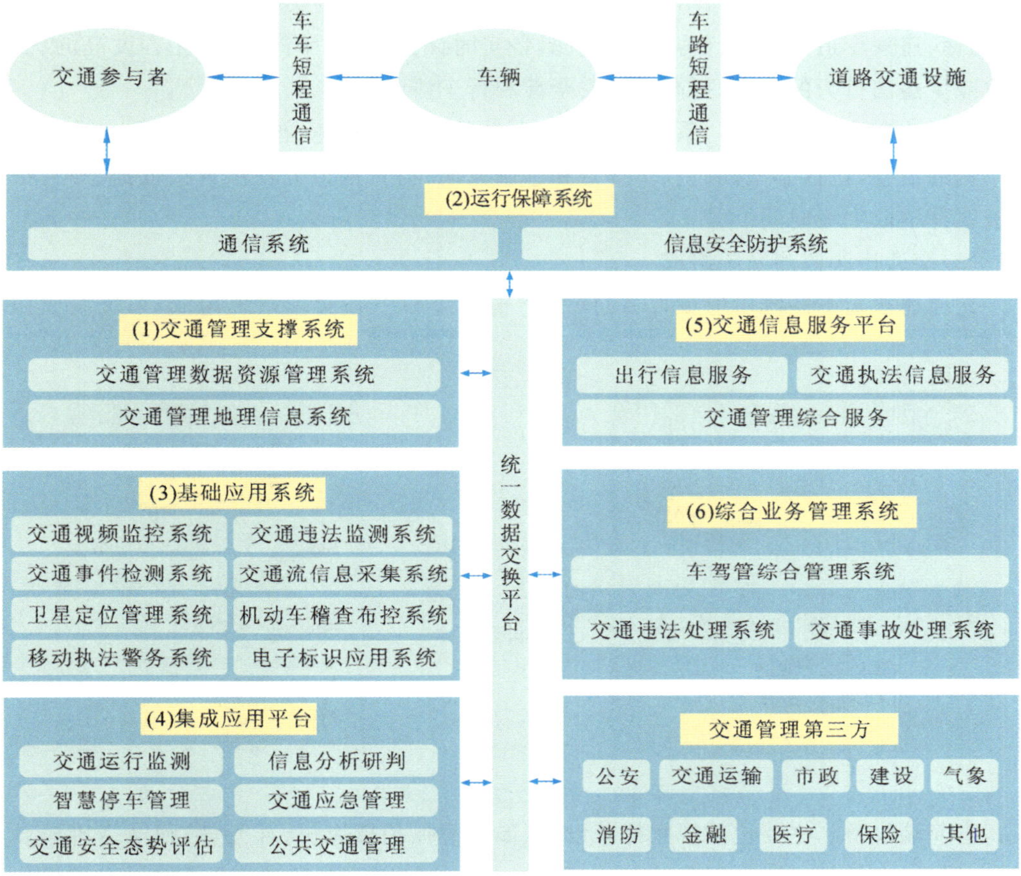

图 5-1　城市智能交通管理系统框架

(5)交通信息服务平台。它面向出行者提供出行信息服务、交通执法信息服务和交通管理综合服务，涵盖第三方信息共享。

(6)综合业务管理系统。它管理机动车信息、驾驶人信息及交通违法事故处理信息，分析交通事故和违法态势。

5.2.2　城市智能交通管理系统典型应用

城市智能交通管理系统中涉及多个子系统和应用平台，本节将对其中的一些典型应用系统进行介绍。

5.2.2.1　交通违法监测系统

(1)交通违法监测系统功能

交通违法监测系统通过安装监控设备、自动拍摄证据、实时数据传输和智能分析等技术手段，有效监测和管理道路上的违法行为。该系统主要包括以下两个功能：

①交通违法行为监测。结合前端设备与后台管理系统，实时监测闯红灯、不礼让行人、超速、违规变道等违法行为。该系统具备实时性强、准确率高、自动化程度高的优势，有效减少违法行为的发生，提高道路安全性和行车体验。

②违法犯罪车辆布控。系统帮助执法人员及时掌握超速、被盗抢车辆及交通肇事逃逸车辆的信息，包括车型、颜色、车牌号和逃逸方向，为责任追究提供直接依据，并为快速侦破案件争取宝贵时间。

(2)交通违法监测系统组成

交通违法监测系统由前端设备、网络传输系统和中心管理系统构成，系统组成如图5-2所示。

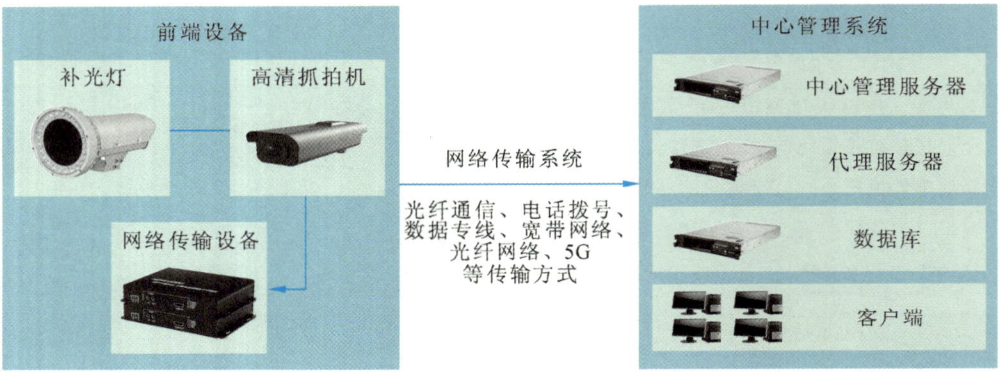

图 5-2　交通违法监测系统组成

①前端设备。主要包括视频捕获设备(如高清抓拍摄像机、补光灯)和网络传输设备(如光端机、光纤收发器)，用于执行红绿灯状态检测、机动车违法行为监测、违章图片抓拍、补光灯控制以及信息的网络上传等任务。前端设备采用智能视频监测技术，对视频流中的运动物体进行实时逐帧监测、锁定和跟踪，并根据车辆的运动轨迹判断是否存在违法行为。具体功能如下：

- 闯红灯抓拍。在红灯期间，系统迅速跟踪经过的车辆，判断是否存在闯红灯行为。一旦检测到违法行为，系统自动拍摄三张记录违法过程的图片和一张特写高清图片。这些图片清晰显示红灯状态、时间、停车线、违法时间、地点、类型、车辆类型、车牌颜色、车牌号码及车身颜色等信息，如图5-3(a)所示。

- 闯禁令、违反禁止标线等违法行为抓拍。系统通过智能视频分析，能够识别车辆的右/左转、逆向行驶、压线、跨线、违反禁止标线以及在非机动车道内行驶等违法行为，如图5-3(b)所示。

- 区间测速与记录功能。在同一路段设置两个相邻监控点，系统基于车辆通过两个监控点的时间计算平均行驶速度，并判断是否超速。同时，系统会在LED(Light Emitting Diode)大屏上实时发布违法车辆信息，告知违规车辆并警示其他车辆，如图5-3(c)所示。

● 卡口功能。系统具备卡口功能，能够监测、抓拍、记录、保存和识别通过的所有车辆。附加信息包括有效帧数、监测时间、车辆类型、车道号、车牌号、车速、路口名称及行驶方向等，如图 5-3(d)所示。

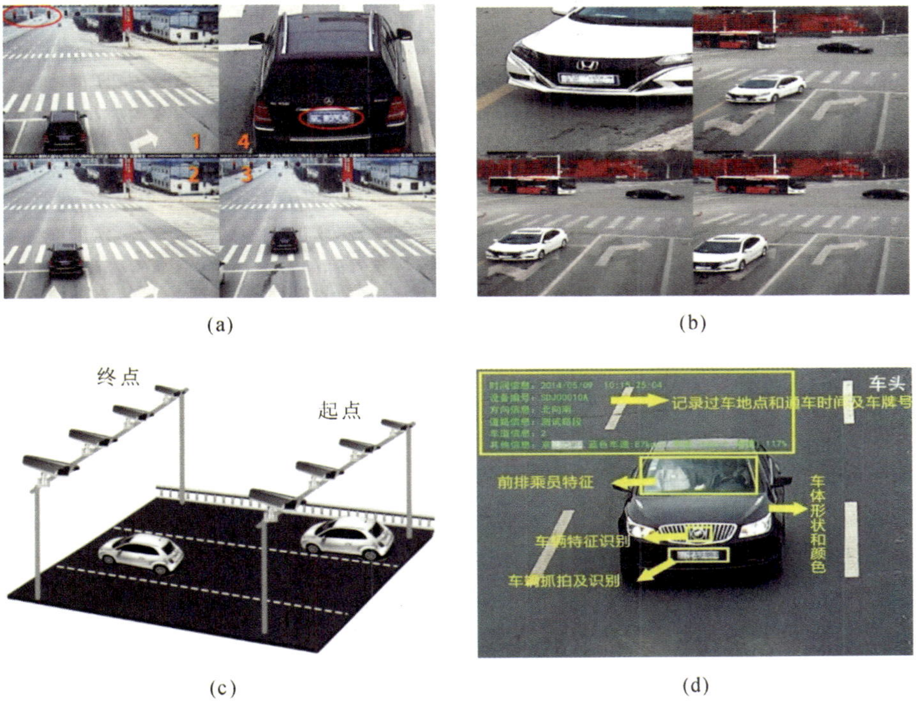

图 5-3　交通违法监测系统功能示意图

(a)闯红灯抓拍；(b)逆行抓拍；(c)区间测速；(d)卡口功能

②网络传输系统。负责将前端设备记录的车辆违法信息传输至后端管理中心。传输网络可以采用多种方式，包括光纤通信、电话拨号、数据专线、宽带网络、光纤网络或 5G 等。

③中心管理系统。实现对前端设备的远程管理、网络监控、图像抓拍和数据处理，并对违章车辆进行处罚。系统设计考虑了与其他交通管理软件的接口兼容性，以确保整体协同和信息共享。

5.2.2.2　交通运行监测系统

(1)交通运行监测系统功能

交通运行监测系统以交通运行数据为主线，对道路交通监测数据进行分析、计算和结构化管理。结合城市道路交通管理需求，该系统将计算结果与各项交通管理业务融合，深入挖掘数据的内在关联及应用价值，最终实现对城市道路交通的实时监测，其组成及功能如图 5-4 所示。

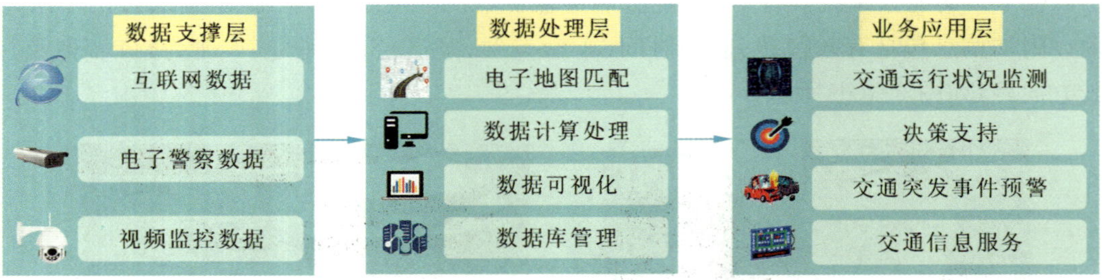

图 5-4 交通运行监测系统组成及功能

交通运行监测系统功能主要包括：

①交通运行综合信息收集。采集、汇总和分类拥堵信息、事故信息、交通控制信息、停车信息及其他相关数据。

②数据可视化描述。使用专业可视化工具，将静态和动态交通数据准确、直观地展示给交通管理决策者。

③数据处理与预测分析。运用大数据和数字孪生等技术，分析评估交通运行态势，进行管理措施的模拟仿真，这是系统的核心功能。

④方案设计和选择。根据交通运行态势的发展，制定符合预测规律的交通管理策略，并结合模拟仿真结果选择最优实施方案。

⑤决策与信息发布。根据业务需求，将选择的交通管理策略和方案发布信息和指令，实现系统的充分运用。

(2)交通运行监测系统组成

交通运行监测系统由数据支撑层、数据处理层和业务应用层组成，各部分之间根据网络安全要求通过有线网络、无线网络和专线网络进行连接。

①数据支撑层。在道路上设置各种交通信息检测设备，准确感知和采集交通参与要素的出行特征和信息。数据支撑层组成如图 5-5 所示。

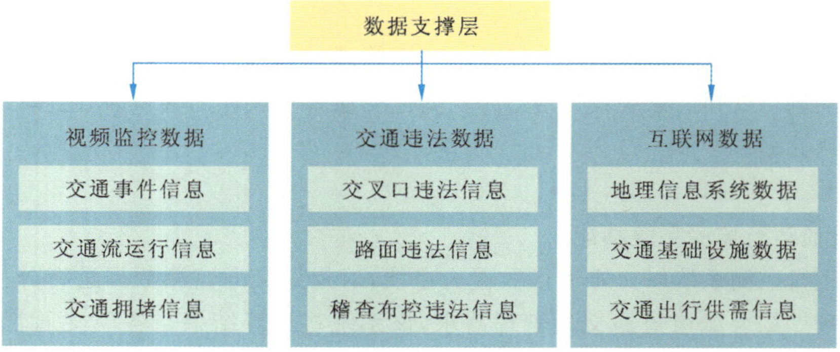

图 5-5 数据支撑层组成

● 视频监控数据。通过视频监测设备采集交通运行态势的数据，包括交通事件信息、交通流运行信息和交通拥堵信息。

● 交通违法数据。通过违法监测系统采集的相关数据，包括交叉口、路面和稽查布控的交通违法信息。

● 互联网数据。通过互联网交通大数据资源采集实用信息，并与其他交通系统的运行参数进行关联集成，包括地理信息系统数据、交通基础设备数据和交通出行供需信息。

②数据处理层。依靠强大的计算机信息处理能力，对各类检测设备和公共资源获取的信息进行深度提取和融合，挖掘交通参数与评价指标之间的内在联系。系统对信息进行分析和计算，准确描述城市交通系统的运行态势，并进行可视化处理。数据处理层的组成如图 5-6 所示。

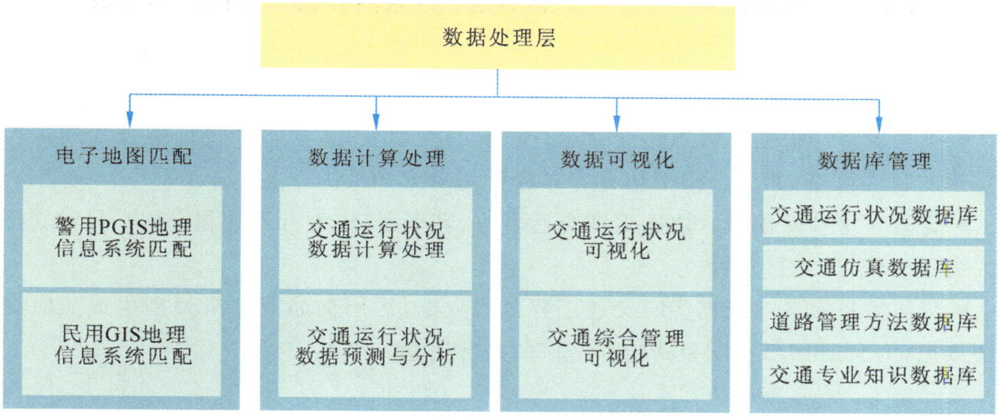

图 5-6　数据处理层组成

● 电子地图匹配。通过专业图层嵌套技术，将道路交通运行数据和交通系统设备信息匹配到电子地图上，包括警用 PGIS(Police Geographic Information System)地理信息系统和民用 GIS(Geographic Information System)地理信息系统的匹配。

● 数据处理计算。对交通系统运行数据进行大数据分析与模型化计算，利用数字孪生技术分析道路交通运行状况及规律，并预测交通运行的发展变化趋势。

● 数据可视化。利用数据可视化技术，将道路交通运行的核心问题直观展示给交通管理决策者和交通参与者，如图 5-7 所示。

● 数据库管理。对所有涉及城市道路交通运行监测的数据进行系统分类和管理，包括交通运行状况数据库、交通仿真数据库、道路管理方法数据库及交通专业知识数据库的管理。

③业务应用层

● 交通运行状况监测及预测。实现道路交通状态的实时可视化监测，基于海量历史数据和实时数据采集，通过参数短时预测算法对路段行驶速度等交通流参数进行可靠预

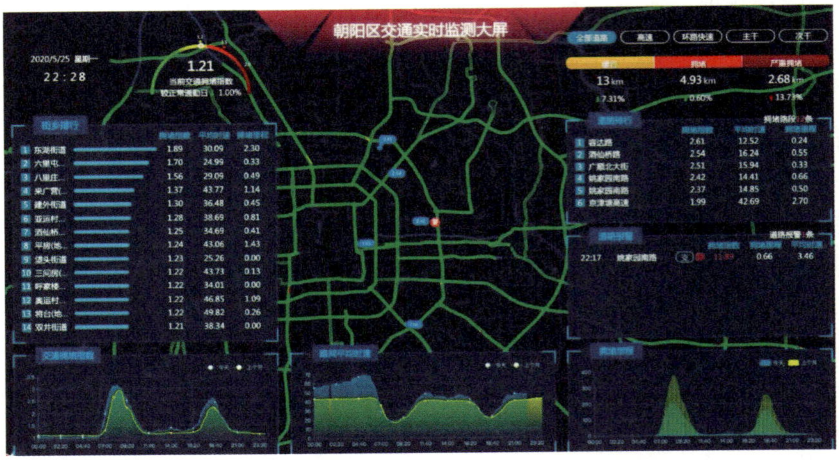

图 5-7 交通运行监测可视化示例

测，为交通运行状况的预测提供数据支撑。

● 决策支持。根据实际道路交通运行状况的发展变化，制定和设计符合交通运行预测规律的管理策略，并结合模拟仿真计算分析结果选择最优方案。

● 交通突发事件预警。快速识别交通事故、客车超速、疲劳驾驶和出租车异常聚集等重大突发事件，并进行预警。

● 交通信息服务。根据实时交通态势监测数据，运用交通流分析模型生成实时交通拥堵数据，为交通参与者发布路段和路口的路况信息。

5.2.2.3 交通应急管理系统

(1)交通应急管理系统功能

交通应急管理系统基于科学管理理论，结合计算机硬件、软件和网络通信设备，全天候监控道路运行状况。系统能够快速检测和判断交通事件，迅速采取适当的响应措施，以避免交通事故(或二次事故)的发生，并确保事故后的及时救援和排除。其主要功能如图 5-8 所示。

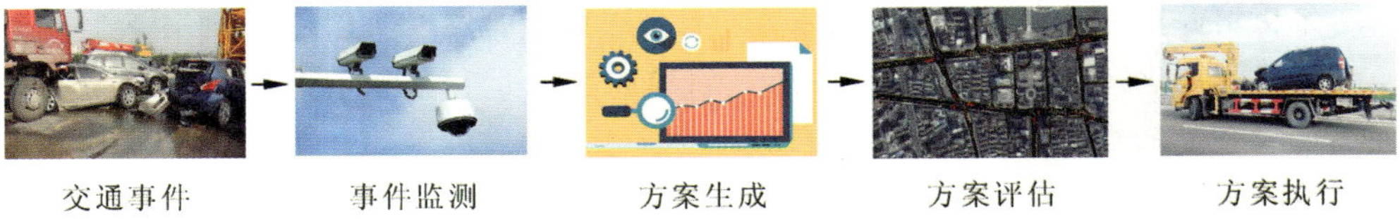

图 5-8 交通应急管理系统功能

①交通事件监测。交通事件监测是交通应急管理系统的基础，利用技术及时发现异常交通事件并迅速采取措施，减少损失。交通事件监测分为“非自动”监测和“自动”监测。“非自动”监测通过闭路电视、警察和公路巡逻车等手段进行，而“自动”监测则是利用事件监测算法处理采集的数据，自动获取异常事件信息。

②应急管理方案决策支持。在确认异常事件后，需制订应急管理方案。该系统还可提供决策支持，显著提高了方案的科学性和合理性。具体内容包括：

● 异常事件影响分析。管理人员将事件的相关信息（例如事件时间、地点和类型）输入决策子系统，分析其对道路通行能力、驾驶员出行选择和路网容量的影响，以确定对整个路网的影响。

● 交通状态仿真。利用交通仿真软件对事件状态下的道路交通进行定量分析，以评估事件影响。

● 应急管理方案决策支持。根据异常事件情况，制订应急管理方案，包括道路交通管制范围、事件信息发布位置和内容、救援车辆的最优路线等。

● 应急管理方案评估。利用交通仿真方法评估方案执行效果，及时发现问题并进行修正。

③应急管理方案执行。执行内容包括道路交通管制、救援车辆（如救护车、消防车等）的监控调度和交通信息发布。

（2）交通应急管理系统组成

交通应急管理系统主要由事件监测子系统、事件分析子系统、对策决策子系统、救援执行子系统、评价子系统以及档案管理子系统组成，如图 5-9 所示。

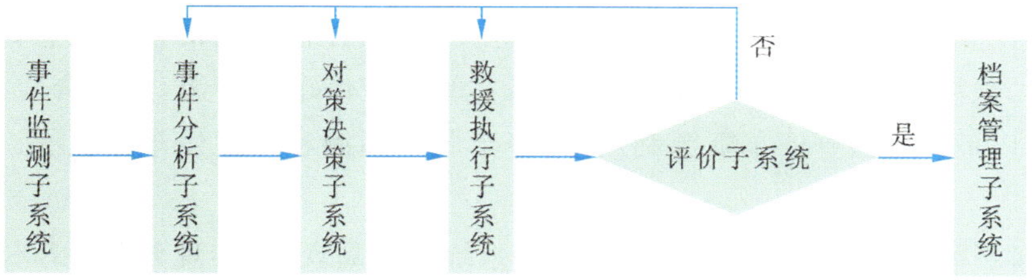

图 5-9　交通应急管理系统组成

①事件监测子系统。负责及时监测并确定交通事件的性质。常用监测技术包括红外线监测、超声波监测、环形线圈监测、视频监测和雷达监测等。

②事件分析子系统。负责事件确认和分类分析，利用预先设计的模型和数学算法进行归类。研究重点包括交通事件分类、事件模型建立、事件程度判断、延误分析和持续时间预测等。

③对策决策子系统。生成救援方案并通知相关部门派遣资源。基于事件监测和分析信息，制订应急方案，包括交通管理、救援资源点选择、资源配置、救援路径选择以及交通诱导与控制管理方案等。

④救援执行子系统。实施应急方案，协调交通管理、监控、拖运、消防和医疗等部门，主要功能包括交通管理和信息发布，其主要内容如表 5-1 所示。

表 5-1 交通管理与信息发布主要内容

交通管理	信息发布
1. 现场交通控制点的设立	1. 交通事件发生地点
2. 车道关闭与开放	2. 交通事件类别
3. 红绿灯控制	3. 流入和流出诱导信息
4. 使用可替代道路	4. 车道管控信息
5. 管理车道空间	5. 车速限制信息
6. 设计、研究引导交互的路径	6. 替代路径推荐信息

⑤评价子系统。评价交通事件解决效果，对事件本身和路段交通状况进行评价。根据评价结果反馈信息进行重新分析，符合要求则结案处理，并录入档案管理子系统，形成历史案例数据库。

⑥档案管理子系统。整理和归档异常事件及救援过程信息，分析事件成因和救援效果，生成救援报告。完善数据库，为未来事件管理提供历史依据。

5.2.2.4 智慧停车管理系统

(1)智慧停车管理系统功能

智慧停车管理系统是通过无线通信、卫星定位、室内定位、地理信息系统、视觉感知、大数据、云计算、物联网、互联网及智能终端等技术，综合管理城市车位信息，提供采集、管理、查询、预订和导航服务。其主要目标是实时更新停车位资源，并整合查询、预订与导航服务，以最大化提升停车资源利用率、停车服务利润和车主停车体验感。系统功能主要包括：

①停车资源优化和整合。消除停车信息系统的孤岛现象，实现分散停车位数据的实时互联，使系统能够及时获知空余泊位并发布，减少车位空置率，无须增加停车位。

②停车引导服务。利用定位、感知计算和无线通信技术提供车位导航，引导车辆到达目的车位或提供反向寻车路径，减少寻找车位和车辆的时间，提升停车效率和体验。

(2)智慧停车管理系统组成

智慧停车管理系统主要由信息采集系统、数据传输系统、云计算平台和信息发布系统组成，如图 5-10 所示。通过互联网通信技术对全市各个停车场的信息进行联网采集、处理和发布，帮助车主在出行过程中通过诱导屏、手机 APP、互联网和交通广播等途径获取停车场的空余车位动态信息，实现快速停车。

①信息采集系统。使用传感器技术，如地磁传感器、视频监控和 RFID(Radio Frequency Identification)。地磁传感器检测车位状态并传输数据至控制中心，RFID 通过识别车辆标签进行管理。信息采集内容包括停车资源(停车场及车位信息)，相关方(产权、运营、监管单位信息)，收费规则(收费基本信息)，停车设施(设备设施信息)，停车记录

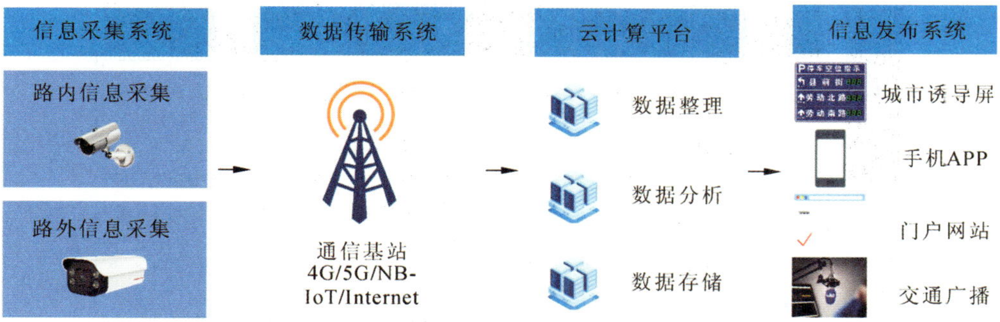

图 5-10　智慧停车管理系统组成

(车辆出入数据),停车事件(安全、运维、运营事件信息),运营管理(停车运营及监管数据)。

②数据传输系统。数据采集完成后,需要将数据传输到中央处理系统进行处理。数据传输通常使用无线通信技术,如 GPRS(General Packet Radio Service)、NB-IoT(Narrow Band Internet of Things)和 LoRA(Low-Rank Adaptation)等。

③云计算平台。数据传输至云平台后,通过云计算进行整理、分析和存储。数据分析使用 Hadoop、NoSQL(Not Only Structured Query Language)、HBase(Hadoop Database)和数据挖掘技术,支持时、日、月、年数据分析,并结合数学模型进行实时处理和趋势预测。

④停车信息发布系统。将数据和分析结果发布到各类终端,实现信息共享。主要终端包括可变信息显示屏、交通广播电台、互联网、车载终端和手机。发布信息内容包括停车场位置、车位数、使用情况、区域资源、备选场、收费情况、交通状况、交通管制、周边服务设施、行车路线和预约服务等。

5.2.3　城市智能交通管理系统案例

(1)北京市智能交通管理系统

近年来,北京交管部门对 ITMS 进行了重构,引入了大数据、云计算和人工智能等技术,构建了新一代智能交通管理体系。该系统包括“一云、一中心、三张网、五大综合应用”,如图 5-11 所示。

①交通管理警务云。北京市 ITMS 实现了业务的云端管理,支持集中或分布式数据存储,提供适应不同业务场景的数据存储技术。该系统支持大数据的批量和实时处理分析,通过云计算和分布式技术实现资源的统一运维和灵活调度。

②交通管理大数据中心。北京市 ITMS 作为首都交通管理的“智慧大脑”,实现海量数据的集中共享。提取关键业务信息,挖掘交通流时空变化模式,结合历史数据生成管

图 5-11 北京市 ITMS 架构

理决策信息，支持路面管理、信号优化、大型交通组织、突发事件应急和效果预测，解决数据管理分散和应用碎片化问题。

③三张网。北京市 ITMS 构建交通管理信息高速公路，利用物联网技术实现路面、车辆和人员的全方位实时信息接入。建立智能交通网络安全平台，推进三网融合，实现数据交换与共享，支持交通运行分析和预警。

④五大综合应用。北京市 ITMS 通过监测控制、指挥调度、信息服务、分析研判和警务应用，实现智慧交通管理与实际交管的紧密结合。不断完善应用功能，强化跨部门数据整合共享，建立协调联动的采集、分析和复用机制，设立多个监控和调度中心以实现全面协调调度。

(2)武汉市智能交通管理系统

面对人、车、路的大幅增长，武汉市公安局交警支队积极转变思路，推进智慧交管建设。在充分应用“四大平台”的基础上，武汉市运用智慧交通的“五智”理念，创新交通管理机制，推动交通管理治理体系和能力现代化。武汉市“五智”ITMS 架构如图 5-12 所示。

①智慧监管平台。全面监测人、车、路、企业和环境等交通要素，利用卡口、电警、视频等设备获取的大数据进行分析。整合社会资源，实时监测城市渍水、道路塌陷、气象灾

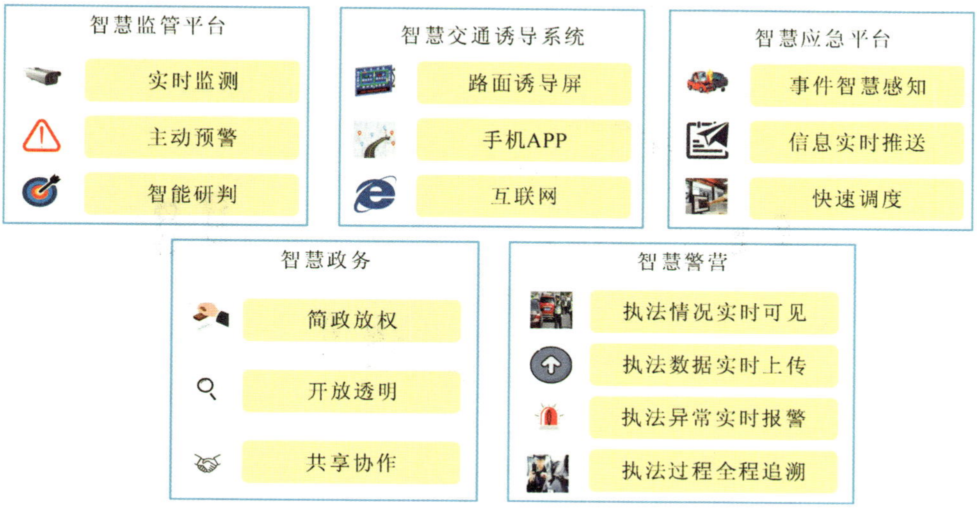

图 5-12　武汉市"五智"ITMS 架构

害和交通事故等，主动预警各类交通和公共安全事件。

②智慧交通诱导系统。整合公共、行业和部门数据，创建基于互联网的行车诱导系统，通过网络、手机 APP 和路面 LED 诱导屏等渠道实时发布信息，覆盖全路网，用户近 500 万。搭建静态交通管控平台，接入 1800 余家停车场，通过"易行江城"和高德地图等 APP 进行线上诱导，线下增设 310 处诱导屏和牌，实现行车与停车双诱导。

③智慧应急平台。基于"情指勤"一体化运作，智慧感知交通拥堵、事故等信息，及时推送至一线民警的 PDA(Personal Digital Assistant)、数字电台和车载终端，并全程评估和监管勤务落实。建立快反机制，组建快反队伍，线上调度，实现"一图展示、一键调度"。

④"互联网＋"智慧政务。优化政务服务，减少环节和权限，推动 80 项业务线上办理，实现线上办理常态化，减少群众跑路、排队、证明和费用。

⑤"智慧警营"。建设"数据警规"平台，关联比对数字电台、PDA 等执法终端数据，实现执法情况实时可见、数据上传和异常报警，形成民警执法过程全程可追溯的闭环管理机制。

5.3　城市智能交通信号控制系统

5.3.1　城市智能交通信号控制系统概述

交通信号控制是在无法实现道路交通流空间分离的平面交叉口，通过软硬件设备在时间上分配冲突交通流的通行权。基本原理是根据实时交通状况(通过视频检测器和线圈检测器等设备获取)，计算出最佳的信号控制方案，从而调整交通信号灯的相位、相序及周期等，以达到疏导交通的目的，如图 5-13 所示。

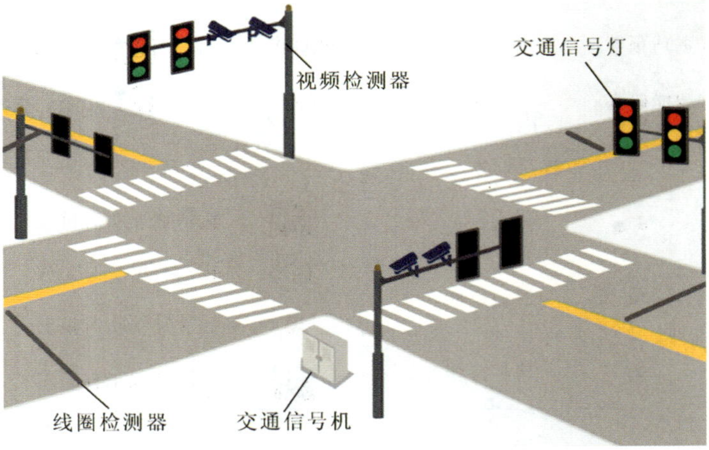

图 5-13　信号控制交叉口示意图

随着科技的快速发展，城市道路交通信号控制系统也在迅速进步。城市交通信号控制系统有多种分类，可根据控制方法、控制范围及特殊控制方式进行划分，如表 5-2 所示。

表 5-2　交通信号控制系统分类

分类依据	分类
按控制方法	定时控制、感应控制、自适应控制
按控制范围	单点控制、干线协调控制(线控)、区域协调控制(面控)
特殊控制方式	应急车辆优先控制、公交信号优先控制、方向控制等

(1)按控制方法划分

①定时控制。交通信号控制机根据事先设定的配时方案运行，可分为单段式(一天仅使用一个配时方案)和多段式(根据交通量使用多个方案)。

②感应控制。在交叉口进口道设置车辆检测器，计算机或智能信号控制机根据检测到的车流信息实时调整信号灯的配时方案。

③自适应控制。基于实时交通流检测，建立实时流量模型进行信号最优控制。自适应控制能根据交通流的波动自动调整配时，适应交通流状况的变化。

(2)按控制范围划分

①单点控制(点控)。每个交叉口或匝道口的交通信号独立运行，适用于交叉口间距较远或交通需求显著变化的情况。

②干线协调控制(线控)。将一条干线上的多个相邻交叉口视为整体进行协调，以降低车辆在交叉口遇到红灯的频率。

③区域协调控制(面控)。将一个区域内的多个信号交叉口视为整体进行协调控制，优化区域内交通流。

(3)特殊控制方式

为了满足特殊交通流需求，实际运行中还存在一些特殊信号控制方式，包括：

①应急车辆优先控制。响应消防、救护和抢险等应急救援车辆的请求，实现应急车辆优先放行。

②公交信号优先控制。通过延长绿灯、缩短红灯、插入公交专用相位或跳转相位等方式，优先放行公交车辆。

③方向控制。通过人工切换、定时切换或自适应切换等方式，为不均衡车道交通流和可变车道提供特殊控制方案。

5.3.2　典型交通信号控制系统

智能的交通信号控制系统能够根据道路交通需求、交通状况和系统通行能力实时调整信号配时方案。本节将介绍几个典型的交通信号控制系统。

5.3.2.1　SCATS 系统

(1)SCATS 系统组成

SCATS 是一种实时自适应控制系统，采用分层式三级控制结构，包括中央监控中心、区域控制中心和信号控制机。在区域控制中心对信号控制机进行控制时，通常每 1～10 个信号控制机组合为一个“子系统”，若干子系统组成一个相对独立的系统。系统之间基本互不相干，但内部各子系统之间存在协调关系。随着交通状况的实时变化，子系统可合并或重新分开。配时参数的选择以子系统为核算单位。SCATS 系统结构如图 5-14 所示。

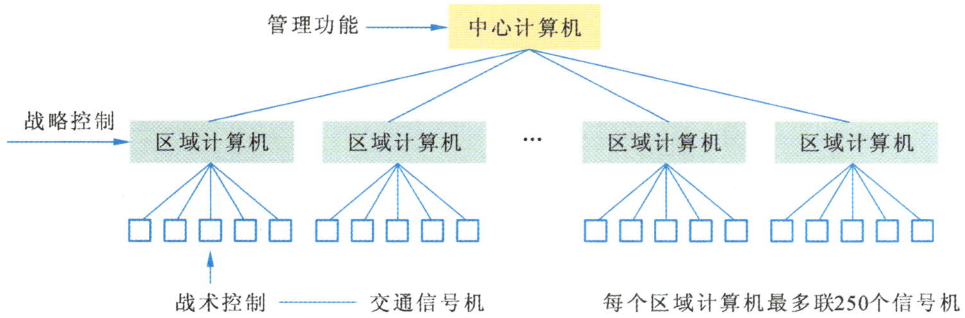

图 5-14　SCATS 系统结构

①中央监控中心。它负责集中监视整个控制系统的运行状况及各项设备的工作状态，配备系统数据库管理计算机。它动态储存所有区域控制中心的数据及每台信号控制机的运行参数，形成不断更新的动态数据库。

②区域控制机。根据需要安装区域控制机，每台可控制 250 个交通信号控制机。主要功能包括分析来自各交叉口控制机的车流数据，确定控制策略，进行实时交通控制，并将数据送回中央控制中心以备存档和脱机分析。

③信号控制机。每个交叉口配备一台以微处理器为核心的交通信号控制机。

(2)SCATS 系统特点

SCATS 系统具有以下特点：

①检测器安装在停车线处，不需要建立交通模型，因此其控制方案不基于交通模型；

②周期、绿信比和相位差的优化方案是在预先确定的多个方案中，根据实测的类饱和度值进行选择；

③系统可根据交通需求改变相序或跳过没有交通请求的相位，及时响应每个周期的交通需求；

④系统可以自动划分控制子区，并具有局部车辆感应控制功能。

5.3.2.2 SCOOT 系统

(1)SCOOT 系统组成

SCOOT 是一种方案生成式控制系统，通过安装在上游交叉口出口道上的车辆检测器采集车辆到达信息，进行联机处理，并通过小步距连续微调方式形成控制方案，实时调整绿信比、周期时长及相位差等参数，以适应变化的交通流。SCOOT 系统具有两级结构：上一级为中央计算机，负责交通量预测和配时方案优化；下一级为路口信号机，负责信号控制，数据采集、处理及通信。系统的结构如图 5-15 所示。

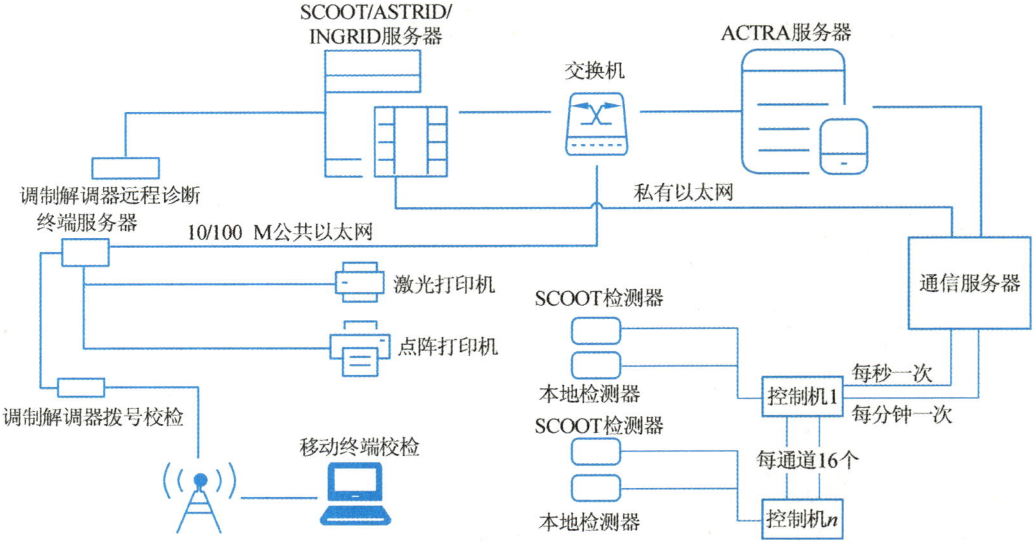

图 5-15 典型的 SCOOT 系统结构

下面简要介绍 SCOOT 系统的各主要组成部分：

①交通数据检测

- 检测器。使用 2 m×2 m 方形线圈检测器实时采集交通数据。线圈安装在车道中间以避免漏测和复测。每条车道需要一个传感器，传感器可以跨过分道线检测两条车道。

- 检测器位置。通常设在上游交叉口的出口，离下游停车线尽量远。

- 车流数据的采集。SCOOT 检测器可采集的交通数据包括交通量、占用时间、占用率（占用时间与周期时长之比）和拥挤程度。采样周期要足够短，SCOOT 检测器每 0.25 s自动采集一次感应信号并进行处理。

②系统子区划分

子区划分由交通工程师预先判定，系统运行时以划定的子区为依据，运行中不能合并或拆分，但可在子区中设置双周期交叉口。

③交通模型

- 周期流量图。根据检测器检测到的交通信息（交通量及占用时间）实时绘制成传感器断面上的周期流量图，并通过车流离散模型预测到达停车线的周期流量图，即“到达”图式。

- 排队预测。利用每个检测点测量的周期流量分布图，SCOOT 交通模型可以对下游交叉口停车线上的车辆排队情况作出预测。

- 拥挤预测。为控制排队延伸到上游交叉口，SCOOT 根据占用率计算“拥挤系数”，反映车辆受阻程度。

- 效能预测。SCOOT 用延误和停车次数的加权值之和，或油耗作为综合效能指标，有时也使用“拥挤系数”作为效能指标之一。

（2）SCOOT 系统特点

SCOOT 系统具有如下特点：

①SCOOT 具有灵活且准确的实时交通模型，不仅用于确定信号配时方案，还提供延误、停车次数和阻塞数据，为交通管理和规划提供数据支持。

②系统采用短时间预测，只对下一个周期的交通条件进行预测，并基于预测结果进行控制，可以显著提高预测准确性和控制有效性。

③信号参数的优化调整采用频繁的小增量方式，避免信号参数的突变对车辆运行造成扰动，同时，通过频繁调整的累加变化来适应较大的交通条件变化。

④系统的车辆检测器埋设在上游交叉口的出口，确保下游交叉口信号配时的优化调整有足够时间，且能提前预防车队阻塞到上游交叉口。

⑤具有鉴别检测器状态的能力，一旦检测器出现故障，能及时采取相应措施，减少检测器故障对系统的影响。

5.3.2.3 RHODES系统

(1)RHODES系统组成

RHODES系统通过预测模型获取交通流信息，并提前做出有效响应。其物理结构有两级，即中心计算机级和信号控制器级，与SCOOT系统类似。但RHODES系统将控制问题分解为三层递阶结构，包括路口控制层、网络控制层和网络负荷分配层，如图5-16所示。

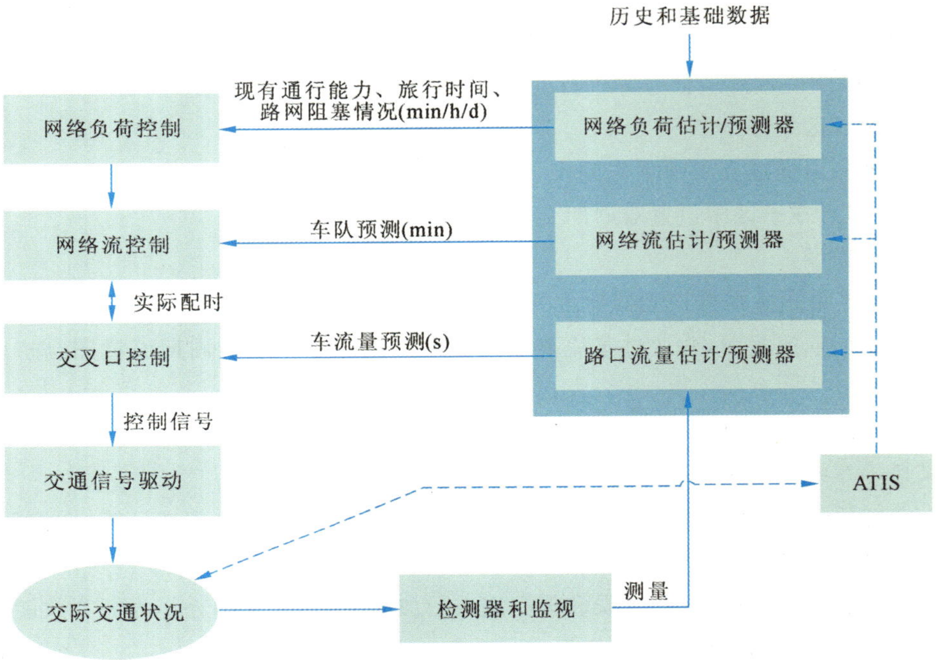

图5-16 RHODES系统的递阶结构

在路口控制层，主要基于检测的交通流及各种约束条件进行交通流预测、相序和绿灯时长的控制，每1 s进行一次控制；在网络控制层，主要对车队的行驶情况进行预测，为网络中的各个路口建立协调约束，每200～300 s进行一次预测；在网络负荷分配层，主要对长期的总交通需求进行预测，从而提前确定未来排队长度的上界。许多先进的出行信息系统和动态交通流分配技术可以在这一层实施。这种分布式结构虽然增加了路口控制器间的通信任务，但减轻了中心控制器的计算任务及其与路口控制器的通信任务，而且实现路口控制器之间的通信比较容易，这就使RHODES对交通流的实时自适应最优控制成为可能。

(2)RHODES系统特点

RHODES系统是一个成功的实时自适应区域交通控制系统，具有以下特点：

①RHODES 在硬件上采用两级结构(中心计算机和信号控制器),控制结构为三层递阶,包括路口控制层、网络控制层和网络负荷分配层。路口控制层跟踪短时间内(45～60 s)的交通流波动,进行路口交通控制;网络控制层跟踪较长时间内(200～300 s)的交通流变化,建立路口间的协调约束;网络负荷分配层跟踪长时间流量变化,并与智能运输系统的其他模块对接。

②系统引入"实时绿波带"概念,依据车队预测值,利用决策树法优化网络,实时生成行进绿波带,确保区域目标函数(如延误和停车次数)达到最优。

③为提高预测准确性,系统在路口进口处安装车辆检测器,利用上游路口三个方向(左转、右转和直行)的车流量预测到达车辆,并通过本路口的检测器进行校正。

④系统提出相位可控优化概念,利用动态规划方法,根据到达车辆的预测值确定最优相序和相位长度,并通过滑动时间窗实时提高控制精度。

⑤系统的优化目标包括最小化平均车辆延误、路口平均排队长度或停车次数。在实施公交优先时,延误可包括乘客延误、车辆延误、加权车辆延误或它们的组合,增强了控制算法的适应性。

5.3.3　智能交通信号控制系统发展动态及趋势

近年来,智能网联、车路协同及人工智能等技术的迅速发展,推动城市交通信号控制系统向集成化、智能化和协同化方向迈进,逐步形成具备分布式协同功能的智能交通信号控制系统。

5.3.3.1　智能化交通信号控制发展与特点

道路交通控制理论研究始于 20 世纪初,逐步从单点交叉口扩展到整个交通网络,控制方式由定时控制发展为自适应控制。早期研究依赖断面检测数据,经过三代演变,形成了相对稳定的体系框架,各代系统特征见表 5-3。

表 5-3　各代交通信号控制系统特征

代数	时间	系统特征
第一代	1960—1990	结构化信号配时方案;固定检测器数据;被动式响应
第二代	1990—2000	无固定信号周期;固定检测器数据;主动式控制
第三代	2000—2020	人工智能算法;固定检测器数据
第四代	2020 至今	网联车轨迹数据;多模式交通控制

道路交通控制系统的决策制定是核心环节,涉及多种关键技术,整体发展如图 5-17 所示。最初的手动控制方法依赖交警通过控制机开关实现红绿灯切换,完全依赖经验判断。为了实现更科学的控制决策,提出了多种方法:基于阶段的方法将不冲突的交通流

向视为阶段，分配绿灯时间，代表性有 Webster 经典配时法及 SCOOT、SCATS 系统的应用；基于信号灯组的方法直接将绿灯时长分配给信号灯组，避免浪费；基于车道的方法在统一优化框架下实现车道分配与信号控制的协同优化；基于时间帧的方法打破了传统信号配时的重复周期，提出包含多个小周期的广义周期，适用于交通需求不均衡的场景。

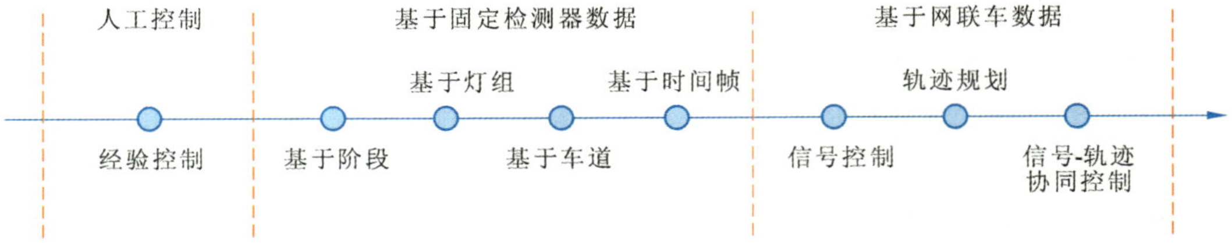

图 5-17 智能交通信号控制系统发展阶段

随着 V2V(Vehicle-to-Vehicle)和 V2I(Vehicle-to-Infrastructure)通信技术的发展，网联自动驾驶车辆(Connected and Automated Vehicle，CAV)应运而生，实现了交通工具的智能化。网联车提供车辆级轨迹数据，支持交通状态参数提取和信号控制。智能网联车可以接收交通信息进行轨迹规划。智能网联环境下的交通控制包括信号配时优化、车辆轨迹规划及二者的协同控制。然而，智能网联车的渗透率低、轨迹数据质量差异大、数据传输延时以及大规模计算效率低等问题，仍然限制了交通控制效果，亟须在未来解决。

5.3.3.2 智能交通信号控制技术

进入 21 世纪后，计算机、物联网、车路协同和人工智能等技术迅速发展，推动了智能交通信号控制领域的多项突破。下面将介绍基于车路协同的交通信号控制和全息路口信号控制，以及基于人工智能的信号控制方法。

(1)基于车路协同的交通信号控制

检测、预测、卫星定位、车辆识别和通信技术的进步为车路协同技术的发展创造了有利条件。车路协同技术已成为智能交通的研究热点，逐步应用于交通信号控制等领域。通过先进的无线通信和互联网技术，车路协同系统实现了人、车、路动态信息的实时交互，在全时空动态交通信息的基础上进行车辆协同安全控制和道路交通主动控制，从而确保交通安全并提高通行效率。

①基于车路协同的信号控制系统原理

基于车路协同的信号控制系统通过车辆与交通信号灯的实时通信和数据交换，实现智能调控与优化。这种智能化控制提高了信号灯的精度，减少了交通拥堵和延误，增强了交通安全并降低了能源消耗。其控制策略是通过车辆与道路设施的信息交互实现自适应控制。主要思路是建立车辆与信号灯的通信通道，利用车辆的实时状态和位置信息，以及道路的拥堵情况和交通流量，实现信号灯的自适应调节，从而优化交通流控制。车路协同信号控制系统的结构如图 5-18 所示。

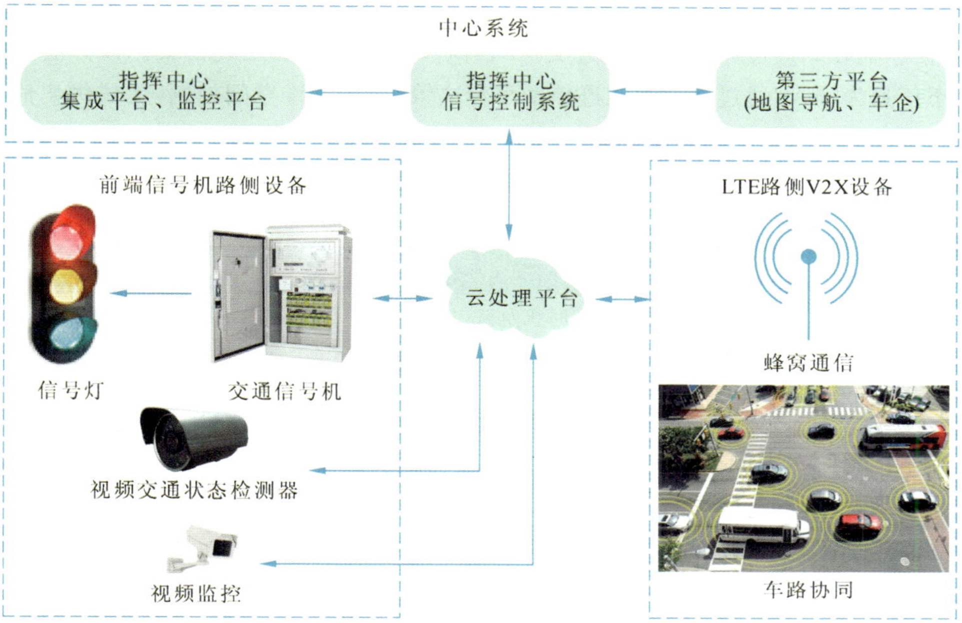

图 5-18 基于车路协同的信号控制系统的结构

基于车路协同的交通信号控制系统通过车辆与道路基础设施的互联互通，实现交通信号控制的智能化和自适应。该系统包括以下关键要素：

- 车辆与交通信号灯的通信。车辆配备通信设备，如车载无线模块和 GNSS(Global Navigation Satellite System)定位装置，实时获取位置、速度和行驶方向，并将信息发送给周围的交通基础设施。交通信号灯也配备通信模块，与车辆交换信息。
- 实时数据交换与分析。车辆与交通信号灯之间的通信使系统能够实时收集、交换和分析交通数据，包括车辆数量、速度、行驶方向和交通拥堵情况。系统通过数据分析了解当前交通状况，并作出相应的信号控制决策。
- 智能信号控制算法。基于实时数据分析和通信，系统采用智能信号控制算法动态调整信号灯的配时方案，以优化交通流量、减少拥堵并提高通行效率。
- 优先权和绿波通行。系统根据车辆类型、行驶路线和需求等信息，给予某些车辆优先通行权，如紧急和公共交通车辆。同时，系统可提供绿波通行服务，调整信号灯配时，使车辆能够在多个交叉口连续通行而不受阻碍。
- 交通事件处理。系统实时监测交通事件，如事故和道路施工，一旦发生，能迅速调整信号灯配时，引导交通绕行或减速，减少事故和拥堵。
- 车路协同信号。交叉口协同控制通过预先获取交叉口附近的车辆和信号灯状态信息，优化信号配时和车辆运动参数，实现实时协同。状态信息的联动控制，分为以下三种类型：

第一，车辆端协同控制。在固定信号控制方案下，仅调整车辆的速度、加速度和行驶轨迹，使车辆在绿灯窗口内快速通过交叉口，减少停车造成的尾气污染。该方法以信号灯状态信息为输入，通过速度和轨迹辅助车辆决策，属于一维空间控制，无法优化信号控制参数。此方法要求车辆智能化水平较高，适用于高 CAV 渗透环境。车辆控制方式包括编组控制、驱动控制和自主控制，其具体特点如表 5-4 所示。

表 5-4 车辆端协同控制方法特点对比

类型	控制特征	优化目标	协同对向
编组控制	控制车队成组、拆解时机及队内车辆数	效率/环保	周围车辆
驱动控制	控制发动机、挡位、油门及刹车踏板	环保	驱动装置
自主控制	直接控制自身车速及行驶轨迹	效率/环保	车辆自身

编组控制的基本特征是在车辆进入交叉口前，根据信号灯状态信息，协同周围车辆制定编组策略，形成车队，并计算各车队的释放、成组和拆解时机等性能指标，最终将通行计划发送至车辆端，以确保车队排放最少并优化交叉口交通指标；驱动控制根据红灯或绿灯剩余时间，制订最佳操作方案，包括发动机、挡位、油门和刹车，以间接优化速度、加速度、发动机效率和运行轨迹，最大程度提高燃油经济性，注重减少能耗和有害气体排放；自主控制则以车辆主动调度为导向，依据当前交通信号状态，调整自身速度和行驶轨迹，实现行程时间、油耗和安全风险最小化，达到完全自主控制。

第二，信号端协同控制。在不改变车辆运行状态的情况下，利用 DSRC（Dedicated Short-Range Communication）获取当前和未来交通状态信息（如车辆速度和位置），以此优化绿信比、相序等信号控制参数。通过优化信号控制参数，减少车辆在交叉口的空转时间、停车次数和非必要的加减速，从而减少燃油消耗和空气污染物排放，提升交通管理效率和安全性。这种方法主要优化信号控制参数，无法协同控制车辆状态，因此系统稳定性较低，更适用于中低渗透率的人机混驾场景。

第三，车辆端与信号端联合协同控制。利用双边通信技术，实时调节绿信比、相序、车辆速度、加速度及轨迹等关键参数，以实现信号控制方案和车辆运行控制方案的最佳响应。这种方法解决了信号控制方案滞后和驾驶员反应迟滞的问题，通过二维状态的优化，减少车辆排队长度、行驶时间和油耗。由于该方法涉及时空维度的联合控制，对车辆及基础设施的智能化程度要求高，通常需要 100%CAV 渗透率才能实现。

②基于车路协同的信号控制关键技术

基于车路协同的信号控制系统涉及多个关键技术和应用，包括车辆通信技术、交通信号灯通信技术、车辆识别技术、智能信号控制算法和智能交通管理平台等。

● 车辆通信技术。基于车路协同的信号控制系统，使车辆实时获取自身位置、速度和行驶方向，并将这些信息发送给周围交通信号灯。常见的车辆通信技术包括车载无线通信模块[如 DSRC、LTE-V2X（Long Term Evolution Vehicle to Everything）]和 GNSS 全球导航卫星系统，可确保车辆与道路基础设施之间的可靠数据交换。

● 交通信号灯通信技术。交通信号灯通信模块使信号灯与周围车辆实时连接，接收车辆信息并向其发送状态和配时信息。

● 车辆识别技术。这项技术帮助交通信号灯准确识别车辆类型、数量和速度，从而优化信号控制。常见技术有视频监控、车牌识别和雷达检测。

● 智能信号控制算法。动态调整信号灯配时方案，基于车辆实时数据和交通信号灯的感知，考虑交通流量、车辆速度和道路拥堵等因素。常见算法包括智能优化算法、遗传算法和模糊控制算法。

● 智能交通管理平台。平台整合交通流量、拥堵等数据，进行采集、分析、展示和决策，为城市交通提供全局性管理与优化。管理者可以通过平台动态调整信号灯配时，优化交通流量，提高道路通行效率。

(2)全息路口信号控制

全息技术利用激光的相干性原理记录并重现物体的三维图像。数字全息技术用光电传感器（如数码相机）代替传统的光学记录材料，将全息图存入计算机，通过模拟光学衍射过程实现物体的全息再现。与传统光学全息相比，数字全息技术具有成本低、成像速度快及灵活性高等优点。传统意义上的全息路口是应用光学原理进行实时、动态的三维图像重现。然而，上文所提到的全息路口已超出摄像机的范畴，用“全信息路口”来定义更为准确。在这里，“全息”指系统对交通环境的全面感知和数据处理，利用传感器（如摄像头、激光雷达和毫米波雷达）收集交通流量、车辆位置和速度信息，并通过人工智能算法分析和处理这些数据。

①全息路口信号控制系统原理

全息路口利用雷达、电子警察和摄像机等感知设备，结合最新传感器技术、高精度地图、定位技术、人工智能算法、大算力芯片和边缘计算技术，生成精确的车辆时空信息、过车身份、违法抓拍、分米级轨迹和信号灯状态等数据。这些数据为路口精细化管理提供基础，减轻了中心计算、存储和网络压力。因此，全息路口信号控制可以定义为：在全方位感知环境下，通过可靠通信系统传输多源交通数据，并利用多源数据融合和智能算法等技术优化交通信号控制。全息路口信号控制框架如图 5-19 所示。

②全息路口信号控制的关键技术

● 全息感知技术。通过在交叉口周围安装摄像头、激光雷达、毫米波雷达和传感器阵列，实时监测交通环境中的车辆和行人。摄像头捕捉图像，激光雷达测距，毫米波雷达适应各种天气条件，传感器阵列采集环境信息。全息感知技术整合这些数据，形成全面的交通环境模型，动态更新并准确反映交叉口周围的交通情况。

● 交通数据采集与处理。系统实时收集和整合来自传感器的交通数据，如车辆数量、速度、类型和行人流量。这些数据传输到中央处理单元进行实时分析，利用人工智能算

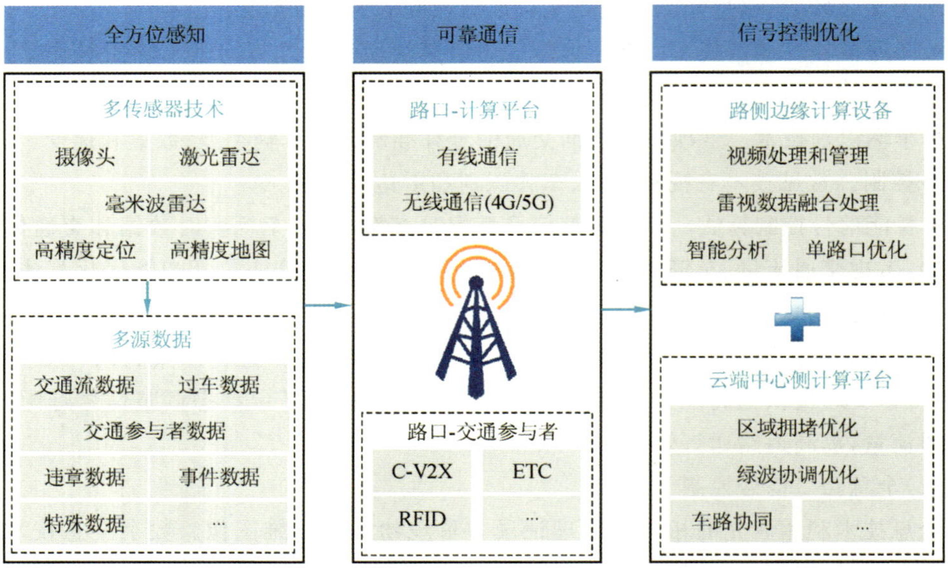

图 5-19 全息路口信号控制框架

法判断交通状态和趋势,从原始数据中提取有用信息,实现智能化信号控制。

● 人工智能算法。在全息路口信号控制系统中,人工智能算法分析实时交通数据,预测交通状况并自动调整信号灯配时,以提高车辆通过交叉口的效率。这些算法识别交通拥堵、车辆冲突和行人安全问题,提供智能化决策支持。

● 动态信号控制。与传统固定时长的信号控制相比,全息路口实现了动态配时。系统根据实时交通状况调整信号灯的红绿灯持续时间,减少交通拥堵,提高车辆和行人的通行效率,通过人工智能算法分析交通流量和需求,动态调整信号灯配时方案。例如,在高峰时段延长主要道路绿灯时间,在低峰时段缩短信号灯等待时间,以提高通行效率和节省能源。

(3)基于人工智能的信号控制方法

交通信号控制系统是一个高度复杂的系统,涉及人、车和路网等多个因素,具有很大的不确定性和非线性,难以建立精确模型,通常只能基于假设构建简化的控制模型。因此,传统方法在复杂交通场景中的控制效果有限。近年来,人工智能技术取得了显著进展,其中强化学习(Reinforcement Learning,RL)、深度学习(Deep Learning,DL)和深度强化学习(Deep Reinforcement Learning,DRL)等技术表现突出。强化学习通过与环境交互,学习实现目标的最佳策略;深度学习有效提取高维数据的内在规律;深度强化学习结合了深度学习的感知能力和强化学习的决策能力,且无须显式建模,非常适合处理难以精确建模的交通信号控制问题。

强化学习的方法论基于马尔可夫决策过程 MDP(Markov Decision Process),基本性质是，给定当前时间步 t 的状态，系统的下一个状态 s_{t+1} 独立于先前的状态（s_0，…，s_{t-1}）。在包括交通信号控制系统在内的其他控制系统中，MDP 模型大多是情景式片段，其中系统根据结束时间 T 或结束状态 S_T 为每个情景片段设置一个终点。对于每个状态 s 和累积折扣奖励 R_t（即回报），MDP 智能体的目标是找到最大化预期累积奖励，其中累积折扣奖励 R_t 定义如下：

$$R_t = \sum_{i=0}^{T-1} \gamma^i r_{t+i} \tag{5-1}$$

式中：r_{t+i}——每一时间步的奖励；

γ——用于计算预期累积奖励的折扣因子 $\gamma \in [0,1]$。

深度学习技术源于控制理论、统计学和心理学等领域，其核心在于通过试错来实现自动决策，解决“决策”问题。在交通信号控制系统中，将其视为一个“智能体”，人、车、路则构成“环境”，可以通过以下方式构建深度学习系统：传感器从环境中获取状态信息，如流量、速度、排队长度等，并将这些数据传递给信号机；信号控制系统根据当前状态选择得分最高的动作，如保持绿灯或切换红灯；系统根据执行效果（例如排队长度）生成回报函数；系统根据回报结果调整打分系统的参数，实现优化。这个过程形成一个循环，使系统能够不断学习和改进，实现更智能的交通信号控制。

DRL 信号控制应用中，通常一个交叉口对应一个 DRL 智能体，DRL 交通信号控制器模型如图 5-20 所示，图片体现了一个智能体与交通网络交互的过程。智能体在每个时间步长 t 时观察交通网络的状态 s_t，并在采取行动后从其环境/系统接收奖励 r_t。同时，在根据当前策略 π 采取行动后，交通网络的状态转换到下一个状态 s_{t+1}。

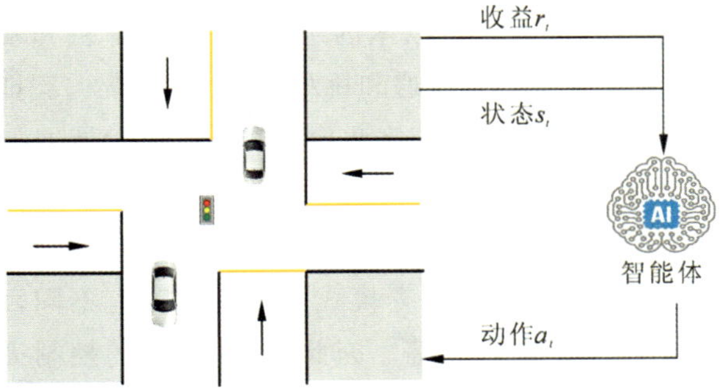

图 5-20　DRL 交通信号控制器模型

对于多交叉口交通网络的信号控制，直接使用一个 DRL 智能体控制所有路口的方法存在挑战，因为随着交叉口数量增加，状态维度和动作空间会成指数增长，导致维度爆炸，并丢失路网的拓扑结构信息。因此，对于多交叉口信号控制，采用多智能体强化学习 MARL（Multi-agent DRL）更为有效。

MARL 控制是当前智能控制领域的研究热点，在多交叉口交通网络中可分为以下三类：完全独立的多智能体强化学习（totally independent MARL），各智能体之间不进行协作，每个交叉口独立控制。这种方法简单，但可能无法有效解决交通流量的相互影响问题；部分状态合作的多智能体强化学习（partially state cooperation MARL），智能体通过点对点通信获取上下游路口的交通数据，扩展本地智能体的交通状态感知。这种方法比完全独立控制更能准确响应区域内交通状态变化，但仍缺乏对动作的联动；动作联动的多智能体强化学习（joint-action MARL），在动态随机环境下，通过联合状态和联合动作设计进行反复迭代，以逼近最优策略。这种方法虽然能更好地适应多交叉口的复杂交通模式，但仍面临设计联合状态-动作数据结构、协调机制和有效估计值函数等挑战。

人工智能交通信号控制方法对现有交通信号系统的架构产生了以下几个方面的重大影响：

- 部分控制模型忽视了信号周期、绿信比和相位差的概念，仅依据当前路网状态进行实时决策，这可能导致传统交通信号控制系统的逻辑混乱；
- 对数据类型和数量的需求远超传统系统，这要求现有系统增加传感设备并升级通信系统以支持数据传输；
- 对计算能力要求较高，现有基于简单逻辑运算的平台无法满足，需要进行设备更新或采用边缘计算等手段来解决计算需求问题；
- 传统的闭源模式增加了行业学习成本，而开源生态有助于降低入门门槛，促进人工智能算法在交通控制领域的快速应用和普及。

5.3.3.3 智能交通信号控制系统发展趋势

近年来，智能交通信号控制系统的研究迅速发展，主要得益于检测技术、大数据、云计算、人工智能、物联网、车联网等先进技术的进步，以及计算机和硬件设备的提升。这为交通信号控制技术的发展带来了新机遇和挑战，推动了系统向智能化和集成化方向发展。未来，提升系统的实时性、动态性、精度和效率将是主要发展方向。

（1）智能化

①控制策略选择智能化。城市交通控制方式包括定时控制、感应控制、自适应控制等，以及单点控制和干线/区域协调控制等模式。不同策略有不同目标，如最小延误、最少停车、最大通行能力和特殊车辆优先等。因此，选择合适的控制策略是城市交通控制中的重要问题。近年来，遗传算法、强化学习和专家系统等技术的应用提高了控制策略选择的智能化水平，形成了更高层次的决策机制。

②控制方案生成智能化。信号配时方案的参数优化最初依赖数学解析，但由于交通系统的非线性、复杂性和假设因素的存在，控制效果受到了影响。随着智能控制和人工智能技术的发展，模糊控制、神经网络、遗传算法和多 Agent 系统等技术在信号配时优化和协调控制中得到应用。这些智能控制方法能够有效逼近非线性函数，无需精确的数学模型，适用于复杂交通系统。

(2)集成化

①随着对城市交通管理认识的深入,单一管理手段(如信号控制、交通诱导、交通组织)已无法有效优化交通拥堵和事故管理。因此,研究者们开始探索以城市交通控制为核心的集成化管理系统。这些系统基于综合交通信息平台,通过信息和数据共享实现交通控制系统与其他管理手段(如交通信息诱导系统和城市交通应急系统)的协调运行,从而实现最佳的城市交通管理和控制。

②在技术层面,交通控制系统结合了多种传统和智能控制方法,以克服各自的缺陷和局限性,力求取得更好的整体效果。随着城市交通系统的复杂性增大,集成多种控制方法的策略应运而生,例如实时交通自适应信号控制系统(Real-Time Traffic Adaptive Signal Control System,RT-TRACS)和多算法(Multi-algorithmics)系统。集成智能交通信号控制系统的基本控制层应充分吸收相关思想,实现不同控制方法的有机集成与综合利用。此外,信号控制的硬件设备不仅提供信号控制功能,还通过模块化设计集成信息发布、监控等功能,实现对终端设备的综合控制。交通信息获取手段的集成化也日益重要,除了传统的地埋型检测器,移动式检测手段(如车牌识别、电子标签和卫星定位技术)也能提供准确的旅行时间、交通流量等参数,为交通信号控制的实时优化与评估提供支持。

(3)数据驱动和大数据应用

随着大数据、物联网和车联网技术的发展,智能交通控制系统获取了更加丰富和多样的交通数据。互联网+和车路协同等技术提供了实时、准确的交通状态数据,互联网公司提供了浮动车轨迹、路况和城市地图数据,车路协同通过路侧系统、智能车和车联网获取流量、车型和车头时距等参数,传感器、摄像头和雷达等设备持续监测交通状况,为信号控制和决策奠定基础。

①数据驱动的智能交通控制系统注重数据分析与挖掘,利用大数据技术处理和建模海量实时数据,发现交通瓶颈、拥堵点、高峰时段和事故频发区域,优化信号配时和交通流量。同时,系统通过历史数据挖掘规律,能为未来交通预测和规划提供支持。

②系统实时处理数据并快速响应。当监测到拥堵或事故时,系统能立即调整信号灯配时,优化通行流程,降低拥堵程度。这种实时响应显著提高了交通系统的灵活性和应变能力,有效应对突发事件并提升交通效率。

③大数据的应用还体现在交通预测和优化上。通过历史数据分析和机器学习,系统可以预测未来流量、拥堵情况和高峰时段,提前调整信号灯配时和优化路线规划,从而减少拥堵并提高通行效率。例如,在预测到高峰时段时,系统会提前调整信号配时,以合理引导车流,减少拥堵。

(4)可持续发展

未来的智能交通控制系统将更加注重环境因素，目标是减少排放和节能减碳。系统设计将采用节能环保的信号灯设备，如 LED 灯，减少能源消耗和碳排放。同时，将运用智能能源管理技术，如智能照明调节和功率管理，根据交通流量和光照条件动态调整信号灯的亮度和功率，最大限度减少能源浪费，提高利用效率。通过实时数据采集和分析，系统性地优化交通流量，减少拥堵和车辆停滞，从而减少交通排放和空气污染。此外，系统还将为公共交通提供优先信号，鼓励市民选择公共交通出行，进一步减少碳排放并减轻交通压力。

5.4 一体化智慧出行服务系统

5.4.1 一体化智慧出行服务系统概述

目前，以公共交通为核心的一体化智慧出行服务系统(在不同的国家和地区的文件和报告中，也被称为“一站式出行服务”“出行即服务”“Mobility-as-a-Service”或者“MaaS”)成为出行服务领域的前沿和热点。一个完整的一体化智慧出行服务系统一般包括以下几个组成部分：信息服务、定位导航、出行规划、预约服务、移动支付、服务评价、票务服务、运营调度。图 5-21 展示了上述功能在一次出行中的具体体现。

(1)信息服务。通过路侧、车端和移动端设备(包括各类传感器、摄像头、定位器、智能手机、售票机、刷卡闸机)对交通出行信息进行实时采集、可靠传输、高效处理和及时发布。出行者可以通过车端或移动端设备方便地获取这些信息，为出行计划提供决策支持。管理者也能通过信息服务功能协调各类出行需求，缓解交通压力并降低交通事故率。

(2)定位导航。分为定位和导航两个功能模块。定位通过卫星信号、基站信号等获取设备的位置信息，并通过地图匹配技术将其显示在地图上，核心目标是确定目标物体在空间中的位置，以实现精确控制和导航；导航则基于出行者的即时位置、速度、方向等参数，引导出行者从起始点安全、可靠地到达目的地。

(3)出行规划。主要包括出行模式规划和路径规划。出行模式规划能为出行者提供更灵活、便捷、经济和环保的出行方案，例如提供公共交通、长途大巴、铁路和民航等方式的班次信息，推荐符合要求的班次并提供票务预订服务。这不仅包括单一出行方式的班次，还涉及不同出行方式的换乘与衔接，以满足出行者在整个出行过程中的多样化需求。路径规划则为出行者提供多样化的最优出行路线，它不仅限于小汽车，还包括公共交通、共享单车和步行等多种交通方式的路径规划。

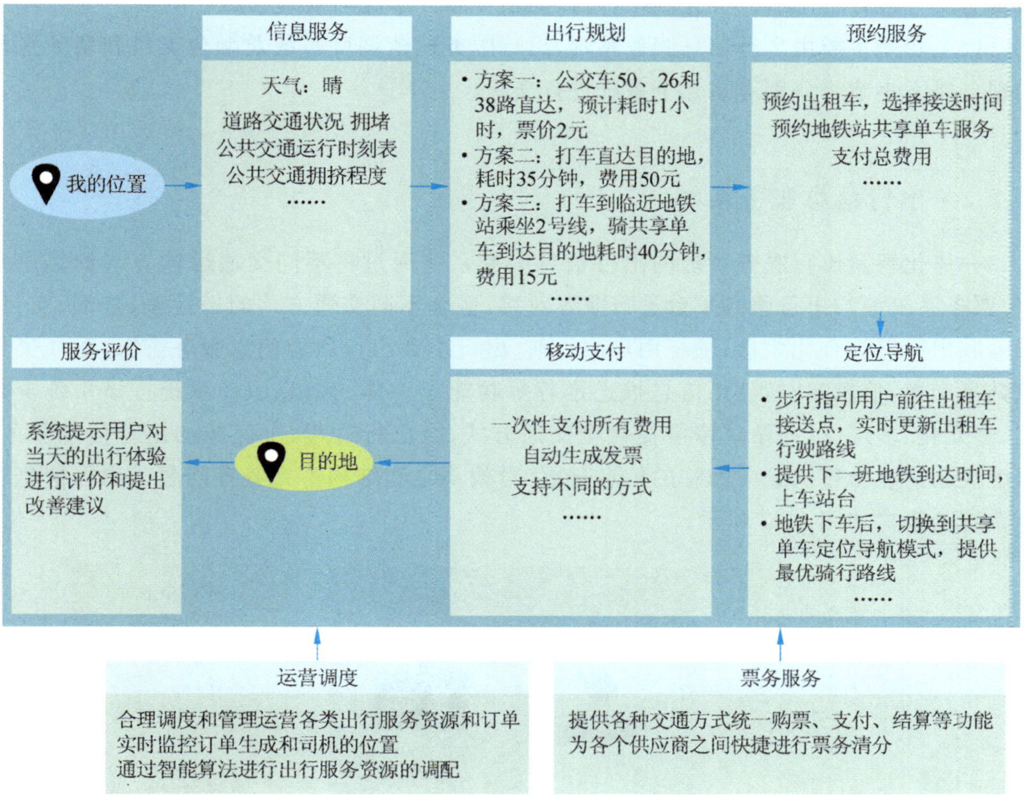

图 5-21　一体化智慧出行服务系统案例

（4）预约服务。指出行者提出未来时段的出行需求，出行服务供应商根据需求为出行者提供适当的服务。出行者通过提前预约可以减少等待时间，提高出行效率；而出行服务供应商则能通过预约提前调配可用的服务资源，以最大化利用有限的出行服务资源。交通管理部门也可以通过预约服务功能减少道路上的不必要交通流量，从而缓解拥堵、减少尾气排放。

（5）移动支付。相较于现金、票卡等传统支付方式，移动支付是在移动互联网、大数据、云计算、人工智能、区块链等新兴技术与传统支付产品服务深度融合的背景下产生的智能化、在线化、信用化和记名化的支付模式。在一体化出行服务中，出行者只需支付一次即可涵盖所有涉及的出行方式。

（6）服务评价。主要包括对出行服务系统提供的各类服务进行评价、建议、投诉和反馈等。

（7）票务服务。通过票务代理服务平台提供城市公交、地铁、公路、高铁等单一或组合交通方式的票务服务，包括统一购票、支付、结算、票务核销及客服等功能。

（8）运营调度。运营调度的任务是合理调度和管理各类出行服务资源和订单，以确保现有出行服务资源的最大化利用，并提高出行服务系统的效率和用户体验。

以上功能主要由出行信息服务系统、出行服务运营调度系统及融合支付和票务系统实现。以下小节将分别对这几个系统进行介绍。

5.4.2 出行信息服务系统

一体化智慧出行服务系统的出行信息服务系统通过将不同交通运输方式的信息系统、票务系统等与出行服务平台进行兼容对接，融合不同交通方式的售检票、查询、支付、账号和出行等综合化信息，围绕用户出行前、出行中和出行后的信息服务需求，建立集信息共享交换、信息实时跟踪、信息推送推荐等功能于一体的信息服务系统。该系统全方位、多元化、多层次、一站式按需提供全交通方式、全出行过程、全区域的出行信息服务，以解决用户在出行场景中面临的信息分散、时效不足和结构不完善等问题。出行信息服务系统的架构如图 5-22 所示。

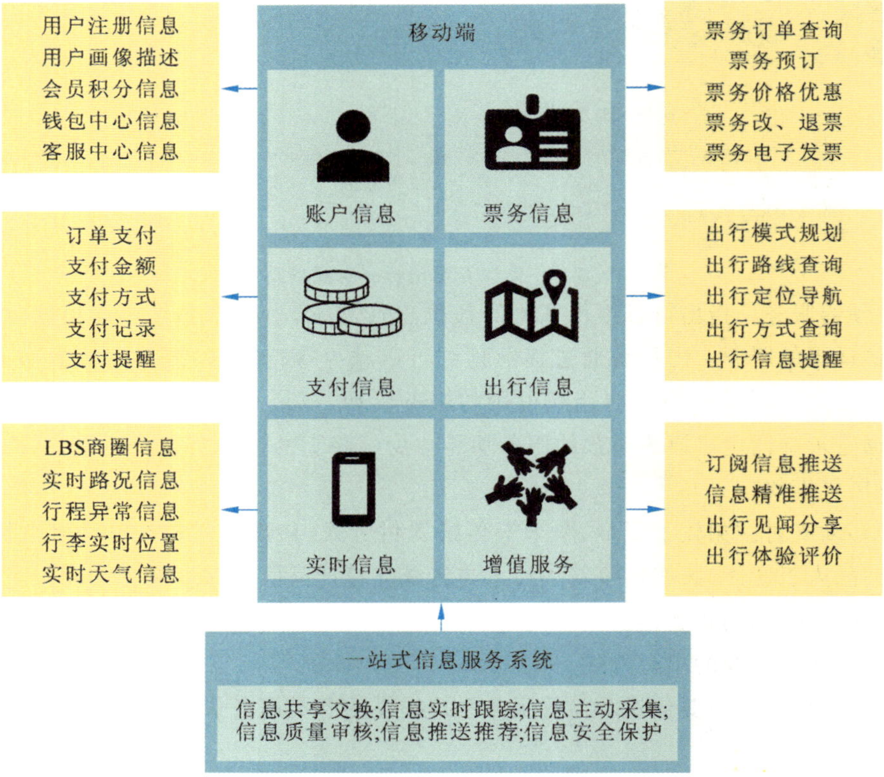

图 5-22 出行信息服务系统架构

5.4.3　出行服务运营调度系统

一体化智慧出行服务系统的运营调度系统是在制度协调、组织协调、设备协调和信息协调的基础上，构建的以需求协同响应、运营计划协调编制、运营安全协调保障等为核心服务功能的新型运营调度机制。该系统旨在解决运力分散、经营分割导致的出行服务需求响应不充分、运营衔接低效和重复安检等问题，提供全出行链“一张订单、按需调度”“高效衔接、可靠可控”“信息对称、数据同步”“安检互认、一致管理”的便捷出行服务。其目标是对接协调、联动多方交通运输运营服务提供商，借助互联网、大数据、云计算和物联网等信息技术，汇集整合多元化、多场景的出行服务资源，提供“安全、便捷、高效、绿色、经济”的出行服务。出行服务运营调度系统的总体框架如图 5-23 所示。

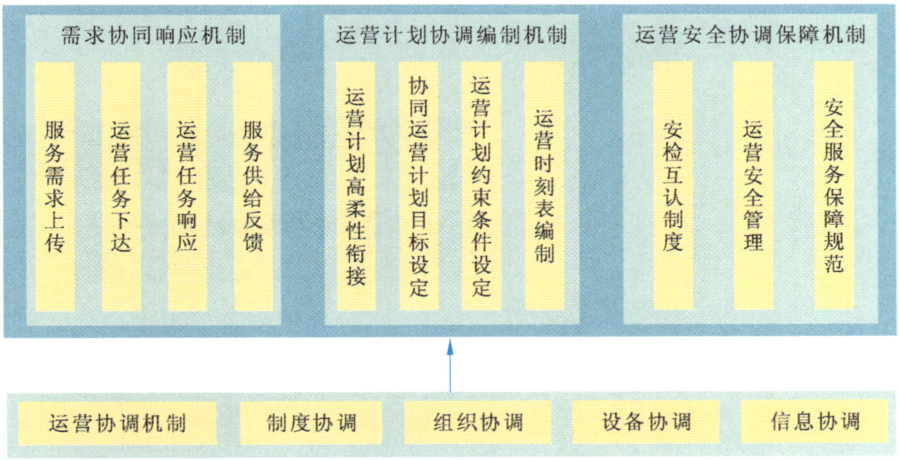

图 5-23　出行服务运营调度系统总体框架

5.4.4　融合支付和票务系统

一体化智慧出行服务系统的支付和票务系统基于“便捷出行”“智慧出行”“绿色出行”和“品质出行”的服务理念，整合多样化的电子支付方式，依托一体化的票务支付产品服务体系及票务支付清分结算服务体系，实现用户在一个平台上进行预约支付，完成全程立体出行的功能。

融合支付和票务系统涵盖交通运营机构和各类出行服务商。为实现不同支付方式的贯通，交通运营机构必须建立以统一账户聚合支付云平台为核心的官方运营体系，并通过开放体系架构的票务平台与各类出行服务协同。首先，通过金融机构网关完成云平台与金融机构及支付平台的对接，从而实现云平台发起的扣款、退款、对账、清账和查账等功能，提供基于交通官方账户的银行卡和第三方支付账户的融合支付。其次，为旅客提供以公共交通为主导的联运票务产品，重点包括地铁公交联程票和出租车出行统一平台。同时，接入共享单车系统，以有效解决旅客出行“最先和最后一公里”的问题。融合支付和票务系统的一般架构如图 5-24 所示。

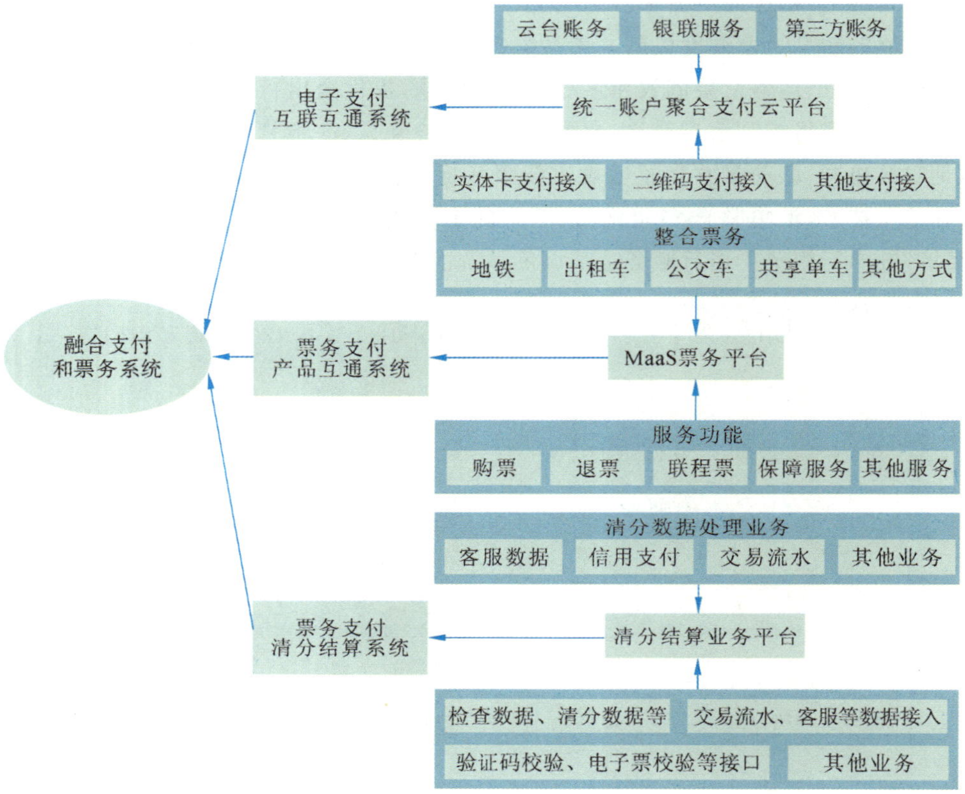

图 5-24 融合支付和票务系统总体框架

5.4.5 一体化智慧出行服务系统案例

5.4.5.1 国内一体化智慧出行服务案例

一体化智慧出行服务在国内受到广泛关注。从国家层面来看，2019 年 9 月中共中央、国务院印发的《交通强国建设纲要》明确提出要“大力发展共享交通，打造基于移动智能终端技术的服务系统，实现出行即服务”。此外，2019 年 12 月，交通运输部发布的《推进综合交通运输大数据发展行动纲要(2020—2025 年)》中指出，要“鼓励各类市场主体培育‘出行即服务(MaaS)’新模式，以数据衔接出行需求与服务资源”。为响应国家政策，各地陆续推出了当地的一体化智慧出行服务平台(规划)，以下介绍北京和上海的案例。

(1)北京 MaaS 服务平台

2019 年,北京市启动了北京 MaaS 1.0 建设,依托高德地图、百度地图等社会化出行服务平台,为公众提供实时公交查询、公交或地铁拥挤度查询等功能,有效提升了“公交＋步行”等组合出行体验感。在 2022 年冬季奥运会期间,北京 MaaS 平台还推出了冬奥专用道导航、场馆周边停车引导、出行信息发布等特色功能,为上亿人次的出行提供了服务。

随后,北京市交通委员会和北京市生态环境局联合发布了《北京 MaaS 2.0 工作方案》(以下简称《MaaS 2.0 方案》),标志着北京 MaaS 正式进入 2.0 发展阶段。相较于 MaaS 1.0 阶段,《MaaS 2.0 方案》突出了三个亮点:一是打通线上线下出行服务,进一步提升一体化出行体验;二是以碳激励为核心,拓宽碳普惠活动;三是组建北京绿色出行一体化联盟,吸纳社会各方力量加入北京 MaaS 生态圈。

在 MaaS 2.0 阶段,北京将持续升级城内和城际的一体化出行体验。在市内交通方面,将进一步优化“轨道＋公交/步行/骑行”的规划导航功能,精确提示轨道等公共交通的到站时刻,提升共享单车的供给和停放区域引导信息服务的精度,减少换乘和停放的等待时间。在城际出行方面,将升级“航空/铁路＋城市公共交通/定制公交/出租(网约)车”服务,拓展一键规划、接驳引导、一体化支付等功能,提供综合的出行规划导航服务,实现城际与市内的绿色出行美好体验。与之前的高德地图 APP 功能相比,升级后的 APP 提供实时公交和地铁拥挤度查询功能,并根据乘客定位提醒到站下车。在出行结束后,通过蚂蚁森林的绿色能量和单车券等方式,对减少的碳排放进行激励。图 5-25 展示了一个北京 MaaS 服务平台为用户提供的出行方案。

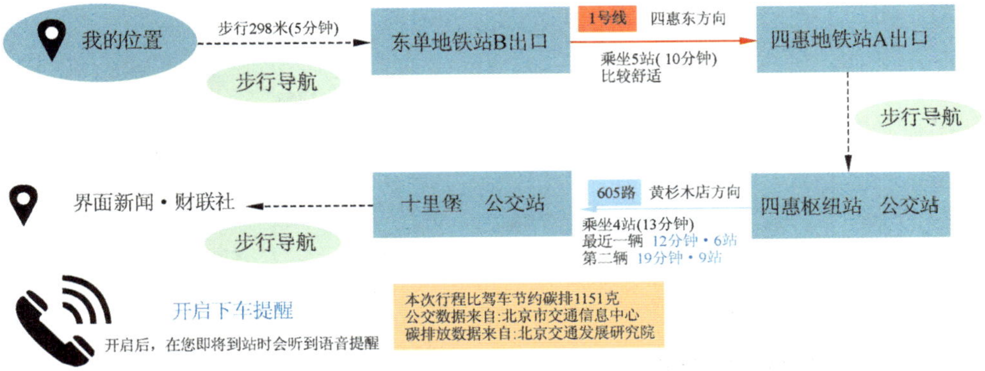

图 5-25　北京 MaaS 服务平台提供的出行方案(示例)

目前实时公交已覆盖北京市超过 95%的公交线路,实时信息匹配准确率超过 97%,全市所有地铁站点的拥挤情况也可实时在线查询。

(2)上海 MaaS 服务平台

2022 年 10 月 10 日,上海市绿色出行一体化平台“随申行”APP 正式上线。该应用集成了公交、轨道交通、轮渡等公共交通服务,以及一键叫车、智慧停车等出行功能,标志着上海 MaaS 服务平台正式向公众提供服务。“随申行”APP 的公共出行服务覆盖了上海1500多条公交线路和17条轮渡线路,打车服务接入了上海市出租车统一平台,停车服务覆盖了89万个公共泊位。此外,用户如成功申报白名单,可在11条轨道交通线路的指定闸机刷"随申码"乘坐地铁。根据规划,"随申行"APP还将逐步接入网约车、共享单车及省际客运等服务,进一步扩展至江苏、浙江、安徽等长三角地区。上海的MaaS服务平台由政府主导,并专门组建机构负责建设和运营,最终形成以特大城市为核心的都市圈一体化智慧出行服务系统。

"随申行"APP主要分为出行工具、上海停车和车主服务三个部分。出行工具部分提供实时公交、网约车和出租车功能,市民可以实时获取公交车辆位置和即将到站的信息。同时,用户可以选择打车服务,智能规划出行方案。此外,出行服务覆盖社区、医院等多种场景,满足市民的就医等多样化出行需求。停车服务方面,APP覆盖了上海4300多个公共停车场和收费道路停车场,提供89万个公共泊位的信息。市民可以通过"随申行"APP完成停车预约、导航和缴费等功能,还能实时查看各停车场的空余泊位数、收费标准和位置信息,体验一体化出行服务。图5-26展示了从上海站到上海南站的出行中,该服务平台提供的出行方案。

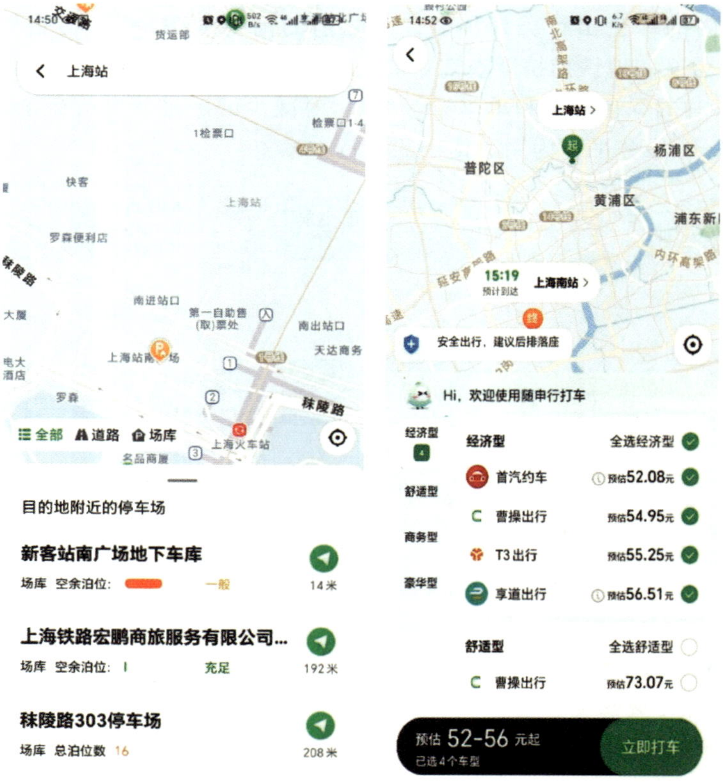

图5-26 上海MaaS服务平台提供的出行方案(示例)

5.4.5.2　国外一体化智慧出行服务案例

2014 年，MaaS 的概念首先在国外被提出。此后，在全球多个国家和地区得到了推广，但是不同国家和地区的 MaaS 服务平台发展水平各异。以下介绍具有代表性的典型案例。

(1)UbiGo

从时间上看，UbiGo 可以被视为最早期的 MaaS 示范性项目之一。该平台起源于瑞典斯德哥尔摩，能够根据用户的每日、每周、每月出行计划量身定制出行解决方案。通过整合公共交通、网约车、租赁车辆、出租车和自行车等交通方式，用户只需每月支付一笔固定的出行费用，即可享受城市内的一站式出行服务。在规定范围内，用户可以体验到由多种交通方式衔接而成的链式出行服务，以较低的价格获得与私家车服务水平相近的出行体验。图 5-27 展示了一个 UbiGo 为用户提供的出行方案。

图 5-27　UbiGo 提供的出行方案(示例)

UbiGo 具有以下几个特点：

①具有一个统一支付应用。UbiGo 为用户提供了一站式访问途径，整合多种交通方式于一个 APP 中。用户只需下载 UbiGo 客户端，即可定制包含这些交通方式的“出行服务套餐”。用户以包月形式支付，根据需求定制套餐，套餐可以每月修改，还可以进行充值和结转。后勤部门专门处理发票、月租的充值或结转、因租车导致的额外费用以及预订修改等管理事务。

②以人为本的配套服务和出行保障。用户选择的“出行服务套餐”以家庭为单位按月支付。如果用户在本月花光了所有月租，超额部分需额外支付；若月底未花完月租，剩余部分可留到下月继续使用。如果出行计划因不可抗因素（如公交或租赁车的延误）改变，用户可通过 APP 中的历史订单信息与公共交通公司协商损失弥补方案。此外，UbiGo 为用户配备了智能出行卡，该卡能解锁共享单车或租赁汽车，并在 UbiGo APP 出现技术问题时确保用户能顺利使用公共交通。如果公交车延误超过 20 min，UbiGo 用户可以通过 APP 预约一辆出租车，费用由 UbiGo 支付。最后，UbiGo 可通过获取用户的历史出行数据，为其推荐更合适的定制服务套餐。

③引导绿色出行。UbiGo 提供了一套绿色出行奖励系统，通过将用户使用绿色交通工具出行与私家车出行产生的二氧化碳排放量进行对比，确定用户出行积分。这些积分可用于兑换其他商家提供的商品和服务，从而鼓励用户选择更环保的出行方式。

（2）Whim

Whim 是 MaaS Global 的 MaaS 服务产品，目前已在芬兰赫尔辛基、英国西米德兰兹郡、比利时安特卫普、奥地利维也纳、新加坡和东京地区得到应用，如图 5-28 所示。

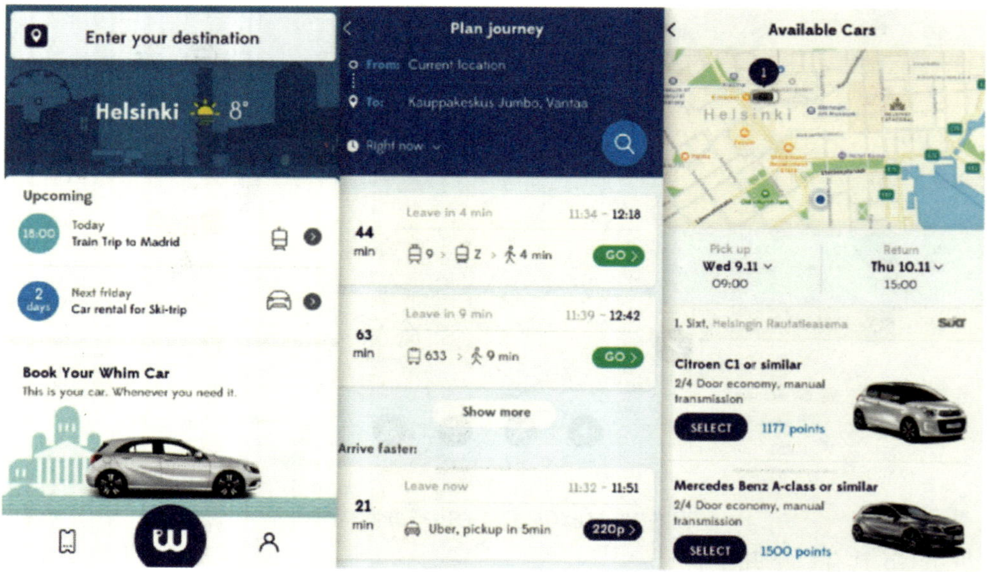

图 5-28　Whim 提供的出行方案（示例）

Whim 起源于芬兰赫尔辛基，旨在将出租车、租赁车辆、公共交通、市内自行车、轨道交通和网约车六种交通工具整合为一项无缝衔接的服务。Whim 根据用户的移动出行需求，提供出行预约、交通工具选择、出行路线规划和统一支付管理等功能。与传统私家车出行不同，Whim 的根本目标是为用户提供一种新型出行方式，这种方式低成本、方便快捷且绿色环保，不仅能满足用户的日常出行需求，还能显著提升出行体验。Whim 整合并可定制多种出行服务，用户可以通过月度套餐将这些服务打包，截至 2019 年 6 月，Whim 已完成超过 400 万次出行。Whim 消除了每次出行都需要购票的不便，其订阅模式正在改变出行者的出行习惯，使他们更倾向于选择绿色出行方式。

目前在赫尔辛基 Whim 提供了 4 种可选方案：

①Whim to Go：即走即付，不需要注册费、附加费等。

②Whim Urban 30：价格为 59 欧元/30 d，包括 30 d 的免费公共交通票（包括公交车、地铁、轮渡和通勤火车），无限次的共享自行车服务（30 min 内免费，之后每 30 min 1 欧元），出租车服务为 2 欧元/km，汽车租赁为 59 欧元/月。

③Whim Weekend：价格为 249 欧元/30 d，包括任意周五 15:00 到周一 14:00 的特定车型租赁（高级车型须增加费用，超出这个时间段按照相应优惠价格收费），使用赫尔辛基地区的出租车全部享受 15%折扣，限定区域内 30 d 的公交车票，无限次的共享自行车（30 min 内免费，之后每 30 min 1 欧元）和标准价格的电动自行车。

④Whim Unlimited：每月 499 欧元，共享自行车与电动自行车服务与 Whim Weekend 相同，限定区域内不限次数的公交车票，1～30 d 的车辆租赁，5 km 以内最多 80 次的出租车服务。

5.5 本章小结

本章首先介绍了城市智慧交通管理系统的概念，并梳理了其发展现状。为便于理解，本章从城市智能交通管理系统、城市智能交通信号控制系统和一体化出行服务系统三个方面进行详细阐述。在智能交通管理系统方面，重点阐述了其主要框架，并详细介绍了交通违法监测系统、交通运行监测系统、交通应急管理系统和智慧停车管理系统的功能及组成。通过具体案例，展示了这些智能交通管理系统在我国的实际应用。针对城市智能交通信号控制系统，本章介绍了典型信号控制系统的结构和特点，并阐述了在人工智能、大数据和云计算等前沿技术的支持下，智能交通控制系统的发展趋势。在一体化智慧出行服务系统方面，介绍了其主要组成部分，详细讲解了出行信息服务系统、出行服务运营调度系统及融合支付和票务系统。最后，展示了一体化智慧出行服务系统在国内外的实际应用。大数据、云计算、物联网、人工智能和数字孪生等新技术的迅猛发展，不仅为城市交通智慧管理的创新和升级提供了强大的技术支撑，还预示着未来城市智慧交通管理将朝着更加智能化、自动化和高效化的方向发展。

思考题

1. 简述城市智慧交通管理与传统交通管理方式之间的区别与联系。
2. 列举 2～3 个新兴技术在城市交通智慧管理中的应用示例。
3. 简述智能交通管理系统的组成及应用。
4. 选取典型的交通应急管理系统的案例进行技术、原理、功能的分析。
5. 收集相关资料，介绍我国城市智能交通管理系统的应用示例，并简要介绍其应用情况。
6. 收集相关资料，列举我国具有代表性的智能交通信号控制系统，并简要介绍其应用情况。
7. 简述人工智能、大数据等新兴技术对交通信号控制的影响。
8. 收集相关资料，列举出至少 1 个交通信号智能控制相关技术，并简要介绍其应用情况。
9. 简述一体化智慧出行服务相较于常规公共交通出行的优势。
10. 简要介绍 MaaS 的功能及应用。

参考文献

[1] 严新平，吴超仲. 智能运输系统——原理、方法及应用[M]. 武汉：武汉理工大学出版社，2014.
[2] 陈峻，徐良杰. 交通管理与控制[M]. 北京：人民交通出版社，2012.
[3] 王云鹏，严新平，鲁光泉，等. 智能交通技术概论[M]. 北京：清华大学出版社，2020.
[4] 国家市场监督管理总局，国家标准化管理委员会. 智能交通管理系统建设技术规范：GB/T 39898—2021[M]. 北京：中国标准出版社，2021.
[5] 丛顺，董艺. 智慧停车应用现状及前景分析[J]. 时代汽车，2023(5)：31-33.
[6] 李瑞敏，章立辉. 城市交通信号控制[M]. 北京：清华大学出版社，2015.
[7] 于泉. 现代交通信号控制[M]. 北京：人民交通出版社，2023.
[8] 李瑞敏. 城市交通信号控制系统发展分析[J]. 综合运输，2015，37(7)：104-108.
[9] 杨山田. 基于多智能体深度强化学习的交通信号控制算法研究[D]. 成都：电子科技大学，2022.
[10] 赵祥模，马万经，俞春辉，等. 道路交通控制系统发展与趋势展望[J]. 前瞻科技，2023，2(3)：58-66.
[11] 王涛. 基于多支付通道的融合支付平台设计[D]. 北京：北京邮电大学，2018.
[12] 邹斌. 基于全国交通一卡通互联互通区域清分结算系统的研究与设计[D]. 广州：广东工业大学，2018.
[13] 邹大毕，李帼蕴，刘洋，等. 城市一站式出行服务平台的构建实践[J]. 中国建设信息化，2023(20)：30-33.
[14] 李川鹏，王秀旭. MaaS 国外发展经验借鉴——以芬兰 Whim 应用程序为例[J]. 中国信息化，2019(10)：46-47.
[15] 龙昱茜，石京，李瑞敏. MaaS 各国案例比较研究与应用前景分析[J]. 交通工程，2019，19(3)：1-10.

第 6 章

智慧公路运输系统

见此图标 扫码查阅
智能交通数字资源

6.1 概述

不同于城市交通场景，公路交通运输面向时空连续、客货混行与高速行驶的跨区域的大规模的交通出行需求，其主要目标是确保车辆安全、快速、有序地通行，减少交通事故的发生，以及在特殊情况（如恶劣天气、交通事故等）下进行交通疏导和管制。当前，以人工智能、大数据、云计算、移动互联等为代表的新技术的广泛应用，促使交通运输系统呈现车辆行驶智能化、交通基础设施信息化、交通系统网联化和出行需求多样化等多元特征。在此背景下，公路交通运输在智慧设施、智慧管控和智慧服务等方面迎来了新的发展模态。

智慧公路是指着眼于安全、高效、创新、可持续发展的目标，综合运用大数据、云计算、物联网、AI 等信息技术及智能装备、新材料、新能源等工程技术，形成全域感知、泛在互联、融合计算、自主决策、智能协同、服务触达等能力，实现建设、运营、养护、服务全寿命期智慧化的新一代公路系统。

本章将从智慧公路概述、感知与监测、信息服务与收费和运输车辆监管四个方面，系统阐述智慧公路运输系统新模态的内涵和特征。

6.2 智慧公路系统构成与发展历程

6.2.1 智慧公路系统构成

智慧公路系统一般具有 6 个特征：

（1）全域感知。整合多种信息采集手段，具备“人—车—路—环境—事件”链条中多要素或全要素的实时、连续信息获取能力。

（2）泛在互联。从公路与公路之间、公路与路域环境、路网与其他“三网”（运输服务网、信息网、能源网）三个角度，全面实现不同区域公路基础设施之间的信息互联、道路基础设施与车及路域环境之间的信息互联，公路与“三网”之间的互联互通。

（3）融合计算。以云计算能力为主要特征，基于行业云、公共云等形成对多类型数据的处理、融合、挖掘能力，实现多模态数据的综合处理，海量、多源、异构数据的融合计算和开发利用。

（4）分析决策。综合采用计算仿真、数字孪生等技术，基于海量数据、丰富的模型算法、充裕的算力资源，实现预判及预警、解决方案比选等智慧分析能力，支持数据驱动辅助决策、预决策、自主决策。

（5）智能协同。以公路设计、建造、养护、运营、管理、服务各环节的智能协同，实现跨区域业务协同和车路协同，形成智慧公路业务智能协同的管理和服务能力。

（6）服务触达。综合利用车载终端、路侧及路面设施、交通广播、地图导航等应用程序和服务设施，提供实时、方便、准确、可触达的用户出行服务，涵盖预报及预警、在途信息、应急救援、服务区保障、一站式出行、车路协同等场景。

智慧公路系统是一个复杂的交通信息技术综合体，其整体架构可细分为三个主要部分：首先是智慧公路逻辑结构，它揭示了系统内部各组件间的逻辑关系和数据处理流程，确保了信息的有效流转和处理；其次是智慧公路总体架构，它涵盖了物理资源、操作系统、业务应用和用户等要素，构建了一个全面的服务框架，以满足不同用户群体的需求；最后是智慧公路分布式云部署架构，该架构通过中心云、边缘云和端侧的协同工作，实现了数据的分布式处理和存储，保障了系统的高效运行和数据的实时响应，从而共同构成了高度集成、智能响应的智慧公路系统。

智慧公路系统逻辑结构如图 6-1 所示。在该系统中，路侧感知单元，包括摄像头、雷达等设备，负责采集行驶中车辆的车载终端信息。这些信息通过光纤和以太网等高效通信网络传输至边缘云。边缘云承担着处理和存储来自路侧感知设备数据的任务，并定期将加工后的数据或关键事件信息同步至中心云。中心云作为应用平台的核心支撑，不仅可以接入基础设施平台数据（例如交通管理平台数据）接口，以提供信息处理、设备管理等一系列通用系统服务，同时也可以接入对外服务应用（如地图导航等）接口，以实现信息发布等应用服务功能。最终，由中心云和边缘云处理的应用服务信息，通过通信网络分发至智能路牌、车载终端等终端设备，以实现信息的实时发布和反馈。

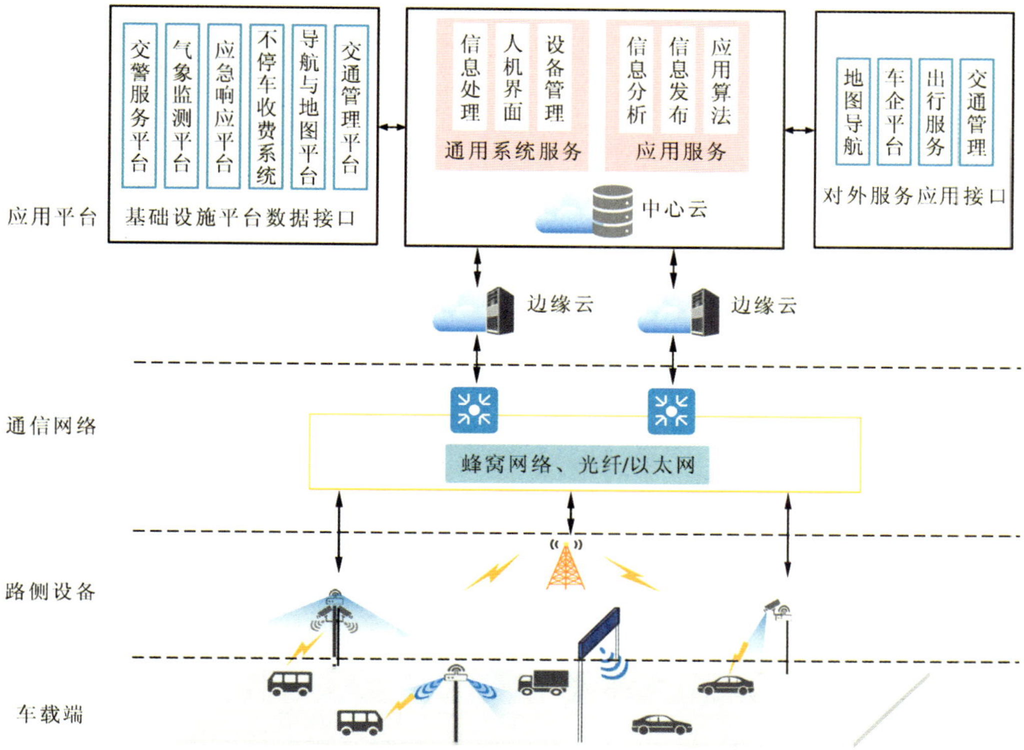

图 6-1　智慧公路系统逻辑结构示意图

智慧公路的总体架构主要由四个相互关联的组成部分构成：物理资源、操作系统、业务应用以及用户（图 6-2）。在这一框架中，物理资源包括移动设备、信息基础设施、气象消防等，它们为操作系统提供了丰富的数据源。操作系统对这些数据进行汇集、筛选、融合等预处理操作，进而利用数据 BI、决策模型等先进技术，开发出相应的应用或服务平台。这些平台和服务旨在为建设单位、汽车驾驶员等用户群体提供智慧建设、智慧养护、智慧服务等一系列业务服务。此外，操作系统构建的消息服务平台等同样适用于移动设备，实现了信息的无缝传递和服务的便捷访问。

智慧公路的分布式云部署架构主要由中心云、边缘云以及端侧三大核心部分构成（图 6-3）。端侧涵盖了桥梁监测、隧道监测等多元化的路端设备，以及车载设备，它们共同构成了数据采集的前端。这些设备所收集的数据，经由各自所属路段的边缘云进行处理与存储，并定期将加工后的信息传输至充当路段大脑的中心云。采用混合部署与多态架构策略，中心云不仅能够实现路段间的数据交互与整合，还能与提供公共服务功能的公有云进行数据的相互传输与协同联动，从而构建起一个灵活、高效、智能的智慧公路信息处理与服务平台。

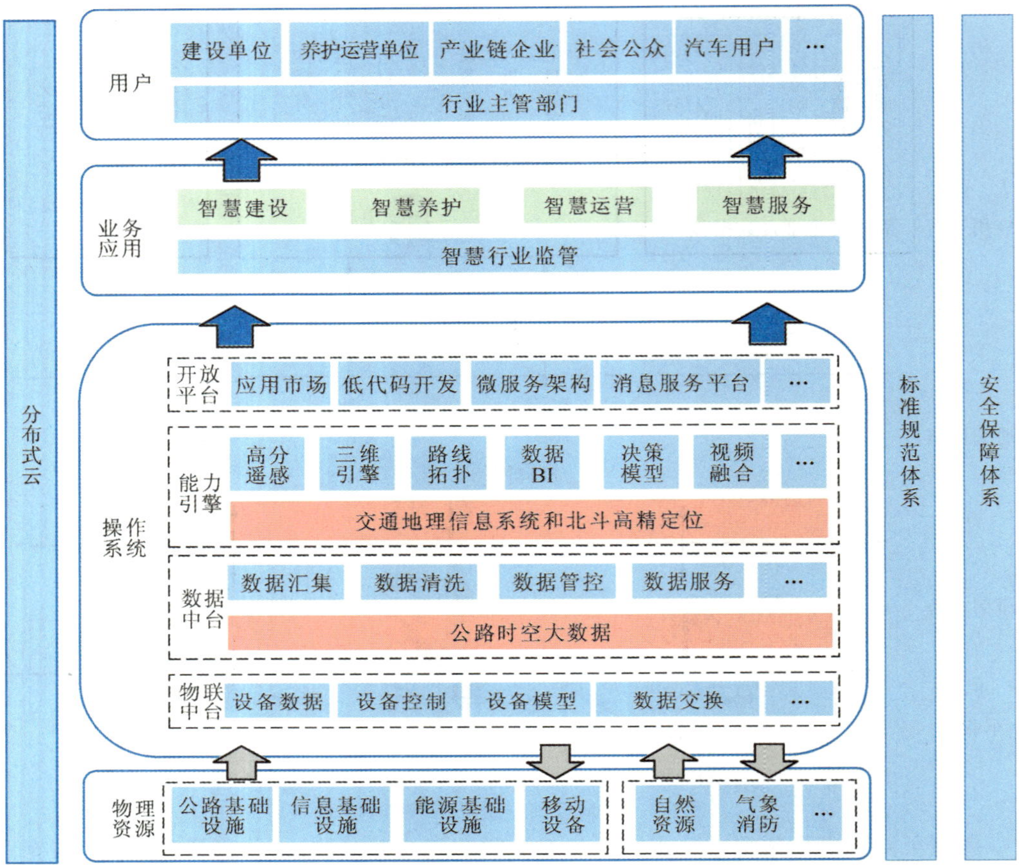

图 6-2 智慧公路总体架构

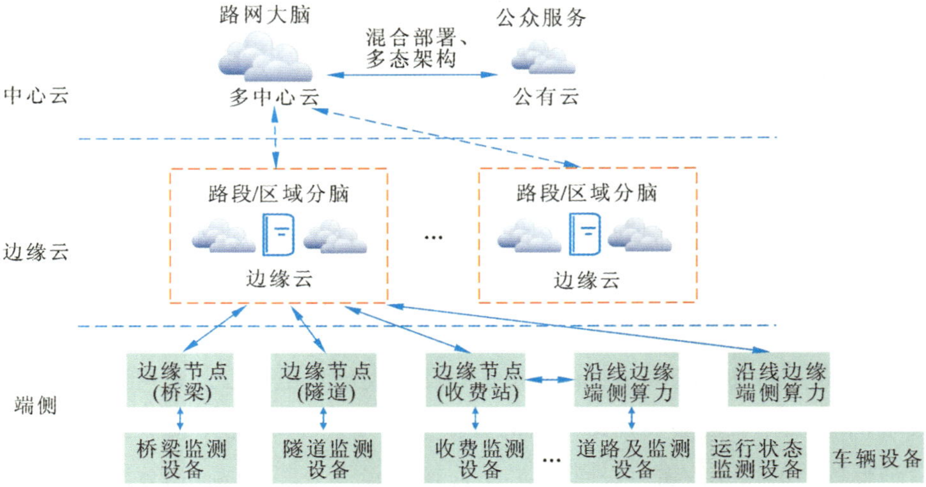

图 6-3 智慧公路分布式云部署架构

6.2.2　智慧公路的发展概况

智慧公路的发展历程伴随着近几十年来智能交通系统和信息通信技术的快速发展。20 世纪 70 年代至 90 年代初，智慧公路开始发展。一些国家开始尝试利用先进的交通管理技术，如交通信号灯控制、高速公路收费系统等，来提高交通效率和安全性。1995 年，法国巴黎举行了首届“国际智慧公路大会”和“智慧公路展览会”，公路交通智慧化引起了人们的极大关注，并开始投入巨资进行研究开发。21 世纪初至 2010 年，随着信息通信技术的快速发展，智慧公路进入了信息化时代。各国纷纷投入资金开展智慧交通项目，包括智能交通监控系统、智能交通信号控制系统、智能交通管理平台等，以提升交通管理水平和服务质量。2010 年至今，随着人工智能、大数据、云计算等新技术的应用，智慧公路进入了智慧交通时代。各国政府和企业加大投入，推动智慧交通系统的建设，实现交通设施的智能化、自动化和互联互通。当今的智慧公路发展趋势是一个由数字化、信息化、智能化到自动化的过程。数字化、信息化是基础，不同的信息化水平支撑不同的智慧化应用；智能化是面向交通系统级的应用优化，以主动交通管理为核心；而自动化则是面向车辆级自动驾驶应用，需要高度的信息化与网联化支撑。国外的智慧公路发展历程如图 6-4 所示。

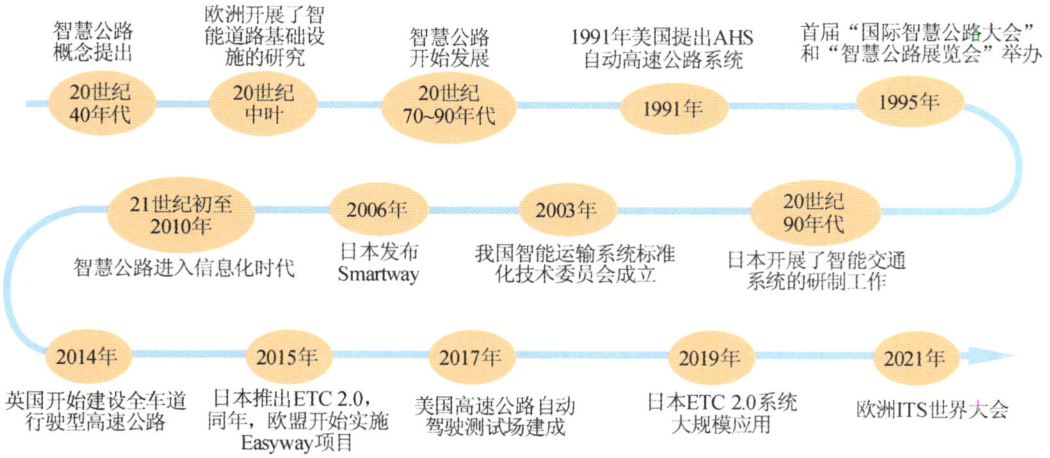

图 6-4　国外智慧公路发展历程

以智慧高速公路为例，智慧高速公路的概念早在 20 世纪 40 年代就已在国际上提出。自 20 世纪 90 年代以来，美国逐步推出了自动高速公路系统（Automated Highway System，AHS）、弗吉尼亚智慧公路项目（Smart Road）、加州的 I-80 SMART 项目等多个智慧公路设施项目，并逐步在车-路通信、性能监测、能源回收、自动驾驶和信息交互等关键功能模块上实现了技术突破和测试应用。

日本自20世纪90年代开始大量开展智能交通系统的研制工作，并在车辆信息与通信系统（Vehicle Information and Communication System，VICS）、电子收费系统（Electronic Toll Collection，ETC）以及先进安全车辆系统（Advanced Safety Vehicle，ASV）等功能方面取得了突出成果，并已在全国范围内形成统一规范的标准，明确了以车路通信为基础的智慧公路建设方向。

欧洲在20世纪中叶开启了智能道路基础设施的研究，其主要从绿色、安全、可持续角度出发，包括著名的“尤里卡”计划、Easyway项目、Forever Open Road项目等。从国际典型国家与地区的智慧高速公路应用来看，主要是利用设施传感等技术实现路域环境的精准感知，并结合不同的通信载体进行信息交互，从而实现限定场景下的自动驾驶、安全保障与可持续发展等功能。

我国自20世纪90年代中期开始陆续开展智能交通系统（Intelligent Transportation System，ITS）发展战略、体系框架、标准体系等的研究。在2012—2018年，交通运输部逐步推出了《交通运输信息化“十三五”发展规划》《智慧交通让出行更便捷行动方案（2017—2020年）》，标志着中国智慧公路建设拉开序幕。近年来，智慧公路的发展建设受到国家的高度重视。《交通强国建设纲要》明确提出要“大力发展智慧交通”。《国家综合立体交通网规划纲要》提出要“推进交通基础设施网与运输服务网、信息网、能源网融合发展”和“推进智慧发展”。2016年，《交通运输信息化“十三五”发展规划》提出要“推进智慧公路示范应用，实现路网管理、车路协同和出行信息服务的智能化”。2018年，《关于加快推进新一代国家交通控制网和智慧公路试点的通知》明确北京、河北、吉林、江苏、浙江、福建、江西、河南、广东9省市为新一代国家交通控制网及智慧公路试点省市。2020年，《关于推动交通运输领域新型基础设施建设的指导意见》提出要“打造融合高效的智慧交通基础设施”，对智慧公路的发展提出明确的要求；《交通运输部关于促进道路交通自动驾驶技术发展和应用的指导意见》明确了“加强自动驾驶技术研发、提升道路基础设施智能化水平、推动自动驾驶技术试点和示范应用、健全适应自动驾驶的支撑体系”等主要任务。2021年，《关于科技创新驱动加快建设交通强国的意见》提出要“加强智能高铁、智慧公路、自动化码头、数字管网等新型装备设施研发应用和产业发展”；《“十四五”现代综合交通运输体系发展规划》提出要“加快智能技术深度推广应用”，还提出了智慧公路相关的数字化网联化升级工程；《数字交通“十四五”发展规划》提出要“构建交通新型融合基础设施网络”，还提出了智慧公路相关建设内容。我国的智慧公路发展历程如图6-5所示。

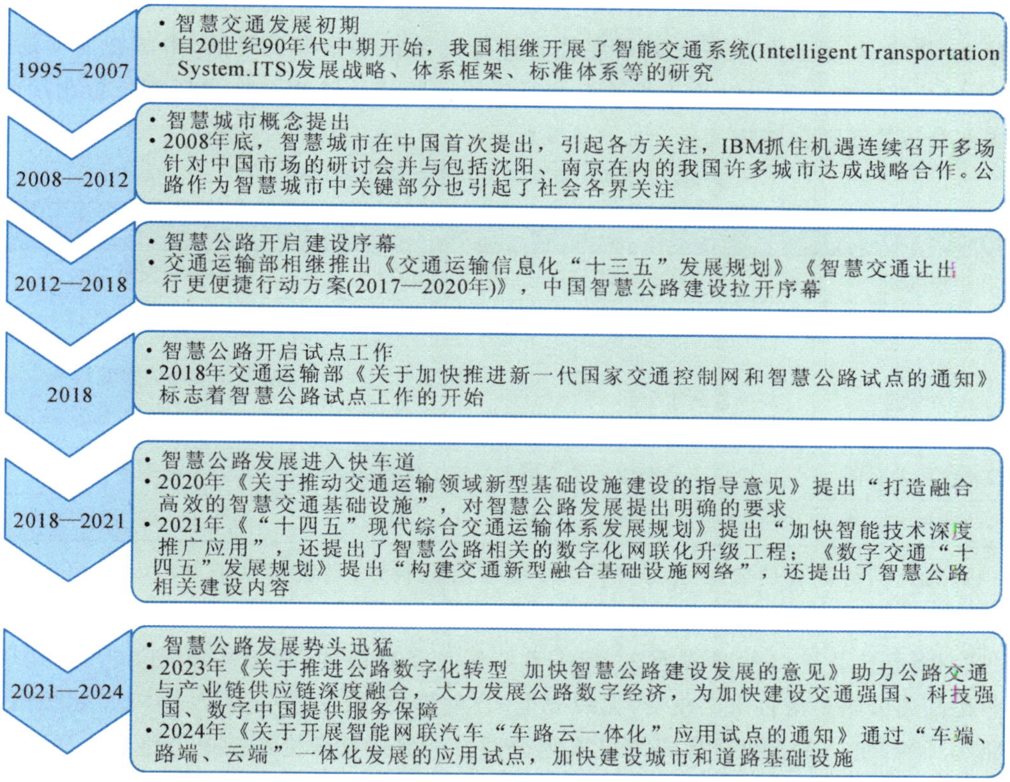

图 6-5　我国智慧公路发展历程

智慧高速公路是我国公路交通智慧化建设的重要体现。近些年，智慧高速公路建设已成为交通基础设施信息化、智能化和自主化发展的主要应用场景。我国典型智慧高速公路建设现状见表 6-1。

表 6-1　我国典型智慧高速公路建设现状

地区	公路名称	主要功能场景
北京	延崇高速北京段	全长 33.2 km，包括灯影结合疲劳唤醒装置、智能融雪路面，支持车路协同自动驾驶
河北	京雄高速河北段	全长 75 km，智慧照明系统、自动驾驶专用车道、准全天候快速通行、事件应急处置
浙江	杭绍甬高速	全长 161 km，伴随式信息化走廊、车道级主动管控、自动派单救援、恶劣环境智能诱导预警
山东	京台高速山东段	全长 361 km，智慧服务区、风险状态感知及安全预警、光伏发电系统、车路协同路段
湖北	鄂州花湖机场高速	全长 13.2 km，光栅阵列全时全域感知、出行伴随式信息服务、全天候通行系统、车路协同应用

智慧高速公路具有技术迭代快、建设成本高、技术种类多、运营周期长、社会影响大的特点，其建设、运营及服务尤其需要技术标准的约束和指导。目前，中国智能交通协会、中国公路学会等组织以及一些省市发布了智慧高速公路相关技术规范与行业指南，我国部分智慧高速公路相关标准如表 6-2 所示。

表 6-2　我国智慧高速公路相关标准(部分)

类型	名称	发布年份	发布单位
团体标准	智慧高速公路分级	2023	中国智能交通协会
地方标准	智慧高速公路建设指南	2022	北京市交通委员会
地方标准	《智慧高速公路》系列标准	2021	重庆市市场监督管理局、四川省市场监督管理局
指导性技术文件	智慧高速公路建设技术指南	2020	江苏省交通运输厅
指导性技术文件	智慧高速公路建设指南(试行)	2020	浙江省交通运输厅

当前我国智慧高速公路建设主要从伴随式信息服务、自动驾驶辅助以及精细化养护运营三个方面展开。例如，2024 年 1 月，杭州—宁波高速公路(编号：国家高速 G9221，也叫“杭绍甬高速公路”)的建成通车，标志着我国首条建设的“智慧高速”正式投入运营。杭绍甬高速公路是集自由流收费、无线充电、自动驾驶、设施管养等于一体的“超级高速公路”。2022 年 5 月湖北省首条智慧高速公路——鄂州花湖机场高速公路正式通车，如图 6-6 所示。鄂州花湖机场高速全长 13.042 km，采用每小时 120 km 的双向六车道高速公路标准建设。鄂州花湖机场高速公路在国内首次引入武汉理工大学姜德生院士团队研发的光纤光栅传感技术，全线铺设有 96.7 km 长的光栅阵列震动传感缆，布设了 1.6 万个光栅传感器，372 处智慧灯杆，以及智慧基站、毫米波雷达、高清摄像头、图文式情报板等智慧设施，为机场高速植入“感知神经”，使全路段具备“触觉＋视觉＋探测”多重感知功能，为高速公路融合赋能。

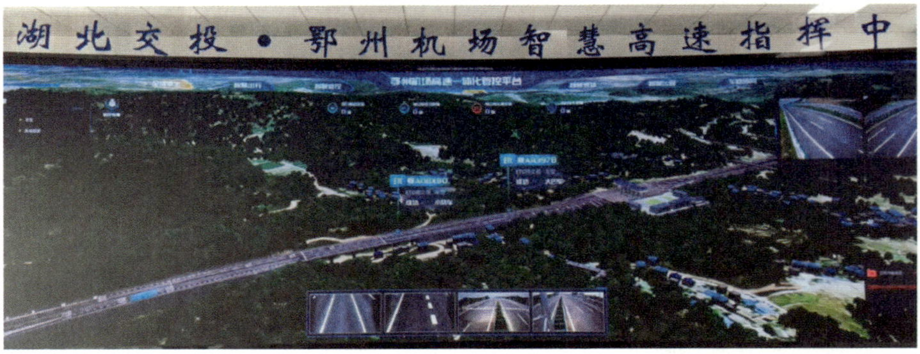

图 6-6　鄂州花湖机场智慧高速公路一体化管控平台

6.3　智慧公路感知监测系统

智慧公路感知监测系统是一种综合性的智能交通管理系统，它通过部署在公路上的多种传感器和监测设备，实时收集交通流量、车辆速度、道路状况、环境变化等数据，并通过数据分析技术进行处理和解读。智慧公路感知监测系统主要面向具体的公路交通监管与服务应用场景，通常涉及智慧交通安全管控与应急保障、智慧公路养护与监测和智慧公路桥梁健康监测等方面。

6.3.1　智慧交通安全管控与应急保障

智慧公路安全管控与应急保障系统是一种基于先进信息技术的智能交通管理系统，其构成和技术特点在提高道路交通安全性和应对紧急情况方面发挥着关键作用。该系统的构成包括数据采集系统、数据传输与通信系统、数据处理与分析系统、交通控制与调度系统、紧急应急响应系统、智能监控与预警系统以及信息发布与用户服务系统。这些组成部分协同工作，构建了一个完整的智慧交通管理网络，如图 6-7 所示。

安全管控与应急保障系统的正常运作离不开各子系统的分工支持，其中的每个子系统都发挥着不可替代的作用。数据采集系统负责收集道路交通、车辆行驶、天气状况等各类数据信息，通过各类传感器、监控摄像头等设备实时采集。数据传输与通信系统负责将采集到的数据传输至数据处理中心，采用高效的通信技术确保数据的及时传输和交换。数据处理与分析系统是系统的核心部分，利用大数据技术和智能算法对采集到的数据进行处理、分析，识别交通异常情况和风险，为决策提供科学依据。交通控制与调度系统根据数据分析结果，调整交通信号配时，优化交通流，提高交通效率。紧急应急响应系统是针对交通事故、道路堵塞等紧急情况而设计的，通过快速响应、应急处理等措施，保障道路畅通和车辆安全。智能监控与预警系统利用监控摄像头、传感器等设备实现对道路交通状况的实时监控，及时发现异常情况并进行预警。信息发布与用户服务系统向驾驶员、交通管理部门等用户发布实时的交通信息、路况提示和导航建议，提供便捷的用户服务，提高了交通管理的智能化水平和服务质量。

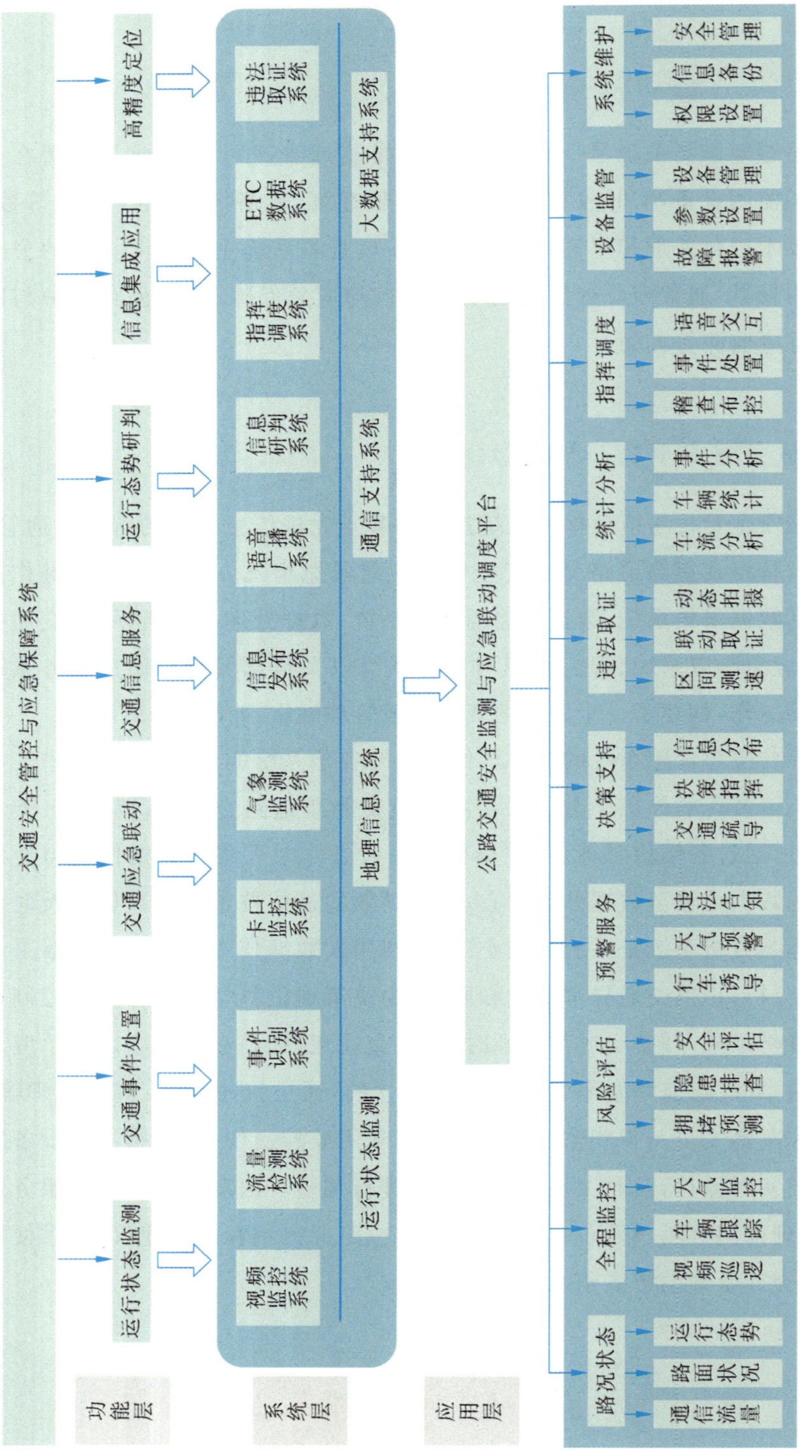

图6-7 交通安全管控与应急保障系统架构

6.3.2 智慧公路养护与监测

在道路使用过程中，由于维护与使用不当造成道路出现病害与破损，要耗费大量的人力物力重新修建，因此，较早发现道路出现的病害并及时修复是有必要的。路面健康监测是智慧公路系统的重要组成部分，对道路进行早期维修养护可以提高路面的长期服役性能，路面状况实时监测可以实现对道路病害的有效识别，以便对病害及时修复处理，降低道路重新修建费用，延长道路的使用年限。智慧公路维护与管养系统以统一的公路GIS数据库（空间、属性和高分辨率影像）为基础，结合公路管养、异常信息、突发事件、治超信息等路网运行监测数据，结合各类视频信息和养护工实时采集的路面状况，实现公路维护与管养的静态信息与动态信息的数字化、智能化、网络化，为路网运行管理、公路养护、公路建设和评估等提供决策支持。

路面健康监测技术大致可分为外部评价技术和路面原位传感器技术。路表损伤通常采用外部评价法进行评价，如图像分析技术分析路面损坏、立体图像测量路面变形等。此外，许多无损评估方法也常用于评估道路和其他基础设施的综合性能。在过去几十年里，智能传感技术作为传统监测的替代方案已经成为诸多领域的研究焦点。在道路工程领域中，研究人员采用了不同类型的传感器进行路面实时状态监测，如压力传感器、挠度计、应变计、热电偶、湿度传感器和光纤传感器等。

传统的道路路面监测通常采用传感器等设备进行，但这些设备往往存在安装不便、覆盖范围有限、维护成本高等问题。新型光栅阵列传感光纤技术的出现，为解决这些问题提供了新的途径。新型光栅阵列传感光纤技术基于光纤传感原理，将光纤作为传感元件，通过在光纤中引入周期性的光栅结构，实现对光信号的高精度监测和测量。通过将光纤布设于道路路面下，利用光栅阵列传感技术实时监测光纤中的光信号，可以实现对路面温度、应力、应变等参数的高精度监测。光栅阵列传感光纤技术的原理是光纤中的光信号受到外界环境影响而发生变化，通过检测这种变化，实现对路面状态的实时监测。例如，当路面受到车辆行驶或温度变化等因素影响时，光信号的传输特性会发生变化，通过分析这些变化，可以准确地获取路面的温度、应力等信息，其信息感知过程如图6-8所示。

这种技术的优势在于覆盖范围广、实时性强和安装方便等。由于光纤可以灵活布设于道路路面下，因此可以实现对整个道路路段的监测，而且监测结果具有高精度性和实时性，能够及时反映道路的实际情况。此外，光栅阵列传感光纤技术无需额外的电力供应，仅需光源和光接收器，大大降低了监测系统的维护成本。在道路路面监测领域，新型光栅阵列传感光纤技术具有广泛的应用前景和重要的意义。它为道路监测领域带来了更加可靠、高效的监测手段，有助于提高道路安全性、延长路面使用寿命，并为智慧交通系统的建设提供了重要支撑。

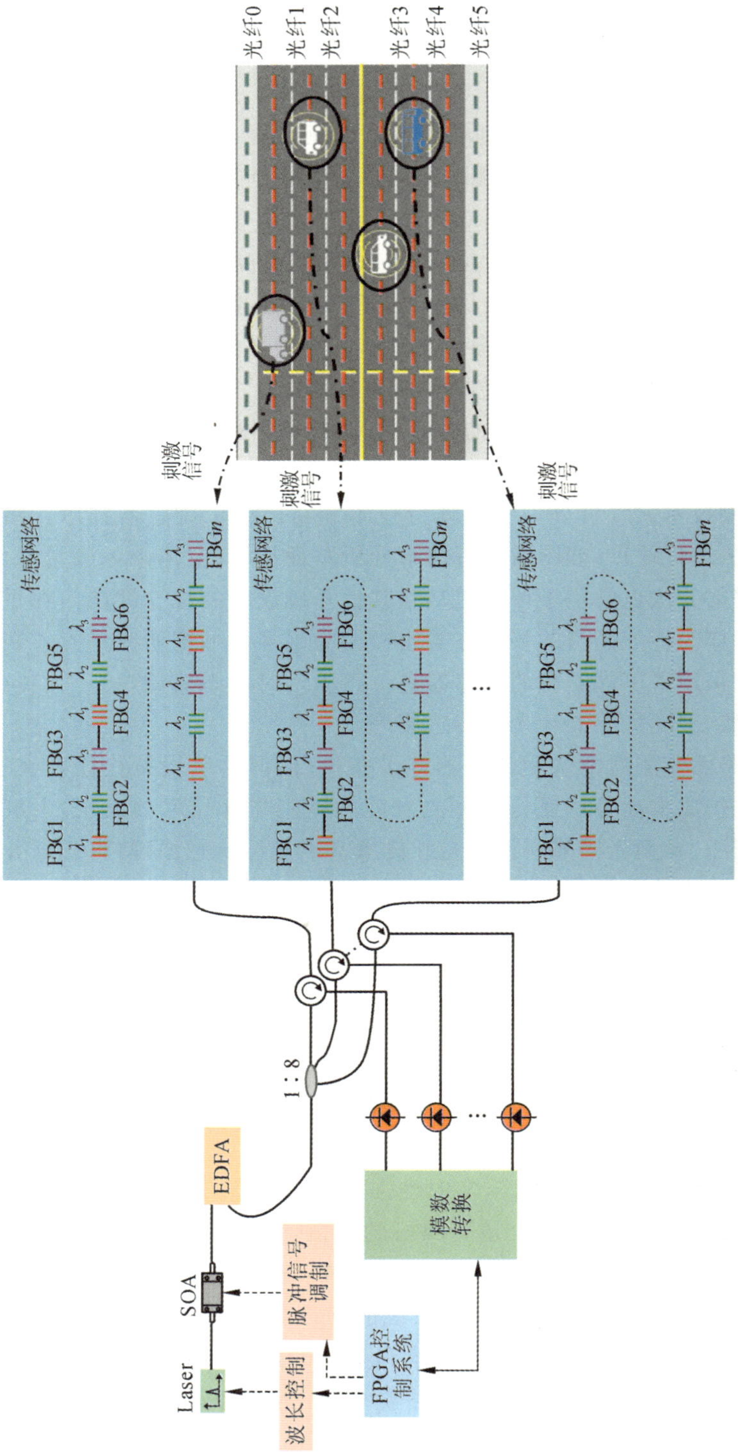

图6-8 光栅阵列传感光纤的信息感知过程

6.3.3　智慧公路桥梁健康监测

我国公路桥梁里程长，养护检测范围广，需要配置相当数量的养护工程师实施专业桥梁检测、车检测或者远距离照相检测，不仅耗时、耗力，而且成本投入大。无人机技术的发展与推广为公路桥梁养护检测困局带来了新的解决思路，合理应用无人机技术已成为提高公路桥梁养护检测精准性与高效性、实现降本增效的重要路径。

无人机桥梁养护检测系统(图 6-9)由无人机、无线遥控设备、高清摄像机和图像智能分析软件构成。首先，人工遥控无人机使其进入公路桥梁养护检测区域，然后依托无人机上配置的摄像机设备采集公路桥梁各部位信息，并传输至图像智能分析软件，经分析处理后形成高精度的三维图像，最后可通过公路养护检修软件精准识别公路桥梁是否存在病害问题。同时，还通过云服务存储无人机桥梁养护检测系统检测的病害图像。相关具体应用包括：利用无人机获取桥梁三维点云图，可以分析公路桥梁所处的地形地势情况，观察公路桥梁绿化工程情况，有针对性地开展工程附近绿化整治工作；通过无人机航拍影像数据分析，对比滑坡点信息，可以及时检测公路桥梁附近所发生的滑坡及泥石流等情况。

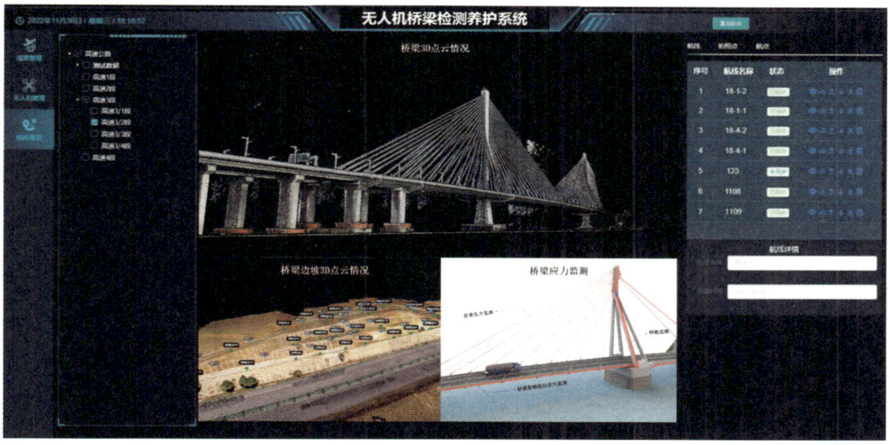

图 6-9　无人机桥梁养护检测系统示意图

6.4　智慧公路信息服务

6.4.1　智慧公路信息服务系统简介

随着信息技术的不断进步和交通运输在社会经济中地位的不断提升，以实现出行和交通管理的信息化、智能化、网联化为目标的交通管理与控制已成为现代化交通系统和ITS研究领域的重要内容。智能化的交通信息服务系统是实现公路交通智慧管理与控制的核心所在，它综合运用多种高新技术，满足公众和交管部门对交通信息的各种需求，使交通参与者的交通行为更具有科学性、计划性、合理性。智慧公路信息服务系统（图6-10）涵盖了多种应用领域，包括实时交通信息的收集与发布、智能导航、交通流量管理、车辆调度、紧急救援服务等公路交通管理与控制的各个方面。

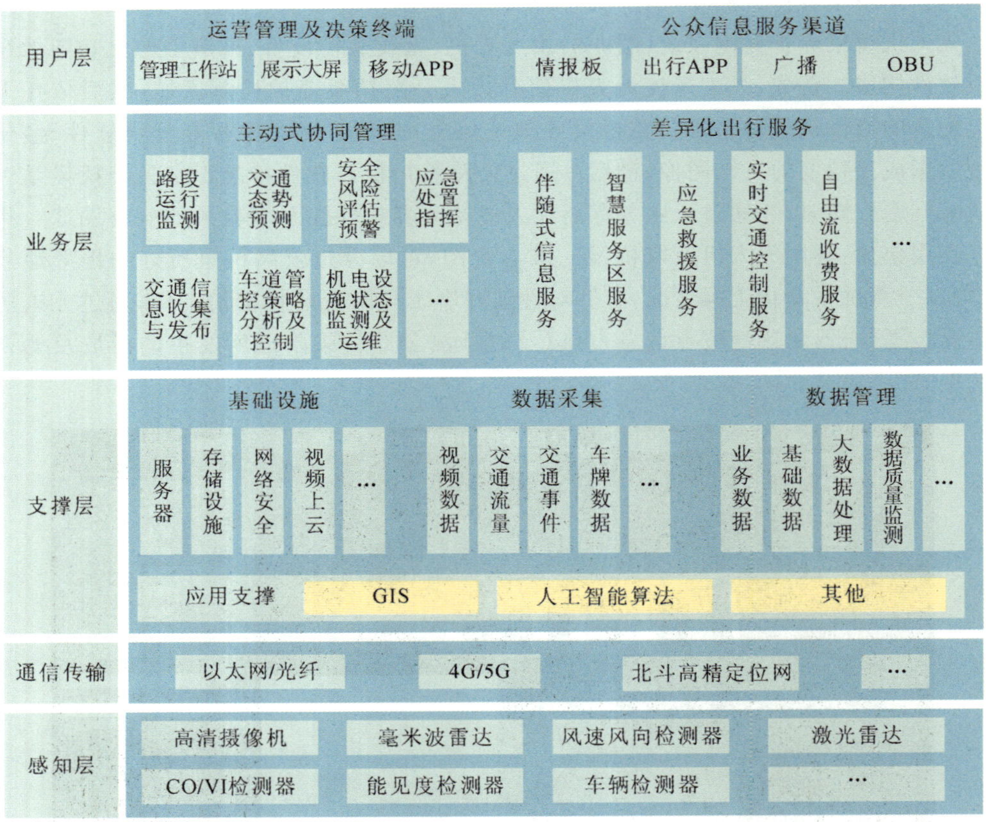

图6-10 智慧公路信息服务体系架构

在美国、日本等发达国家的ITS体系框架中，针对公路交通管理与控制的目标，定义了先进的出行者信息系统（Advanced Traveler Information System，ATIS）。很多国家，包括我国第一版的ITS体系框架中也引用该名称，有一些资料和地方将该部分内容定义为先进的交通信息系统。它是建立在完善的信息网络基础之上的，通过装备在道路上、机动车上以及气象中心的传感器和传输设备，向交通信息中心提供实时、全面的交通信息，如道路交通信息、公共交通信息、换乘信息、交通气象信息以及与出行相关的其他信息，用户可根据系统提供的信息，确定自己的出行方式和选择路线。由于选用的信息传播媒介、信息提供方式不同，它所能为出行者、公众和交通部门提供的信息量大小、信息表达形式亦有很大的不同，故对出行者的诱导影响作用也各不相同。从信息流的观点来看，它所遵循的信息处理过程基本是一致的，即将采集到的原始数据，如道路状况、交通流现状等，进行综合分析和处理，最后向出行者和公众提供合适的交通信息，来影响交通参与者对出行路线、出行方式的选择，以疏导交通流，保持最佳通行能力及提高交通安全度，从而最终提高社会效益与经济效益。

6.4.2　智慧公路信息服务的作用

智能化的公路交通信息服务系统可以实时收集、分析和发布交通数据和信息，能够为道路使用者、出行者（包括司机和乘客）和交通管理部门提供实时交通状况监控、个性化路线规划与导航、安全预警与事故响应，以及环境监测等多种服务。先进的交通信息服务系统的作用主要体现在以下几个方面：

（1）多种交通方式的出行计划。提供区域范围的相关信息，帮助出行者选择、制订包括步行、私家车、公交车等在内的不同出行方式的出行计划，甚至包括铁路交通、水运交通和航空交通等。

（2）用户咨询服务。可以提供广泛的咨询服务，包括事故警告、延误预告、当前交通状态下到达终点或换乘站的预计时间、不利的出行条件、交通方式之间的衔接及其时刻表、运营车辆的限制（限高、限重等）、公交车站位置信息以及即将到达的收费站信息等。

（3）路径诱导服务。基于实时动态交通信息的诱导服务能够提供动态路径导航以及道路的行程时间等信息，可以帮助驾驶员选择最佳路线以躲避严重拥挤或其他不利的交通状况。

（4）与相关系统协同。通过与区域交通管理系统的接口可以获得高速公路和城市干道的交通信息、事故信息和道路信息。这些信息可以与监视信息以及其他来源的实时信息协同，共同发挥作用。

通过对出行者、公众、交管部门，以及交通信息服务系统设计人员的调查得知，交通信息服务系统应该具备的特性主要体现在如下几个方面：

（1）提供的信息要及时、准确、可靠，出行决策的相关性要好；

（2）能为整个区域提供相关的交通信息，这要求跨行政区的公共机构共同参与；

（3）容易与 ITS 其他系统相结合，如紧急事件管理系统、高速公路管理系统、交通信号控制系统、公交管理系统等，以便获得大量的交通信息；

（4）操作人员须经过专门培训，训练有素；

（5）易于被交通参与者和公众接通和使用；

（6）易于维护，不需要过高的运行成本和较长的操作时间；

(7)最终用户能够承受所提供服务的费用。

实践表明,交通信息服务系统在出行时间、出行者满意度、路网通行能力以及环境影响等方面具有显著效益,也能够减轻道路拥挤和减少交通事故的数量。表 6-3 为美国交通部报告的美国出行者信息系统的实施效果。

表 6-3　美国出行者信息系统的实施效果

指标	效果
碰撞危险	预计减轻驾驶员压力 4%～10%
伤亡程度	与具有 GPS 定位和路线引导功能的紧急事件管理系统相结合,可降低伤亡程度
出行时间	减少 4%～20%,严重拥堵时会更明显
通行能力	模拟显示当有 30%的车辆接收实时交通信息时,可增加 10%的通行能力
延误	高峰时可以节省 1900 辆・时,每年可以节省 300000 辆・时
排放估计量	HC 排放物减少 16%～25%;CO 排放物减少 7%～35%
出行者满意度	可以减轻有意识的压力,与救援中心的无线通信可将安全性提高 70%～95%

6.4.3　智慧公路信息服务分类

智慧公路信息服务系统的服务内容多种多样,服务方式也各有不同,按照不同的分类标准,智慧公路信息服务系统可以分为不同的各具特点的类型。

按照向交通参与者提供信息服务的时机进行分类,其分类和特点见表 6-4。

表 6-4　智慧公路信息服务系统分类一

名称	特点
出行前信息系统	出行前信息服务可以使出行者在出行前获取关于出行路径、方式、时间,道路交通的信息,为出行者规划最佳出行模式提供辅助决策服务
在途驾驶员信息系统	通过各种手段向驾驶员提供出行选择及车辆运行状态信息、道路状况信息和警告信息等,为有需要的驾乘人员提供路径诱导功能
在途出行者换乘信息系统	利用多种形式在换乘点为出行者提供换乘信息服务,如始发时间、出行费用和时间等信息,从而优化出行者的出行路径
出行者紧急信息系统	在紧急情况下运用多种方式为出行者提供事故报告、紧急救援信息、灾害预警信息等,为有需要的出行者提供安全保障
出行后信息系统	出行后信息服务可以向出行者提供其他出行者反馈的信息,从而提高出行者的出行效率,再收集优化出行者的反馈信息

按照所提供信息内容的不同进行分类,其分类和特点见表 6-5。

表 6-5　智慧公路信息服务系统分类二

名称	特点
路径引导系统	路径引导系统是利用先进的信息、通信等技术,为驾驶员提供丰富的行驶信息,引导其行驶在优化的路径上,以此减少车辆在路网中的滞留时间,从而缓解交通压力、减少交通阻塞和时间延误
交通流诱导系统	交通流诱导系统是通过实时地采集和发送交通信息,适时地引导交通流量合理分布,从而达到高效率利用道路网络的主动交通控制方式。交通流诱导系统的核心和基础是准确且及时的交通信息,这些信息包括道路条件信息、实时动态交通信息(包括交通时间和交通流量、车道占有率、车速、行程时间等交通特性、交通事件和拥挤程度信息)、气象等环境信息。交通流诱导是以交通流预测和实时动态交通分配为基础,应用现代通信技术、电子技术、计算机技术等为路网上的出行者提供必要的交通信息,为其当前出行决策和路线选择提供信息参考,从而避免盲目出行造成的交通阻塞,达到路网畅通、高效运行的目的。它面向的是路网上行驶的所有车辆
个性化信息服务系统	可以获取与出行有关的社会综合服务及设施的信息,如餐饮服务、汽车修理厂、医院等的地址、营业或办公时间等。出行者获知这些信息后,就能够制订合适的出行计划,选择合适的路径
车辆控制信息服务系统	车辆控制信息服务系统利用车载信息处理技术、车联网技术和先进的传感器技术等,为驾驶员提供自适应巡航控制、车道保持辅助、碰撞预警、紧急自动刹车、车道变换辅助、智能泊车、远程控制等服务。这种服务通过提高车辆的智能化水平,从而提升驾驶舒适度,为道路使用者提供安全保障

根据信息流三要素——信息采集、处理与传送——的集成程度以及系统功能分配的不同进行分类,其分类和特点见表 6-6。

表 6-6　智慧公路信息服务系统分类三

名称	特点
自主导航系统	自主导航系统融信息流三要素于一体,能对行驶中的车辆进行实时导航。它是一个静态系统,在独立的车辆上装备有定位设备和历史地图数据库,车辆不与信息中心进行通信,使用一个单独的记录着过去交通状况、路网信息的数据库。 该系统中信息收集、分析处理及传送都在车上独立完成,与交通信息中心无任何联系,这样它既不能提供基于实时动态交通状况的自动导航,也不能向交通控制中心报告路段通行情况等

续表 6-6

名称	特点
中心式导航系统（单向通信系统）	这种系统是由交通信息中心单方面向交通参与者提供实时动态交通信息，交通信息中心将通过各种渠道收集的道路交通信息，经处理后通过信号发射系统定时发送给路网上行驶的车辆，驾乘人员借助车载信息接收装置，获得当前交通阻塞地区和一般公路状况等信息来实时决定行驶路线。 单向通信系统的致命弱点是：交通信息中心仅仅单方面提供信息，却不能收到出行者反馈回来的信息以及交通参与者所获得的现场交通信息。但该系统比自主导航系统有了很大的改善和提升
中心式导航系统（双向通信系统）	双向通信系统能在信息中心和出行者之间实现双向信息交换，基于此可以开展动态交通流分配、动态交通监控以及实时交通预测等工作。该类系统的一个重要特性是：车辆和交通参与者不再是被动的信息接收者，而成为主动的交通信息采集器。双向通信系统不仅可以给出车辆通过某一路段的时间、车速，还可以通过一定规模的车辆探测，获取车道占用率、交通流量等交通信息。 该类系统是目前各国致力研究的方向，由于该系统的研究与实施涉及的单位机构、行业部门众多以及学科专业综合性强，专业联合跨度大，因此具有较高的难度
云导航系统	云导航系统通常不直接参与原始交通数据的采集，其核心是强大的云端数据处理能力。车辆通过网络连接到云服务，发送自身位置和目标信息，云平台根据实时交通数据计算出最优路径并通过互联网迅速传送给车辆和交通参与者。 云导航系统的致命弱点是：信息传输的效率和实时性在很大程度上依赖于网络连接的稳定程度和速度

6.4.4 智慧公路收费系统

电子道路收费系统（Electronic Toll Collection，ETC 或 Electronic Road Pricing System，ERPS）是高速公路或桥梁自动收费的系统。它通过安装在车辆挡风玻璃上的车载电子标签与在收费站 ETC 车道上的微波天线之间进行的专用短程通信，利用计算机联网技术与银行进行后台结算处理，达到车辆通过高速公路或桥梁收费站无须停车就能交纳通行费用的目的。

高速公路电子收费系统根据功能不同可大致分为四个组成部分：收费结算中心、收费分中心、收费站以及收费车道。收费结算中心作为高速公路收费系统内最为核心的一部分，对其他组成部分起着调控、管理作用。收费分中心是收费系统内的二级管理单位，可对所管辖路段的收费站直接进行控制与监管。收费站和收费车道是收费系统中最基础的组成部分。收费车道一般是封闭式的，由检测器、信号灯等多种设施交互作用构成。随着新一代信息技术的发展和应用，我国逐步建设了新一代公路智能税费征收系统（如图 6-11 所示）。该系统是基于北斗定位、5G 通信、区块链、互联网金融等技术融合而成的不设站的公路自由流税费征收系统，可以准确记录装有北斗车载电子单元或北斗终端的车辆在路网上的行驶轨迹，通过绑定后台账户，采用“车辆定位＋云端计费”的方式，收取车辆税费。该系统只需在云端电子地图划定虚拟收费区域，配合稽查设施、矫正设施和配套的政策制度实现税费的收取，从而无须建设收费站及附属设施。新一代公路智能税费征收系统与现有的收费系统相比，具有更加开放、全网络、无感自由收费、快速通行、高信用、实时连续动态监控的技术特征和优势。

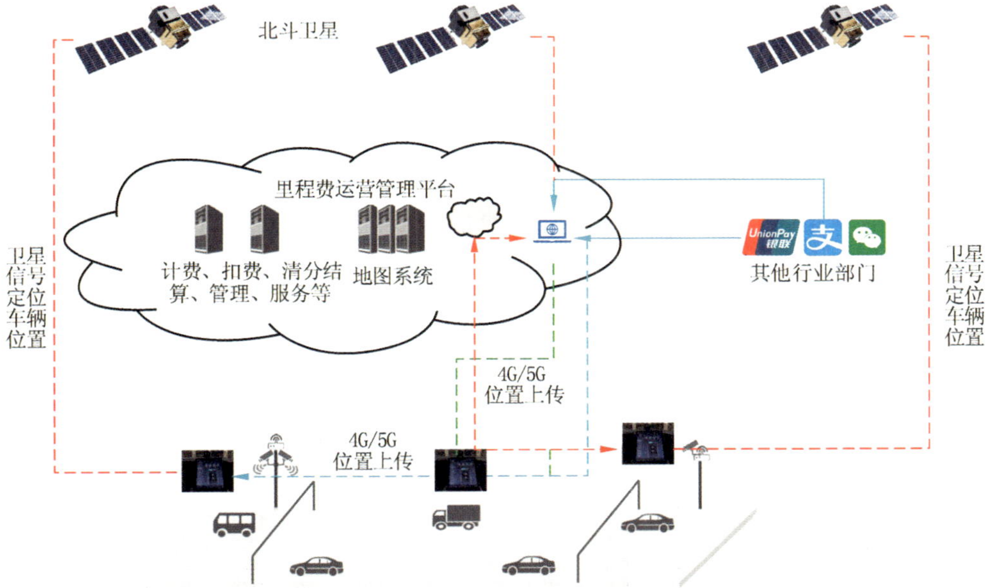

图 6-11　我国新一代公路智能税费征收系统

一般而言，智慧公路收费系统包括车辆识别系统、计费收费系统、清算系统、支付系统以及通信与信息安全系统。

6.4.4.1　车辆识别系统

（1）自动车辆识别技术

自动车辆识别技术（Automated Vehicle Identification）是指利用车道上设置的收发天线、信号处理设备、软件程序，对汽车电子标签携带的数据信息进行辨识。自动车辆辨识方法一般有五种:光学红外技术、智能卡片技术、图像处理技术、射频微波技术、平面音感技术。

识别的具体工作过程为,读写设备通过天线向车载电子标签发送射频信号,电子标签接收信号后被激活,随后将自身存储的车辆车牌、车型及车主信息由自身的发射天线反馈给阅读器,阅读器交由计算机处理,根据获取的信息系统自动识别进站车辆身份。

车辆识别技术是ETC系统的核心,区分不同ETC系统的主要方法就是看其使用了哪种车辆识别方案,不同的识别方案对于ETC系统的性能会产生直接的影响。而高速公路收费站由于其实际运营场景的需求通常会优先采用微波非接触式ID卡识别技术,这是由于微波具有更强的穿透性能,它可以适应高速公路收费站露天工作的需求,即使在下雨、起雾、沙尘暴等天气下也能够实现RSU和OBU之间的通信,且微波通信的作用距离高达10 m、最高识别车速高达120 km/h。这些特点使微波通信成为高速公路收费站车辆识别方案的首选。

(2)自动车型分类技术

收费公路对不同类型的车辆有不同的收费标准,为了得到正确的费率,必须将车辆分类。自动车型分类系统由车道传感器和通过这些设备输出的信息构成,车道传感器采集到的数据和阅读器从电子标签获得的车型数据进行比较,来监督出行者是否存在利用违章电子标签的行为,例如大型车辆使用小型车辆卡时,车型分类技术可以发现这种违法行为并及时制止,确保系统按照全国规定的车型分类标准进行计费。收费公路车辆通行费车型分为客车、货车和专项作业车三个系列,客车包括载客汽车和乘用车列车,客车分类依据公安机关交通管理部门机动车注册登记的车辆类型和核定载人数,收费公路车辆通行费客车车型分类见表6-7,摩托车通行收费公路按1类客车分类。

表6-7 收费公路车辆通行费客车车型分类

类别	车辆类型	核定载人数	说明
1类客车	微型 小型	≤9	车长小于6000 mm且核定载人数不大于9人的载客汽车
2类客车	中型	10～19	车长小于6000 mm且核定载人数为10～19人的载客汽车
	乘用车列车	—	—
3类客车	大型	≤39	车长不小于6000 mm且核定载人数不大于39人的载客汽车
4类客车		≥40	车长不小于6000 mm且核定载人数不少于40人的载客汽车

货车包括载货汽车、货车列车和半挂汽车列车,具体依据车辆总轴数以及车长和最大允许总质量来分类。其中,超过六轴的货车根据车辆总轴数按照超限运输车辆执行。收费公路车辆通行费货车车型分类如表6-8所示。

表 6-8　收费公路车辆通行费货车车型分类

类别	总轴数(含悬浮轴)	车长和最大允许总质量
1 类货车	2	车长小于 6000 mm 且最大允许总质量小于 4500 kg
2 类货车	2	车长不小于 6000 mm 或最大允许总质量不小于 4500 kg
3 类货车	3	—
4 类货车	4	
5 类货车	5	
6 类货车	6	

专项作业车分类依据总轴数以及车长和最大允许总质量，收费公路车辆通行费专项作业车车型分类见表 6-9。

表 6-9　收费公路车辆通行费专项作业车车型分类

类别	总轴数(含悬浮轴)	车长和最大允许总质量
1 类专项作业车	2	车长小于 6000 mm 且最大允许总质量小于 4500 kg
2 类专项作业车	2	车长不小于 6000 mm 或最大允许总质量不小于 4500 kg
3 类专项作业车	3	—
4 类专项作业车	4	
5 类专项作业车	5	
6 类专项作业车	≥6	

自动车型识别系统工作流程通常如图 6-12 所示。

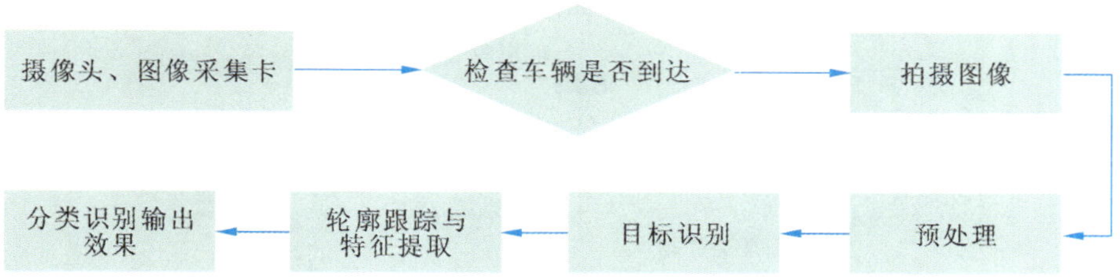

图 6-12　自动车型识别系统工作流程

6.4.4.2　视频稽查系统

视频稽查作为电子收费特有的一个功能，能够对收费过程中逃费、漏费等非正常缴费行为进行识别，并对车辆抓拍存档，提取车辆特征信息。

早期的视频稽查是利用自动相机对非正常缴费车辆进行拍照，随后使用人工处理照片并提取照片中的车辆信息，但该方法不仅人工成本高，且精度与效率都很低。对于质量不高的照片，往往很难人工从其中提取出有效信息，所以这种方法在收费系统发展过程中被逐步淘汰。图像识别技术与数字摄像技术的出现,给视频稽查提供了新的手段,实践证明将两者结合使用可以极大地提升稽查效率。图像识别技术的应用使得图像的采集更具针对性,可以自动识别车辆车牌号,有效规避了人工可能出现的误差,且大大降低了成本。此外,目前的视频稽查所采集的数字摄像技术将图像用数字化的方式进行计算机存储,方便了数据的储存与传输。

建立视频稽查系统的目的是获取清晰、易储存、易传输的图像数据。目前已有将车牌识别技术与光学字符识别技术相结合的稽查系统问世,但实践表明其造价相对较高,且在车牌被遮挡、损毁等特殊情况下无法很好地捕捉车牌信息,难以达到预期效果。所以目前车牌识别技术在视频稽查中的应用仍处于较为初级的阶段。

6.4.4.3 收费计费系统

(1)计费方式

ETC 门架系统的建设使得计费方式由端点全程计费(封闭式计费),改变为主线按区间分段计费(开放式计费)。封闭式计费是在高速公路的起点、终点建立主线收费站,在所有互通立交的出入口建立匝道收费站,如图 6-13 所示。车辆驶入驶出高速公路时都要受到管控,使高速公路内部与外部相互隔离开。目前的封闭式收费系统大多采用入口领卡、出口缴费的方式,为避免逃费、漏缴等特殊情况,出口处通常配合人工校验来进行,属于人工收费模式。但是当通行压力增大时,受出入口人工服务效率及水平影响,易出现拥堵等问题。

开放式计费只在主线上建立收费站,长距离公路为精确计费可设立多个主线收费站,互通立交的出入口不再设站,车辆可自由进出高速,公路对外界呈“开放”状态,如图 6-14 所示。相对于封闭式计费,开放式计费投资成本较低,易于实现收费自动化,用户体验更好,但是易出现逃费、漏缴,且跨省收费标准不一致。

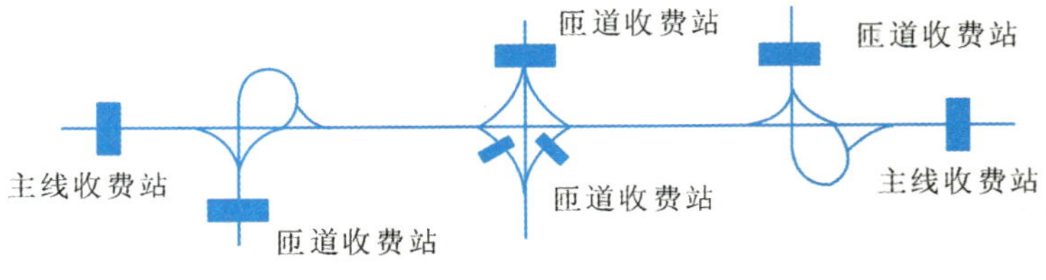

图 6-13 封闭式计费示意图

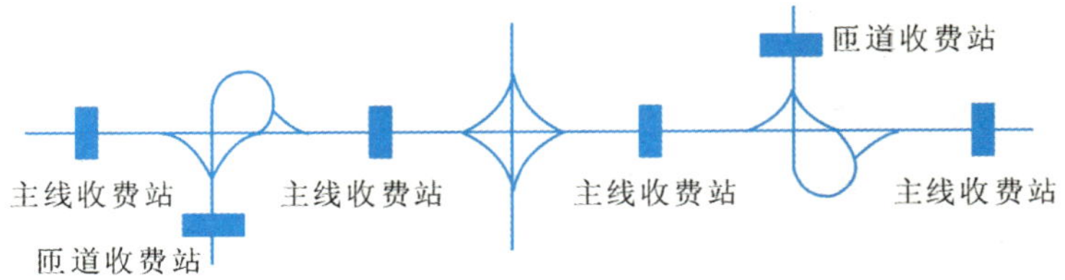

图 6-14 开放式计费示意图

自 2020 年 1 月 1 日起，全国 29 个联网省份的 487 个省界收费站全部取消，全国高速公路实现“一张网”运行。取消省界收费站是在拆除省界实体收费站的同时，通过技术手段实现车辆跨省行驶时不停车快捷交费，这涉及方案制订、工程建设、收费政策优化调整、ETC 推广应用等相关方面的工作。

(2)收费标准

高速公路收费标准是一个复杂的系统，它基于多种因素来确定收费金额。首先，车辆的类型是一个重要的考虑因素。一般来说，小型车的收费通常比大型车的要低，因为小型车对道路的磨损较小。货车等大型车辆可能需要支付更高的费用，因为它们对道路的磨损更大，并且通常需要更多的维护和修复工作。其次，行驶里程也是影响收费的重要因素。通常情况下，车辆行驶的里程越长，需要支付的费用就会越高。高速公路收费站会通过电子收费系统或人工收费站来记录车辆的行驶里程，并据此计算应付的费用；此外，收费标准还可能因具体路段的不同而有所调整。例如，一些高速公路可能经过山区或者城市中心，其建设和维护成本可能较高，因此收费标准可能会相应地调整。一些城市内环路可能会实行不同的收费政策，以缓解交通拥堵和减少污染。

总的来说，高速公路计费可按照如下公式计算：每类车型单公里收费＝收费系数×收费费率。其中，四车道高速公路费率为 0.45，六车道及以上高速公路费率为 0.6，客车和货车收费系数见表 6-10 和表 6-11。

表 6-10　客车各类车型收费系数一览表

车辆类型	收费系数	四车道每公里收费/元	六车道及以上每公里收费/元
1 类客车(≤9 座)	1	0.45	0.6
2 类客车(10～19 座)	1.5	0.67	0.9
3 类客车(20～39 座)	2	0.9	1.2
4 类客车(≥40 座)	3	1.35	1.8

表 6-11　货车各类车型收费系数一览表

车辆类型	收费系数	四车道每公里收费/元	六车道及以上每公里收费/元
1 类货车	1	0.45	0.6
2 类货车	2.1	0.945	1.26
3 类货车	3.16	1.422	1.896
4 类货车	3.75	1.6875	2.25
5 类货车	3.86	1.737	2.316
6 类货车	4.09	1.8405	2.454

(3)清算系统

ETC 门架系统的引入使传统的人工收费系统收费向 ETC 收费过渡。人工收费即

MTC(Manual Toll Collection)收费，当汽车进入 MTC 车道时，MTC 车道系统自动获取车辆信息，包括车型、车种等，再根据车辆入口信息计算出车辆应缴纳的通行费用。由收费员确认缴费完成后，发出抬杆指令让车辆通过。处理过程为，与客户直接清算，交易与清算同时发生，清算出争议时可当时进行处理。ETC 收费系统属于自动收费系统，ETC 车道上架设的微波天线与车载 ETC 标签进行短程通信，获取车载 ETC 设备中的车辆信息，以此生成交易数据。交易数据送达银行后进行异步结算处理，从而达到车辆通过时无须停车就可交纳公路费用的目的。处理过程为，由 ETC 卡的发行方(银行和发行 ETC 卡的非金融单位)代为清算，先交易后清算。其中，ETC 卡的发行方需要完整的交易依据进行清算。

ETC 门架系统的收费过程为：当车辆通过主线门架时，ETC 交易系统首先读取车载电子标签内数据，再通过 ETC 交易系统中的计费模块进行计算，计算完成后进行写卡(车载电子标签)，同时会写入一条验证码(称为 TAC 值)，最后读车载电子标签中的 TAC 值，若 TAC 值读取成功，则证明交易过程完整，TAC 值读取失败，则交易过程不完整，只生成了读卡信息，并不确定计费是否成功。

根据交通运输部对数据清算的要求将 ETC 交易数据分为四类：

第一类交易数据：基于 TAC 生成的 ETC 门架交易数据。交易过程完整，其标志为，从车载电子标签读出的 TAC 值与写入车载电子标签的 TAC 值一致。此时的清算数据要求为，按读卡数据清算，车牌识别数据作为辅助信息，且车牌识别数据不完整不会影响清算。

第二类交易数据：基于可匹配过车图像的 ETC 通行记录的 ETC 门架交易数据。交易过程基本完整(读卡成功、写卡不成功)，其标志为，读卡成功，但从车载电子标签读出的 TAC 值与写入车载电子标签的 TAC 值不一致。此时的清算要求为，按交易数据(读卡数据)清算，车牌识别数据(车牌识别结果，车辆图像)将作为证据数据，此时车牌识别数据不完整将影响清算。

第三类交易数据：基于经校核的过车识别图像的 ETC 门架交易数据。ETC 门架系统未获取到卡信息，收费站无交易数据(读卡不成功)，但门架摄像头抓拍到车辆图像，即有车牌识别数据(车牌识别结果，车辆图像)。此时的清算方法为，按车牌识别结果收费，但需要提供车辆在本站的车牌识别数据作为收费证据。同时需要车辆通过的后一站的交易数据中的卡信息与当前站的车牌识别数据进行比对，确定对应的 ETC 卡。

第四类交易数据：基于有证据支撑的路径拟合数据的 ETC 门架交易数据。无交易数据(读卡不成功)，且门架摄像头未抓拍到车辆图像。此时的清算方法为，按相邻两个交易成功站间的最短路径收费，同时需要车辆在前后站的交易数据和车牌识别数据，以及车辆在入口的交易数据和车牌识别数据作为收费证据。

6.4.4.4　支付系统

(1)支付系统总体架构

高速公路收费支付系统总体架构包括以下几方面：第一，构建系统后台，即立足于云支付，搭建的中心交易平台。第二，拥有支付终端，即车主自身携带的银行卡支付设备、移动支付设备、ETC 支付设备等。对于收费车道，应立足于已有车道，在车道扫描系统中设置扫描系统。第三，收费站数据交互，待扫描系统对车辆信息进行识别后，借助信息交互系统将车辆信息输送至云交易平台。高速公路支付系统的总体架构如图 6-15 所示。

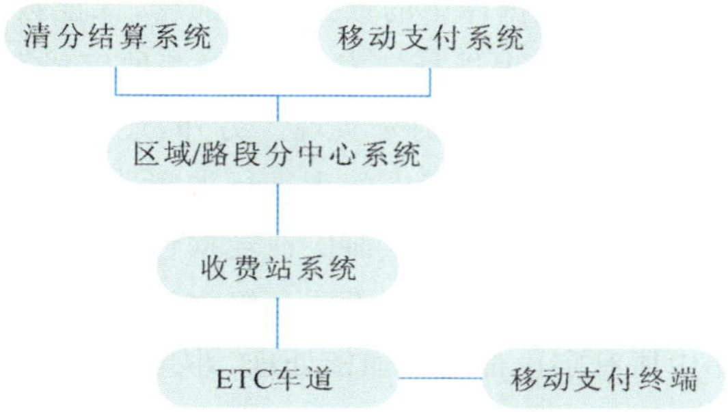

图 6-15　高速公路支付系统的总体架构

(2)支付方式

公路收费电子支付方式包括：网上支付、银行卡支付、移动支付、ETC 支付。对于高速公路收费部门而言，使用 ETC 支付方式，可推动高速公路收费管理朝着无现金化和无纸化方向发展，并避免了收费中财务管理混乱情况的出现。此外，ETC 支付方式的使用能够减少基建费用和管理费用的支出。

6.4.4.5　通信与信息安全系统

为了保证数据的完整性，需要对数据库进行加密处理，并且在进行数据传输时需要对数据进行加密。由于联网收费系统中所涉及的业务较多，并且在日常使用中可能会受到多种因素的影响，因此通常会通过以下方法保障通信与信息安全。

(1)访问控制

为了提高系统的安全性和可靠性，需要对用户权限进行合理设置。在进行权限设置时需要按照一定的层次对权限进行划分，一般情况下可以将用户分为多个层级。一个层级中所拥有的权限过多或者过少都不利于系统的安全管理，所以需要对网络访问权限进行合理设置。

(2)用户身份认证

联网收费系统中的用户身份认证是非常重要的一项内容，用户身份认证能够对用户的访问权限进行限制，从而保证系统的安全性。在进行联网收费系统用户身份认证时，需要使用数字证书进行认证。数字证书主要是指通过使用公钥算法和私钥算法等对用户的信息进行加密，从而保证用户的身份信息不会被窃取。数字证书具有较强的保密性，并且还可以保证用户身份信息的安全性。为了保证数字证书能够在联网收费系统中正常使用，需要对数字证书进行定期更新，保证数字证书具有较高的安全性和稳定性。

(3)访问权限控制

通过制定权限分配策略，合理划分权限，防止系统受到入侵或者破坏，保证系统安全。

(4)数据加密

在联网收费系统中，需要对数据库中的数据进行加密，保证数据的安全性和完整性。其中，最为常见的是对数据库中的表进行加密处理，将表的字段和内容进行加密后存储在数据库中，在进行数据传输时通过密钥来实现。另外，还可以将数据库中的表进行分组处理，根据不同的分组内容来对数据库中的表进行加密处理。采用这种方式能够保证数据在传输过程中不会被窃听或者篡改，从而保证数据传输的安全性和完整性。将不同的分组内容存储在不同的字段中，可以防止不同分组之间出现数据重排现象。在采用这种方式时需要对数据库中所有字段都进行加密处理，并且在对数据库进行分组处理时需要将不同分组内容存储在不同字段中。

(5)交易信息

联网收费系统中的交易信息主要是指高速公路收费过程中的各种交易数据，包括收费金额、车辆信息等，这些数据主要由系统中的服务器进行存储和处理。在对交易信息进行安全管理时，需要重点关注以下几个方面：

第一，将交易数据信息进行加密存储，保证数据在传输过程中不会被截取；

第二，加强对服务器和数据库等系统的维护和管理，防止出现数据库损坏、丢失等问题，同时也要加强对服务器端的安全性管理，防止出现病毒和黑客入侵等问题；

第三，对系统中的所有用户进行身份认证，防止非法用户入侵系统；

第四，建立完整的安全管理机制，定期对系统中的各种数据进行安全检查，发现问题及时进行处理。

(6)车辆信息

车辆信息是联网收费系统中的重要数据，是进行收费工作的基础。在进行车辆信息采集时，要加强对采集设备的安全检查，防止出现非法设备导致数据信息泄露问题。车辆信息采集时，要严格按照相关的操作流程进行，防止出现非法操作，避免造成数据信息泄露等问题。在车辆信息管理方面，要采取必要的技术措施保证数据安全。在对车辆信息进行采集时，要对车辆信息采集设备进行全面的检查，并加强对设备的安全管理。在对数据进行存储时，要建立完善的数据备份系统，保证系统中数据的安全。为了保证系统中数据安全，需要设置相应的防护措施。在系统中设置访问控制机制以及访问审计机制等，保证系统中数据不被非法访问和篡改。

6.5　智慧公路运输车辆监管

6.5.1　网联车辆监管系统

网联汽车(或“车联网”)是借助在车辆上的传感器设备、车载设备和通信模块,通过移动通信技术、汽车导航系统、智能终端设备与信息网络平台,实现车与路、车与车、车与人以及车与应用平台的全面网络连接,并且通过信息网络平台对所收集的数据进行分析、处理以及数据挖掘,实现更加安全、丰富、舒适、高效的车辆运行和信息服务。智能网联汽车有机融合车联网与智能汽车,目前已上升为国家战略。近年来,国家及各省、市、地区相继发布管理政策推动智能网联汽车规模化道路测试及示范应用。监管平台的建设可以保障智能网联汽车应用有序安全,实现对智能网联汽车的全方位实时监管,规范新技术的测试验证及应用,控制潜在风险。通过构建统一的智能网联汽车监管系统,实现企业在线申报与评审、测试数据的实时接入等,以满足政府部门监管需求。

网联车辆监管系统集成车载监控终端和智能网联汽车运行安全监管平台,依托人工智能、大数据等新技术,聚焦车联网安全和标准体系建设,按照国家平台-属地平台-企业平台三级架构设计,具备实时远程监控的能力以及进行事件记录、分析和重现的能力,支持六大类核心数据的采集及记录,包括车辆及系统基本信息、车辆状态及动态信息、自动驾驶系统运行信息、行车环境信息、驾乘人员操作及状态信息、故障信息,配套监管平台可提供终端管理、数据安全管理、车辆管理、车辆异常报警、电子围栏监控、全域监管、运行状态可视化、触发式事件预警、事件回放及分析等功能,同时满足智能网联汽车封闭/开放道路测试监管、车联网先导区运营监管、车企自动驾驶车辆安全监管、特定场景自动驾驶监管等需求,为政府管理部门对智能网联汽车的监管提供有效支撑手段。

从功能上区分,网联车辆监管系统可以分为:监控应用系统、行车安全系统、动态路况信息系统、交通事件保障系统等。

(1)监控应用系统主要用于政府部门或者车辆管理部门的运营监控和决策支持,主要分为两类系统:道路基础设施安全情况监控以及车辆行驶状况监控。道路基础设施安全情况的监控主要是通过定时获取道路、桥梁上安装的监控设备传回的监测信息,查看基础设施的破坏程度、应用状况等,为交通基础设施的维护提供重要参考。车辆行驶状况监控主要是监控车辆的行驶路线、行驶参数,如油耗、车况等信息,为城市车流量分布实现可视化,为拥堵缓解提供辅助决策。

(2)行车安全系统主要指车辆行驶过程安全监测以及分析车辆行驶行为后的安全建议。在车辆行驶过程中,通过车联网信息的交互,可以获取前方道路状况,规避交通事故等。如在雾天高速公路上前方发生事故之后的主动规避等。另外通过上传和分析车辆的油耗、行驶状态等参数，在服务器端进行车辆信息挖掘，主动提供一些车辆行驶安全建议，如是否需要去保养，是否需要更换某零部件。

(3)动态路况信息系统主要利用行驶车辆的运行速度和GPS定位技术，获取道路行驶状况信息，实现路况动态信息的发布。

(4)交通事件保障系统主要利用车辆事故检测和报告机制，为事故的检测、规避、疏导等提供辅助支持。

6.5.2 网联车辆监管系统技术架构

网联车辆监管系统通常采用“云网边端”一体化架构体系来组织构建，它是以云为中枢，网络为载体，向边缘节点、现场设备终端层层发散扩展，形成了运算、储存、数据传输、管理、分发等功能。“云”作为大脑，负责集中计算与全局数据处理；“网”作为互联互通手段，容纳广泛的接入场景；“边”作为云控制系统(Cloud Control Systems，CCSs)的触点延伸，灵活解决近实时业务需求，减轻数据通信和云计算环境数据处理的负荷，实现计算负荷均衡；“端”主要指现场电子看板或工业应用软件等终端设备，创建人机交互环境，满足人工辅助监控和管理的需求。

其中，大数据计算与存储功能支持实现海量信息的储存、分析和挖掘，形成物理位置分散、逻辑寻址一致的存储体系；数据和信息传输服务主要实现系统的数据接口规范，给客户带来即插即用、随遇入网的安全、快捷数据传输业务；信息融合处理功能对异构设备的非同源数据进行实时采集和预处理，以完成对异构智能体不同观测数据的关联；资源发布功能支持实现对各个层次信息业务的发布连接，并根据客户的使用需求、访问权限等设定信息业务发布的内容和所要覆盖的范围。“云网边端”一体化架构如图6-16所示。

具体来看，网联车辆监管系统“云网边端”一体化架构通常涉及感知层、网络层、应用层、安全层和管理层等方面的协同设计。

(1)感知层。承担车辆自身与道路交通信息的全面感知和采集，通过传感器、RFID、车辆定位等技术，实时感知车况及控制系统、道路环境、车辆与车辆、车辆与人、车辆与道路基础设施、车辆当前位置等信息，提供全面、原始的终端信息服务。

(2)网络层。通过制定专用的能够协同异构网络通信需要的网络架构和协议模型，整合感知层的数据；通过向应用层屏蔽通信网络的类型，为应用程序提供透明的信息传输服务；通过对云计算、虚拟化等技术的综合应用，充分利用现有网络资源，为上层应用提供强大的应用支撑。

(3)应用层。网联车辆监管系统的各项应用必须在现有网络体系和协议的基础上，兼容未来可能的网络拓展功能。应用需求是推动系统发展、成熟的原动力，在实现智能

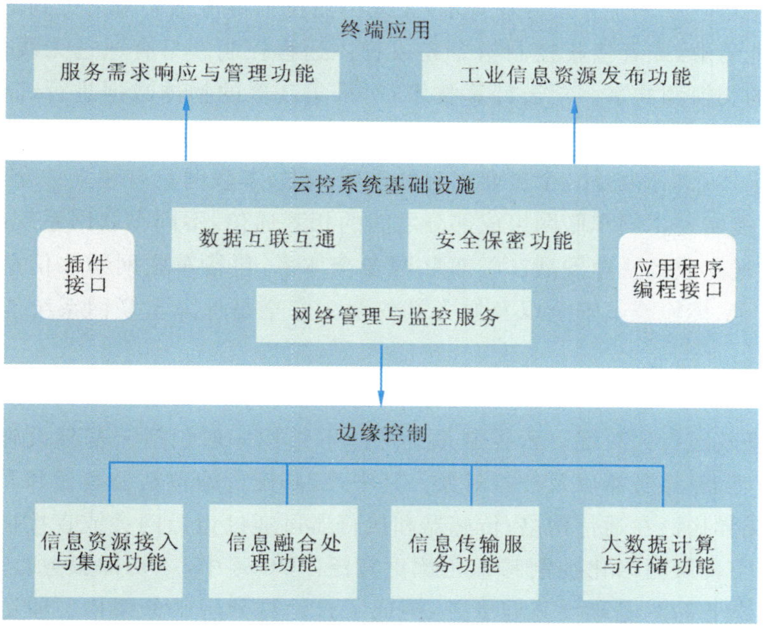

图 6-16　网联车辆“云网边端”一体化架构示意

交通管理、车辆安全控制、交通事件预警等高端功能的同时，还应为网联车用户提供车辆信息查询、信息订阅、事件告知等各类服务。

(4)安全层。车联网的通信特点制约着网联车信息的安全性和通信能力。安全层为网联车辆监管系统提供密钥管理和身份鉴别能力，确保入网车辆信息的真实性；提供信息的安全保护功能，保证数据在传输过程中不被破坏、篡改和丢弃；提供准确的位置信息，实现对车辆的定位和路径回溯；提供精确的时钟信息，保证车联网实时业务尤其是安全应用在时间上的同步。

(5)管理层。作为网联车的控制中心，管理层提供对入网车辆信息和路况信息的管理能力，实现车辆之间、车辆与道路基础设施之间以及不同网络之间的自由无缝切换；实现车联网通信的服务质量(Quality of Service，QoS)管理，根据不同的入网车辆信息及业务类型，提供不同的网络优先级服务。

网联车辆监管系统“云网边端”一体化架构的实现则依赖一系列关键技术的支持，具体包括：①RFID 射频识别技术，车联网使用 RFID 技术结合已有的网络技术、数据库技术、中间件技术等，构建一个由大量联网的 RFID 终端组成的、比互联网更为庞大的物联网。②传感技术，利用传感器及汽车总线采集车辆、道路等交通基础设施的运行参数等的传感技术需要根据不同物体的运行参数进行定制。如车需要油耗、刹车、发动机等运行参数，而桥梁需要压力、老化程度等参数。③定位技术，通过卫星定位、无线定位技术等提高当前车联网中物体的位置精度，以准确获取车辆行驶位置，提高实时路况精准度、交通事件定位精确度。④无线传输技术，无线传输技术将传感器采集得到的数据发送至服务器或其他终端，或者接收控制指令完成物体远程控制。只有通过无线传输技术，才能实现信息的交换和共享。⑤云计算技术，对采集获取的物体数据进行综合加工分析，并提供各类综合服务，车联网系统网络以按需、易扩展的方式获得云计算所提供的服务。⑥车联网标准体系，标准是一个产业兴起的重要标志，车联网只有建立一套易用、统一的标准体系，才能实现不同车联网组成部分之间的相互通信，不同车联网系统的融合，才能带动汽车、交通产业的快速发展。⑦车联网安全体系，包括车联网物体信息化之后的安全、传输器安全、传输技术安全以及服务端安全。安全是保障车联网系统能够快速推广的前提。

此外，云控制系统(Cloud Control Systems，CCSs)和云边端协同机制是保障网联车辆监管系统高效运行的关键。云控制系统的基本结构一般包括云基础设施、云控制器、泛在网络、传感器/执行器以及被控对象。其中，云基础设施包括公有云和私有云。泛在网络包括各类异构泛在通信网络；传感器和执行器可通过边缘网关或直接接入云计算平台；被控对象与传统网络化控制系统相比更宽泛。CCSs 中，一切即服务。软件即服务，平台即服务(图 6-17)，基础设施即服务，构成了云计算分层服务架构。即运用服务器资源研发出云计算平台环境作为服务提供给用户或者企业，帮助其自定义开发自己的应用产品而不需要管理云端基础设施。

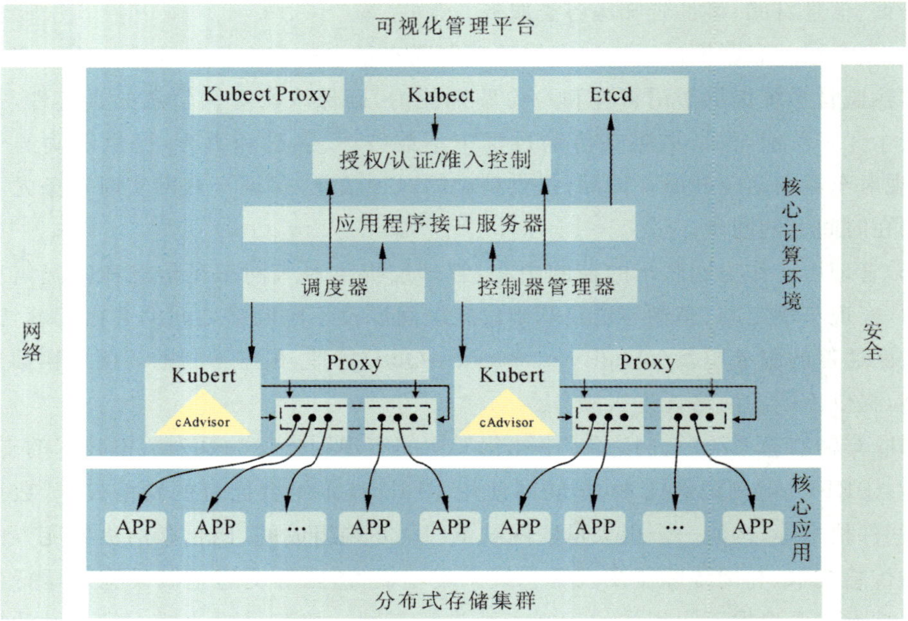

图 6-17 云 PaaS(平台即服务)架构

对于端侧智能体来说，受自身功能影响，本身算力有限，需要通过边缘侧设备获得运动控制或逻辑控制策略，例如视觉伺服、声音识别、运动控制等。同时，边缘侧主要承担网络连接、协议转换等功能，提供丰富的网络接口连接工业设备，支持 Modbus/TCP/ProfiNet/Profibus/OPCUA/MQTT 等多种工业通信协议，适配大量工业设备，具备数据采集、指令下发等功能，提供丰富的接口，连接设备层和平台层，从而实现边端协同机制。此外，边缘计算作为云计算的扩展，通过边缘设备和终端设备之间的连接，减轻了资源受限设备处理负担，另外，本地化处理延迟更低，还能降低核心网传输数据量。但同时，网络架构的改变也会带来新的挑战，如边缘计算环境下终端数量规模大，移动性强、层次复杂，多种安全域并存，新的特性使得云边计算环境不一致，降低系统稳定性。

6.5.3　重点营运车辆监管系统

重点营运车辆是指旅游客车、包车客车、三类以上班线客车和危险货物运输车辆。重点营运车辆通常具有安全性能较差、事故风险较高、事故后果较为严重等特点，其运行安全管理一直是交通安全治理中的重点、难点。近年来，随着重点营运车辆数量迅速增长，传统监管模式也暴露出许多问题。面对新的形势，各级监管部门相继开展信息化监管平台建设工作，探索重点营运车辆监管模式。

传统监管模式主要依靠营运资质管理和交通违法行为监察。其中，交通运输局分管企业经营资质、重点车辆相关资质、从业人员从业资格、车辆安全设施等方面，交警主要监管超速、超员、无证驾驶等交通违法行为。

随着社会经济发展，重点营运车辆数量迅速增长，传统监管模式暴露出管理权责分散，信息沟通不畅，监管手段单一等不足，监管压力突出，治理形势严峻。重点营运车辆监管痛点有：

①信息共享管理机制缺失：目前承担重点营运车辆监管业务的各单位都有已建设完成的信息管理平台，但各平台之间并未接通，信息沟通不够顺畅。同时，对于营运企业没有强制报备要求，难以全面掌握企业、车辆和驾驶员的详细信息，无法筛选出不符合营运资质的车、企、人，提前预防事故发生。

②营运监管方式单一：传统监管模式下，对营运车辆的监管主要依靠交通监控摄像头检测违法行为以及监管部门定期检查。前者只能对关键点位进行监控，可以检测的违法行为也较为单一。后者并非常态化监管机制，驾驶员仍存在安全意识不足、驾驶行为不规范的情况。

③安全风险点识别困难：准确识别营运生产中的安全风险点，有利于进行针对性治理，提升监管效率。但传统模式下，缺乏数据分析工具与数据评价指标，精准定位事故高发路段、时段以及存在安全风险的企业、驾驶员十分困难。

④定制化监管手段缺乏：对于安全风险点的针对性治理，开展定期检查的效果滞后，而安装摄像头的监管成本较高，亟需经济成本较低、监管响应快的技术手段。

面对新的形势，2014 年 1 月交通运输部、公安部、国家安全生产监督管理总局联合发布《道路运输车辆动态监督管理办法》，规定道路运输管理机构负责建设和维护道路运输车辆动态信息公共服务平台。其中，典型代表有全国重点营运车辆联网联控系统（图 6-18）。全国重点营运车辆联网联控系统是指由各级道路运输管理机构和相关企业建立的依托卫星定位系统技术的营运车辆动态监管、监控体系，包括全国道路运输车辆动态信息公共服务平台、地方道路运输管理机构监管平台、道路运输企业监控平台、社会化监控平台。各地监管部门相继开展信息化监管平台建设工作，探索符合地区实际情况的重点营运车辆监管模式。

图 6-18　全国重点营运车辆联网联控系统平台

6.5.3.1　监管对象及数据采集特点

道路运输车辆动态监督管理的车辆类型主要有：载客汽车、危险货物运输车辆、半挂牵引车和重型载货汽车（总质量为 12 t 及以上的普通货运车辆）。其中，旅游客车、包车客车、三类以上班线客车和危险货物运输车辆在出厂前应当安装符合标准的卫星定位装置。重型载货汽车和半挂牵引车在出厂前应当安装符合标准的卫星定位装置并接入全国道路货运车辆公共监管与服务平台。道路旅客运输企业、道路危险货物运输企业和拥有 50 辆及以上重型载货车辆的或牵引车的道路货物运输企业，应当按照标准建设道路运输车辆动态监控平台。

重点营运车辆的监控监管技术手段在发生不断的变化。早期的卫星定位系统，实现车辆的位置查找和历史行车轨迹回放。3G 视频定位系统，在位置信息的基础上实现了可视化监控；4G 高清视频定位系统，实现了 720P/1080P 的高清可视化监控；智能视频定位系统，在 4G 高清视频的基础上实现了智能视频分析功能，让监管变得更加智能。总体上是由位置追踪到可视化监控的发展，而可视化也从“看得见”到“看得清”再到“看得懂”的演变过程。而未来则是在已经大范围建设的基础上，通过大数据分析形成一套综合应急预案系统。例如，通过车内可视化监控，实现对在途行驶车辆车厢和货厢内发生的突发事件、中途的上下车行为的实时监管。基于视频的智能分析可以实现更加有效、更加智能和更加精细的安全监管，比如司机危险驾驶行为分析、高级驾驶辅助、驾驶员身份核验、盲区行人侦测预警等。

6.5.3.2　监管机制

针对重点营运车辆监管业务需求与业务痛点，重点营运车辆信息化监管平台建设主要围绕“事前预防、事中监管、事后分析”的核心思路开展，并实现多部门的数据共享和业务协同。

(1)事前预防

从根源上消除隐患，避免事故发生，是重点营运车辆监管中的优先选择。以建立信息户籍化管理机制，全面掌握企业、车辆、驾驶员数据为基础，自动筛选不符合营运资质的个体，配合在线宣传教育等功能，在前期最大程度上降低重点营运车辆的事故的发生概率，助力交通安全治理，即“治未病”。

①信息户籍化管理机制

结合多部门基础信息、营运企业上传信息，经数据清洗、补偿、融合、审查等环节后存入基础信息档案库，并支持按照类型、名称、证件号码条件实时检索，建立覆盖辖区内营运企业、车辆和驾驶员的户籍化管理机制，接通多部门之间信息沟通渠道。同时，对基础信息档案库按周期进行更新，确保监管部门掌握最新信息。

②不符合营运资质个体筛选

定期检测库中营运企业、车辆和驾驶员的资质信息，自动识别道路运输证逾期未审验、企业信息不完整、企业经营许可证过期、从业人员资格证过期等问题，并推送监管部门与所属企业，在事故发生前就筛选出问题企业、车辆和驾驶员，对风险进行前期阻断。

③在线宣传教育

提供在线安全教育培训＋营运企业自主学习功能，督促营运企业定期组织安全生产培训，学习在线下发的交通管理公告、最新交通法规等安全教育材料。构建在线宣传交通相关知识、提升安全生产意识的正向反馈机制。

(2)事中监管

实时监控重点营运车辆运行是改进监管模式的核心举措。以营运车辆安装的卫星定位装置信号为数据来源，建设实时预警检测与车辆位置监控两大核心功能，构建多种类、常态化的违法违规监管机制，完善监管方式，提升监管能力。

①实时预警检测

通过车辆安装的卫星定位装置发送营运车辆地理位置、行驶速度等信息，对营运车辆的违法违规行为实时检测(表 6-12)。结合算法计算结果与车辆基础信息，可以识别如疲劳驾驶、红眼驾驶、不按规定时间/路线行驶、非法上路等多种违法违规行为。对比交通摄像头只能检测超速、不按信号灯行驶等几种违法违规行为，可以有效丰富监管方式，提升监管能力。此外，与摄像头点位检测的方式相比，实时预警检测进一步实现了车辆从出发到抵达的全流程监管。

表 6-12　实时预警检测所包含的事件

事件名称	事件定义
超速行驶	车速超出规定速度，且持续时间超过 60 s
疲劳驾驶	连续驾驶车辆 4 h 以上未休息，或休息时长未超过 20 min
红眼驾驶	在凌晨 2:00～5:00 区间行驶的
不按规定路线/时间行驶	偏离设定线路或不在规定时间行驶
驶入禁行区域	驶入设定的禁止重点营运车辆进入的区域
车辆不开启 GPS	车辆行驶过程中关闭或屏蔽卫星定位装置
非法上路	道路运输证过期的车辆在道路上行驶
违规驾驶	驾驶员驾驶过程中有抽烟、玩手机、打电话等不良驾驶行为

②车辆实时位置监控

结合实时采集的位置数据与速度数据，以地理可视化形式在地图上动态展示辖区内所有营运车辆的点位和速度。通过掌握车辆总体运行状况，可以及时发现车辆聚集、区域同类型车辆超过限制等异常事件，有效提升管理能力。

(3)事后分析

统计、分析预警事件数据，挖掘事故潜在规律，识别事故高发路段、时段以及存在安全风险的企业、车辆，并作出针对性的专项治理，同样是重点营运车辆监管中不可或缺的一环。配套建设预警事件统计、企业安全指数评估、自定义预警参数设置，构建从风险点识别到针对性治理的业务流程，为提升监管效率提供正向路径。

①预警事件统计

通过记录、存储预警事件的预警车辆号牌、类型及预警时间等数据，并支持按照驾驶员、营运企业等条件进行检索，同时以点位形式在地图上展示预警发生位置，为从时间、空间等多个维度发掘预警事件内在规律，精准定位风险点提供数据分析工具和数据评价指标。

②企业安全指数评估

结合车辆入网率、预警数量、查岗应答率多种评价指标，建立企业安全指数评估体系，及时发现安全意识不足、教育不充分、整改不积极、生产安全问题严重的高风险企业，为针对性治理提供数据支撑。

③自定义预警参数设置

提供自定义预警参数设置功能，自主配置检测时间、检测区域和路段、车辆号牌、营运企业等多个参数。结合实时预警检测功能，为针对性交通安全治理提供上线快、成本低的解决方案，与预警事件统计和企业安全指数评估构成监管效率提升的正向路径。

6.5.3.3　系统架构

系统设计包含前端车载视频监控系统、主动安全系统、360°环视系统、网络传输系统及车载监控平台。车载终端通过 2G/3G/4G/5G 移动网络按照部标通信协议实时上传车辆位置数据、运行数据、视频数据、报警数据、外设数据等至企业监控平台，企业监控平台可以再接入到政府监管平台。各级监控中心通过对车载设备的控制，实现对营运车辆安全运营的监管，如图 6-19 所示。

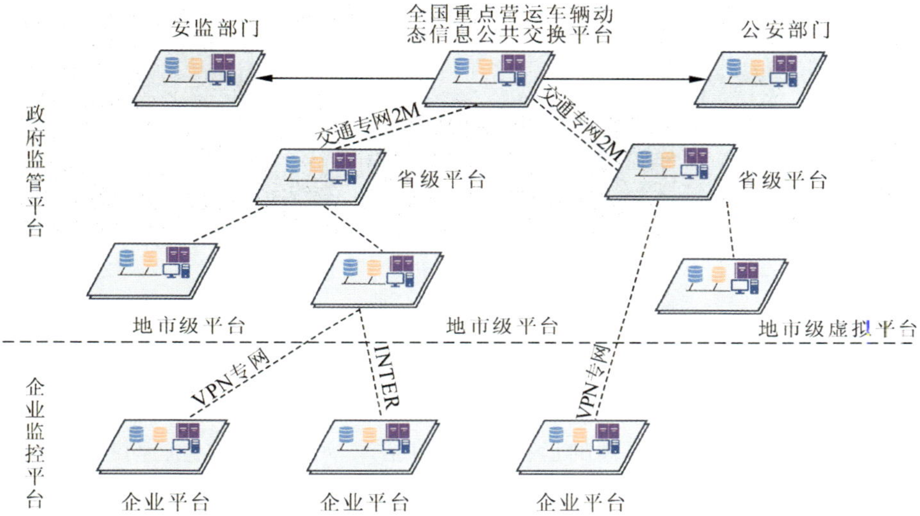

图 6-19　全国重点营运车辆联网联控系统架构

6.5.3.4　典型案例

(1)武汉理工大学危险品运输行车安全事件主动干预系统

武汉理工大学智能交通系统研究中心围绕危险品运输风险防控的难题开展研究，形成了 2 项理论研究成果，包括：①基于驾驶行为的危险品运输险态辨识方法，可以实现 86%的险态识别精度；②危险品运输行车安全事件的主动干预方法，能够采集 10 类行为指标用于评测，能够评测包含 8 类危险行为的主动干预效果，开展不少于 36 人次的主动干预效果评测示范，危险行为频次下降 25.55%。

武汉理工大学研发了多种危险品运输行车安全事件研究的实验装置和系统，包括：

①基于行车安全事件特征库的危险情景模拟再现系统，能够模拟实验场景下的多种行车事件，行车事件模拟能够仿真 8 自由度。

②危险货物运输车辆驾驶行为模拟实验平台，能够模拟 10 种危险场景，能够采集 10 种以上的驾驶行为。

③基于驾驶行为的危险品运输险态辨识评测系统，可以实现 86%以上的险态识别精度。

④危险品运输行车安全事件的主动干预及评测系统，如图 6-20 所示，能够采集 10 类行为指标用于评测，能够评测包含 8 类危险行为的主动干预效果，开展不少于 36 人次的主动干预效果评测示范，危险行为频次下降 25.55%。

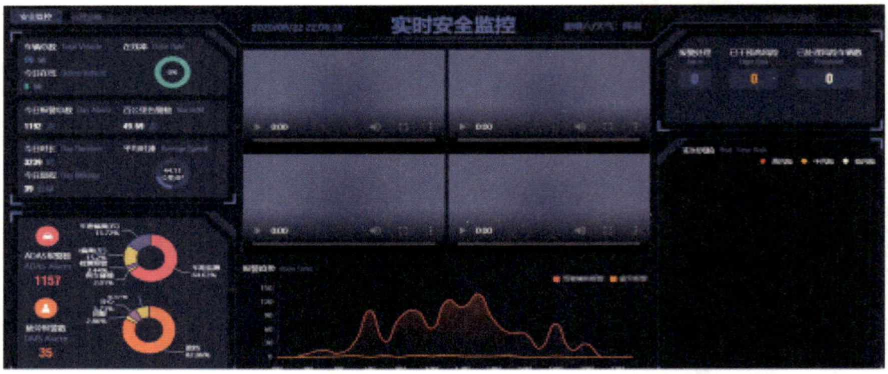

图 6-20 武汉理工大学危险品运输行车安全事件主动干预及评测系统

(2)广三高速两客一危车辆动态监管系统

以危险品车辆为例，危险品运输车辆开始行驶时，其北斗车载系统就由待机状态转变为工作状态。当北斗车载系统处于工作状态时，重点营运车辆动态信息公共交换平台可以实时地观测危险品运输车辆的运行状态，包括车辆的基本信息、速度、位置信息、方向等。当危险品运输车辆驶入广三高速的电子围栏范围后，平台将相关车辆的所有信息都发送到监控中心。监控中心在获得运行车辆的信息之后，对信息进行处理、计算，最后对高速公路上车辆运行情况作出正确的判断，并将信息反馈给高速公路上行驶的车辆，对车辆进行控制及诱导，当发现存在潜在危险时，及时制订相对应的应急方案。监控中心同时利用主线路面的摄像机对相关车辆进行视频监控，如果危险品运输车辆发生交通事故，将自动发出预警信号，并显示事故所在的地理位置，生成临时应急方案，组织救援队对交通事故现场进行处理。该系统的基本工作原理如图 6-21 所示。

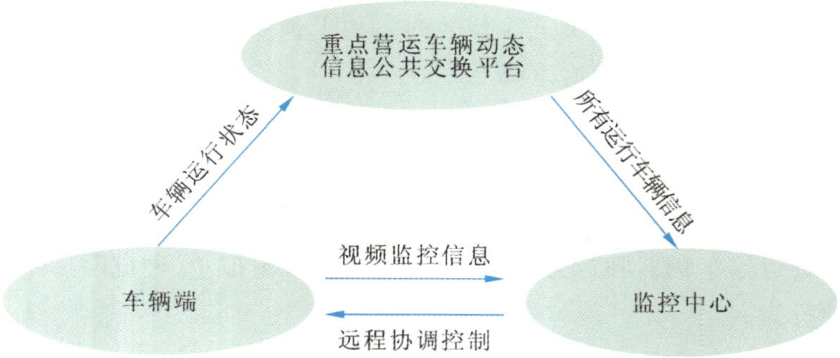

图 6-21 广三高速两客一危车辆动态监管系统基本工作原理

6.5.4　网联新能源汽车监管系统

随着新能源汽车保有量的增加，动力电池安全问题日益突显，仅 2020 年，国内共发生新能源汽车着火事故 200 余起。目前，新能源汽车运行监管过程中仍存在安全要素感知不全面、关键零部件故障诊断不精细、整车风险评估预警不准确、安全隐患查处不及时、协同监管不到位等问题，严重制约新能源汽车大范围推广运行。新能源汽车作为我国最大规模的网联车辆群体，其终端设备通过物联网卡将车辆状态上传至云端平台。充分利用“端-网-云”协同技术对新能源汽车开展实时数据分析和故障诊断，及时排查隐患车辆，可有效减少事故发生，保障驾乘人员生命财产安全。目前，我国依托北京理工大学电动车辆国家工程实验室，建立了全球首个新能源汽车监测与管理平台——新能源汽车国家监测与管理平台。该平台成为全国接入企业最多、接入数量最多、接入车型最全的第三方、国家级新能源汽车信息平台，并实现了新能源汽车数据融合汇聚，构建了全国一体化的新能源汽车行业大数据中心，有效支撑全国新能源汽车的信息化安全监管和质量监管，并通过车辆运行过程实时监管，为国家财政补贴发放提供里程核查依据，促进行业规范、快速发展。

6.5.4.1　网联新能源汽车监管系统架构

我国安全监管技术体系架构为“1＋3”监管体系，一套标准、三个平台。整车静态信息、零部件状态、充电基本信息、停放车辆统计、车辆行程轨迹数据实时上报，各级平台基于 GB/T 32960 进行新能源汽车零部件、整车和运行状态监管。国家平台对全国新能源汽车推广应用和安全工作负监管责任，通过国家平台监督检查企业平台、地方平台运行情况。地方平台对公共服务领域的新能源汽车安全负监管责任，通过地方平台接收企业平台转发的实时数据，掌握公共服务领域新能源汽车运行状况。生产企业对其生产的全部新能源汽车安全问题负总责，通过企业平台，对其产品实现 100％实时监测，并对发现的风险及时采取措施予以控制。

6.5.4.2　网联新能源汽车监管系统关键技术

总体上新能源汽车监管技术可以分为本体安全监管技术、运行安全监管技术、行为分析与辨识技术和能耗核算技术。

(1)新能源汽车本体安全监管技术

新能源汽车本体安全监管技术通常包括：

①部件安全风险辨识：针对上传至系统的车辆工作状态数据、电机电控数据、电池数据和气温数据进行故障检测和风险预警，在单体电压超出常规阈值时提前精准识别微小异常并发出警报。

②新能源汽车充电数据多维度监测：包括充电分布监测、电池电流监测、电池电压监

测、电池温度监测、充电功率监测。通过全参数、全空间、全周期信息的充电多维度监测可实现停车充电安全预警。

③新能源汽车停车数据多维度挖掘与分析：包括单车详情、闲置车辆聚集监测、闲置车辆统计监测，可以实现停车安全管理。

④新能源汽车长期聚集停放查处：监测静置车辆，定期开展排查，合理安排停放区域并保留安全通道，消除安全隐患。

(2)新能源汽车运行安全监管技术

新能源汽车运行安全监管技术结合车辆运行状态监测，通过对电池热失控、动力丧失、部件故障、驾驶行为、区域运行5类风险评估预警，实现了新能源汽车本体安全与运行安全的全方位风险预警，具体包括：

①车辆监测，利用车辆历史运行数据，对新能源汽车安全隐患进行实时监测和显示；

②车辆轨迹，利用车辆定位数据分析隐患车辆在历史时期内的定位轨迹，对隐患车辆进行风险研判和及时管控；

③路况态势分析，针对交通安全态势进行多维度分析统计，对路况态势进行全面评估；

④隐患分析及警告，基于新能源汽车历史监测数据，利用深度学习算法对车辆运行风险进行精准研判。

图6-22为武汉理工大学构建的新能源汽车端网云一体化运行风险评估预警系统。

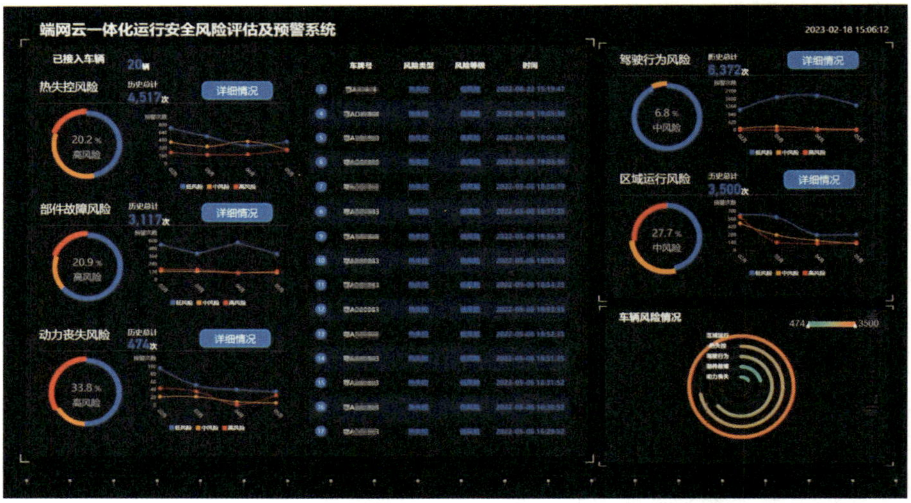

图6-22 新能源汽车端网云一体化运行风险评估预警系统

(3)新能源汽车行为分析与辨识技术

新能源汽车行为分析与辨识技术主要是针对新能源汽车能量管理以及用能过程中的行为规律刻画，具体包括：

①充放电能量行为评估方法

充放电能量行为与动力电池系统设计、能量管理、供电需求等有紧密的联系，目前针对充放电能量行为的研究主要从两方面展开：能量消耗方面以及能量需求方面。在能量消耗方面，通过分析影响能耗的车辆本构因素、驾驶因素等，利用统计分析相关理论分析车辆运行的能量消耗行为。在能量需求方面，主要包括以能量流动为基础的机器学习预测方法、融合交通数据和环境数据的电能需求模型以及考虑充电桩分布的核密度函数分析方法等。

②充电负荷行为分析方法

充电负荷行为评估从单车充电负荷以及车群充电负荷两个角度考虑。单车充电负荷受其车载充电机参数、充电模式选择和充电桩功率等因素影响，除此之外，动力电池的充电电压和充电电流又受动力电池管理系统控制；而车辆群体的充电负荷除了受单车充电负荷影响，也受群体内用户种类、气候条件、车辆数等多因素影响。

③数据驱动的新能源汽车行为特征刻画与辨识技术

面对海量、多车型、高维多样的新能源汽车群体，存在新能源汽车个性化应用特征与车群统计特征差异大、共性和个性难兼顾的问题，而传统的车辆行为分析方法或模型难以具有广泛的适用性。为了解决这一问题，北京理工大学孙逢春院士团队构建了数据驱动的新能源汽车行为特征刻画与辨识技术体系。通过挖掘不同类别车辆在不同时间尺度的充电和出行规律、不同用车群体的功率利用规律、行驶里程应用规律等，开发出新能源汽车用户行为画像、车辆异常行为风险评估、车辆—车群时空交错轨迹重构等技术；构建新能源汽车保费与车辆风险匹配的保险评价模型，支撑了中国保险行业相关政策出台；利用车群大数据行驶信息及路况、环境、气候等信息，研发了一车多终端、车辆循环空驶、运营特征与车辆标签不匹配等车辆异常使用行为辨识技术。该技术体系实现了大数据驱动的新能源汽车社会安全风险场景辨识与精准防范领域的突破。

(4)新能源汽车能耗核算技术

新能源汽车是我国道路交通领域实现"双碳"战略的引擎，也是世界多国减排降碳的重要途径。传统碳排放计算方法一般将整车的全生命周期划分为车辆及其零部件生产、运行使用和回收利用 3 个阶段。

针对当前新能源汽车数量多、移动性强导致运行阶段碳排放核算难的问题，北京理工大学王震坡等提出了运行数据驱动的新能源汽车动态碳核算技术体系。通过挖掘碳排放与行驶里程、能耗强度、碳排放因子间动态映射表征关系，构建全域覆盖的行驶里程与充电行为统计特征数据库，建立了考虑驾驶行为、应用场景等因素耦合的能耗强度计算方法。

在上述技术方法的支撑下，构建了多时空尺度新能源汽车应用端碳排放动态测算模型和新能源汽车碳资产平台，形成"'双碳'战略-汽车技术-碳市场"融合的新能源汽车碳核算生态体系架构。该技术体系为政府碳管理政策制定与考评提供了参考，有效提升了碳减排和碳管理能力。

6.5.4.3 典型案例

在我国，新能源汽车的过检、接入、里程核查等事项均由新能源汽车国家监测与管理平台负责。截至2024年8月，新能源汽车国家监测与管理平台累计接入新能源汽车数量已突破2300万辆。目前，该平台具备160万辆新能源汽车同步监控和管理能力，可以开展安全监管、数据分析、车辆管理和补贴核算等工作。以此监管平台为核心，新能源汽车制造商、科研机构、中国汽车工业协会等近200家单位组成全国性非营利性社会组织——新能源汽车国家大数据联盟，致力于推进大数据挖掘分析、应用研究。为保证数据的准确性，目前平台采用"企业—地方—国家"和"企业—国家"两个途径的传输，在国家平台，两组数据可互相验证，防止数据的误传。

该平台具有立体化监测、全方位预警、智能化研判、精准化管控四大功能，打破工信-公安数据壁垒，保障了新能源汽车安全"感知-防控"协同。具体功能特点如下：

①立体化监测，之所以称为立体化，是因为其实现了运行、充电、停车三个维度的监测。例如，车辆运行中，实现了部件至整车，单车至区域，时点至时序的全方位运行监测；充电过程中，实现了充电全参数信息、全空间信息、全周期信息的多维度监测；停车过程中，实现了停放数据纵向挖掘、横向分析的深层次停车监测。针对立体化监测，开发了相关的支撑系统，形成了从数据处理、事故分析到要素提取、知识集成闭环支撑立体化监测的能力。

②全方位预警，包括：针对零部件，开展了针对电池、电机、电控关键零部件安全预警的研究；对于整车，主要研究热失控、动力丧失、区域运行等安全风险；开发新能源汽车运行安全评价数据库、新能源汽车运行安全状态感知系统、端网云一体化的运行风险评估及预警系统，并构建4个维度安全评价、4种整车状态感知和5类风险端云融合评估协同支撑全方位预警。目前，电池、电机、电控等关键零部件故障诊断准确率均已超过80%；热失控、动力丧失、区域运行三个方面的预警准确率也都超过80%。

③智能化研判则从整车、零部件、行车三个层面开展，包括电池状态、电机状态、电控状态、整车车辆聚集状态、使用行为等，并开发了特征量化、健康评估、故障诊断、安全感知联动支撑的智能化研判系统，实现了零部件-整车-运行三维安全状态耦合分析与智能化研判。

④精准化管控，主要围绕整车开展行车轨迹、隐患分析、路况态势、车辆分布的研究，开发了路面运行风险全程研判系统、安全风险精准管控系统、分层递阶的端网云通信系统、端网云信息协同决策系统。通过研判系统—管控装备，平台互通—端云协同多层协作支撑精准化管控，已实现跨时空运行风险全程研判、车路安全风险协同管控，车辆安全隐患查处率超过90%，隐患车辆布控有效率达99%。

6.5.5　网联自动驾驶车辆监管系统

我国自动驾驶政策的进一步完善，L2 及 L2＋自动驾驶技术已经实现规模化应用，并处于放量阶段；L4 级别以上的自动驾驶技术也已经实现上路测试，处于不断累积路测数据的阶段。然而面对自动驾驶等级逐步提高，如何有效监管网联自动驾驶车辆成为相关技术应用和行业健康发展面临的重要挑战。

当前，网联自动驾驶车辆监管主要存在以下两方面问题：

(1)监管过程局部化，缺乏整体性治理

当前自动驾驶数据安全监管，只注重某一个或某几个环节监管，并没有形成全过程监管。自动驾驶数据采集、利用和出境的安全监管，散见在《汽车采集数据处理安全指南》《加强车联网网络安全和数据安全工作》《车联网网络安全和数据安全标准体系建设指南》等规范性文件中，除《汽车采集数据处理安全指南》作为一项标准，规定比较详细外，其他规定都较为简略，并没有形成全过程内在监管逻辑和体系。

自动驾驶数据采集和跨境流通是数据安全监管重心，与国家安全以及公民个人隐私密切相关。被低估的是自动驾驶数据共享中的安全监管。自动驾驶技术发展离不开数据、算法和算力。将自动驾驶汽车采集的路况数据、事故数据等进行共享利用，具有显著正外部性，能够优化算法，短时间内提升自动驾驶技术，保障道路交通安全。

自动驾驶数据存储和删除同样是数据安全监管重要环节。如果自动驾驶汽车将采集数据一直存储，驾驶人行程轨迹和兴趣爱好等个人信息就会被永久保留，被车企、汽车维修商、软件服务商、广告商等精准利用，不排除对驾驶人构成骚扰，乃至产生安全隐患。因此，哪些数据可被存储，存储时间多长，是否应当及时删除还是定期删除，都是数据安全监管的重要方面。

(2)尚未建立科学化的监管模式

大数据、人工智能等新技术监管应在既有政府监管、企业自我监管基础上，强调政企合作监管，要求政府和企业主体为实现监管目标，在监管全过程保持合作。虽然自动驾驶数据安全监管一定程度上体现合作监管理念，但是合作监管还只是雏形。《加强车联网网络安全和数据安全工作》要求自动驾驶汽车相关企业对于数据安全风险评估和隐患排查整改情况，要向监管部门报备；对于数据安全事件处置，要向监管部门报备，较大数据安全事件需要配合监督检查，提供必要技术支持；数据出境要将评估情况向监管部门报备。

针对上述问题，现有监管措施从监管数据的角度对网联自动驾驶汽车监管进行了相关规定。表 6-13 列举了相关规范性文件中关于网联自动驾驶汽车监管数据类型的说明。

表 6-13　规范性文件中的自动驾驶汽车数据类型

序号	文件名称	数据类型
1	《智能汽车创新发展战略》	用户信息、车辆信息、测绘地理信息
2	《加强智能网联汽车生产企业及产品准入管理》	自动驾驶数据记录系统记录的数据应包括车辆及系统基本信息、车辆状态及动态信息、自动驾驶系统运行信息、行车环境信息、驾乘人员操作及状态信息、故障信息
3	《智能网联汽车道路测试与示范应用管理规范(试行)》	车辆标识(车架号或临时行驶车号牌信息等);车辆控制模式;车辆位置;车辆速度、加速度、行驶方向等运动状态;环境感知与响应状态;车辆灯光、信号实时状态;车辆外部360度视频监控情况;反映驾驶人和人机交互状态的车内视频及语音监控情况;车辆接收的远程控制指令(如有);车辆故障情况(如有)
4	《汽车数据安全管理若干规定(试行)》	本规定所称汽车数据,包括汽车设计、生产、销售、使用、运维等过程中的涉及个人信息数据和重要数据
5	《汽车采集数据处理安全指南》	车外数据,座舱数据,运行数据,位置轨迹数据

(3)典型监管平台

①美国 Waymo 车辆监管平台

Waymo 车辆监管平台是由美国自动驾驶技术公司 Waymo 开发的综合管理系统,如图 6-23 所示,旨在保障其自动驾驶车辆的安全、效率和可靠运行。该平台通过一系列先进的技术和工具,实时监控、管理和优化 Waymo 车队的运作。首先,Waymo 车辆监管平台利用强大的传感器和通信技术,实时收集车辆的各种数据,包括位置、速度、交通状况以及车辆内部系统的运行状态。这些数据通过高带宽网络传输到中央控制系统,确保车辆的每一个细微变化都能被及时监测和处理。其次,平台集成了先进的人工智能和机器学习算法,能够分析大量数据,预测潜在问题并主动采取措施。这种预测性维护功能不仅提高了车辆的可靠性,还减少了运营成本和停机时间。此外,Waymo 车辆监管平台还具备强大的调度和路线优化功能。它可以根据实时交通信息和乘客需求,动态调整车辆的路线和调度计划,从而提升服务效率和用户体验。为了确保最高的安全标准,平台还支持远程操作和应急响应。在遇到紧急情况时,远程操作员可以接管车辆控制,及时应对突发事件,保障乘客和道路安全。总的来说,Waymo 车辆监管平台是一个高度智能化和集成化的系统,利用先进技术为自动驾驶车队提供全面的监管和优化服务,确保其在复杂多变的道路环境中安全、高效地运行。

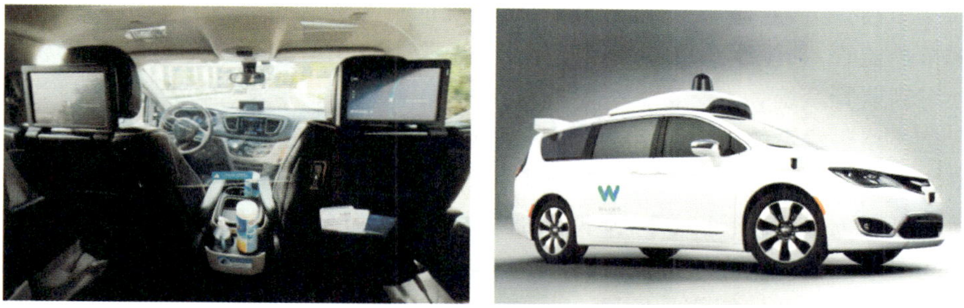

图 6-23　美国 Waymo 自动驾驶出租车

②百度 Apollo 自动驾驶出租车监管平台

百度 Apollo 自动驾驶出租车监管平台支撑“萝卜快跑”自动驾驶出租车服务，包括监控调度平台、车队管理平台、数据服务平台、智能巡检平台、运营管理平台等子系统。该平台可支持自动驾驶车辆全生命周期管理，建立车辆电子档案便于车辆管理和保养，支持运营商结合自身运营场景构建安全的车辆运营方案，如图 6-24 所示；基于自动驾驶车辆的实时高精度数据感知能力、云端平台事件计算和分析能力，实时掌握道路交通状态，为相关政府部门提供决策支持工具，助力城市交通综合治理。

图 6-24　百度 Apollo 自动驾驶出租车监管平台

6.6　本章小结

本章首先介绍了智慧公路运输系统的概念、构成和发展历程；其次介绍了智慧公路感知监测系统，包括安全管控与应急保障、公路养护与监测；接着介绍了智慧公路信息服务及其作用和分类，并介绍了智慧公路收费系统的构成和关键技术；最后，介绍了智慧公路运输车辆监管，具体涉及重点营运车辆监管系统、网联新能源汽车监管系统和网联自动驾驶车辆监管系统。

智慧公路运输系统的发展和应用，极大地提升了公路交通的智能化、信息化和网联化水平。通过对车辆、道路、交通设施等信息的实时监测和数据分析，系统能够提供高效的交通信息服务，提高交通效率，降低交通事故风险，为公众提供更加便捷、安全的出行体验。随着信息技术的不断进步，智慧公路运输系统将在未来继续发挥重要作用，推动公路交通管理和服务的智能化发展。

“课程思政”延伸阅读材料

加速光纤传感技术自主可控，服务交通强国战略——姜德生院士团队自主创新之路

智慧公路系统分为获取全域信息的先进传感网络、大数据云计算平台、智能管理系统三部分，目前依托传感网络的信息获取存在很多困难。随着智能化的发展，亟须发展新型光纤传感网络。姜德生院士领导的科研团队历时近10年成功研制的光栅列阵传感网络，在国内外首次实现了单纤超10万个且传输损耗小于0.5 dB/km的大容量、低损耗光栅阵列传感光纤的工业化生产，为智能交通信息提供了基础核心技术，获得了国家技术发明二等奖，相关技术也在湖北省首条智慧高速——花湖机场高速上得到成功应用。然而，技术攻关的初期曾遇到困难，据姜德生院士回忆，当时研发单点式光栅传感器解调系统，但是核心器件掌握在外国人手里，一个小拇指头大的核心器件价格高达2万美元。关键核心技术是要不来、买不来、讨不来的。经过三年技术攻关，姜德生用自主知识产权做出了同类产品，而且技术工艺更简单、更先进，价格更低。只有坚持务实、专业、长期的信念，才能保持优势，形成胜势。随着姜德生院士团队的不断突破创新，我国在光纤传感产品“纤—缆—解调仪表—应用软件”全链条中，已拥有从光纤敏感材料、关键器件、智能仪表到传感系统的核心技术能力。

姜德生院士面对重重挑战，不畏艰难，敢于突破传统束缚，以严谨的科学态度和深厚的专业底蕴，不断探索新理论、新技术、新方法，以矢志不渝的创新精神，勇攀科技高峰，践行着大国工匠的非凡使命。正是这种勇于创新、攻坚克难的大国工匠精神，推动了我国科学技术的飞跃发展，为国家进步和民族复兴奠定了坚实的科技基石。

思考题

1. 智能公路交通信息服务系统与传统的交通信息服务系统有何不同?
2. 智慧公路系统通常包括哪几个子系统? 各子系统之间如何相互衔接和支持?
3. 常见的智慧公路感知设备有哪些? 各自有何特点?
4. 智慧公路多源信息融合如何支持交通管理决策?
5. 智慧公路信息服务的含义是什么? 通常包括哪些服务?
6. 智慧公路信息服务系统的作用是什么?
7. 简述高速公路电子道路收费系统(ETC)的构成。
8. 简述网联汽车(车联网)的概念和分类。
9. 重点营运车辆监管难点有哪些? 目前有哪些针对性的监管措施?
10. 未来新能源汽车运行安全监管可能面临哪些问题?
11. 网联自动驾驶车辆安全监管的难点有哪些? 有哪些可能的解决办法?

参考文献

[1] 严新平,吴超仲. 智能运输系统——原理、方法及应用[M]. 武汉:武汉理工大学出版社,2014.

[2] 刘胜华. 湖北省交通运输高质量发展综合评价研究[D]. 武汉:武汉理工大学,2021.

[3] 张晖,刘永杰,吴超仲,等. 考虑行车安全事件严重程度和个体差异的驾驶行为风险评估[J]. 中国安全科学学报,2023,33(7):24-31.

[4] 吕能超,王玉刚,周颖,等. 道路交通安全分析与评价方法综述[J]. 中国公路学报,2023,36(4):183-201.

[5] 钟鸣,占惊春. 第六届交通运输研究(2015 上海)论坛综述[J]. 交通信息与安全,2016,34(2):1-8,24.

[6] 张晖,倪定安,曾科,等. 人机共驾环境下驾驶疲劳研究综述[J]. 中国安全科学学报,2023,33(3):204-211.

[7] 于德新. 智能运输系统概论[M]. 4 版. 北京:人民交通出版社,2020.

[8] 杜豫川,刘成龙,吴荻非,等. 新一代智慧高速公路系统架构设计[J]. 中国公路学报,2022,35(4):203-214.

[9] 赵伟. 高速公路基础建设与智能感知系统[J]. 交通世界,2021,28(10):3-4.

[10] 陈志军,胡军楠,冷姚,等. 基于轻量化网络和注意力机制的智能车快速目标识别方法[J]. 交通运输系统工程与信息,2022,22(6):105-113.

[11] 张晖,肖逸影,吴超仲,等. 中国危险品车辆驾驶人驾驶行为影响因素分析[J]. 交通信息与安全,2020,38(5):137-144,153.

［12］ 王凌波，王秋玲，朱钊，等. 桥梁健康监测技术研究现状及展望[J]. 中国公路学报，2021，34(12):25-45.

［13］ 车现法，曹新涛.基于智能传感技术的智慧公路健康监测研究[J].建筑机械，2024(1):116-122.

［14］ 付振宇，郭宇鹏，郑晓林.无人机在公路桥梁养护检测中的应用[J].中国设备工程，2023(20):168-170.

［15］ 张晖，李少鹏，丁乃侃.电动汽车电池温度一致性与驾驶行为关联特性研究[J].中国公路学报，2024,37(3):216-230.

［16］ 严先亮.武汉智能网联汽车示范区商业模式研究[D].武汉:武汉理工大学，2019.

第 7 章

车辆智能驾驶系统

7.1 概述

随着汽车保有量的激增，车辆之间、车辆与行人之间、车辆与环境之间的矛盾日益突显，社会、经济和环境发展面临前所未有的挑战。在此背景下，以智能网联和电子电气技术为核心的智能车辆技术，为解决交通事故、拥堵和环境污染等问题提供了有效途径。

随着新一代人工智能技术的快速发展，汽车行业正经历深刻的变革。智能驾驶技术作为这一变革的先锋，正在引领人类步入全新的出行时代。智能驾驶系统凭借先进的环境感知技术和精准的决策控制技术，已成为现代交通系统的核心。它们不仅能够实时处理大量数据，提供更加智能化的驾驶体验，还能显著减轻驾驶者的负担，极大地降低交通事故的发生概率。

本章将从智能驾驶系统概述、智能驾驶关键技术、先进辅助驾驶系统和自动驾驶系统四个方面，对车辆智能驾驶系统进行详细阐述。

智能驾驶系统(Intelligent Driving System)是通过综合运用传感器、人工智能、控制技术、通信技术等先进技术，实现车辆在复杂交通环境中的自主感知、决策、控制与通信的系统。

7.2 智能驾驶关键技术

7.2.1 环境感知与定位技术

自动驾驶环境感知与定位是使车辆能够准确理解周围环境并确定自身位置的关键技术。它通过使用各种传感器(图 7-1)和算法，如摄像头、激光雷达等，帮助车辆检测道路上的障碍物、行人、交通标志等，并精确定位车辆的位置，支持有效的路径规划和决策制定，以满足自动驾驶应对复杂道路环境的要求。

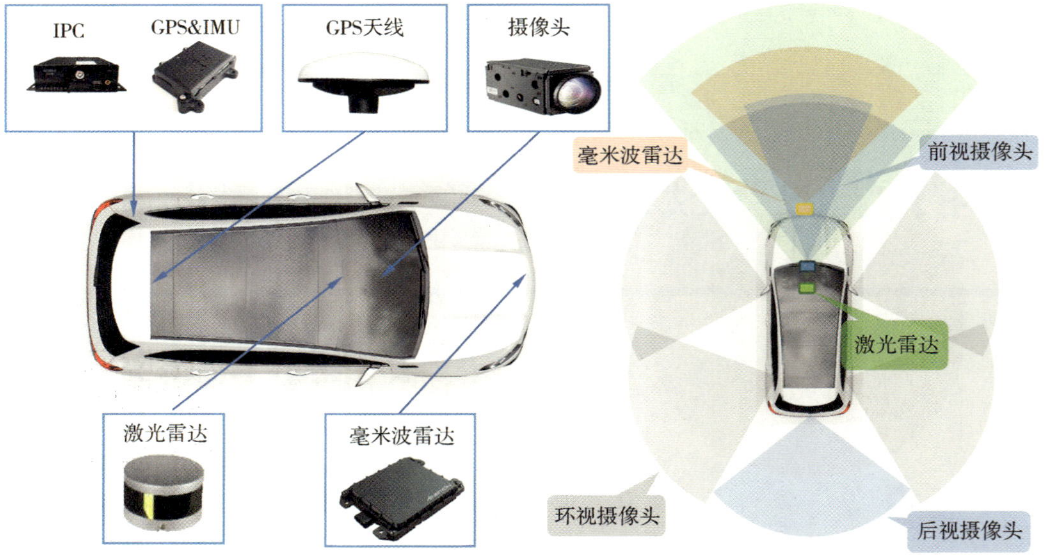

图 7-1 智能车辆传感器示意图

（1）环境感知与识别

感知环节采集周围环境的基本信息，也是自动驾驶的基础。自动驾驶汽车通过传感器来感知环境，所用到的传感器主要包括摄像头、毫米波雷达和激光雷达。表 7-1 列出现有的多种传感器在远距离测量能力、分辨率、温度适应性等诸多无人驾驶关键特性上的性能表现。

智能驾驶系统中的环境感知任务包括车道线检测、目标检测、目标跟踪、语义分割等。本节以经典的目标检测任务为例，分别介绍基于视觉、基于激光雷达与基于多传感器融合的感知方法。

表 7-1 环境感知系统常用传感器的优缺点对比

传感器名称	激光雷达	毫米波雷达	摄像头	GNSS/IMU
远距离测量能力	优	优	优	优
分辨率	良	优	优	优
低误报率	良	优	一般	优
温度适应性	优	优	优	优
不良天气适应性	较差	优	较差	优
灰尘/潮湿适应性	较差	优	较差	较差
低成本硬件	较差	优	优	良
低成本信号处理	较差	优	较差	良

①基于视觉的感知方法

目标检测是指在图像或视频等传感器数据中分类和定位物体的任务，在这里泛指需要在行驶环境中检测道路上存在的各种移动和静止的障碍物（比如车辆、行人等）。主流的视觉感知方法多采用深度学习，通过神经网络从图像或视频帧中提取特征。基于深度学习的目标检测分为两类：两阶段检测和单阶段检测。

两阶段检测首先提取物体区域，然后通过卷积神经网络（CNN）对区域进行分类识别，因此也被称为基于候选区域的目标检测。代表性算法包括 R-CNN 系列，如 Fast R-CNN 和 Faster R-CNN。

相较于两阶段算法，单阶段算法只需一次提取特征即可实现目标检测，其算法速度更快，但精度稍微低一些。这类算法的代表是 YOLO。尽管检测准确率不如两阶段目标检测算法，由于具有较快的运行速度，YOLO 成为了工业界的主流。

②基于激光雷达的感知方法

基于激光雷达的感知方法受光线影响较小，可以在全天的场景中工作，而且激光雷达频率较高，检测准确率高。基于激光雷达的三维目标检测方法包括：基于体素的方法、基于点的方法和基于图的方法等。

点云是指获取物体表面每个采样点的空间坐标形成的点的集合。用于三维目标检测的点云通常由激光雷达扫描得来，包含点的三维坐标、强度等信息。基于点的方法直接在点云上提取特征，首先学习点云全局和局部特征，然后通过后端检测头生成高质量的三维边界框，典型方法包括 F-PointNet、Point R-CNN 等。

体素是体积元素的简称，是数字数据在三维空间分割上的最小单位，类似于二维空间的最小单位像素，包含位置、密度值与其他属性信息。基于体素的方法先将点云进行体素化划分，然后将体素化的点云输入骨干网络进行特征提取，再由特征进一步得到边界框和类别。基于体素的典型方法，主要包括 VoxelNet、Voxel-FPN 等。

图表示形式的核心在于构建图神经网络，再通过图卷积进行特征提取。图神经网络的计算费时，对于应用是一个严重限制。但是图表示方法能较好地适应点云的不规则性，并且能够得到更多的局部信息。基于图的典型方法包括 Point-GNN 等。

③基于多传感器融合的感知方法

由于不同种类的传感器的特性不同，具有各自的适应范围和局限性，单一传感器无法满足车辆在不同场景下的精确感知要求。相机传感器能检测周围环境的颜色和纹理信息，实现目标分类和检测等任务，但难以获得精确的距离信息，易受光照、天气等影响。激光雷达可以实现精确的距离探测，受光照影响小，但探测距离越远分辨率越低，且无法获得颜色和纹理信息，受恶劣天气影响较大。多传感融合技术可提升智能汽车感知系统的准确性和稳定性，多传感融合技术可以分为数据层融合、特征层融合和决策层融合三类（图 7-2），也称为前融合、中融合和后融合。

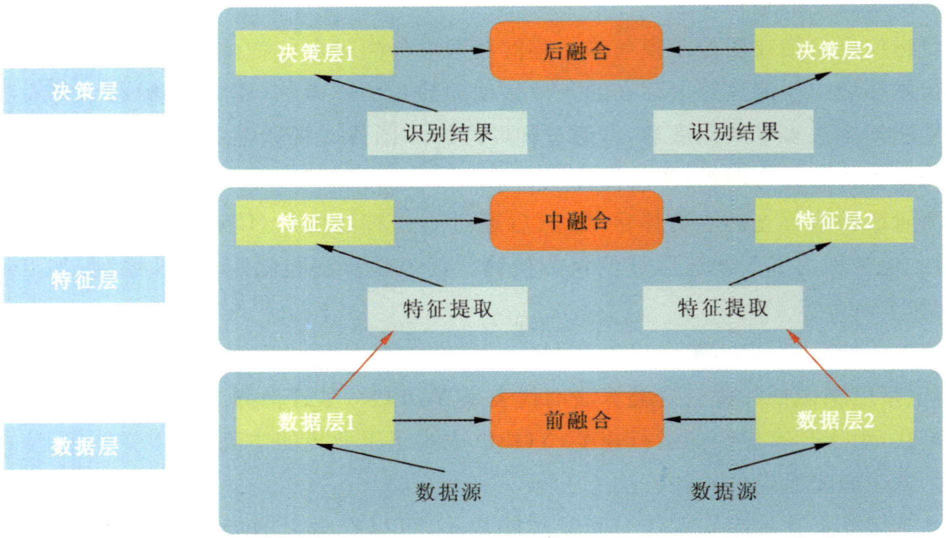

图 7-2　信息融合方法示意图

数据层融合能充分利用多源信息的原始数据优势，组合后的原始数据包含更加丰富的信息，有利于进行更加准确和全面的判断，但也存在数据处理耗时长、运算量大、实时性差等问题；特征层融合则将不同传感器提取的中间特征融合，在融合特征上再进行后续的数据处理，该方法干扰数据少，数据处理速度较快，但特征提取算法需要单独设计，准确性受特征提取模型影响较大；决策层融合重点关注的是如何有效结合各个传感器检测结果，以提高检测的精确度和鲁棒性，该方法所需通信量小、容错能力强，但是精度较低、难以考虑原始数据特征。各融合方法对比见表 7-2。

表 7-2　数据融合方法

融合方法	优点	缺点	典型方法
数据层融合	数据信息丰富、信息完整度高、融合精度高	数据处理耗时长、运算量大、实时性差、数据存在噪声或缺失	神经网络、小波变换、主成分分析
特征层融合	干扰数据少、处理速度较快、精度较高	特征处理和特征提取算法需要单独设计，准确性受特征提取模型影响较大	DS 证据理论、贝叶斯方法、聚类分析法、加权平均法、神经网络
决策层融合	所需通信量小、容错能力强	精度较低、难以考虑原始数据特征、误判概率大	贝叶斯估计法、神经网络、模糊集理论、可靠性理论

(2)汽车定位技术

智能驾驶汽车需要准确获取车辆的位置信息,以便在复杂的道路环境中进行精确的导航和决策。汽车自身定位信息获取的方式多样,涉及多种传感器类型和相关技术,本节将从卫星导航定位、惯性导航定位及多传感器融合定位介绍自动驾驶汽车定位技术。

①卫星导航定位(图 7-3)

卫星导航定位以人造地球卫星作为导航台,为全球海陆空的各类军民载体提供位置、速度和时间信息,这些信息都具有全天候且高精度的特征,因而又被称作天基定位、导航和授时系统。全球 4 大卫星导航系统包括美国的全球定位系统、俄罗斯的格洛纳斯卫星导航系统、中国的北斗卫星导航系统与欧盟的伽利略卫星导航系统。

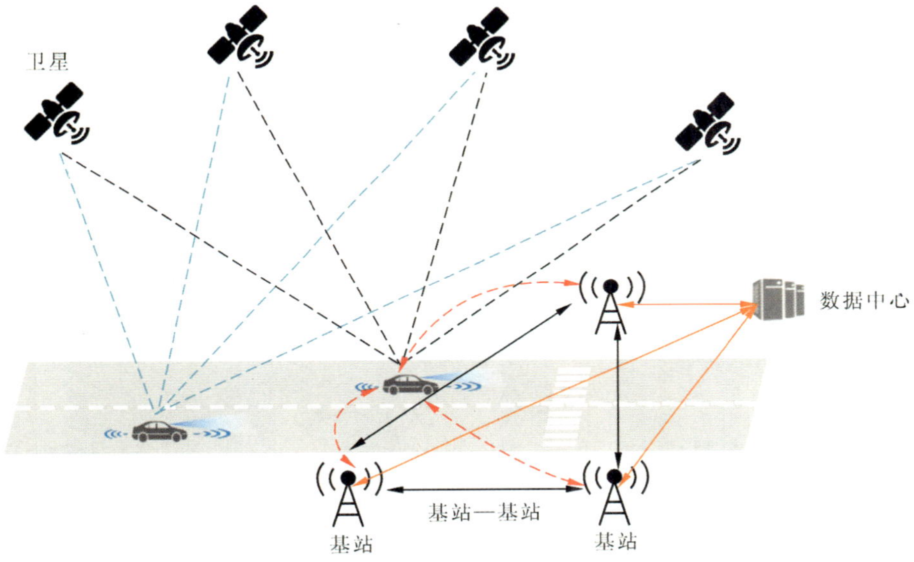

图 7-3　卫星导航定位系统示意图

全球导航卫星系统(Global Navigation Satellite System,GNSS)是一种天基无线电导航系统,通过接收机接收天上卫星发射的信号,根据信号发射和接收的时间差或者信号的载波相位来确定卫星和接收机之间的距离,基本观测量主要是码相位(精测距码 P 码和粗测距码 C/A 码)和载波相位。测量应用有精密单点定位技术(Precise Point Positioning,PPP),相对定位以及虚拟参考站动态定位技术(Virtual Reference Station,VRS)。

②惯性导航定位

惯性导航系统是以陀螺仪和加速度计为感知元件的导航参数解算系统,应用航迹递推算法提供位置、速度和姿态等信息。惯性导航系统是一个不依赖外部信息,也不向外部辐射能量的自主式导航系统。它主要由 3 个模块组成:惯性测量模块、信号预处理模块和机械力学编排模块。该系统通过陀螺仪测量载体旋转信息求解得到载体的姿态信息，再将加速度计测量得到的载体比力信息转换成导航坐标系进行加速度信息的积分运算，推算出汽车的位置和姿态信息。

③多传感器融合定位

多传感器信息融合是将不同传感器对某目标或环境特征描述的信息，综合成统一的特征表达信息及其处理的过程，通过对各种传感器及其观测信息的合理支配与使用，将各种传感器在空间和时间上的互补与冗余信息依据某种优化准则加以组合，产生对观测环境或对象的一致性解释和描述。利用多个传感器共同或联合操作的优势，能提高整个传感器系统的有效性。

多传感器融合的数据主要包括 GNSS-RTK、惯性导航系统和特征匹配自定位系统的输入数据。对这些数据进行预处理、数据配准和数据融合等处理后，输出车辆自身的速度、位置和姿态信息，如图 7-4 所示。

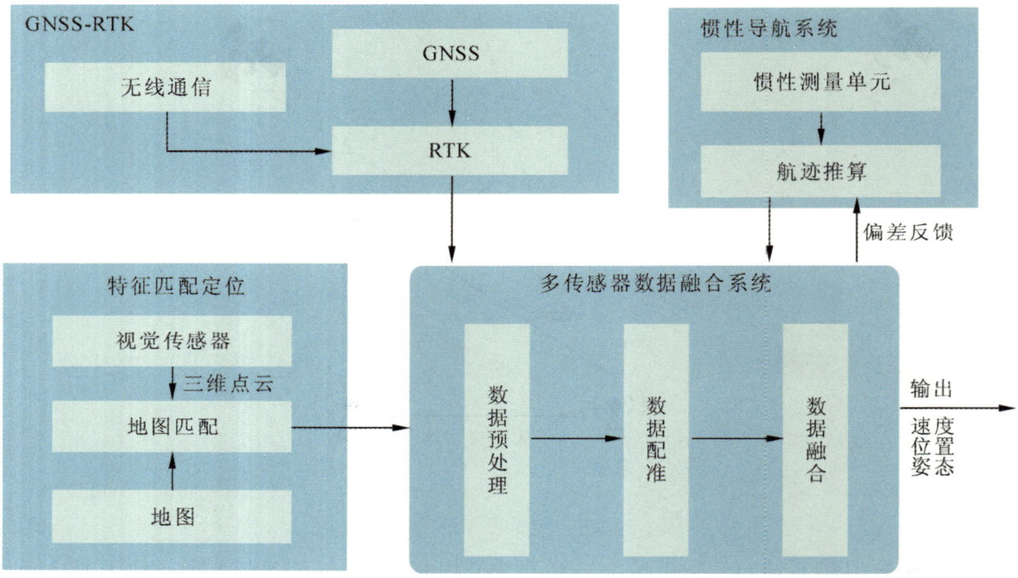

图 7-4 多传感器数据融合流程图

数据融合需要借助融合算法，融合算法可分为随机类和人工智能类两大类。随机类多传感器数据融合方法主要有贝叶斯推理、D-S 证据理论，以及包括最大似然估计、综合平均法、贝叶斯估计、D-S 法、最优估计、卡尔曼滤波、鲁棒估计等在内的估计理论；人工智能类多传感器数据融合方法主要有基于神经网络的多传感器数据融合，基于模糊聚类的数据融合以及专家系统等。其中，随机类多传感器数据融合算法属于经典融合算法，又可分为估计和统计两类方法；人工智能类多传感器数据融合方法也称为现代融合法，可以用信息论和人工智能来划分。

7.2.2　决策与规划技术

决策与规划技术是自动驾驶系统中至关重要的一部分，根据环境感知和定位信息，制定车辆的行驶策略和路径规划。决策算法需要快速且准确地作出决策，确保车辆安全地与周围环境交互。规划算法则负责将决策转化为具体的行动方案，包括车辆如何沿着道路行驶、何时变道、何时减速等。

(1)行为决策

行为决策层在整个自动驾驶汽车规划控制软件系统中扮演着“大脑”的角色。这个层面汇集了所有汽车感知到的重要的周边信息，不仅包括了自动驾驶汽车本身的当前位置、速度、朝向，以及到达目的地的导航信息和当前所处车道，还收集了自动驾驶汽车一定距离以内的障碍物信息。行为决策层需要解决的问题就是在知晓这些信息的基础上，决定自动驾驶汽车的行驶策略，使得自动驾驶汽车可以安全地到达目的地。

①基于规则的方法

基于规则的自动驾驶汽车行为决策方法的思路是，根据环境中车辆行驶状态，人为设定一些驾驶模式切换规则，判断车辆当前的行驶状态是否符合设定的驾驶条件，以此对车辆驾驶行为切换逻辑进行制定。在国内外的研究中，基于规则的行为决策方法主要可以分为有限状态机(Finite State Machine，FSM)以及决策树(Decision Tree，DT)等模型。

基于 FSM 的行为决策方法是将车辆的行驶过程划分为多个不同的行驶状态，用有向连通图表示不同状态之间的转换关系。斯坦福大学与大众集团在 2007 年美国 DAPAP 自动驾驶挑战赛中联合开发的 Junior 车型所采用的就是 FSM 行为决策模型，该决策模型共包括 13 个状态，有初始状态、车道保持、通过路口、任务完成等。有限状态机模型由于简单、易行而成为自动驾驶领域目前最广泛的行为决策模型，但该类模型忽略了环境的动态性和不确定性，很难胜任具有丰富结构化特征的城区道路环境下的行为决策任务。

决策树模型是一种用于决策分析的树形结构工具，通过线条和图形展示决策策略、状态、概率及收益值。叶子节点代表驾驶行为策略，非叶子节点表示驾驶状态判断，因此，决策树可以转换为复杂的“If-Then”逻辑判断规则。驾驶策略的决策过程采用自顶向下的“轮询”机制。该模型的控制逻辑直观且节点可复用，但需要为每个驾驶场景离线定义决策网络。当状态空间和行为空间较大时，控制逻辑会变得复杂。此外，决策树模型难以处理交通环境中的不确定因素。

②基于学习的方法

基于学习的行为决策模型通过大量驾驶数据训练网络模型，从而利用训练好的模型指导自动驾驶车辆行为决策。该模型可根据学习方式分为基于深度学习和基于强化学习的行为决策模型。基于深度学习的行为决策模型主要学习已有驾驶数据。基于强化学习的行为决策模型是通过搭建仿真环境，在车辆与仿真环境的交互过程中，利用奖励函数指导车辆学习正确的驾驶策略。

基于学习的模型将驾驶知识的整理过程移交给神经网络，通过监督学习的方法将驾驶场景的特征映射到驾驶动作上，这种策略的选择过程可以将"场景特征—驾驶动作"的映射称为"端到端"映射。英伟达采用多层神经网络开发"端到端"的智能汽车，这种场景特征直接映射到控制系统。而 Waymo 的做法不同于"端到端"的映射，利用神经网络模型输出为汽车期望轨迹，再利用控制模块跟踪轨迹。

③基于效用函数的方法

基于效用函数的行为决策模型是根据目标准则在多个方案中选择出效用函数最优的驾驶策略。在自动驾驶中，目标准则通常是行驶安全性、驾驶效率、乘坐舒适性等。常见的方法包括多目标决策、马尔可夫决策过程与博弈论等。

多目标决策方法通过权衡行驶安全性、驾驶效率和乘坐舒适性等多个目标，确定车辆的最优行驶策略。其核心在于合理分配目标权重，计算综合效用值并据此决策。虽然该方法在复杂驾驶环境中能有效平衡多种需求，但计算复杂度较高，尤其在实时应用中，可能导致响应速度不足。因此，实际应用中通常需要借助优化算法或简化模型来提高效率。

马尔可夫决策过程（Markov Decision Process，MDP）通过定义状态空间、动作空间和状态转移概率，帮助车辆在不确定和动态变化的环境中作出最佳决策。

虽然 MDP 能够评估不同策略的长期收益，但随着状态和动作空间的增大，其计算复杂度也随之增加，可能面临"维度灾难"，因此常需要结合近似算法或深度学习技术以提升计算效率和实时性。

博弈论是研究智能体决策的重要数学分支，在体现智能体交互性方面具有显著的优势，它为研究自动驾驶汽车换道行为决策与周围环境车之间的相互影响关系提供了可解释性的数学基础。博弈论模型通常通过定义参与者、策略集合和收益函数，来研究在各种可能的行为组合下，如何达到均衡状态。然而，博弈论的实际应用存在一定局限性，特别是在环境因素高度复杂且动态变化时，单独依靠博弈论可能无法得出全局最优解。

（2）运动规划

运动规划的主要任务是执行路径规划或轨迹规划，即根据行为决策指令，在车辆所处的交通环境下，计算出供车辆控制模块跟踪执行的参考路径或轨迹。路径规划旨在生成一条连接车辆起点与终点且避免与环境中障碍物发生碰撞的几何路径；而轨迹规划则在路径规划的基础上进一步考虑车辆沿路径行驶时的时间约束条件。目前，主要的路径/轨迹规划方法可分为基于采样的方法、基于图搜索的方法、基于几何曲线的方法和基于数值优化的方法。

①基于采样的方法

基于采样的轨迹规划方法的主要思路是在二维平面空间或三维时空空间中生成一系列可连接起点与终点的路径或轨迹。基于采样的规划方法最早应用在机器人路径规划领域，主要有概率路线图（Probabilistic Roadmap Method，PRM）、快速搜索随机树（Rapidly-Exploring-Random Tree，RRT）及其变体，如图 7-5 所示。PRM 算法在采样点分布不合理或采样点较少时，并不一定存在可行解。RRT 算法在不考虑搜索耗时的情况下，具有概率完备性。但是由 PRM 或 RRT 采样生成的路径并不光滑，需要进行平滑处理后才可以被车辆控制模块所执行。

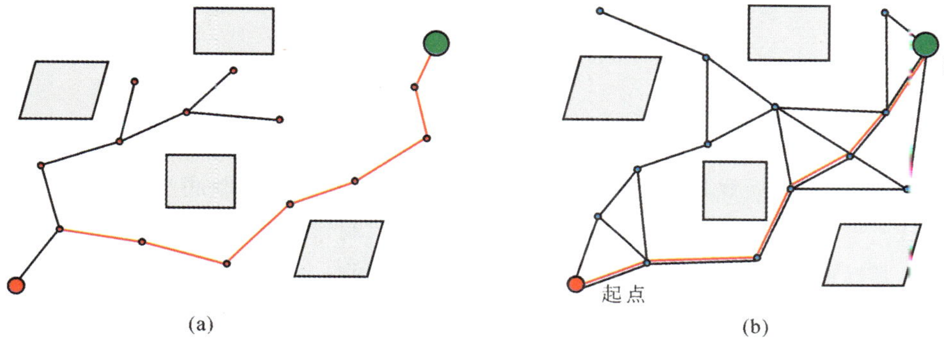

图 7-5　基于采样的方法

(a)快速搜索随机树算法；(b)概率路线图算法

②基于图搜索的方法

基于图搜索规划方法的主要思路是采用离散化技术将搜索空间离散处理为有限单元组成的图，并在图中搜索找到满足规划需求的路径。荷兰计算机科学家提出的 Dijkstra 算法在一系列网格或节点中搜索最短路径，一般适用于全局路径规划。但是 Dijkstra 算法的搜索不具有启发性，算法在大范围内搜索时的效率较低，因而在线实时使用存在挑战。

A* 算法是对 Dijkstra 算法的改进和扩展，通过引入与目标点有关的启发式信息，指导算法沿着最可能到达目标点的方向进行搜索，使算法在搜索过程中优先选择具有较小代价值的节点，这有助于减小搜索空间、提高搜索效率。在此基础上进一步衍生出了 AA*（Anytime A*）、ARA*（Anytime Repairing A*）、D*（Dynamic A*）、AD*（Anytime D*）等算法。

③基于几何曲线的方法

基于几何曲线规划方法的主要思路是采用曲线拟合的方式对给定的航路点进行拟合，融合轨迹的可行性、舒适性和车辆约束等参数信息，以生成满足车辆运动约束的轨迹。常用于轨迹规划的几何曲线有正弦曲线、贝塞尔曲线、B 样条曲线、多项式曲线、

Dubins 曲线等。多项式曲线是被广泛应用于换道轨迹规划的方法，多项式曲线可通过调整曲线不同的阶数与参数来满足不同换道场景下轨迹规划的需求。

④基于数值优化的方法

基于数值优化方法的规划旨在最优化受不同约束的目标函数，可以是最大化收益函数或最小化代价函数。慕尼黑工业大学提出的可达性分析与凸优化相结合的轨迹规划器提高了规划的效率，随着问题复杂性的升高，该方法的优势愈发突出。模型预测控制算法是一类常用于局部路径规划的数值方法，在满足模型限制和约束条件的同时考虑了高效性、舒适性和安全性需求，规划出最优轨迹。基于数值优化方法的规划可有效应对复杂的约束条件，但函数的动态优化较为耗时。

7.2.3 运动控制技术

运动控制根据运动规划输出和实时反馈的车辆行驶状态来控制底盘执行器的动作，使车辆稳定、平滑、精确地跟踪期望路径/轨迹。运动控制作为自动驾驶架构体系的核心环节之一，其性能表现直接影响车辆行驶安全和用户体验。

(1)纯跟踪控制

纯追踪控制的基本原理是通过控制车辆转向半径 R，使车辆后轴中心控制点沿圆弧到达前视距离为 l_d 的参考路径目标点(g_x, g_y)，再基于阿克曼转向模型，计算得到控制所需前轮转向角 δ_f，如图 7-6 所示。

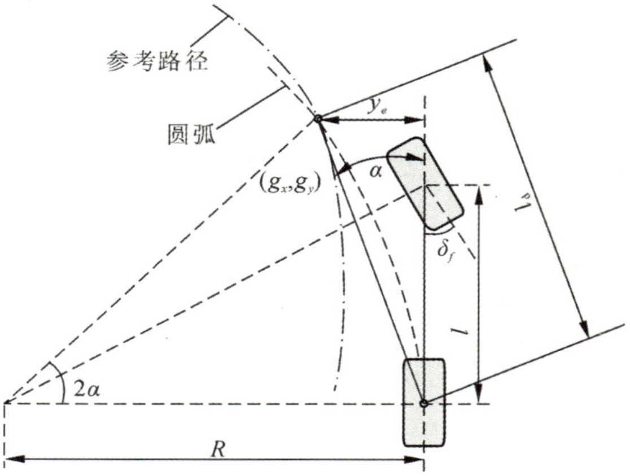

图 7-6 纯跟踪算法的几何关系示意图

根据几何关系：

$$\frac{l_d}{\sin(2\alpha)}=\frac{R}{\sin\left(\frac{\pi}{2}-\alpha\right)} \tag{7-1}$$

可得车辆转弯半径 R 和转弯曲率 ρ 分别为：

$$R=\frac{l_d}{2\sin\alpha} \tag{7-2}$$

$$\rho=\frac{2\sin\alpha}{l_d}=\frac{2}{l_d^2}y_e \tag{7-3}$$

其中：α——车辆中心平面与前视矢量的夹角；

y_e——侧向位移误差。

根据阿克曼转向模型得到前轮转向角δ_f的控制律为：

$$\delta_f=\arctan\frac{2l\sin\alpha}{l_d} \tag{7-4}$$

其中：l——车辆轴距。

纯追踪算法简单实用，对道路曲率扰动具有良好的鲁棒性，但其跟踪性能严重依赖前视距离的选择，最优值很难获取。此外，纯追踪算法是基于简单的几何学模型，并未考虑车辆动力学特性和转向执行器动态特性。高速下转向曲率的快速变化易使车辆产生侧滑，系统模型与实际车辆特性相差较大会导致跟踪性能恶化，因此纯追踪算法多适用于较低车速和小侧向加速度下的路径跟踪控制。

(2)Stanley 算法

2005 年，斯坦福大学 Stanley 赛车应用 Stanley 算法取得了 DARPA 沙漠挑战赛的冠军。Stanley 算法根据前轴中心控制点到最近的参考路径目标点(g_x,g_y)的侧向位移误差y_e和航向角误差φ_e设计了非线性前轮转向角反馈控制律，该非线性控制器可以保证侧向位移误差y_e指数收敛到 0，如图 7-7 所示。

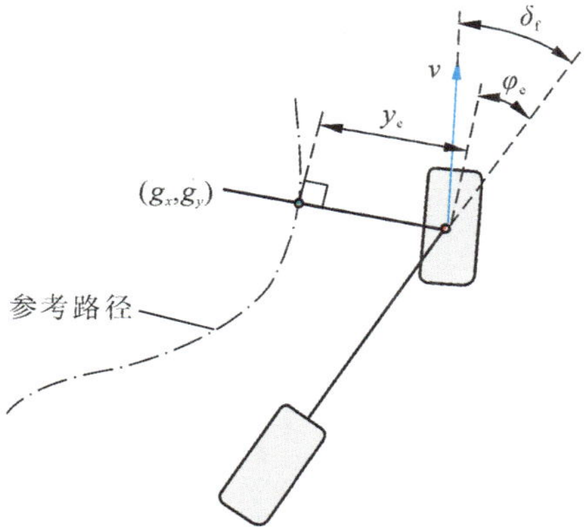

图 7-7 Stanley 算法的几何关系示意图

$$\delta_f=\varphi_e+\arctan\frac{k\,y_e}{v} \tag{7-5}$$

其中：v——车速；

k——增益系数。

Stanley 算法相比于纯追踪控制算法更适用于车速相对更高的行驶工况，但是对期望路径的平滑程度要求较高，在道路曲率光滑性不理想的情况下容易出现车辆响应超调过大的问题。由于忽略了车辆动力学特性和转向执行器动态特性，当车辆侧向加速度较大时跟踪性能较差。

(3)线性二次型最优控制

线性二次型(Linear Quadratic Regulator，LQR)最优控制是一种基于全状态反馈实现闭环最优控制的经典方法，广泛应用于自动控制领域。LQR 的基本思想是在给定的系统状态空间模型下，设计一个控制律，以最小化系统状态误差和控制能量的加权和，从而实现系统性能的优化。

LQR 的核心在于对线性系统的无约束优化，通过解代数黎卡提方程获得最优解的解析表达式，同时平衡多个性能指标。其理论完备性和实现的简便性使其广泛适用于各种线性系统的最优控制。然而，LQR 假设控制量不受约束，并依赖于精确的数学模型，这使得其在参数变化或外部扰动下的鲁棒性可能不足，导致在极限工况下的跟踪精度下降。此外，LQR 所需的全状态反馈(如质心侧偏角)通常难以获取，需依赖高精度的状态估计或昂贵的传感器，提高了系统实现的复杂性和成本。

(4)模型预测控制

与 LQR 相比，模型预测控制(MPC)是一种基于模型的闭环优化控制策略，利用被控对象的模型、系统当前状态和未来的控制输入，预测被控对象未来的变化趋势，并在线求解一个有限时域内的有约束最优化问题，基本原理如图 7-8 所示。

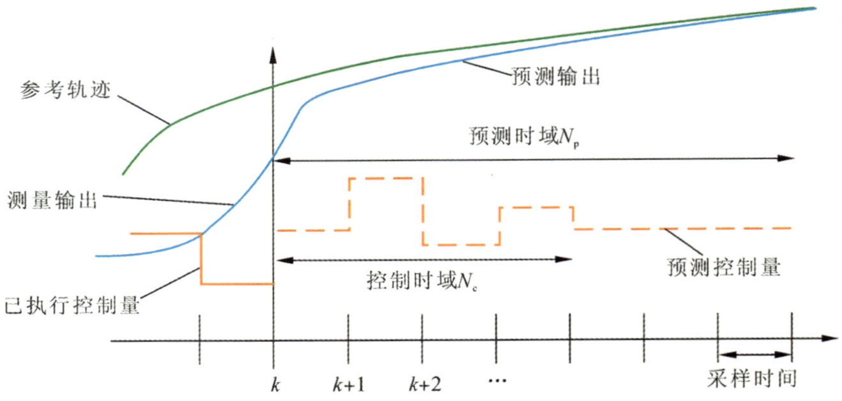

图 7-8 模型预测控制原理图

虽然模型预测控制在不同的应用中有不同的形式，但基本特征是一致的，总结如下：

①预测模型：预测模型能够利用系统当前的状态和未来的控制量，预测系统未来的输出，为后续的优化问题提供先验信息。

②滚动优化：与一般的控制方法不同，MPC 需要反复地求解有限时域内最优控制问题，虽然无法获得全局最优解，但是采用滚动优化的方式可以有效地应对模型失配、干扰

与时变带来的不确定性。

③反馈校正：由于存在模型失配、外界干扰和控制对象时变等因素，预测结果与实际结果必然存在误差，如果不加以校正，那么误差会不断累积。因此需要在每个采样时刻，利用反馈信息对预测模型进行修正，或者保持模型不变，对预测结果进行补偿。

7.2.4　车路云协同技术

车路云协同智能驾驶是在单车智能自动驾驶的基础上，借助 C-V2X 和 4G/5G 通信技术，将“人-车-路-云”交通要素有机地联系在一起，实现车与车（V2V）、车与道路（V2I，主要指车与道路的各类系统和设备设施，如感知设施、状态监测设备、交通诱导与控制设施等）、车与云（V2N，如地图平台、交管平台、出行服务平台等）和车与人（V2P）等的全方位协同配合（如协同感知、协同决策规划、协同控制等），从而满足不同等级自动驾驶车辆应用需求（如辅助驾驶、高等级自动驾驶），实现自动驾驶单车最优化和交通全局最优化发展目标，如图 7-9 所示。

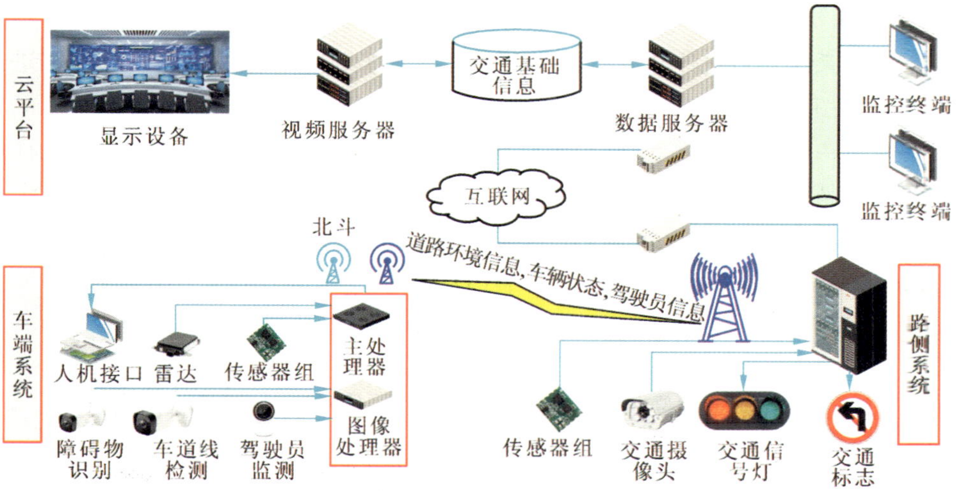

图 7-9　车路云协同系统

目前，我国的车路云协同平台已完成了理论研究、技术验证和标准制定，也已经开展了大规模测试验证与示范应用，正在加速走向规模化建设部署与应用。车路云协同驾驶规模商业化落地还需要突破如下关键技术，具体包括：

（1）高可靠、低时延通信技术

高可靠、低时延的通信技术包括无线通信和有线传输两大类。其中无线通信可分为直连无线通信和蜂窝移动通信两类。其中，直连无线通信包括 LTE-V2X PC5、NR-V2X PC5 等。这些技术通过车辆之间直接通信，实现低时延、高可靠的数据交换，适用于

V2V、V2I、V2P 等场景。蜂窝移动通信包括 4G、5G，以及未来演进的 6G。有线传输则包括 CAN（控制区域局域网）、车载以太网、光纤网络等。

（2）高精度融合感知技术

高精度融合感知技术包括多种传感器技术及其融合方法，以实现对复杂交通环境的全面感知。其中，传感器离线/在线高精度标定技术确保传感器在各种环境下的精确工作，提高数据的准确性和可靠性；多传感器融合技术将来自不同传感器（如摄像头、雷达、超声波传感器等）的数据进行融合，提高感知系统的鲁棒性和精度。

（3）协同决策与控制技术

车路协同决策与控制技术通过协调车辆、道路基础设施和其他交通参与者，提升交通系统效率和安全性。协同决策包括利用博弈论解决交通冲突和资源分配问题，以及根据实时数据优化车辆行驶路径和速度。协同控制包括综合优化车辆、道路和交通参与者的控制策略，车车通信实现自动编队，提高道路利用率，智能信号控制提高交叉口通行效率。

7.2.5 仿真测试技术

智能驾驶系统初步设计开发完成后，系统的测试验证工作需要基于开发流程进行逐级测试验证。图 7-10 所示的 V 模型包含了基于模型开发方法中的各个测试阶段和设计流程。该模型由两部分组成：左侧是设计阶段，右侧是验证和确认阶段。左侧允许在没有物理硬件的情况下执行两个不同的测试阶段，即模型在环（Model in the loop，MiL）和软件在环（Software-in-the-Loop，SiL）。右侧则包含三个测试阶段，即处理器在环（Processor-in-the-Loop，PiL）、硬件在环（Hardware-in-the-Loop，HiL）和整车在环（Vehicle-in-the-loop，ViL）。

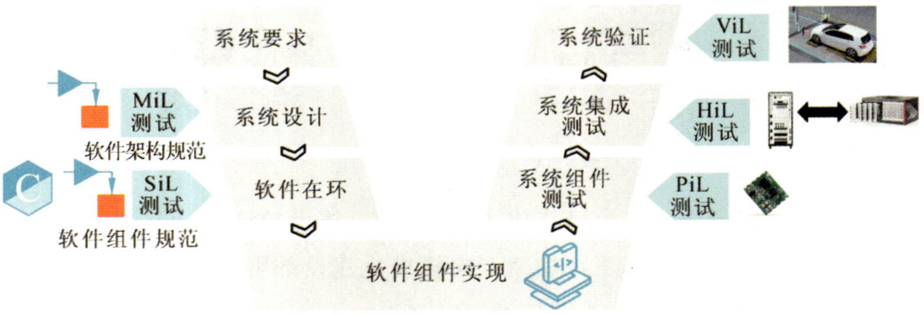

图 7-10 自动驾驶系统开发的 V 模型

（1）模型在环/软件在环

MiL 通过在计算机仿真环境中运行控制算法，并利用虚拟车辆模型进行测试，从而在实际硬件应用之前识别和解决潜在问题。其优势在于能快速开发、修改和测试系统，在测试环境的早期具备高可测试性。在此过程中，通过仿真控制器来验证系统的功能行为。MathWorks 公司的 MATLAB/Simulink 是建模和仿真的重要工具，支持在开发初期进行系统建模、仿真和验证。

V 模型左侧的下一阶段是 SiL 测试阶段，即在无硬件的虚拟环境中验证由系统模型生成的代码的正确性，其目的是确保代码在功能上完全符合控制模型。在 SiL 测试中，通常使用与 MiL 相同的测试用例输入，并将 SiL 的测试输出结果与 MiL 的输出结果进行对比，确认结果差异是否在允许范围内。MiL/SiL 仿真测试示意图如图 7-11 所示。

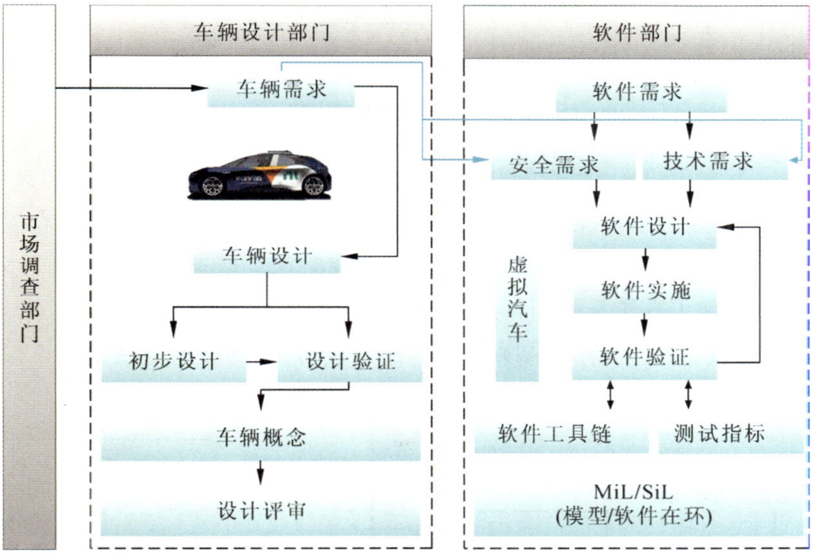

图 7-11　MiL/SiL 仿真测试示意图

(2)控制器在环/硬件在环

HiL 通常是指利用接近真实的实时仿真模型来替代实际被控对象的部分或系统部件，其中目标控制系统等采用真实硬件组件与系统实时仿真模型对接。通过仿真测试和评估控制策略、功能以及系统的安全性和有效性，从而快速完成目标控制系统的研发。HiL 仿真系统一般由三个部分组成：执行工作的硬件系统、用于仿真控制的测试案例管理软件以及提供实时环境的实时软件模型。其中，系统实时仿真模型在 HiL 仿真系统(图 7-12)中处于核心位置，能够将仿真环境与现实进行时间同步。

(3)整车在环

ViL 测试系统将被测自动驾驶系统集成到真实车辆中，对自动驾驶系统架构中的不同感知单元进行有针对性的感知模拟，结合实时仿真控制，并基于模拟仿真交通场景，构建一个系统级闭环测试平台。与传统的 HiL 测试相比，ViL 通过使用真实车辆替代车辆模型，大大提高了被测控制器性能测试结果的准确性。与实车测试相比，ViL 能够通过

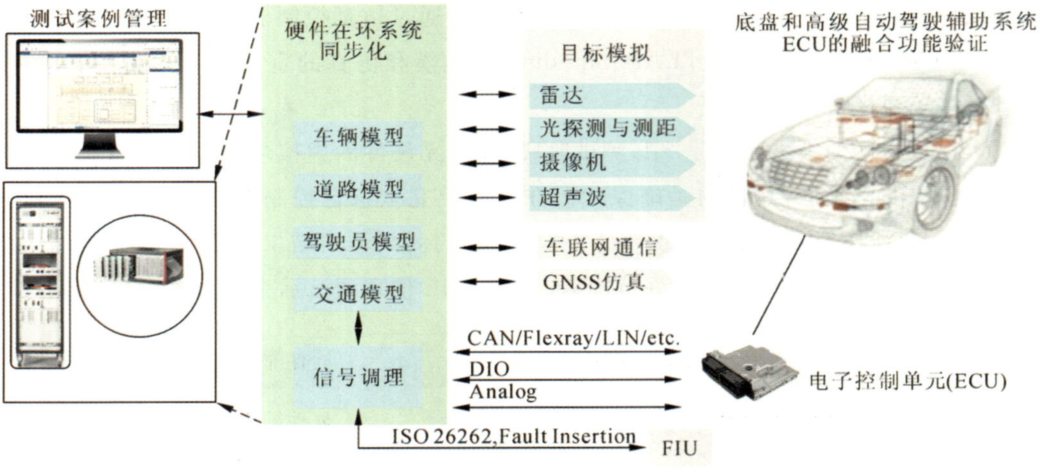

图 7-12 HiL 仿真测试系统示意图

仿真方式模拟出复杂且难以复现的交通场景,从而快速建立各种测试工况,实现对整车搭载状态下多种高级驾驶辅助系统(ADAS)的功能验证。该系统在多种复杂交通场景下进行虚拟测试,实现了真实系统和真实车辆状态下的系统级测试验证。图 7-13 展示了常见的 ViL 仿真测试系统,可用于 ADAS 和自动驾驶(AD)功能的测试。

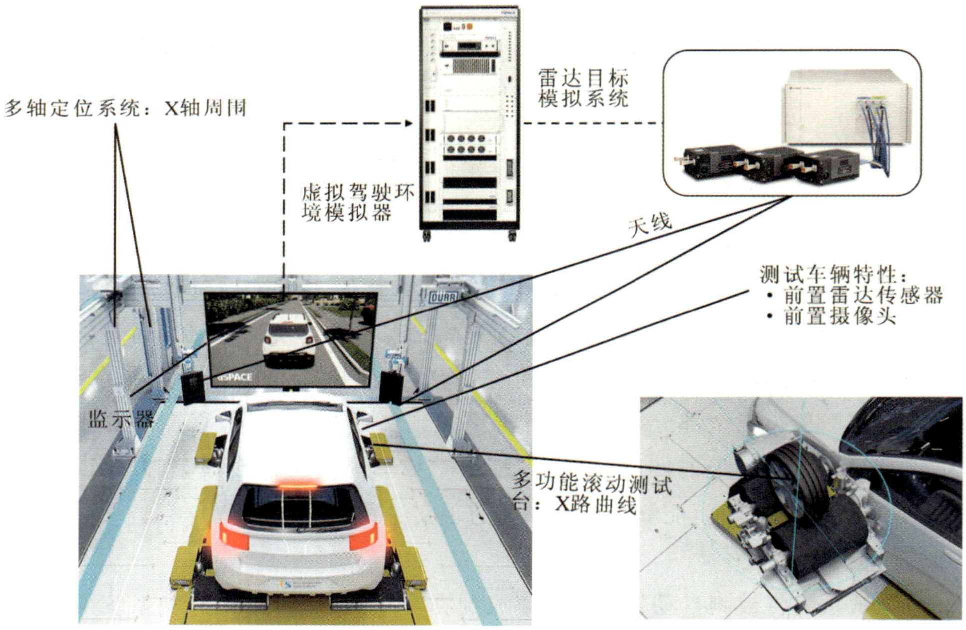

图 7-13 ViL 仿真测试系统示意图

7.3　先进辅助驾驶系统

7.3.1　先进辅助驾驶系统简介

先进驾驶辅助技术是智能网联汽车重点发展的技术，其成熟程度和使用程度代表智能网联汽车的技术水平，实现了其他关键技术的具体应用。

先进驾驶辅助系统是利用车上的传感器对驾驶员、车辆及外部环境进行及时的监控，向驾驶员提供汽车周围环境及汽车运行状况等参考信息，提醒驾驶员及时察觉汽车前方潜在的危险，从而提升汽车的主动安全性。当前，ADAS 的实现依托一系列尖端技术，包括机器视觉、雷达探测、磁性导航技术、高精度地图以及定位技术等，这些技术的融合极大地提升了驾驶的智能化水平。

(1)概述

ADAS 一般由环境感知单元、信息处理单元和控制执行单元组成。如图 7-14 所示。①环境感知单元：通过摄像头等设备获取车辆前方的环境信息；②信息处理单元：该单元是 ADAS 系统的“大脑”，也是其功能实现的核心，它通过对摄像头等传感器采集的环境数据进行分析与处理，结合相关算法和决策机制生成相应的控制指令；③控制执行单元：根据信息处理单元生成的指令，输出对车辆的控制信号，并向驾驶员发出危险预警。ADAS 是一个集成多个子系统的综合系统，包括自适应巡航控制系统、行人碰撞预警系统、自动驻车系统和自动紧急制动系统等。这些子系统的协同工作，共同提升了车辆的整体安全性能。

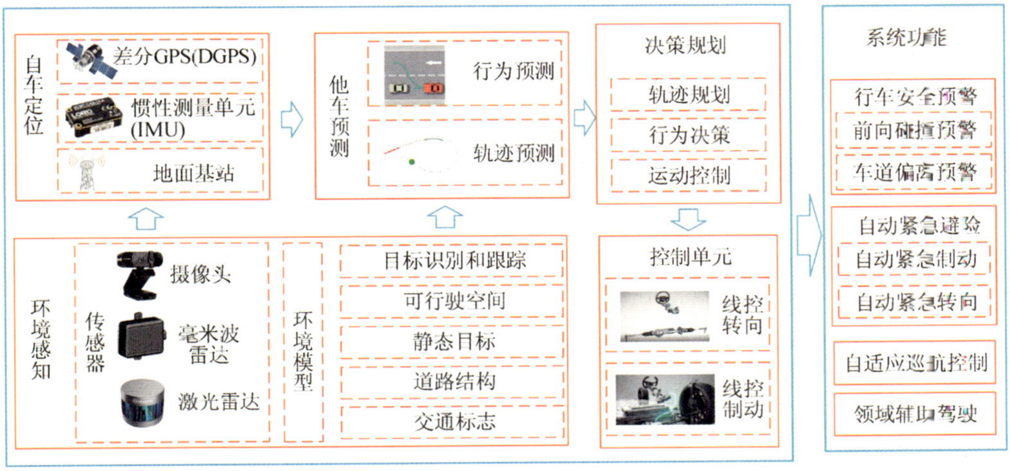

图 7-14　先进辅助驾驶系统架构

(2)系统功能

先进辅助驾驶系统通过集成多传感器感知技术、信息融合算法和智能决策规划，实现对车辆周围环境的实时监测、精确识别和动态响应，以提供多种辅助驾驶功能，如自适应巡航控制(Adaptive Cruise Control, ACC)，利用雷达和摄像头自动调整车速保持安全距离；车道偏离预警(Lane Departure Warning, LDW)，通过车载摄像头检测车道线并发出警告；前向碰撞预警(Forward Collision Warning, FCW)，监测前方障碍物并预警；自动紧急制动(Automatic Emergency Braking, AEB)，在检测到碰撞风险时自动施加制动；驾驶员监控系统(Driver Monitoring System, DMS)，监测驾驶员的注意力和疲劳状态；自动紧急避险(Automatic Emergency Evasion, AEE)，在不可避免的碰撞风险时自动采取避险动作；以及领航辅助驾驶(Navigate on Autopilot, NOA)，通过结合多传感器数据和先进决策算法，提供自动变道、自动进出匝道等功能。典型的 ADAS 系统功能组成如图 7-15 所示。

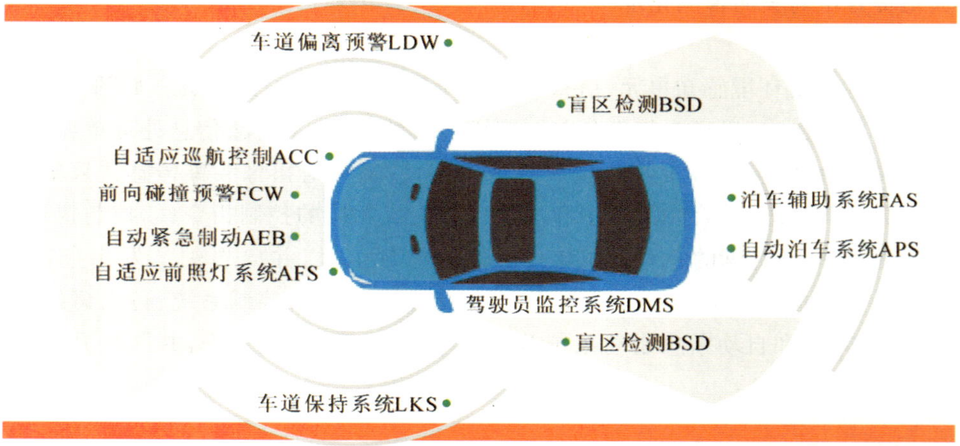

图 7-15 典型的 ADAS 系统功能组成

7.3.2 行车安全预警

ADAS 的行车安全预警是指先进驾驶辅助系统在车辆行驶过程中通过环境感知、信息处理和控制执行等模块，对潜在的危险情况进行及时识别和预警，从而减少交通事故的发生。主要包括前向碰撞预警系统及车道偏离预警系统。

(1)前向碰撞预警

前向碰撞预警系统是一种主动辅助驾驶系统，其通过实时监测车辆前方的环境，精确测量与前方目标物(如车辆、行人等)的间距，并在潜在碰撞风险出现时，提前向驾驶员发出警告，从而阻止或减少碰撞情况的发生，达到安全行车的目的，如图 7-16 所示。

图 7-16　前向碰撞预警示意图

前向碰撞预警系统主要由传感器、报警控制器及显控装置等组成。传感器主要用于探测自车与前车或障碍物的距离、相对速度等信息；报警控制器则基于雷达信息和车辆的运动状态，实时判断车辆的行驶安全性。显控装置一方面用于显示危险状态信息，另一方面允许驾驶员设置报警系统所需的关键参数值。预警系统使用了听觉和视觉的两种方式预警，在视觉预警方面既可使用指示灯预警也可采用图形方式预警。其架构图如图 7-17 所示。

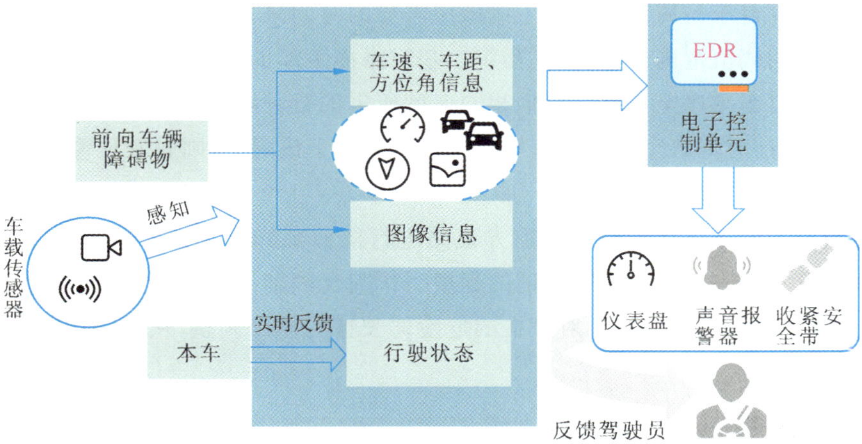

图 7-17　前向碰撞预警架构图

①系统功能定义

前向碰撞预警系统可以分为两类：基于传感器的车辆防碰撞预警系统和基于 V2X 通信的车辆防碰撞预警系统。

基于传感器的车辆防碰撞预警系统主要依赖毫米波雷达、激光雷达和摄像头等传感器，作为预警系统的数据来源。这些传感器收集的信息被输入预警算法，用以判断是否需要触发相应的预警。此类系统通常适用于车辆之间距离较近且无障碍物遮挡的追尾场景。然而，传感器的性能还受天气条件影响，在恶劣天气下，传感器可能会出现误差或失效，导致预警系统无法正常工作。

基于 V2X 通信的车辆防碰撞预警系统是通过 V2X 技术直接获取周围车辆或路侧设备发送的状态信息。随后，系统将接收到的外部状态信息与自身的状态信息结合，作为预警算法的输入，用以判断是否触发预警。相比于传统的传感器技术，基于 V2X 通信的防碰撞预警系统能够通过无线通信技术获取周围车辆广播的位置、速度等状态信息，克服了传感器感知范围有限和易受天气条件影响的局限性。

②系统功能实现

车辆防碰撞预警算法是车辆防碰撞预警系统的核心，现有的车辆防碰撞预警算法主要分为两类：基于机器视觉的车辆防碰撞预警算法和基于车联网的车辆防碰撞预警算法。

基于机器视觉的车辆防碰撞预警算法通过车辆搭载的摄像头等传感器，利用目标检测和跟踪算法来检测并获取车辆周围的图像数据。系统对这些图像进行分析，提取出周围车辆的位置信息，并据此计算当前车辆是否存在碰撞风险。与其他防碰撞技术相比，基于机器视觉的预警算法对基础设施的依赖较低。车辆防碰撞预警算法主要分为两类：基于碰撞时间（Time-To-Collision，TTC）的车辆防碰撞预警算法和基于碰撞距离（Distance-To-Collision，DTC）的车辆防碰撞预警算法。基于碰撞时间的车辆防碰撞预警算法是通过计算自车与周围车辆发生碰撞所需要的时间来判断是否触发预警，若碰撞时间在指定的时间阈值范围内，则触发预警。基于碰撞距离的车辆防碰撞预警算法是通过计算当前时刻自车减速至与周围车辆相同速度所需的行驶距离，并以该距离作为碰撞距离的阈值，若当前时刻自车与周围车辆之间的距离小于该阈值，则触发预警。

（2）车道偏离预警

车道偏离预警系统通过对车辆前方道路进行图像感知，实时检测车道线，并利用车道偏离评价算法来判断车辆偏离车道的程度。作为驾驶辅助系统，该系统能够在最短时间内发出预警，帮助驾驶员及时对潜在的危险驾驶情况作出调整，从而提高行车安全性，如图 7-18 所示。

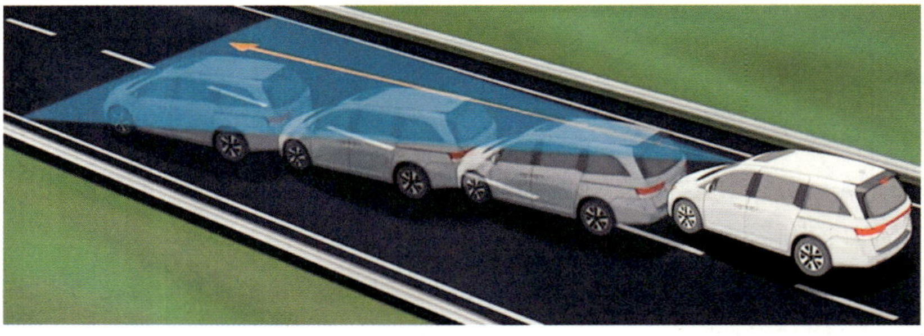

图 7-18　车道偏离预警系统示意图

车道偏离预警系统主要由人机界面、摄像头、控制器以及其他传感器组成。人机界面作为系统的主要输出端，将预警信息直接投射到驾驶员的视野内，从而加快其响应速度。摄像头负责实时捕捉道路标识线信息，并将其传输至控制器进行进一步处理。控制器作为系统的核心，接收摄像头传输的图像数据，执行图像分析、计算与风险评估。此外，其他传感器持续监测车辆速度、方向盘转角、加速度及制动状态等关键参数，并将这些数据与驾驶员的操作状态一并传输至控制器，用以综合判断车辆是否存在偏离车道的风险。通过这些组件的高效协同工作，该系统能够有效预防车道偏离事故的发生。其架构图如图 7-19 所示。

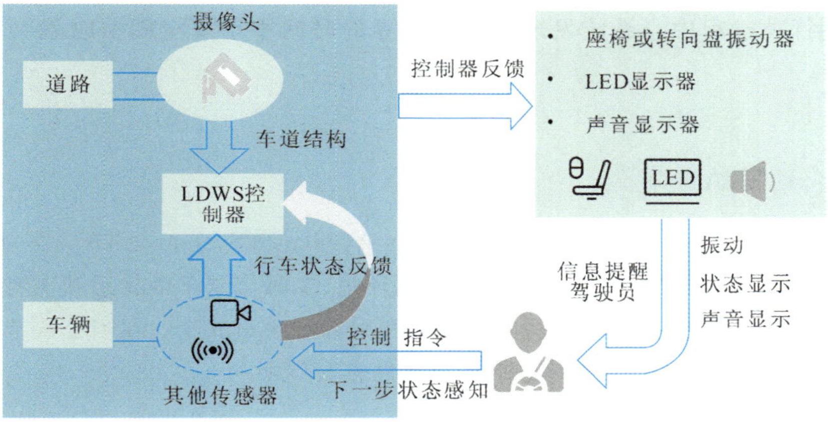

图 7-19　车道偏离预警系统架构图

①系统功能定义

目前，各厂商配备的车道偏离预警系统（LDWS）主要基于视觉数据采集进行开发。当车道偏离系统开启时，摄像头会实时捕捉行驶车道的标识线，并通过图像处理技术获取车辆在当前车道中的位置信息。一旦检测到车辆偏离车道，传感器会立即收集车辆状态和驾驶员的操作信息，随后由控制器发出警报。

然而，在雨雪天气或能见度较低的情况下，视觉系统采集车道标识线的准确性可能会降低。为了解决这一问题，研究人员开发了基于红外线传感器的数据采集方式。这些传感器通过红外线信号来分析路面状况，即使在恶劣环境下，仍然能够识别车道标志线，从而在各种环境中及时提醒驾驶员车辆的偏离状态。

②系统功能实现

车道偏离预警模型对 LDWS 能否准确对危险情况报警具有非常重要的作用，现有的国内外车道偏离预警模型主要有三类，基于车辆当前位置（Cars Current Position，CCP）的判断、基于未来偏移量（Future Offset Difference，FOD）的判断和基于车道跨越时间（Time to Lane Crossing，TLC）的判断。

基于 CCP 的预警判断算法是根据车辆距离当前车道线的横向位置距离实施预警决策判断的，该模型决策算法通过判断车辆在行驶过程中其左前轮和右前轮与当前行驶车道的车道线距离是否超过了安全阈值进行决策，如果在行驶过程中系统发现超过了安全阈值就会发出警报。

基于 FOD 的预警判断算法设定了一个虚拟的边界车道线，在选择虚拟边界车道线时要考虑驾驶员在驾驶车辆过程中的车辆偏离量，它结合车辆当前运动状态下的横向偏离速度进行判断，车辆将要超过虚拟边界线时系统就会提醒驾驶员。

基于 TLC 的预警判断算法是通过车辆在道路上行驶过程中的行驶状态估计出车辆的行驶轨迹，然后计算出车辆的左前轮外侧或者右前轮外侧可能通过车道线边界的时间，在车辆行驶过程中当系统发现车辆越边界的时间小于安全阈值时就会发出报警信息。

7.3.3 自动紧急避险

自动紧急避险系统（Automatic Emergency Avoidance System，AEAS）作为车辆智能驾驶系统的重要组成部分，旨在通过感知周围环境、实时监测车辆状态和实时生成自主决策，提供有效的紧急避险措施，保障驾驶人和乘客的生命安全。在当今快节奏和复杂多变的交通环境下，自动紧急避险系统的重要性愈发凸显。

（1）自动紧急制动

①系统功能定义

自动紧急制动（AEB）是一种先进的汽车主动安全技术，旨在帮助减少碰撞的风险并减轻碰撞造成的伤害。AEB 系统基于传感器和控制单元，能够监测车辆前方的交通状况，并在必要时自动进行紧急制动，如图 7-20 所示：

图 7-20　AEB 系统示意图

AEB 系统的组成部分包括传感器、控制单元和制动系统。传感器通常安装在车辆前部，用于监测车辆前方的道路情况。控制单元是 AEB 系统的核心部分，负责接收传感器采集到的数据，并进行实时分析和判断，确定是否需要进行紧急制动。制动系统是 AEB 系统的执行部分，一旦控制单元判断需要进行紧急制动，它将向车辆的制动系统发送信号，使车辆进行紧急制动操作。其架构图如图 7-21 所示。

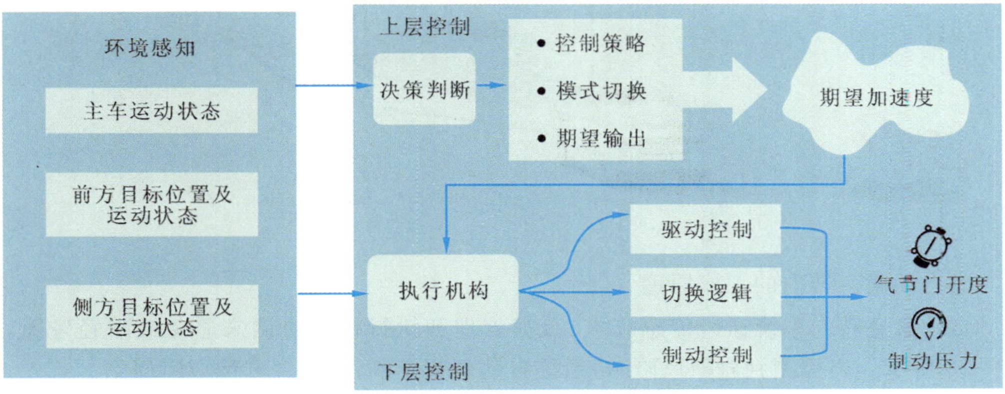

图 7-21　AEB 系统架构图

②系统工作原理

AEB 系统基于传感器技术和数据分析，通过车头的毫米波雷达或摄像头实时监测前方环境，当检测到距离小于设定阈值时，系统会发出碰撞预警，并自动启动制动系统，以减速或刹车，从而消除或减轻潜在的碰撞风险。

自动紧急制动系统的核心在于准确判断车辆前方的碰撞风险及其发生时间。该算法通过雷达、摄像头等传感器实时收集环境数据。算法分析这些数据，计算车辆与障碍物的相对距离、相对速度及其变化趋势，评估碰撞的可能性。基于风险评估结果，算法决定是否启动自动紧急制动。AEB 算法还能根据不同驾驶环境（如城市或高速公路）调整决策标准，优化制动介入时机和效果。

在确定需要执行紧急制动后，系统负责决定制动的最佳方式，包括制动的时机、力度和持续时间。制动策略算法主要涉及以下方面：首先，根据碰撞预测算法的结果，计算出避免碰撞所需的最小制动力度；其次，确定启动制动的最佳时机，以避免过早或过晚制动，通过优化计算寻找最佳制动点，实现最有效的碰撞预防；最后，在制动过程中，系统根据实时数据自适应调整制动策略，如果障碍物移动或驾驶员采取避险操作，系统会实时调整制动力，甚至中断制动过程，以适应新的工况。

(2)自动紧急转向

①系统功能定义

自动紧急转向（AES）可以降低多种类型的碰撞的可能性或严重性，包括在较高车速下发生小的重叠碰撞。其工作原理是利用传感器感知车辆前方的危险，通过控制车辆的横向运动，转向规避碰撞风险。其示意图如图 7-22 所示。

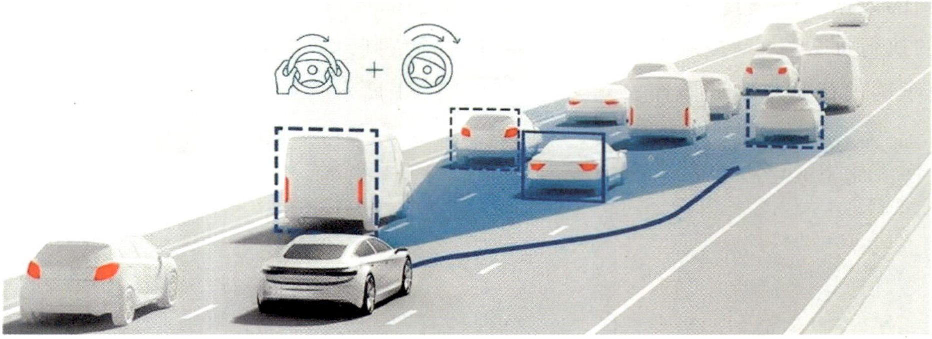

图 7-22 AES 系统示意图

②自动紧急转向的工作原理

自动紧急转向系统通过传感技术、数据处理和执行机构协调来避免或减轻碰撞，如图 7-23 所示。当检测到碰撞风险时，系统自动调整车辆转向，绕开前方障碍物。首先，车辆前部和侧部的传感器（如摄像头、雷达）实时监测周围环境，识别和追踪障碍物。然后，实时评估碰撞风险，计算与障碍物的相对速度和距离，预测碰撞可能性。如果制动无法完全避免碰撞，系统会考虑自动紧急转向。当决策单元确定需要执行紧急转向操作时，系统会计算出最佳避障路径，最大限度减少碰撞风险。随后，系统向转向执行机构发送指令，引导车辆沿避障路径绕过障碍物。在整个转向过程中，系统持续监测环境和车辆状态，动态调整转向策略，重新计算最佳避障路径，以确保在复杂或快速变化的道路情况下安全避险。

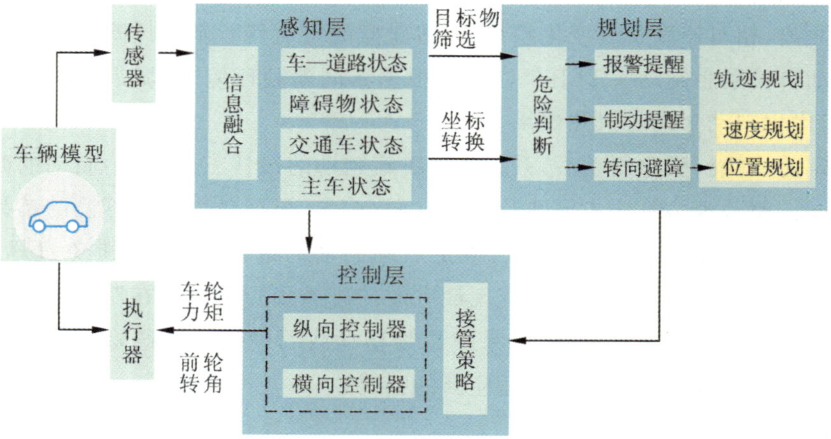

图 7-23 AES 系统架构图

7.3.4　自适应巡航控制

自适应巡航控制系统，是基于普通的巡航定速系统延伸发展而成的。相对于定速巡航，自适应巡航控制系统不仅可以让车辆保持一定行驶速度，还能根据与前车的距离自动调节车速，以保证与前车的最佳安全距离。

(1)系统功能定义

ACC 旨在帮助驾驶员在高速公路上保持安全距离，并根据交通流量自动调节车辆速度，如图 7-24 所示。ACC 系统利用雷达、摄像头等传感器来监测前方道路和车辆，以实现自动加速和减速。自适应巡航控制系统的工作原理是基于车辆之间的距离和速度差异来进行调节。当前方车辆速度减慢或者有障碍物挡住时，ACC 系统会自动减速甚至停车，以保持安全距离。而当前方车辆加速或者离开了视野范围时，ACC 系统则会自动加速，以保持设定的巡航速度。然而，尽管 ACC 系统极大地提升了行车安全和舒适度，驾驶员仍然需要保持警惕，随时准备接管控制，以应对可能的紧急情况。

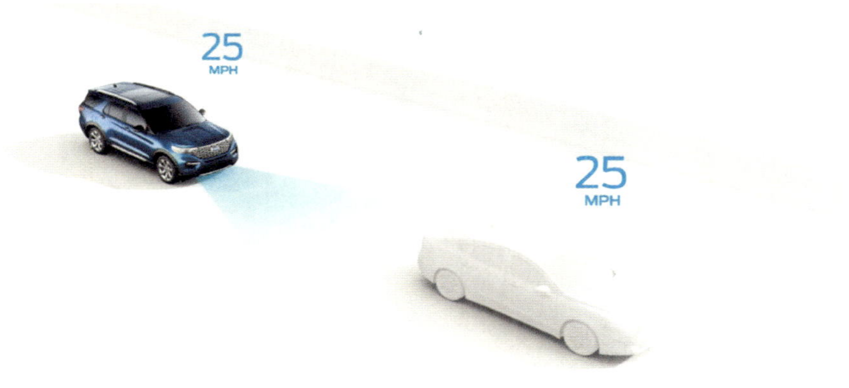

图 7-24　ACC 系统示意图

自适应巡航控制系统的优势不仅在于安全性和舒适性，还在于对燃油使用效率的提升。统计数据显示，使用 ACC 系统的车辆在高速公路上的燃油消耗可以降低 5% 至 10%。然而，ACC 系统对于复杂交通环境的适应性配置还不够完善，例如在城市道路、山区道路或者复杂的交叉口情况下，ACC 系统可能无法有效地进行控制。其次，ACC 系统在与其他驾驶辅助系统(如车道保持辅助、自动紧急制动等)的协同作用上还存在一定的技术难题，需要进一步完善和优化。

(2)系统工作原理

自适应巡航控制(ACC)是一种先进的驾驶辅助技术，它能自动调节车辆的速度，以维持与前车之间的安全距离。这项技术利用安装在车辆前部的雷达或摄像头等传感器不断监测车辆前方的道路状况，包括检测前车的速度、位置和相对距离。收集到的数据被送至车辆的中央处理单元并解析这些数据，并根据车辆当前的行驶条件作出相应的决策。

ACC 在技术实现上主要分为以下几个步骤：首先，驾驶员启动 ACC 系统并设定希望保持的巡航速度。ACC 系统通常利用毫米波雷达、激光雷达和摄像头等传感器，有效探测前方车辆的距离和速度，识别车道线及其他道路标志。然后，ACC 系统分析传感器数据，计算出保持安全距离所需的适当车速。在 ACC 激活状态下，系统持续监控路况，并根据需要自动调节车速，以保持安全、舒适的驾驶体验，其架构图如图 7-25 所示。

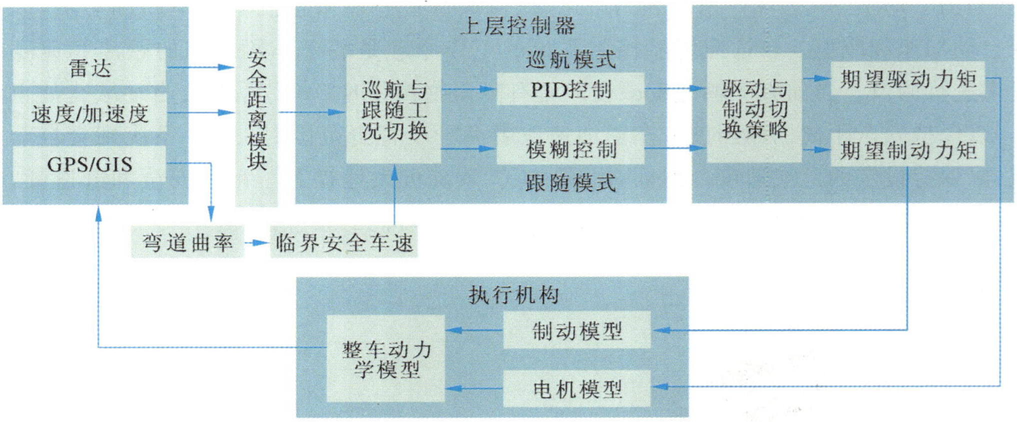

图 7-25 ACC 系统架构图

7.3.5 领航辅助驾驶

领航辅助驾驶系 L2+级功能，在 ACC 等初级功能基础上，允许汽车根据导航信息，自主完成上下匝道、高速巡航、换道超车等智能化操作。

(1)系统功能定义

车辆行驶在高精地图覆盖的部分路段内，领航辅助驾驶支持车辆根据导航路径规划，并通过道路限速和环境感知等信息使车辆自动调节车速、智能变换车道、进出匝道及汇入主路。

(2)系统工作原理

NOA 系统的工作流程可以概括为：传感器感知环境→信息融合生成环境模型→决策规划生成行驶轨迹→控制执行实现车辆运动。

首先，NOA 系统通过多种传感器对车辆周围环境和自身状态进行实时感知。这些传感器包括毫米波雷达、激光雷达、摄像头、超声波传感器和惯性测量单元(IMU)。毫米波雷达和激光雷达用于检测障碍物和测量距离，摄像头用于识别交通信号和车道线，超声波传感器用于近距离探测，IMU 则用于测量车辆的姿态和运动状态。通过这些传感器的协同工作，系统能够获取全面的环境感知数据，为后续处理奠定基础。

收集到的传感器数据通过信息融合技术进行处理和综合。通过信息融合，NOA 系统能够生成一个高精度的环境感知图，包括车辆的位置信息、周围障碍物的位置和动态信息、道路标志和交通信号等。

在决策规划阶段，系统基于融合后的感知数据进行路径规划和行为决策。路径规划是指系统根据当前的环境模型和目标位置，计算出一条最优的行驶轨迹。决策模块还需考虑动态交通信息和道路状况，进行实时的决策调整。

控制执行模块负责将决策规划生成的行驶轨迹转化为具体的车辆控制动作。系统通过控制算法，与车辆的底层执行机构（如转向系统、动力系统和制动系统）进行紧密协作，确保车辆能够精准地跟随预定的轨迹。

图 7-26 所示为领航辅助驾驶系统架构图。

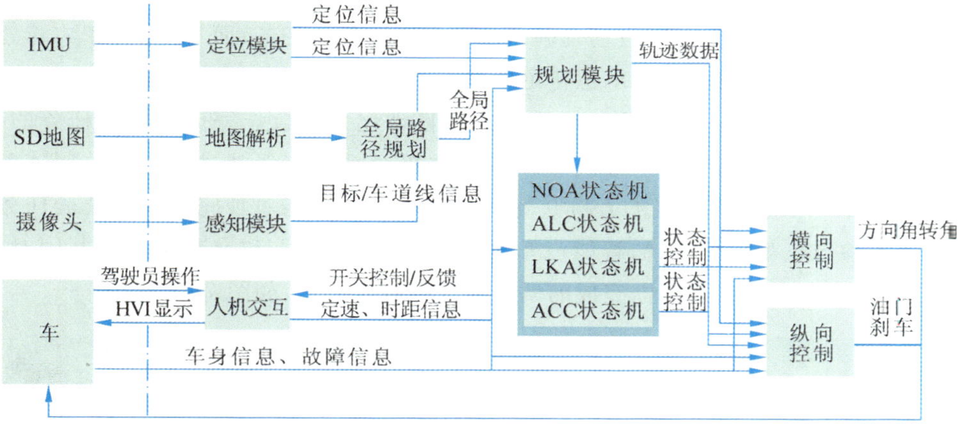

图 7-26　领航辅助驾驶系统架构图

7.4　自动驾驶系统

7.4.1　自动驾驶系统简介

自动驾驶系统的可靠运行，需要依靠传感器、算法、底盘动力软硬件协同配合才能实现。其核心技术可分为感知定位、决策规划、控制执行 3 个层次（类似于人的五官、大脑以及四肢），对应不同的工作层级。车辆道路以及周围环境通过传感器传输给感知和定位算法，实现车辆对行驶环境中的障碍物、车道线及道路交通标志的检测以及获取自车相对于环境的位置信息。然后，根据自车和周围车辆以及道路可通行状态规划行驶路径，最后通过底盘控制完成车辆行驶。

在应用方面，自动驾驶系统的量产落地面临着巨大的挑战。在未来较长一段时间内，人机共驾的状态仍将存在。相较于全域自动驾驶，政策指引的限定区域自动驾驶的落地时间更早，商用车自动驾驶在城市无人公交、港口、矿山等封闭、半封闭特定场景下开展了大量的示范应用。2020 年起，北京、上海等多个智能网联示范区内自动驾驶出租车(Robotaxi)投入试运营，引起了中国消费者的高度关注。截至 2021 年底，已经有上汽、百度、滴滴、T3 出行、小马智行、文远知行、元戎启行、AutoX 等多家公司的自动驾驶出租车开始商业化试点运营。

7.4.2 人机共驾

在自动驾驶分级中，L1 级和 L2 级都是由人主导，自动驾驶系统只提供辅助驾驶功能；L4、L5 级则是由机器主导，自动驾驶系统承担主要驾驶任务；而 L3 级介于二者之间，是人机共驾，指自动驾驶系统能承担特定条件下的驾驶任务。

人机共驾广义上指一切涉及自然驾驶人和自动化系统合作完成的驾驶任务的技术架构。广义上的概念包括了 L0 级车辆中的某些单个系统在驾驶过程中的控制辅助，如 ABS 系统、EPS 系统等。狭义的人机共驾指在自动化系统能单独完成某项驾驶任务(自然驾驶人不参与决策和操作)的智能汽车基础上，自然驾驶人和自动化系统共同对车辆分时、分权地完成双方都能独立完成的驾驶任务的技术架构，如图 7-27 所示。

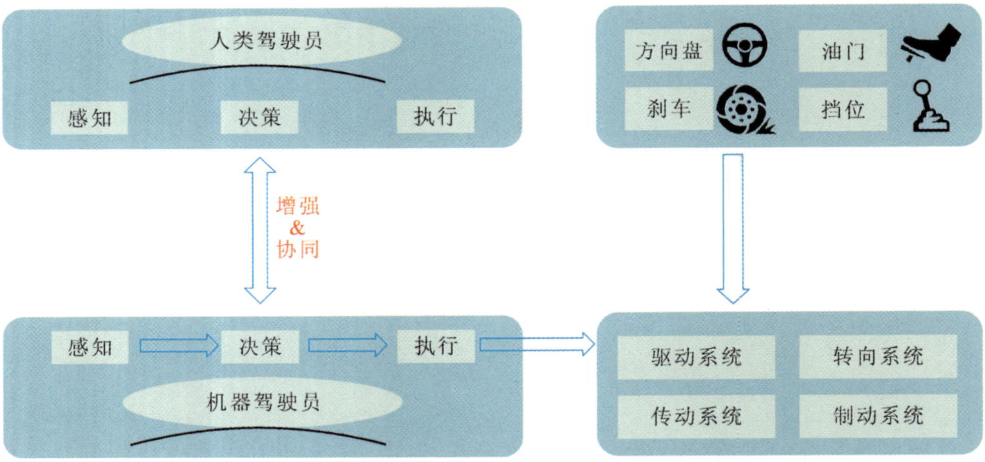

图 7-27 人机协同控制结构示意图

(1) 切换型人机共驾

切换型人机共驾(图 7-28)是一种智能驾驶模式，它允许在驾驶员和自动驾驶系统之间根据实际需要灵活切换驾驶权。这种驾驶模式的核心在于根据驾驶场景、车辆状态、驾驶员状态以及自动驾驶系统的能力等多种因素，判断何时由驾驶员接管驾驶，何时由自动驾驶系统控制车辆。

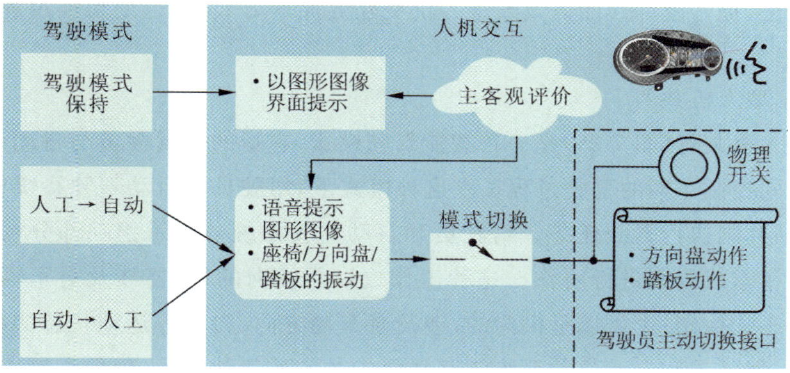

图 7-28　切换型人机共驾

①控制权切换中的人因研究

切换型人机共驾中的驾驶员的驾驶认知和反应能力特性是关键。驾驶认知涉及驾驶员对车辆状态、周围环境和驾驶任务的理解和判断，要求在合适的时机从自动化系统接管或交出驾驶权。反应能力特性则是指驾驶员在需要切换时，能够快速、准确地作出反应，确保驾驶的平稳和安全。研究者采用模拟驾驶实验、实车测试、问卷调查和深度访谈等方法，深入研究驾驶认知和反应能力特性。

驾驶意图研究也是切换型人机共驾的重要课题。驾驶意图是指驾驶员在驾驶过程中希望达到的目标或期望的驾驶状态，它反映了驾驶员对车辆运动状态的期望。在切换型人机共驾系统中，理解和识别驾驶员的驾驶意图对于实现安全、高效的驾驶权切换至关重要，它能避免潜在的冲突和危险。

②控制权切换的试验方法与人机交互

在切换型人机共驾中，驾驶员发起的可选择切换是基于自身的主动决策和判断，而不是基于紧急情况或系统故障。这种切换增强了驾驶的灵活性和个性化，有助于提升驾驶安全性。然而，驾驶员需要确保在切换过程中保持对车辆的控制和监视，了解自动驾驶系统的性能和局限性。

由驾驶员发起的强制性切换通常发生在自动驾驶系统无法应对当前环境或面临潜在风险时，此时需要驾驶员立即接管驾驶权。这种切换对驾驶员提出了较高要求，要求驾驶员保持高度警觉和拥有足够的驾驶技能。

由自动驾驶系统发起的强制性切换发生在检测到潜在危险或故障时，系统通过先进的传感器和算法，实时获取环境信息，判断驾驶状态，发出警报，提示驾驶员接管驾驶权。

其中，切换耗时是关键因素，其影响驾驶连贯性、安全性和乘客舒适度。理想情况下，切换应尽可能迅速且平稳。然而，在实际应用中，切换耗时受多种因素影响，需要充分测试和验证，确保过程可靠安全。

随着技术的不断进步和自动驾驶系统的日益成熟，切换耗时有望得到进一步缩短。通过优化算法、提升硬件性能以及改进人机交互界面等方式，可以使切换过程更加迅速、平滑和高效。

(2)共享型人机共驾

共享型人机共驾(图 7-29)是一种智能驾驶模式，它指的是驾驶员与自动驾驶系统同时参与并共同控制车辆的驾驶过程。在这种模式下，驾驶员和自动驾驶系统根据具体情况协同工作，共同执行驾驶任务。驾驶员和自动驾驶系统各自承担一部分驾驶任务，并按照一定的权重或规则进行协作。这种协作可以是纵向的，主要涉及对车辆速度、加减速等运动状态的控制；也可以是横向的，涉及对车辆方向、转向等运动状态的控制。通过精确的协同，驾驶员和自动驾驶系统能够共同应对各种驾驶场景，确保车辆安全、平稳地行驶。

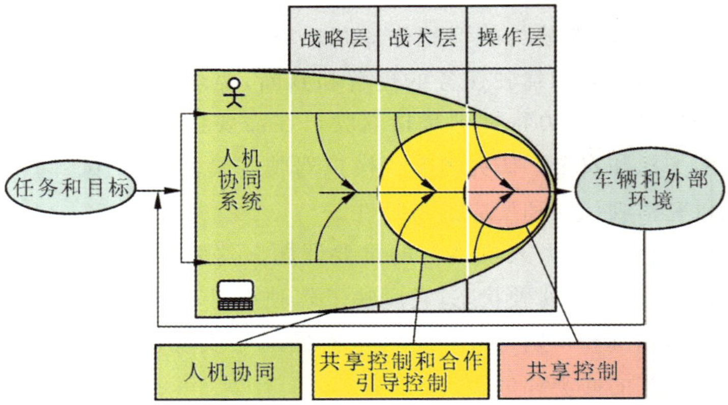

图 7-29　共享型人机共驾

①直接和间接式控制方式

在共享型人机共驾中，直接式控制方式允许驾驶员通过传统操作界面对车辆进行操控，同时自动驾驶系统在后台提供实时辅助信息。直接式控制利用了驾驶员的技能和自动驾驶系统的数据处理优势，但需确保信息交互准确，避免操作冲突，并保持驾驶员的警觉性。

然而，直接式控制方式也面临一些挑战。例如，如何确保驾驶员和自动驾驶系统之间的信息交互准确无误，如何避免两者之间的操作冲突等。

间接式控制方式则通过声音、视觉提示或振动等方式向驾驶员提供信息，驾驶员根据这些信息作出驾驶决策或通过触摸屏、按钮等设备间接控制车辆。间接式控制提供了灵活多样的交互方式，减轻驾驶员负担，但需确保信息传递准确并降低驾驶员的认知负荷。

②其他控制方法

在共享型人机共驾中，优化求解、博弈论以及强化学习等策略扮演重要角色。

优化求解方法通过构建优化模型，考虑驾驶员的偏好、自动驾驶系统的性能以及驾驶环境的约束，求解出最优的控制策略。这种方法精确可靠，但需要较高的计算成本。优化求解适用于需要高精度控制的复杂场景。

博弈论通过构建博弈模型，将驾驶员和自动驾驶系统视为博弈参与者，描述双方之间的竞争和合作关系。通过求解博弈模型的均衡解，得到使双方利益最大化的共享控制策略。这种方法充分考虑人机之间的交互和竞争，实现协调高效的共享驾驶。

强化学习通过试错来学习最优行为策略。在共享型人机共驾中，强化学习算法根据驾驶环境和任务变化，自适应优化控制策略。该方法具有较强的适应性和灵活性，能够应对复杂的驾驶环境和任务需求。

7.4.3 协同式自动驾驶

车辆队列在提高交通安全和效率、促进节能环保等方面均具有重要作用，已成为当前研究的热点。在该领域，国内外相关科研机构已经开展了一系列研究，例如美国加州 AHS 项目，欧洲 SARTRE 项目等。加州大学伯克利分校 PATH 研究中心与沃尔沃公司的联合研究表明：利用重型车辆队列行驶，可将车辆间距缩短至 3～6 m，使得其他车辆在重型车辆之间的换道频率显著降低，从而减少事故率，并在 6 m 间距巡航时节能 14.5%。协同式自动驾驶示意图如图 7-30 所示。

（1）车辆队列控制

协同自适应巡航控制是车辆队列的典型形式，通过车车通信实现多车协同自适应巡航，解决了 ACC 系统的反应迟滞问题。在保证队列稳定性的前提下，通过缩短车间距、降低风阻等方式提高道路通行效率和车辆能效。车辆队列的分布式控制方案如图 7-31 所示，基于分布式模型预测控制方法，车辆之间利用 V2V 技术实现信息共享，领航车将其位置 $x_0(t)$、速度 $v_0(t)$、加速度 $a_0(t)$ 等信息传递给跟随车，跟随车根据自车状态以及前导车状态，通过求解优化问题对前导车进行跟踪，实现队列的协同控制。

（2）车辆队列预测巡航

预测巡航控制作为 CACC 的一种演进，通过车联网、高精地图等技术，使车辆队列能够预测并匹配前方道路的地理信息以及交通信息，为车辆规划合理的巡航速度，从而在保证安全性和舒适性的同时降低车辆能耗。

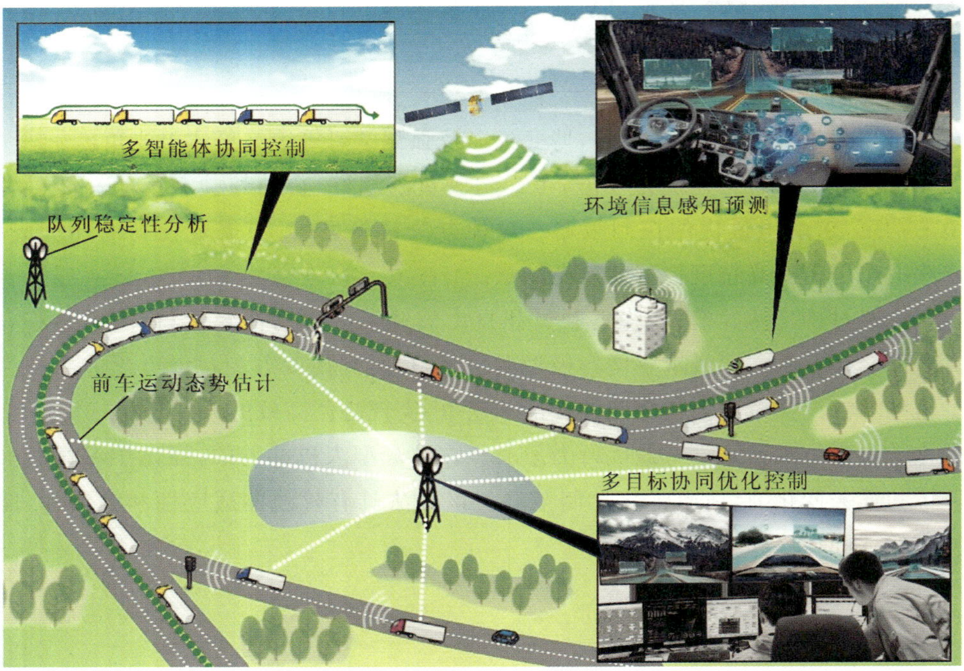

图 7-30　协同式自动驾驶示意图

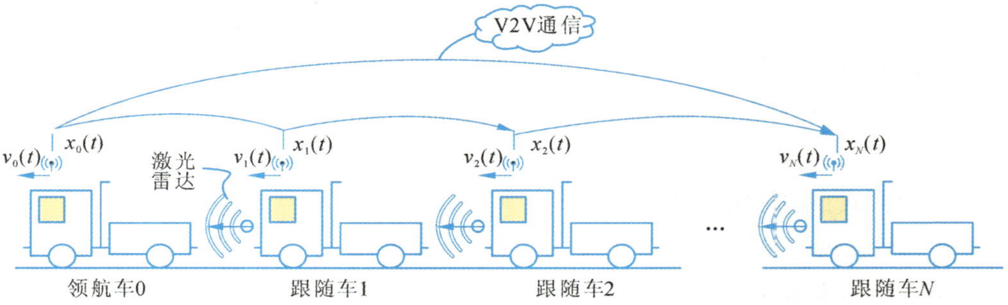

图 7-31　队列纵向分布式控制方案

目前，PCC 主要优化车辆单位里程能耗，通常应用于单车辅助驾驶，特别在重型车辆的节能驾驶方面有良好应用前景。近年来，国内外通过优化控制、鲁棒控制等方法，研究了车辆队列预测巡航控制，主要实现队列稳定性或节能驾驶。队内车辆能够通过高精地图等获得前方道路信息，并通过车载传感器预测周边车辆的运动状态，增强了队内车辆的“预测能力”。再通过融合处理，输入决策、规划与控制模块，对队列车辆进行协同控制，实现车辆队列预测巡航，优化了行车的安全性、经济性与舒适性，如图 7-32 所示。

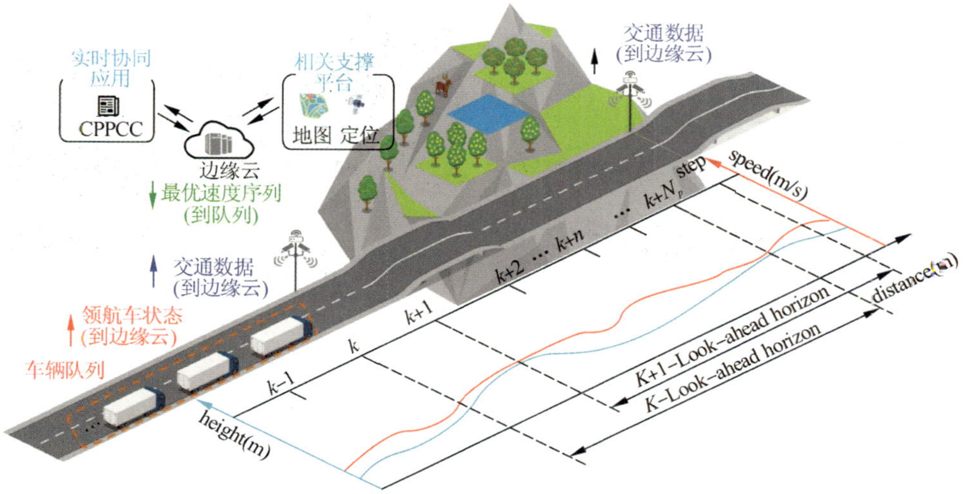

图 7-32　车辆队列预测巡航

7.4.4　高级别自动驾驶

根据美国国际自动机工程师学会(SAE)和我国自动驾驶分级标准,以“开启自动驾驶功能后,驾驶员是否应处于驾驶状态”为标准,自动驾驶以 L3 等级为分界线。L3 等级以上(包括 L3)为高级别自动驾驶,其中 L5 等级(完全自动驾驶)是最理想状态,能在所有道路环境下执行完整的驾驶任务。目前,高级别自动驾驶已在公共道路和园区应用,商业化试点运营的出租车和自动配送也在北京、深圳、上海、武汉、旧金山等全球多个城市开展。

近年,国内的无人驾驶出租车(图 7-33)Robotaxi 取得了显著的进展,多个城市已经开始试点运行无人驾驶出租车服务,包括武汉、北京、上海、广州等城市。百度萝卜快跑、滴滴出行等科技公司在这一领域开展了长期的技术研发、测试验证和示范运营。萝卜快跑已在全国 11 个城市开放了载人测试运营,并在武汉、北京、重庆、深圳、上海提供了全自动驾驶出行服务。数据显示,在武汉,萝卜快跑的服务面积已超过 3000 平方公里,覆盖 770 万人口。2024 年 5 月,百度发布了萝卜快跑第六代无人车,相较上一代无人车,此次发布的无人车在智能驾驶、成本管控优化方面均有升级,并将于 2024 年内在武汉完成大规模部署。

(1)特定场景下的自动驾驶

2020 年 3 月,国家发展改革委等八个部委发布《关于加快煤矿智能化发展的指导意见》,提出推动智能化技术与煤炭产业融合。2020 年 12 月,交通运输部发布《关于促进道路交通、自动驾驶技术发展和应用的指导意见》,鼓励在港口、机场、物流场站等封闭区域开展自动驾驶载货示范应用。在政策推动下,矿山、港口等封闭区域的无人驾驶将快速发展。

(a) (b)

图 7-33 国内的无人驾驶出租车

(a)百度“萝卜快跑”;(b)滴滴出行“滴滴双子星”

自动驾驶在特定的商用场景中能够节省人力成本、降低能源消耗、保证运营效率的同时提高运输环节的安全性,如图 7-34 所示。2019 年,巴西著名铁矿石生产和出口商淡水河谷公司(Vale)在 Brucutu 矿场有 13 辆自动驾驶运输卡车投入使用,截至 2021 年 6 月,累计运输矿石 1 亿 t,累计行驶 180 万 km,公司预计自动驾驶卡车更稳定的性能可以减少 5%的油耗、延长 7%的设备使用寿命、延长 25%的轮胎寿命以及降低 3%的维护成本。此外,由于港口、矿山、园区等特定场景的运营范围有边界,车辆相对低速且线路固定,公共安全问题较小,部分矿山港口已实现 L4 级自动驾驶技术的初步商业化。

(a) (b)

图 7-34 特定场景下的自动驾驶应用案例

(a)矿山无人卡车;(b)港口无人集卡

(2)无人驾驶

乘用车的无人自动驾驶系统结合了先进的传感器、高性能的计算单元和复杂的机器学习算法,使车辆能够在复杂的城市环境中实现安全、高效的自主导航。目前,Cruise、Waymo、Tesla 等公司已经在这一领域取得了重要进展,正在通过实际测试和运营逐步验证和完善其无人驾驶技术。

Cruise 于 2020 年展示了其全新设计的自动驾驶车辆——Cruise Origin,这是一款专为共享出行服务设计的电动车,没有方向盘和踏板,并于 2022 年开始在旧金山提供收费的无人驾驶出租车服务。Cruise Origin 的自动驾驶模型，使用了深度学习技术进行感知和预测。感知环节通过使用深度学习算法，相比卡尔曼滤波算法识别物体的速度快 0.7 s。其预测模型使用了“Mixture of experts”技术，解释为在城市环境中驾驶车辆，一个简单的驾驶行为可以产生非常多的后续可能，因此 Cruise 将这些可能的行为编码成“Mixture of experts”输入深度学习神经网络来识别所有可能的后续行为。决策部分采取安全性、舒适性优先的策略，其过程充分考虑了不确定性，从而作出最终的决策。

特斯拉在自动驾驶技术上的进展同样令人瞩目。截至当前，特斯拉最先进的自动驾驶模型名为 FSD(Full Self-Driving)，特斯拉的 FSD 使用了端到端自动驾驶，该架构主要通过一个完整的神经网络模型，直接学习模型输入(原始图像数据)和输出(车辆控制命令，如方向盘转角、速度)之间的复杂映射关系。特斯拉通过大量的驾驶数据积累、神经网络模型训练，以及快速的模型迭代，使自动驾驶系统能够习得从感知到控制的驾驶策略。

特斯拉 FSD V12 是其最新的自动驾驶版本，特斯拉也是市场唯一采用纯视觉技术的自动驾驶企业。在 V12 版本中，特斯拉清除了超过 30 万行代码，主要依赖神经网络模型来驾驶汽车，就像人类驾驶员通过眼睛来观察周围环境，通过大脑来进行驾驶决策一样，是自动驾驶技术的一次里程碑式的革命。“端到端”自动驾驶系统架构具有以下优势：

①借鉴人类驾驶员的“行为反射式”特点，无须人工预先定义规则，将感知、决策、控制等流水线过程看作一个整体学习任务进行优化，减小了传统方法产生的模块间级联误差；

②相比于传统上基于规则的方法，“端到端”方法消除了通过人工预先定义规则所带来的自动驾驶性能瓶颈，大幅提升了系统性能上限，具有较大的泛化能力，能够有效应对驾驶过程中的“长尾场景”，如图 7-35 所示。

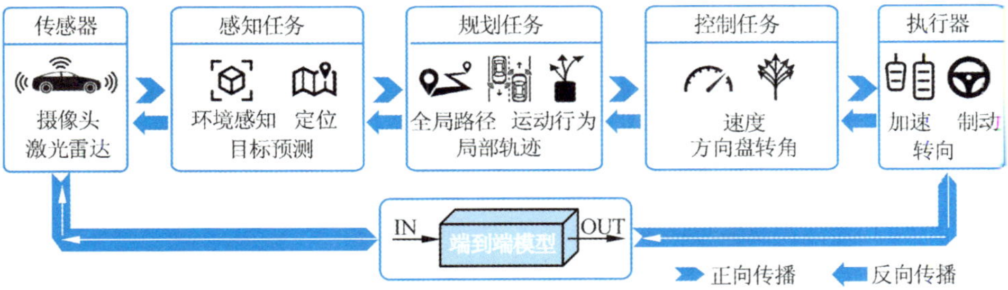

图 7-35 传统方法与端到端方法的对比

除了特斯拉外，从事“端到端”自动驾驶研发的还有英伟达等厂商。早在 2016 年，英伟达就提出了利用卷积神经网络，将车载摄像头的图像直接映射出方向盘转角的方法。该方法是一种模仿学习，其主要思路是先收集人类开车时的图像及其对应的方向盘转角，再通过监督学习的方法，让神经网络模型拟合出从图像到方向盘转角之间的映射关系。

目前，端到端模型还存在一些关键问题：

①模型可解释性弱。可解释性有利于理解模型的运行逻辑，也有利于细致且有目的地来进行模型优化。当前，“端到端”方法具有明显的“黑盒问题”，使得模型即使出现错误，研究人员也不知道缘由，无法避免错误再次发生。研究人员只能通过不断地训练、调参来优化模型，但无法保证最终达到足够安全。

②模型训练难。传统的感知模型训练时，需要的是经过标注的图片，这是一种比较容易获得的素材。而“端到端”自动驾驶，它需要学习的是人类的驾驶能力和驾驶习惯，因此需要大量标注有驾驶行为的视频才能进行训练。

7.5 本章小结

本章首先概述了车辆智能驾驶系统，介绍了智能车辆的内涵和定义，阐述了国内外智能驾驶系统发展现状、存在的问题和未来趋势。特别地，本章重点论述了中国在智能驾驶领域的发展路径和技术特色，包括中国在相关政策、标准制定及技术创新方面的内容，中国在全球智能驾驶技术领域的领先地位。接着，针对环境感知与定位、决策与规划、运动控制、车路云协同等智能驾驶关键技术，介绍了相关基础理论和方法技术。此外，本章还涵盖了先进辅助驾驶系统的现状和挑战，具体包括行车安全预警系统、自动紧急避险技术以及高级别驾驶辅助系统。最后，本章讨论了自动驾驶系统的最新进展，特别是在人机共驾、协同式自动驾驶和高级别自动驾驶方面的技术创新和应用案例。通过对这些最新技术和应用的分析，展示了自动驾驶技术在未来交通系统中的巨大潜力，并提出了未来研究的方向和发展机遇，展望了智能驾驶技术对未来社会交通的影响。

思考题

1. 深度学习技术如何应用于环境感知中的目标检测和分类？请讨论常用的深度学习模型，并分析其在不同感知任务中的表现。

2. 在智能驾驶系统中，决策规划过程是如何实现的？请描述几种常用的决策规划算法，并说明其优劣势。

3. 智能驾驶控制系统如何确保驾驶安全性？请列举几种常见的车辆控制技术及其实现原理。

4. 我国与外国在智能驾驶技术发展路线上的主要异同点有哪些？各自的技术侧重点和发展速度如何？

5. 车路云协同技术的主要优势有哪些？在实际应用中面临哪些挑战？

6. 辅助驾驶技术如何提升驾驶安全性和舒适性？当前技术实现和实际应用中有哪些主要挑战？

7. 自动紧急避险技术是如何识别潜在危险并进行干预的？请讨论其实现原理和实际应用中的挑战。

8. 简述高级别自动驾驶系统与人机共驾系统有哪些主要区别。

9. 在实现高级别自动驾驶(如 L4 或 L5)时，主要技术挑战有哪些？

10. 当前智能驾驶系统面临的主要技术难题有哪些？简述智能驾驶系统未来的发展趋势。

参考文献

[1] 陈旭梅，于雷，郭继孚，等. 美、欧、日智能交通系统(ITS)发展分析及启示[J]. 城市规划，2004，28(07)：75-79，84.

[2] 严新平，褚端峰，刘佳仑，等. 智能交通发展的现状、挑战与展望[J]. 交通运输研究，2021，7(6)：2-10.

[3] 杨俊儒，褚端峰，陆丽萍，等. 智能汽车人机共享控制研究综述[J]. 机械工程学报，2022，58(18)：31-55.

[4] 吴超仲，吴浩然，吕能超. 人机共驾智能汽车的控制权切换与安全性综述[J]. 交通运输工程学报，2018，18(6)：131-141.

[5] 褚端峰，吴超仲，黄珍. 中国汽车工程学术研究综述——智能汽车的人机共驾技术[J]. 中国公路学报，2017，30(6)：123-126.

[6] 熊璐，曾德全，冷搏，等. 自动驾驶汽车运动规划与控制[M]. 武汉：华中科技大学出版社，2022.

[7] 甄先通，黄坚，王亮，等. 自动驾驶汽车环境感知[M]. 北京：清华大学出版社，2020.

[8] 陈雪梅. 无人驾驶车辆智能行为决策建模[M]. 北京：北京理工大学出版社，2022.

[9] 龚心满，江涛，梁功臣，等. 自动驾驶感知原理与实践[M]. 北京：电子工业出版社，2023.

[10] 杨世春，曹耀光，陶吉，等. 自动驾驶汽车决策与控制[M]. 北京：清华大学出版社，2020.

[11] 陈慧岩，熊光明，龚建伟. 无人驾驶车辆理论与设计[M]. 北京：北京理工大学出版社，2018.

[12] 朱孔林. 智能网联驾驶技术及应用[M]. 北京：北京邮电大学出版社，2023.

[13] 汤姆・登顿. 自动驾驶与辅助驾驶系统[M]. 高振海，胡宏宇，高菲，等译. 北京：机械工业出版社，2021.

[14] Teng S Y，Hu X M，DENG P，et al. Motion planning for autonomous driving：The state of the art and future perspectives[J]. IEEE Transactions on Intelligent Vehicles，2023，8(6)：3692-3711.

[15] YANG J R，CHU D F，YIN J H，et al. Distributed model predictive control for heterogeneous platoon with leading human-driven vehicle acceleration prediction[J]. Transactions on Intelligent Transportation Systems，2024，51(5)：3944-3959.

第 8 章

智能航运系统

见此图标 扫码查阅
智能交通数字资源

8.1 概述

智能航运系统是智能运输系统在水路交通的具体应用，是通信、控制和信息处理技术在水路运输系统中集成应用的统称。这种集成应用产生的综合效应主要体现在保障涉水活动财产及人命安全，提升水路运输效率，节约运输成本，降低能源消耗，保护水路运输环境等方面。

智能航运系统与道路智能运输系统既有相似性，也有其特殊性，是一种应用于水路运输的智能运输系统。其中，水路运输是以船舶等为载运工具，以港口为节点，以海洋、江河、湖泊等水域为通道的一种运输方式，能够实现货物、人员的搭载与时空位移，具有成本低、运距长、货量大和能耗低等显著特点。水路运输是综合交通体系中的重要组成部分，是区域发展的有效载体和国际合作的重要依托，在支撑区域经济协同发展的同时，也为国家“一带一路”倡议中海上丝绸之路的建设与发展提供了核心保障，在世界经济运行中起到不可替代的作用。

本章简要介绍了智能航运系统相关概念、国内外发展现状及若干关键技术，着重介绍新一代航运系统的基本概念、核心要素、功能逻辑及技术现状，梳理了新一代航运系统控制体系技术需求、技术架构及未来发展方向。

8.2 国内外智能航运系统发展现状

在全球智能化浪潮的推动下，传统的航运领域也迎来的智能化浪潮。各国、各组织及机构根据各自的航运产业特点，分别提出了一系列智能航运系统的概念，并积极探索未来智能航运的发展方向，开展了一批基于智能船舶的未来航运系统的探索项目。

8.2.1 国外发展现状

在欧洲，为了保障跨国、跨区域内河航运的高效、经济、环保与安全性，促进欧洲内河航运业整体发展，欧盟提出构建统一的内河航运综合信息服务系统（River Information Services System，简称 RIS 系统）。RIS 系统可提供交通管理与运输管理相关服务（如图 8-1 所示），并实现面向内河航运、交通管理、运输管理、多式联运等业务的信息协同。目前，内河信息服务（RIS）覆盖了欧盟 12 个成员国共计约 13,000 公里的相互连接的水道，是欧洲为支持内河航运、交通管理、运输管理以及多式联运而提出的信息协同服务理念，为用户提供了电子江图、法律法规、船舶登记等静态信息以及船舶位置、货物信息、预计到达时间等动态信息。

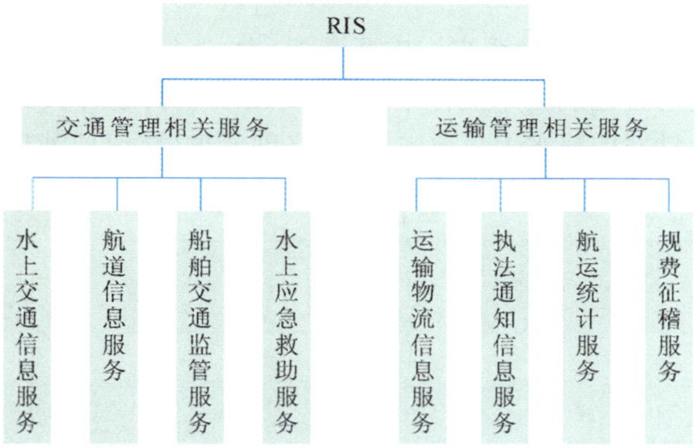

图 8-1　RIS 系统的服务体系

在船舶智能化背景下，欧美日韩等发达国家和地区持续探索未来智能航运系统的发展方向。自 2012 年起，欧盟启动智能船舶及智能航运系统的研究工作，资助了以 MUNIN 为代表的一批项目；2017 年，欧盟地平线计划资助了内河货船编队航行（NOVIMAR）项目，提出基于智能船舶编队的“水上列车”概念；2019 年，批准了自主船舶（AUTOSHIP）项目，探索智能船舶对水路运输系统的影响；2020 年，先后批复了可持续短途水路运输（MOSES）项目、先进、高效和绿色多式联运系统（AEGIS）项目和智能与可持续发展水路交通系统（NOVIMOVE）项目，旨在提出基于智能船舶与设施协同的新型航运系统等。据不完全统计，自 2019 年，欧盟对未来航运系统的相关研究经费投入累计超过 5000 万欧元。

MOSES 项目旨在增强欧洲近海短程集装箱运输体系的鲁棒性，提高与大型集装箱船舶协作的效率。该项目提出利用自主航行的支线集装箱船舶减少大型集装箱船舶的进港时间和频率，在海上实现货物的过驳作业，实现集装箱货物效率的提升；改变和升级近海支线集装箱运输业务相关的设计软件、政府管理模式、物流模式，提升航运系统的运行效率。AEGIS项目旨在提升船舶、港口和作业任务的自动化水平，实现欧盟提出的2050年将50%以上的公路运输转移到铁路或水路的发展目标。AEGIS项目认为通过船舶和港口的自动化，可以更灵活地为用户提供水路运输服务，同时进一步减少运输碳排放并降低对环境的影响；通过小型船舶、内陆运输和短途海运与大型码头整合到一起，以创建全新的欧洲运输系统。最终，AEGIS项目致力于将水路运输延伸至物流链的末端，为解决“最后一公里”运输问题、振兴区域港口和城市航运经济提供新的解决方案。NOVIMOVE项目认为水路货物运输在港口、桥区、船闸等区域排队等待是制约水路交通运输系统的重要因素，提出了“物流链压缩”概念，通过船岸协同提升水路货运物流链效率。

8.2.2 国内发展现状

在我国，研究人员针对航运系统构成要素多、内/外部通信复杂、数据结构难以统一等特点，开展了一定的智能航运系统体系研究，提出了一批适合我国航运环境特点的智能航运系统。比如：针对内河水上交通主要要素（即船舶、航道即港口）的运行特点，提出了基于船-标-岸一体化技术的内河航路信息服务体系框架（如图8-2所示）。

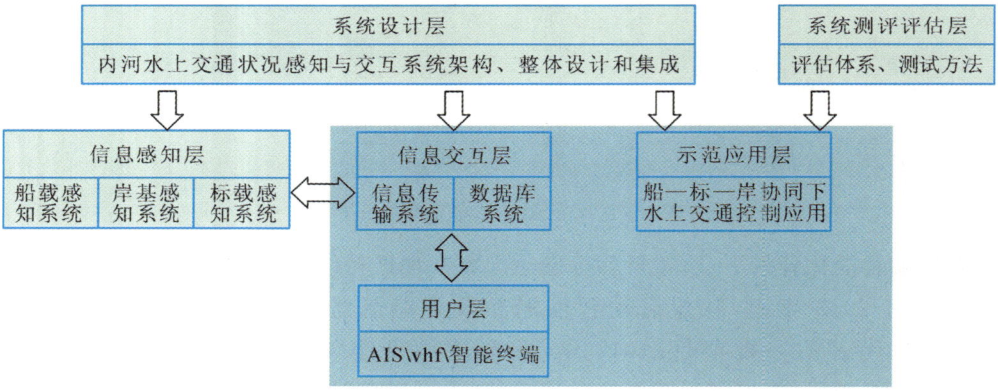

图8-2 基于船—标—岸一体化技术的内河航路信息服务体系结构

面向内河航运系统全面数字化提升的需求，我国科研团队研制了国家内河高等级航道通航运行系统，创新了多源异构信息融合的内河交通运行状态监控新方法，创立了多功能内河电子航道图技术体系，突破了多网融合的内河船-标-岸信息交互关键技术，构建了航道助航服务、船舶运营管理、海事电子巡航、枢纽运行调度等内河交通运行状态监控与服务平台，如图8-3所示。

近年来，对接国家战略部署的需要，我国科学家也在积极开展未来智能航运系统的思考与探索，提出了“新一代航运系统”概念，旨在推动我国航运系统智能化水平的发展。详细内容见8.4、8.5节。

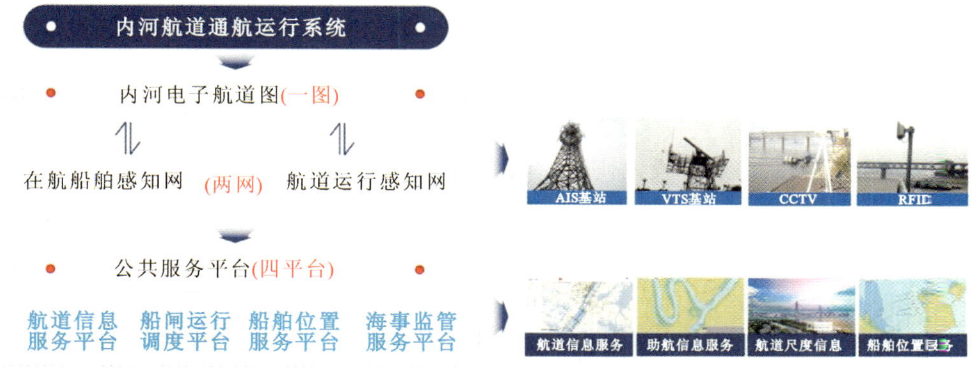

图 8-3　基于船—标—岸一体化技术的内河航路信息服务体系结构

随着信息技术、通信技术、人工智能技术等新兴技术与航运业的深度融合，结合智能装备、智能运载工具的技术突破，探索航运系统的智能化发展路径，成为水路交通领域国内外研究的前沿热点，也是航运系统达成安全、效率及绿色目标的重要途径。各国、各组织及机构根据其航运产业发展的需要，提出了各种智能航运系统的原型及概念，极大丰富了智能航运系统的内涵。2022 年，为促进国内外学者在智能航运领域的交流与合作，中国工程院院士武汉理工大学严新平教授、葡萄牙工程院院士里斯本大学 Carlos Guedes Soares 教授和英国利物浦约翰莫尔斯大学 Jin Wang 教授共同发起 IEEE 智能交通系统协会(IEEE ITSS)智能水路交通系统专业委员会(IWTS-TC)，标志着智能航运系统的研究迈入了新阶段。IWTS-TC 的成立，为来自英国、荷兰、德国、比利时、挪威、芬兰、葡萄牙、波兰、希腊、新加坡、中国等国家的专家提供了智能航运系统技术交流和国际合作的平台，有力地促进了全球智能航运系统技术的发展。

8.3　智能航运系统关键技术

智能航运系统的发展与水路交通装备、运载工具集系统的数字化、信息化及智能化发展紧密相关。面向智能航运系统发展的需要，国内外研究机构、学者提出了各类装备、系统与技术，旨在提升交通数据采集、传输、分析与应用能力，实现智能航运系统的各类功能。一般而言，智能航运系统具体功能包括以下几个方面。

①泛在感知功能：能够通过传感器，实现对航运系统中各类运载工具、通航设施等个体运行状态、整体交通状态等信息的实时采集与分析；

②信息互操作功能：能够通过协议，实现航运系统中船舶、航道、港口、船公司等不同设备、服务和系统间交换数据并相互集成；

③智能决策功能：能够应用人工智能等理论、大数据技术等手段，提高航运系统效率与韧性，降低运营成本以及降低风险；

④决策支持功能：能够为智能航运系统各级用户（如：船舶、船公司、水上交通主管部门、港口/码头业主等）提供数据、决策、风险评估等服务；

⑤少人化配员：能够使航运系统涉及的船舶营运、航道服务和港口服务的配员减少。

在该背景下，一批新兴技术、装备及系统（AIS 系统、e 航海技术、船联网技术、航运大数据技术、智能船舶等）逐步投入使用，有力地提升了航运系统的智能化水平。

8.3.1 e-航海技术

e-航海，即 e-Navigation，通过电子手段协调船舶和岸上海事信息的采集、整合、交换、展示和分析，以增强船舶泊位到泊位的导航和相关服务，以保障海上航行安全，保护海上环境。

2005 年 11 月，国际航标协会 IALA（the International Association of Marine Aids to Navigation and Lighthouse Authorities）在一次致力于讨论船舶追踪的会议上提出要在全球范围内建立 e-Navigation 框架；同年 12 月，美、英、日等国联名向国际海事组织海上安全委员会（MSC）的第 81 次会议提交提案，要求国际海事组织在全球层面制定 e-Navigation 战略。2006 年 5 月，IALA 的第十六届大会首次正式提出 e-Navigation 的概念并于 2007 年 IMO NAV 的第 53 次会议采用了 IALA 提出的 e-Navigation 概念。

e-Navigation 并不是一项具体的技术，而是一种概念或顶层设计，可以理解为一个把当前的和未来的航海设备与系统全面集成并显示的平台，用于解决现有的导航通信和助航技术之间的无关联性，使驾驶员在值班过程中通过一套系统就能全面了解所需信息，减少工作量和设备配置所浪费的时间。e-Navigation 的总体架构图如图 8-4 所示。e-Navigation也应包含船岸通导设备统一的标准，提高用户的使用效率以及船舶和海事管理机构之间交换信息量，促进海上导航设备的协调一致。

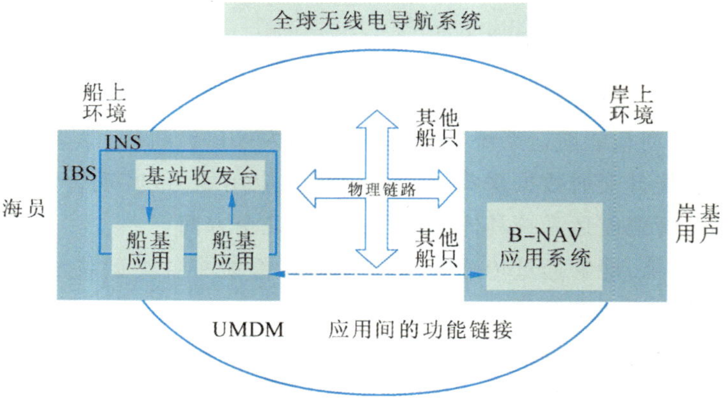

图 8-4 e-Navigation 总体架构

面向 e-Navigation 发展的需求，IMO 提出的 e-Navigation 战略，是一个针对全球各国港口、船舶间的海上信息化合作战略。该战略的目的是进一步促进各国在海上信息和数据之间的交换以及在统一架构和技术标准的前提下，消除障碍和壁垒，达到增强海上安全保障和环境保护的能力。

在国际上，e-Navigation 的发展已经进入实施阶段，其中欧洲范围内的 Monalisa、EfficienSea 和 ACCSEAS 项目已经投入运行并取得了良好的成效。党的十八大以来，我国也提出了 ENIC(e-Navigation in China)项目并在渤海湾、长江口和珠江口相继建立了 e-Navigation 示范应用。

e-Navigation 的提出与应用，有助于各类海上信息的大融合，使信息交换更加通畅，提升船船、船岸、岸船之间沟通效率，彻底颠覆封闭的信息孤岛系统，有效促进海上服务从传统模式向高效的现代服务模式转变，为智能航运系统的发展奠定了数据传输基础。

8.3.2 船联网技术

船联网，即 Internet of Vessels(IoV)，是运用各种感知手段，结合北斗和无线通信技术，实现船舶、货物、船载设备、岸上设备、航路信息以及相关人员之间的互联互通，形成天、地、海一体化的信息交换和智能化决策的网络平台。船联网的构建可以有效利用通航环境和已有的基础网络通信设备，实现分级管理、信息共享、多网合一，最大化共享和协同航运信息，保证船舶安全。

“船联网”是物联网在航运领域的一种具体化发展形式，以航运管理精细化、行业服务全面化、出行体验人性化为目的，以企业、船员、船舶、货物为对象，覆盖航道、船闸、桥梁、港口和码头，综合运用物联网技术实现人—船—货信息互联互通的智能航运信息服务网络。

船联网的特点是以船舶、航道、陆岸设施为基本节点和信息源，结合具有卫星定位系统、无线通信技术的船载智能信息服务，利用船载电子传感装置，通过网络完成信息交换，在网络平台上完成各节点的属性和动/静态信息的提取、监管和利用，具有导航、通信、安全防护和信息服务等功能，为船舶内河航行提供更加智能、安全的通航环境，其结构如图 8-5 所示。

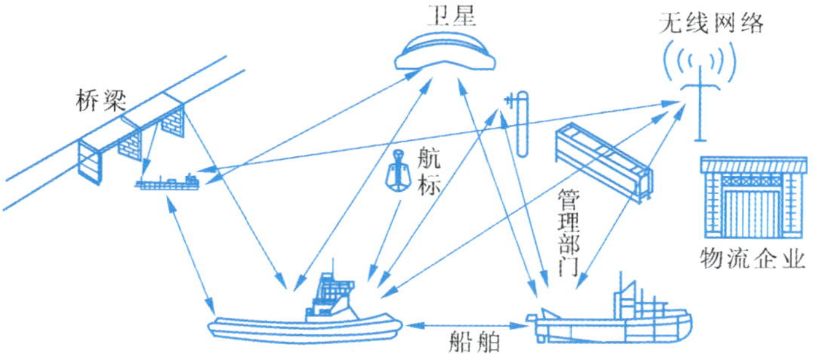

图 8-5　内河智能航运信息综合服务网络结构

船联网的发展极大促进了航运信息服务水平的提升，典型的航运信息服务流程如图8-6所示。船联网可利用 3G、RFID 和 ZigBee 等无线技术，完善内河船舶管理系统，以提升内河船舶管理效率和服务质量，具体包括船联网技术实现内河航道流量统计、航道数据采集和应用位置服务；智能化的船舶电子签证管理系统，实现了不停船签证。

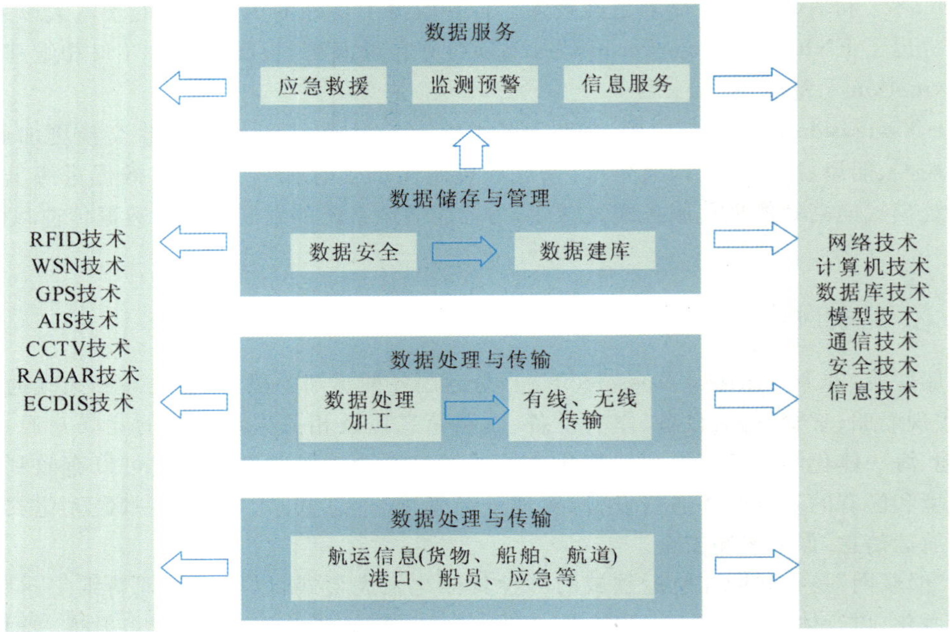

图 8-6 典型航运信息服务流程

船联网的功能主要包含以下四个方面。

(1)航道感知与监控

通过装载在陆岸、航标和船舶上的传感器实现船舶与环境之间的通信，感知航道宽度、深度、气象水文信息、船舶的属性与动/静态参、周围的通航环境等信息；服务于 VTS (Vessel Traffic Services)管理决策。

(2)智能安全控制

船舶、船岸间距离探测手段更加多样化，可以通过导航雷达、AIS，甚至是通过设定在各节点的摄像头自动感应判别；在船舶行驶过程中，借助网络平台调用陆岸、航标及前船提供的数据或摄像头提供的视频信息来获取航道状况，以支持航海人员的航行决策。

(3)环境监测与紧急救助

可以调整搭建在航标上的无线传感器位置，进行水下水上结合探测；将采集的水域环境信息上传至网络平台，为治理环境污染和有效应对突发污染事件提供信息保障；船舶若突发故障，借助网络平台发出的求救信息具有更广泛的受众，可提供更多的转发和更为可靠的应急救援保障。

（4）其他增值业务

在船联网中，各船不但是网络信息的受用者，还可以作为智能航道的实际信息和重要信息的提供者以及公众信息服务的参与者。

8.3.3　航运大数据技术

航运大数据技术，是从海量航运大数据中挖掘数据服务于航运业务的数据挖掘算法、技术及系统。随着 e-Navigation、船联网技术的快速发展，建立覆盖流域及全球的跨国航运数据中心成为可能。

海量航运数据的积累，为大数据技术在航运领域的发展奠定了基础。目前，大数据分析技术可分为两类：一是依靠机器的超强计算能力和人工智能，通过机器学习和数据挖掘等方式实现大数据分析；二是依靠人所具备的、机器并不擅长的认知能力，通过可视分析等方法实现大数据分析。基于海量的航运数据与大数据分析方法，研究人员开展了全球航运网络提取、水路交通系统分析、交通信息与控制、交通安全与环境、运载系统智能化等方面的研究，为智能船舶、新一代航运系统的发展奠定了数据基础。

8.3.4　智能船舶技术

智能船舶，即 Maritime Autonomous Surface Ship（MASS），是指利用传感器、通信、物联网、互联网等技术手段，自动感知和获得船舶自身、环境、物流、港口等方面的信息和数据，在船舶航行、管理、维护保养、货物运输等方面实现智能化运行的船舶（图 8-7）。随着航运系统数据采集、传输与处理能力的提升，研发具备智能航行功能的智能船舶，成为智能航运系统研究的重点。

辅助驾驶船舶　　远程驾驶船舶　　自主航行船舶

图 8-7　不同类型智能船舶示意图

目前，智能船舶的开发正处于逐渐增长的阶段，英国、芬兰、挪威、澳大利亚、法国、德国、日本、中国等国都对智能船舶进行了相关研究。2012 年，由 Fraunhofer CML 公司、MARINTEK 公司、Chalmers 大学等 8 家研究机构共同合作的基于智能航行网络的海上无人驾驶（Maritime Unmanned Navigation through Intelligence in Networks，MUNIN）项目，旨在提出无人货船的概念并验证其可行性。2018 年 5 月 16—25 日，MSC 第 99 届会议在伦敦 IMO 总部召开，启动了在 IMO 框架下进行 MASS 的安全、可靠和环境友好等运营问题的研讨。会议围绕 MASS 立法的目标、定义、范围、方法、工作计划进行了深入讨论并通过了一系列决议。2019—2024 年间，欧盟陆续批复 Novimar、Novimove、Moses、AUTOShip 等项目，旨在加快智能船舶及基于智能船舶的未来航运系统的研究。其中，Novimar 项目提出了一种基于远程驾控船舶与自主航行船舶混合编队的“水上列车”方案成为当前智能船舶研究的热点场景。

国内产学研机构在科技部、工信部及国家自然科学基金委支持下，围绕船舶的智能化、自主化开展了一定的基础理论、技术研发和应用示范研究。中国船级社(CCS)编制的《智能船舶规范》于 2015 年 12 月 1 日在中国国际海事会展期间正式对外发布，并于 2016 年 3 月 1 日生效，由智能航行、智能船体、智能机舱、智能能效管理、智能货物管理和智能集成平台六大部分组成。《智能船舶规范》(2020)保持原有规范框架，以船舶系统为基础，按照局部应用到全船应用、辅助决策到完全自主的发展方向，增加远程控制操作(R)和自主操作(A)功能，形成了完整的智能船舶规范框架及相应的功能/技术要求。2017 年 12 月 5 日，中国自主研发的全球首艘智能船舶 iDolphin 38800 t 智能散货船“大智”轮在中国国际海事会展上正式发布。该船具有 110 余个智能数据分析模型，能够实现每 6 h 更新航线，日均油耗降低 4%，是全球首艘通过船级社认证的智能船舶。2017 年 12 月 6 日，中国船级社、珠海市政府、武汉理工大学及云洲智能科技有限公司四方启动首艘小型近海无人货运船“筋斗云”号的设计、建造及运营，采用电力推进，具备一定条件下的自主靠离泊能力。在智能船舶感知、认知、决策、控制、监管、运营、维护、测试等多个方面开展了积极的探索，形成了以智能船舶“航行脑系统”、南京板桥汽渡辅助驾驶系统、“大智号”散货智能船舶、珠海万山无人船海上测试场等为代表的系统理论、技术示范应用、实验环境建设成果，为后续科学研究奠定了良好的理论和科研基础。

目前，国内智能船舶领域科研与产业水平与国外发达国家相比，在传统专项技术如动力系统、推进装置、控制系统等领域仍有明显差距，但在感知增强、智能辅助、远程驾控、测试验证等领域整体处于并跑状态，有望通过取得船舶智能技术领域的基础理论突破实现技术的领先。

8.4 新一代航运系统

在智能航运系统技术快速发展的背景下，一批智能装备、智能运载工具及智能信息系统逐渐投入使用，一定程度上提升了航运系统局部安全、效率与韧性，初步实现了系统智能化。然而，随着智能化步入深水区，各类智能功能对数据采集传输、信息互联互通、协同作业服务等方面提出了更高的要求，如何系统性地提升航运系统的智能化水平成为国内外航运科技领域研究的热点。在该背景下，中国工程院院士、武汉理工大学严新平教授团队提出了“新一代航运系统”概念，指明了未来更高等级智能航运系统的发展道路。

8.4.1　新一代航运系统基本概念

新一代航运系统是以智能船舶为载运工具，以智慧港口为节点，以高度数字化的海洋、江河、湖泊等水域为通道，以群体智能、协同控制为特征的水路运输自主式系统，实现以智能、绿色和韧性为特征的新型航运系统，呈现了"岸基驾控为主，船端值守为辅"的新型水路运输模式。

在新一代航运系统中，船舶、基础设施（船闸等）等要素均具备一定程度的感知和交互能力，能够基于知识进行推理、自主决策，从而实现绿色、安全运行的目标；在宏观上，该系统不仅具备单一个体的感知、交互、决策和控制能力，也涌现出单体智能不具备的群体特性，如基于信息共享的群体感知、群体决策、群体协同和群体演化等特征，从而达到航运系统整体目标的最优，实现总体运输能力、运输效率、安全性等方面的提升。近年来，国内外学者围绕新一代航运系统的单体智能（智能船舶）、群体智能（智能体协同）和系统安全保障等方面开展了大量的探索性工作。

近年来，在国内一批科研人员的努力下，新一代航运系统技术快速发展，其主要发展历程如表 8-1 所示。

表 8-1　新一代航运系统发展历程

时间	事件
2021 年 04 月	关于设立长江等内河"新一代航运系统"创新工程的提案。王先进、何建中、黄先耀，政协提案
2021 年 05 月	内河新一代航运系统构建的思考。严新平，《中国水运》
2021 年 10 月	新一代航运系统体系架构与关键技术研究. 严新平等，《交通运输系统工程与信息》
2022 年 5 月	"新一代航运系统"专题研讨会。中国航海学会内河航运高质量发展专业委员会与国家水运安全工程技术研究中心联合举办
2022 年 06 月	建设水上交通一体化组织指挥体系　为新一代航运系统打造高质量发展生态圈。未汝明，《中国水运报》
2022 年 07 月	新一代船舶交通管理系统的初步思考. 曹德胜等，《中国海事》
2022 年 09 月	新一代航运系统为内河航运发展注入创新动力。张华勤，《中国船检》
2022 年 12 月	世界交通运输大会"新一代航运系统"。武汉理工大学、中国航海学会水运安全工程技术专业委员会等联合承办
2022 年 12 月	内河航运系统监管技术现状与展望。陈德山，严新平等，《交通运输系统工程与信息》
2023 年 03 月	江西省内河新一代航运系统实现途径的思考与建议。郭亦平等，《中国水运》
2023 年 06 月	世界交通运输大会"新一代航运系统"。武汉理工大学水路交通控制全国重点实验室、国家水运安全工程技术研究中心等联合承办

续表 8-1

时间	事件
2023 年 09 月	面向新一代航运系统的船舶智能航行技术研究进展，马勇等，《中国科学：技术科学》
2024 年 04 月	内河新一代航运系统标准体系建设工作会在武汉成功召开
2024 年 06 月	世界交通运输大会"新一代航运系统"。武汉理工大学水路交通控制全国重点实验室、国家水运安全工程技术研究中心等联合承办
2024 年 06 月	水路交通系统的发展现状与未来展望。严新平等，《中国航海》

8.4.2 新一代航运系统信息物理架构

新一代航运系统以实现乘客和货物的舒适搭载与个性化、高效精准位移为服务导向，实现绿色智能船舶、数字生态设施、可靠岸基支持和韧性运营服务等独立运作而又随机关联的组件、要素和系统适时交互、协同作业。它是一个服务于航运业务的信息物理系统（CPS），其信息物理架构如图 8-8 所示。

小知识

信息物理系统（Cyber-Physical Systems，CPS）是一种将物理世界与信息世界无缝连接的系统，是一个综合计算、网络和物理环境的多维复杂系统，通过 3C（Computation、Communication、Control）技术的有机融合与深度协作，实现大型工程系统的实时感知、动态控制和信息服务。它通过传感器、通信和计算技术将物理实体与信息系统整合在一起，实现对物理世界的实时感知、控制和优化。

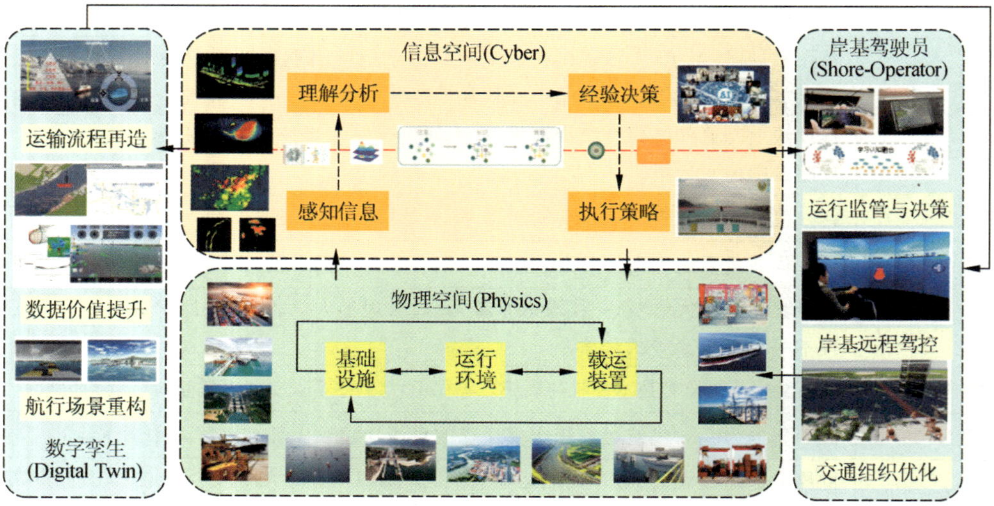

图 8-8 新一代航运系统的信息物理架构

在新一代航运系统中，物理世界与信息空间的人、机、物、环境、信息等要素构成平行映射，联通相关的流程、功能、数据，交通要素行为分层涌现、信息交互共享、域内/域间协作、自主运行管理，实现系统内资源配置和运行的按需响应、动态优化，是船舶、交通、信息和通信等多系统协同发展的典型的复杂信息物理系统。新一代航运系统各要素单元、功能系统间具有松耦合关系，整个系统为耗散结构，处于远离平衡态的自组织状态，是新一代航运系统体系架构的基础。

8.4.3　新一代航运系统整体框架及核心要素

新一代航运系统的构成具有明显的层级特征，分为要素单元级、功能系统级和架构集成级，各层级以任务为导向有机融合，各组分互联互通、共享数据、传递能量，通过信息互操作、资源共享与联合服务构成一个性能更强的系统，涌现出个体无法实现的整体效果，与单个系统功能简单的叠加相比，新一代航运系统的功能更为广泛、性能更加优越。

参考信息物理系统的层级结构，整体框架如图 8-9 所示。其中，新一代航运系统架构集成及核心要素包括绿色智能船舶、数字生态设施、可靠岸基支持、韧性运营服务等四个部分，各部分包含各类功能，各功能的实现又依赖要素级中各要素的相互配合。

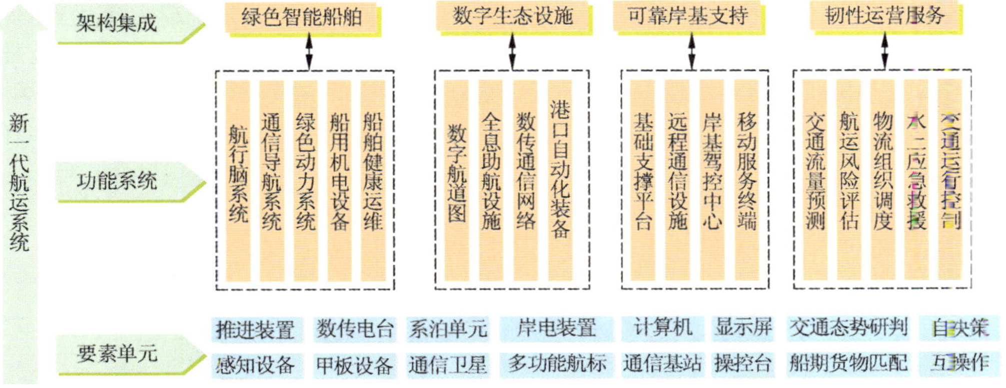

图 8-9　新一代航运系统整体框架图

(1)绿色智能船舶

随着航运系统智能化发展的深入，绿色智能船舶逐渐成为承载乘客与货物运输责任的核心载体，其科技内涵呈现出丰富的形态演变并不断深入发展。绿色智能船舶从传统常规船舶逐步过渡到集成先进技术的增强驾驶、辅助驾驶船舶，最终延伸至代表当今顶尖技术水平的远程驾驶及自主航行船舶，共同组成了新一代航运系统的核心载具，其核心功能如图 8-10 所示。

小知识

绿色智能船舶：乘客与货物承运的主要载体，包括常规船舶、增强驾驶船舶、辅助驾驶船舶、远程驾驶船舶，以及自主航行船舶，由航行脑系统、绿色动力系统、船用机电设备、通信导航单元、船舶健康运维等组成。

图 8-10　绿色智能船舶核心功能

绿色智能船舶的核心功能由航行脑系统、绿色动力系统、现代化船用机电设备、通信导航单元以及船舶健康运维系统等五大系统有机融合实现。

航行脑系统作为绿色智能船舶的中枢神经系统，扮演着至关重要的角色（图 8-11）。该系统集成了先进的计算机技术、人工智能算法、大数据分析以及机器学习等手段，能够实时处理复杂的航海信息，在各种海况下都能实现智能绿色船舶的自主决策与精准控制。该系统不仅能辅助或替代人类船员感知船舶自身及环境状态、识别危险航行场景、执行航行操作，还能通过不断学习和优化，进一步提升船舶的安全性能、经济性能和环保性能。

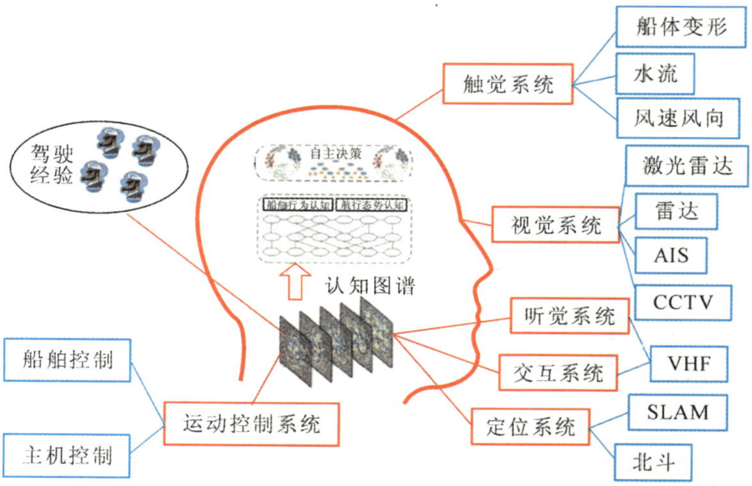

图 8-11　航行脑系统示意图

绿色动力系统是实现新一代航运系统可持续发展目标的关键。该系统广泛应用了清洁能源技术，包括液化天然气（LNG）、氢燃料电池、太阳能和风能等，旨在降低碳排放、减少环境污染，并提高能源利用效率。同时，配合高效的动力传动技术和储能方案，确保船舶在保持高性能的同时，满足严格的环保标准。

船用机电设备的现代化升级也是新一代航运系统的重要标志。这类设备包括但不限于电动推进系统、智能电力管理系统、节能型空调系统，以及先进的污水处理设施等，共同构筑了船舶的基础设施，确保船舶在日常运营中符合高效、安全、舒适的运营标准。

通信导航单元作为船舶与外界交互的窗口，其功能日益丰富和完善。先进的卫星通信技术、全球定位系统（GPS）、电子海图显示与信息系统（ECDIS）、自动识别系统（AIS）等的应用，让船舶无论身处何方都能实现实时的位置追踪、航线规划、气象预报接收以及与其他船舶、岸基设施的有效通信。

船舶健康运维系统依托物联网（IoT）技术和大数据平台，对船舶各个关键部位的状态进行实时监控、预警和维护保养。通过对海量数据的采集与分析，提前发现潜在故障，实施预防性维修，大大减少了因设备故障而导致的停航时间，提高了船舶的整体可用率。

（2）数字生态设施

数字生态设施是新一代航运系统的重要基础设施，在支撑新一代航运系统各项功能中扮演着至关重要的角色，它如同一条无形的脉络，将船舶的时空位移过程与陆地重要节点紧密衔接，确保了航行的高效、安全与智能化。数字生态设施主要包括三个方面，即数字生态航道、智慧绿色港口和信息基础设施（图 8-12），它们共同构成了航运系统信息物理架构中的关键部分。

小知识

数字生态设施：实现船舶时空位移的通道链路与重要节点，包括数字生态航道、智慧绿色港口和信息基础设施等 3 个方面，具体为电子航道图、全息助航设施、数传通信网络与港口枢纽及自动化装置。

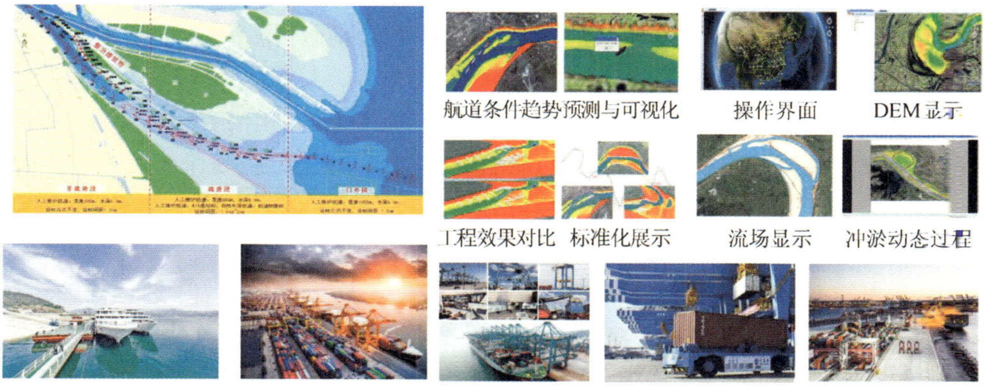

图 8-12　数字生态设施核心功能

数字生态航道作为船舶航行的数字化通道，依托先进的电子航道图技术，不仅有精确的地理信息，还整合了水文、气象、潮汐等多种实时动态数据，为船舶驾驶员提供直观且全面的航行参考依据。近年来，随着人工智能、虚拟现实等技术的发展，全息助航设施大规模应用，通过虚拟现实技术模拟真实的航道环境，极大增强了驾驶员对航行情况判断的准确程度，显著提高了航行安全性。浙北水网杭申线全息航行场景图系统如图8-13所示。

图 8-13　全息航行场景图系统

智慧绿色港口作为船舶停靠、装卸、中转的重要节点，其自动化装备和智能管理系统的应用是数字生态设施的一大亮点。港口自动化装备，如自动化起重机、无人驾驶拖车、智能集装箱管理系统等，极大地提升了货物装卸速度与准确性，降低了人力成本，减轻了环境污染。同时，通过物联网技术、大数据分析和云计算平台的支持，港口能够实现对船舶进港、离港、货物处理全流程的实时监控与智能调度，从而提升港口运营效率和综合服务水平。

信息基础设施建设是整个数字生态设施的基石，它通过构建覆盖全域的数传通信网络，确保了航行过程中信息的快速、准确传递。这一网络不仅包括卫星通信、地面无线通信等多元化的通信方式，还涵盖了船舶与船舶之间、船舶与港口之间、船舶与岸基监管机构之间的数据交互，确保了航运系统的各个环节能高效协同运作。

(3)可靠岸基支持

可靠岸基支持是新一代航运系统不可或缺的组成部分，它担当着运输船舶协同指挥枢纽与指令发布终端的重任，对航行中的船舶进行全面驾控管理，确保航运全过程安全、高效。这一系统通过实时监测、精准调度和应急介入等方式，对船舶的航行状态进行全方位、全过程的监管和掌控，其核心功能如图8-14所示。

可靠岸基支持的核心组成部分包括综合集控中心、岸基通信设施、远程驾控系统以及移动服务终端。综合集控中心犹如航运系统的神经中枢，汇集了各类航行数据、天气信息、船舶状态报告等关键信息，通过大数据分析和智能决策，对在航船舶进行科学合理的调度与指挥。岸基通信设施则构建起了船舶与岸基之间稳固的信息桥梁，确保各类指令与数据能够迅速、准确地传输。

小知识

可靠岸基支持：船舶的协同指挥平台和新一代航运系统的指令发布终端，完成在航船舶的驾控，对航运全过程进行监管，在紧急情况下介入操作，船东和海事监管机构可在移动终端或第三方平台实时监测和获取信息，由综合集控中心、岸基通信设施、远程驾驶系统和移动服务终端等组成。

图 8-14　可靠岸基支持功能

远程驾控系统使新一代航运系统具备了前所未有的操作灵活性，当遇到特殊情况或紧急状况时，岸基工作人员可通过该系统直接介入船舶的驾驶操作，有效规避风险，保障航行安全。同时，船东、海事监管机构以及其他利益相关方，无论身处何处，都能通过移动终端或第三方服务平台实时获取船舶的最新运行状态和各类关键数据，实现对船舶航行状态的实时监控与远程管理。

（4）韧性运营服务

韧性运营服务是新一代航运系统不可或缺的一部分，它构建了一个开放、共享、协同的水路运输管理与服务平台，致力于满足多样化的航行场景、安全管理、物流服务功能需求，实现运营服务的个性化定制。这一系统以极强的适应性和恢复能力为核心，旨在克服复杂多变的内外部环境影响，确保航运服务的连续性和稳定性。

韧性运营服务系统通过集成先进的信息技术和智能算法，提供了一系列关键功能来支持水路运输的高效运作。首先，它能够针对特定航行场景提供定制化的服务，如根据航道条件、气候因素、船舶类型等因素为船舶推荐最佳航行路线和速度指导。其次，在安全管理层面，系统可进行实时的交通流量预测和航运风险评估，及时发现可能存在的安全隐患，并有针对性地制定应对策略，能有效地降低事故发生的风险。

此外，韧性运营服务系统还深度融入了物流组织调度功能，可以根据货物类型、装运需求、港口条件等因素，快速精准地进行船只调度和货物配载，优化整体物流效率。在应对突发情况时，系统能够快速启动水上应急救援预案，通过智能化手段实现快速响应和有效救援，最大限度地减少事故损失。韧性运营服务系统集成了船舶运行控制系统，能够实时监控船舶的运行状态，提供智能化的船舶操控建议，甚至在必要时进行远程干预，确保船舶在任何条件下都能保持最佳的运行效能。

小知识

韧性运营服务：开放、共享、协同的水路运输管理与服务系统/平台。主要支持面向具体航行场景、安全管理、物流服务功能需求的个性化定制，提供韧性化运营服务和交通流量预测、航运风险评估、物流组织调度、水上应急救援和船舶运行控制等功能。

8.4.4 新一代航运系统逻辑体系

新一代航运系统利用高新技术实现航运系统“船—港—货，人—机—环”要素的融会贯通、自洽共享。这个系统由绿色智能船舶、数字生态设施、可靠岸基支持和韧性运营服务组成，基于信息物理系统构建数字化创新技术体系。虽然船舶、港口、航道和客货等单元在物理上分散，但通过信息互联共享，显著提升了运输服务的绿色、安全、智能和便捷水平。如图 8-15 所示。

新一代航运系统中的绿色智能船舶、数字生态设施、可靠岸基支持和韧性运营服务等组件、要素和系统相互独立运作，但又随机关联，实现了及时交互、协同作业。系统中的人、机、物、环境和信息等要素构成平行映射，联通相关的流程、功能、数据和交通要素，实现了分层涌现、信息交互共享、域内/域间协作和自主运行管理。这种系统能够按需响应、动态优化内部资源配置和运行，是船舶、交通、信息和通信等多系统协同发展的典型复杂信息物理系统。

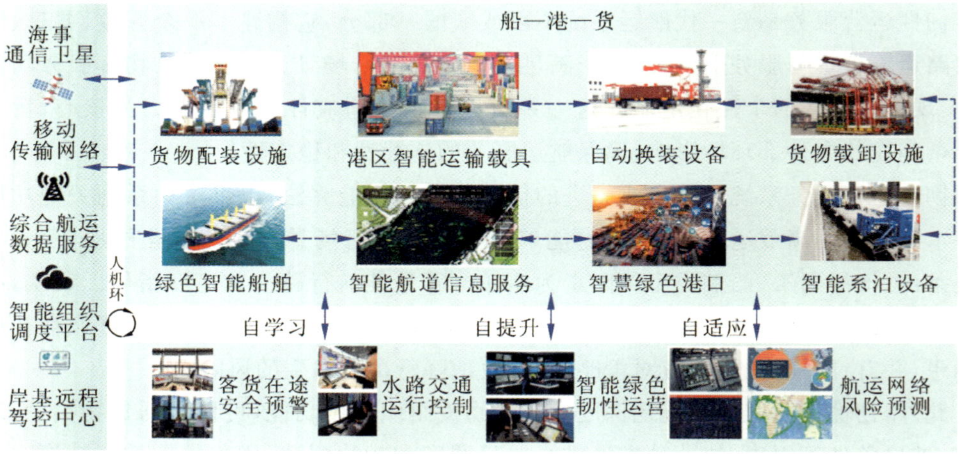

图 8-15 融会贯通、自洽共享的新一代航运系统

在船岸协同环境下，传统航运中的人为因素将逐渐减弱，船—船、船—岸、岸—岸的耦合将增强，系统的柔性测控能力将提升，随机性减弱。系统的感知、认知、决策和控制主体将逐步从驾驶员/操作员转向机器。船舶的驾驶及运行维护将从船员/操作员操作演变为人机共融的形式，经历增强驾驶、辅助驾驶、智能驾驶和自主驾驶四个阶段，不同要素单元、功能系统级和架构集成级将混行并存，重构交通系统要素的运行规律，平衡个体服务于群体控制的机理。

新一代航运系统的运行模式将从交通诱导过渡到主动控制，操作地点将从船舶等载运装备移至岸基驾控中心，指令形式将从随动操作信息、机械执行信息转化为航向、航速、航迹和航次计划等目标任务，决策端将逐步从船舶转向岸侧，人在运营作业中的参与度将逐渐降低。

在组合通信链路与"空—天—海—地"一体化网络的支持下，新一代航运系统的数据链路将被打通，具备低时延、高带宽、多切片的远程通信能力，提供可靠的通信通道和算力支持，建立船岸协同的信息感知和采集网络及数据交互准则。充分利用已有的北保感知网络、北斗导航、视频监控等岸基支持单元和 5G 数传终端等新型信息基础设施，融合船载现有智能监管设备、辅助决策系统和港航全息态势感知设施，建立船岸对通航环境的基础数字描绘。

通过联通不同业务应用层的信息流，统一存储和管理海量航运数据，打通信息数据间的壁垒，实现各要素单元级、功能系统级和架构集成级的共享复用，完成决策控制端向被服务端的转移。在缺乏足够人类监督和参与的情况下，系统能够在变化的、不可预测的交通环境中"理性地行动"，实现知识库的扩展和任务的迁移，以适应不同操作指令和应用场景，从被动交通响应和优化转向主动交通管理与服务。

8.4.5　新一代航运系统关键技术

(1)航运系统规划设计技术

航运系统规划设计技术，研究不同交通运输网络拓扑结构与交通动力学时空演化规律、网络承载力间的动态耦合关系，形成航运资源协同配置方法理论，规划设计航线网络和整体布局，在客流分布时空不均衡及运力资源有限的情况下，提高交通网络运营组织能力，降低乘客出行和货物运输成本，为研判交通运行状况和执行决策提供有力支撑。

在已有的研究中，一般先通过数据挖掘、知识建模的方式构建航运系统航路网络模型，然后设计运作层、战术层及战略层优化目标，再通过求解优化问题实现系统优化。在航运系统建模方面，可利用 AIS、船舶移动数据或已有的电子海图中的航路信息构建航运系统网络。在系统优化方面，战略层的规划指的是船队规划，也就是航运企业根据运输需求预测及实际情况，对船舶的购置和运用以及船队的组建和调整进行系统性规划。例如：基于滚装船特性及其货运数据库计算不同市场渗透率下的航运成本与收入，提出确定短途海运中的滚装船队规模的方法；以邮轮投资运营成本为目标，建立非线性优化模型求解油轮船队的规划问题。其中，战略层规划常见的方法包括：多阶段随机规划模型、随机混合整数规划模型、多目标动态船队规划数学模型、实物期权模型、整数规划模型等。战术层主要是网络设计与航线配船两方面的规划，即对航线及航线上船的航行量进行规划。此类问题一般都转化为整数问题、混合整数问题以及博弈问题，利用滚动时域算法、遗传算法、拉格朗日分解算法、区间分支定界法求解。运作层则主要关注船舶调度问题，属于交通运营组织技术。近年来，通过研发航运系统仿真平台，分析交通运输网络结构的可达性、可靠性及抗毁性，实现航运系统的可视化推演，最终服务于航运系统规划设计，已成为当前研究热点。

(2)绿色智能航运装备技术

绿色智能航运装备技术是研究提升航运系统智能化、绿色化水平的关键装备。研究对象涵盖船载设备、运载工具、枢纽节点及系统装备，主要研究内容包括但不限于：无轴轮缘推进、绿色能源动力系统等船舶绿色化关键设备研发，探索发展纯电力、燃料电池等动力船舶；船舶自感知、自决策、自操作、自协同能力装备研究与应用，实现辅助驾驶、远程驾控、智能航行、编队航行等功能示范应用；“端—网—云”架构下，自动驾驶集卡、轨道平台、大型无人机等港口货物集疏运设备研究与应用，提高换乘、换装水平，完善集疏运体系；污染物、碳排放循环利用和监测预警平台开发与应用，促进港口能源系统相融合，建设水上绿色综合服务区，打造集约高效、功能协同的现代化港口。

绿色航运装备的主要研究，分为绿色航行服务系统、绿色港口装备以及绿色船舶等的研究。近年来，为了保持航运绿色物流通道的活力，充分利用先进的计算机网络技术和通信技术，增加科技投入，建立航运智能信息服务系统，发展智能化的绿色航运信息服务，提高航运的绿色物流素质，已成为当前研究热点。

绿色港口的研究，主要集中在低能耗港口装备研究中。例如，从低碳的角度出发，建立集装箱码头最小能耗堆场起重机的调度优化模型；将集装箱码头泊位分配和岸桥分配问题描述为混合整数规划模型，以最小化所有船舶的总离港延误和码头起重机的所有船舶的总装卸能耗为目标进行优化；面向铁水联运需求，利用基于遗传算法和模拟退火的混合优化算法对联运站内的设备进行低能耗调度优化等。

绿色船舶主要是指通过新技术提高能效的新型船舶。技术上，目前的研究采用了能源技术（燃料电池、风能和太阳能等）、节能减阻技术（减阻涂料、船型优化）、余热利用技术（机朗肯循环、卡琳娜循环和超临界 CO_2 布雷顿循环等）、碳捕集技术（利用醇氨溶剂的燃烧后捕集技术）等，能提高能源利用率。运营上，航速优化、航线优化以及能源管理等方面的绿色化技术也逐渐受到关注。

(3)数字生态航道建养技术

数字生态航道建养技术，研究服务于航道建养、运维全生命周期的智能化技术，为新一代航运系统其他模块提供地图信息。数字生态航道通常包括基础设施、运行状态、航道环境数据库，并通过“高精度数字地图＋多维动态信息”的模式，向用户实时同步呈现。数字生态航道建养技术主要研究内容包括：研发航标运行状态监测与应急反应系统和数字航道技术的集成应用平台，通过电子航道图、多功能航标推动航道终端的标准化，融合基础设施、气象条件、地理信息和水深等数据，实现航运信息系统数据的安全有序运行和共享；突破生态航道智能建养技术，应用数字孪生技术完成全生命周期的航道整治，包括航道协同化设计、参数可视化施工、动态管理与维护以及虚拟航标等。

目前已有的数字航道系统有欧洲的RIS系统、美国的密西西比河系统以及中国的长江南浏段数字航道示范工程。此外，将遥感数据、雷达数据、水下河床地形图等与电子海图结合，丰富数字航道信息，也成为近年来的发展趋势。近年来，通过电子的方式，在船上和岸上，收集、综合、交换、显示和分析海事信息，以增强船舶泊位到泊位的全程航行能力，增强相应的海上服务、安全保障能力，以及海洋环境保护的能力，已成为当前研究热点。

(4)船舶运行智能控制技术

船舶运行智能控制技术运用移动通信技术构建船岸协同信息传输网络，基于“云—网—端”的云计算基础平台、船载智能终端和船联网云控平台，达成“人—船—岸—云”的高度协同。在岸基驾控中心实现远程故障诊断、在途监测预警和人机协同控制，开阔水域、封闭作业空间等特定场景可独立于人的干预完成相应功能任务，船端控制终端自主完成航行操纵、靠离泊、多船避碰作业。通过构建人在回路的协同控制框架，通信不稳定或系统故障时按照驾驶权柔性切换策略，实现控制权在船岸和不同控制站间的切换，根据并发任务执行框架识别系统风险和人因失误。研究编队航行技术，构建具有灵活性、高容错的编队结构，完成队内、队间的相对速度和机动性约束、编队的动态性能响应。

船舶智能控制指利用先进的控制技术、计算机技术和通信技术等将船载传感器和岸端传来的各种信息进行分析处理，人机协同，实现远程有人在船控制、远程无人在船控制、完全无人控制。国外对于船舶智能控制技术的研究较早，早在2017年，英国和丹麦就研制出一艘可以执行有人在船远程控制任务的28 m拖轮。最近几年，中国气象局与航天科工集团合作研发的“天象一号”、青岛北海船舶重工等合作研发的“水面无人智能测量平台工程样机”和珠海云洲智能科技公司研发的“领航者”等项目也实现了智能控制技术的落地。

实现船舶的智能控制，需要克服以下几个技术难点：

①通信延时和丢包问题。船岸协同作为智能控制的关键链路之一,信息和数据的实时互通十分重要。然而,受航行环境和技术限制等多方面影响,延时和丢包问题客观存在。对此,很多学者就网络时延和丢包的预测和补偿方法进行了研究。常见的方法包括:基于马尔可夫方法、随机二进制切换序列的网络控制系统时延预测;基于自回归积分滑动平均模型、Lyapunov-Krasovskii 函数构建补偿器、模型预测算法等方法的时延补偿。

②人机混合决策问题。突破船舶智能控制技术的核心在于提高机器智能,协调人机智识,实现人机共存到人机共融的转变,并避免人机冲突。其中,技术的关键在于人机智能的融合方法,常见方法包括:基于加权的人机控制融合方法、基于主从博弈的人机控制融合方法、基于人机联合优化的控制融合方法等。

(5)交通运营组织技术

交通运营组织技术通过数据分析实现交通管理的科学化和智能化,促进跨部门、跨区域的信息共享与合作,优化综合航运网络的组织调度和多运行主体的协同作业,解决数据共享不足、实时性差和信息延误等问题。通过标准化碎片信息和集成智能决策分析,整合航行油耗、船舶服务、租船管理等数据,形成可监控的状态流,按需响应并作出科学决策。合理调配船舶、港口、货物资源,优化船舶、港口、场桥、泊位等资源的配置和协同调度,提供船舶运力分布预测、港口运营效能分析、航运金融风险测算等服务,制订灵活的航运物流解决方案。综合考虑环境规制和市场情况,合理组织和安排船舶运输生产活动,最大化效益,帮助航运企业和海事管理部门平衡外部环境与内部条件。

船舶的组织运营技术主要关注船舶调度问题,其本质是关于成本或收益的单目标优化问题和多目标优化问题,求解方法包括粒子群算法和蚁群算法等。港口运营组织包括泊位分配、岸桥调度和分配、场桥调度和分配等。港口运营研究的建模方法包括混合整数规划、混合整数非线性规划和混合整数二阶锥规划,常用的求解算法有局部分支、粒子群优化和非支配排序遗传算法(NSGA/NSGA-Ⅱ)等启发式算法。

(6)水上应急救援技术

水上应急救援技术面向水上交通安全管理的业务连续性建立常态监管、异常干预和应急处置的一体化应对,推进内河干线运输、区域航段北斗导航与卫星的常态化应用,构筑功能完善、能力充分的航运安全体系。融合应急救援过程水上、水下救援人员和智能无人设备等施救信息,实现水上交通常态监管和应急处置中多尺度、可视化、信息精准的数据保障和闭环控制,基于多元救援协同通信与控制理论,提供能够适应空中、水面和水下立体救援任务的决策支持。

随着技术的进步,对水上应急救援的研究向智能化、数字化、精准化、专业化突破。配有全球卫星定位导航系统接收机的水上救援机器人能执行复杂的难以依靠人力完成的救援任务,具备自动修正航向、自动返航、双向航行、遥控等功能;装配在救援站的甚高频通信网络(Very High Frequency,VHF)与装备在救援船上的国际海事卫星(Inmarsat)C 船舶地球站组成了覆盖面广的救援通信网络;对于落水人员的搜寻定位除了采用传统的救援船、直升机搜救,无人机搜救也逐渐投入使用,并且救援船搜寻能就不同的研究任务目标规划出适合的搜寻轨迹。

(7)测试验证评估技术

测试验证评估技术需要考虑系统整体架构的科学性和完整性,并满足应用和验证需求。为此,需要研发多功能、可广域配置的测试验证平台,应用平行控制理论,以场景、事件和任务为驱动,设计模块化、可裁剪的测试系统,建立物理域与虚拟世界的紧密关联。通过融合虚拟仿真和物理实验的优势,可以测试功能的有无、验证结果的对错、评估性能的优劣。综合物理世界和信息空间的安全威胁、标准化链接与通信协议等方面,运用复杂系统数字孪生手段,实现定性评价与定量评估。

测试验证实验包括虚拟实验场、模型实验场以及实船实验场。虚拟实验场因其测试方便快捷、可重复使用的特点而备受关注,数字孪生技术的发展使得虚拟实验场在航运领域得到了更广泛的应用。例如,一艘完全自主的 60 m 长概念船 ReVolt 在运营过程中同步使用其数字孪生(Digital Twins, DT)进行重要系统的测试,并保留测试数据以供后续设计调整时访问。南非的极地补给研究船 SA Agulhas Ⅱ 利用 DT 对远程极地研究能力、人类受极端环境影响等内容进行模拟测试,提前提供可行的解决方案。德国汉堡港务局发起的“smart BRIDGE”项目利用 DT 模拟监控码头、船闸等基础设施建设的过程。

8.5 新一代航运系统控制体系

8.5.1 新一代航运系统控制体系技术需求

新一代航运系统控制体系是新一代航运系统建设的核心内容,具体包括三个方面:

①装备运行控制,主要包括港口装备、通航枢纽设备、船载设备、船舶航行控制;

②系统状态控制,主要包括海事监控和通信保障;

③系统安全控制,主要包括应急救援等。

在这三方面中,我国在许多领域仍处于国际跟跑状态,但在港口设备与运行,特别是集装箱自动化码头方面,我国处于国际领先地位。目前,上海、青岛、天津、厦门等地的港口都实现了集装箱码头自动化,但散货码头的自动化还有很大的提升空间。

在新一代航运系统控制体系中,感知、通信、决策和应急是非常重要的水路交通控制基础。然而,其核心组件与模块严重依赖进口,软硬件缺乏自主创新。船舶交通管理系统(VTS)中,80%的设备都是进口的。此外,虽然我国是一个造船大国,但船载动力控制系统和通信导航系统大部分依赖国外专利品牌产品。因此,亟须研发新一代航运系统的核心控制装备与系统,实现自主可控。

综合大量国内外的文献和应用案例分析,水路交通系统控制正经历“技术变革”。例如,水路装备的运行控制已从传统的单体控制转向联网的网络控制;水路交通运输状态控制从局部水域控制转向广域协同控制;水路交通的安全控制从事故被动响应转向全过程主动控制。新一代航运系统控制体系将逐步从以“人”为主的弱控制向以“系统”为主的强控制演变,实现数字化表达、智能化决策、网络化控制和自主化运行。亟须研究新一代航运系统控制的新原理和新方法,以抢占未来技术高地。

国际上,美国、欧洲和日本在这方面已进行了一些布局,并开展了核心关键技术研发。美国主要聚焦于交通感知、通信和救助设备核心技术,欧洲各国主要关注航运装备、航海数据服务和智能航行核心技术,日本则主要聚焦于智能航行核心技术。

8.5.2 新一代航运系统控制体系技术架构

新一代航运系统的控制对象包括船舶及船载装备运行控制、水路交通系统状态控制、水路交通安全控制等三方面。新一代航运系统控制体系的技术架构,包括数字基础平台(一图一网)和4个重要系统,覆盖了新一代航运系统的全部控制对象,其示意图如图8-16所示。

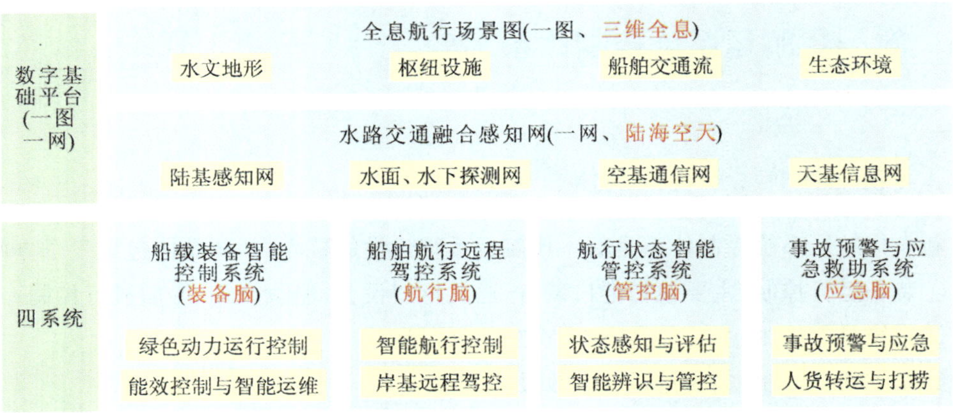

图 8-16 新一代航运系统控制体系的技术架构

数字基础平台包含了“一网一图”,其核心是建立自主的海图制图标准,提出复杂通信条件下多源的数据采集、处理及规范化表达方法,实现自主可控的数字基础设施成套技术。总之,建成自主可控的水路交通数字基础平台,是解决新一代航运系统高可靠性采集、传输和处理卡脖子等难题的重要前提。

“一图”是指全息航行场景图。它可以提供远程驾控自主航行高精度导航信息，不仅有各种水文信息，基础设施的状态信息，以及船舶交通流信息，还包括了生态保护、通航环境相关的信息。

“一网”是指水路交通融合感知网。通过陆基、水面水下探测、空基和天基的构成，为水路交通平行管控和海事监管提供更好的技术支撑。

船载装备智能控制系统需要攻克运行状态在线监测技术、使役性能衰退预警技术、数字孪生与智能决策技术，研发健康管理与智能运维系统、能效调控系统和船舶排放监测与控制装备，提高船载装备的可靠性和绿色化水平。

船舶智能航行控制系统，面临着航行环境复杂、人机交互不强、运动控制困难等挑战，最终要建立船岸协同驾控系统和智能航行控制系统，实现内河、沿海和远洋船舶智能航行的技术引领。

航行状态智能管控系统要解决态势理解能力低、对象协同水平系统弱、系统联动响应差等难题，需研制高精度海事信息服务装备和广域协同交通智能管控系统，实现新一代航运系统的海事管控模式的变革。

水路交通安全应急救助系统，目前主要存在“看不清、靠不近、救不下”的难题。通过研发广域事故救助指挥系统、人员撤离与货物转运系统和大吨位沉船打捞装备等，进一步提高新一代航运系统安全事故人命—财产—环境救助效能。

8.5.3　未来新一代航运系统发展方向

新一代航运系统涵盖了多种功能，旨在提高航运行业绿色化、智能化和韧性化。围绕着水路交通系统绿色化、智能化与韧性化等需求与技术特征，应该积极探究未来新一代航运系统发展的六个重要方向。

(1)水路交通运输规划与组织优化

水路交通运输规划与组织优化是指根据水路交通运输的需求、资源和环境等因素，通过科学的方法和手段，对水路交通运输系统进行合理的规划、设计和组织管理，以提高其效率、安全性和可持续性。具体实施路径包括两条：一是水路交通运输网络建设、运输模式优化和多式联运构建；二是水路交通运输市场的合理组织与优化。

水路交通运输网络建设、运输模式优化和多式联运构建主要包括：①网络建设，通过深化内河航道和海上航路的链路，打造江海航路网络，改善港口基础设施，实现水路交通运输网络的建设；②运输模式优化，结合航运需求，优化船舶设计、改进运输管理、引入先进导航技术、推动绿色航运，优化新一代运输模式；③多式联运构建，打造公—铁—水—空多式联运体系，构建跨模式运输协调机制，挖掘高效、可持续的运输模式。

水路交通运输市场的合理组织与优化主要包括：①政策激励与制度改革，从顶层设计出发，整合小型运输企业，促进不同运输方式的合作，实现运输协同增效，推动多式联运应用；②智能化技术引入，引入物联网、大数据分析和人工智能等智能化技术，提高水路运输市场的数智化水平，改变“小、散、杂”的运输现状，实现一体化的运输组织模式。

(2)绿色船舶动力系统及供给体系

绿色船舶动力系统及供给体系通过绿色动力系统、能效管理和动力系统运维管理的成功研发，有望实现船舶节能减排并提高经济效益。绿色动力系统是船舶绿色转型的核心，分为低碳动力和零碳动力两种类型，主要燃料包括 LNG、液氨、甲醇、氢动力和锂电。国内首艘入级 CCS 氢燃料电池动力船如图 8-17 所示。未来，混合动力系统将成为主流。目前，LNG 双燃料发动机、液化石油气双燃料发动机、乙烷双燃料发动机和甲醇双燃料发动机等技术相对成熟，减排效果显著。然而，绿色低碳动力系统的研究仍处于初期阶段，需要研究不同的绿色低碳动力系统，以适应不同航行环境和船舶类型，形成绿色船舶动力系统谱系，这是未来研究的重点。

在港口方面，开展岸电、新能源设备与自动化加注系统建设，船舶靠岸时使用岸电可以有效减少燃油消耗。国际港口中，靠港船舶的岸电使用率已超过 80%。构建绿色航运物流网络，建设替代燃料补给设施网点与低碳航线。目前，一些港口已开始建设氢燃料补给设施。德国依托汉堡港组建汉堡氢能网络，建设低碳航运能源产业链。总之，低碳、碳中和船舶动力系统的构建与谱系是未来研究的重点。

图 8-17 国内首艘入级 CCS 氢燃料电池动力船“三峡氢舟 1 号”

能效管理与运维管理也是船舶绿色转型的重要手段。动力系统的可靠性和可用性对船舶节能减排至关重要。能效管理与运维管理能够快速检修排除故障，对节能减排起到积极作用。随着智能船舶的发展，船舶将逐渐少人化，远程智能运维显得尤为重要，是未来研究的重点之一。

(3)人机共融的船舶岸基驾控系统

人机共融的船舶岸基驾控系统是指远程驾驶人员在岸基驾控中心，通过远程通信接收船端回传的环境和船舶运动信息，进行态势感知与分析，并在岸基驾控中心执行操控，控制指令将输出至船端以控制船舶运动。其示意图如图 8-18 所示。该系统由岸基驾控中心、云平台和受控船舶等组成。岸基驾控中心可以完成在航船舶的驾控，对航运全过程进行监管，并在紧急情况下介入操作。船东和海事监管机构可以通过移动终端或第三方平台实时监测和获取信息。随着感知、控制、通信和人工智能等技术的不断发展，远程驾驶和自主航行技术逐渐成熟，为实现船舶的远程驾驶提供了可能。

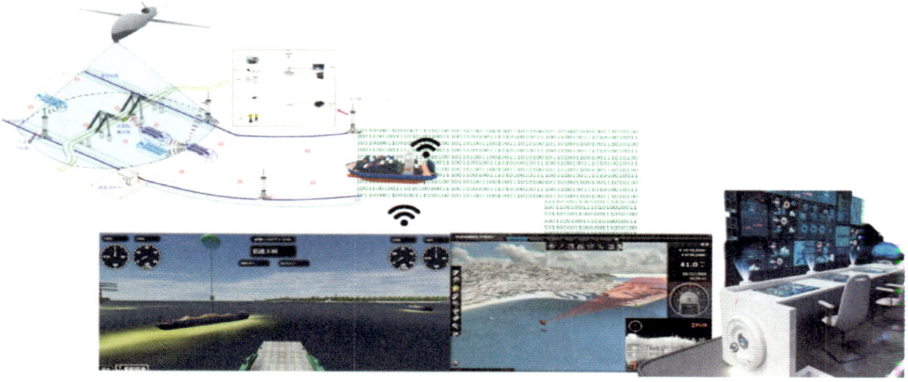

图 8-18　船舶岸基驾控系统示意图

内河、沿海和远洋由于通信条件和通航环境不同，在实现技术路线上存在较大差异，但均需克服以下挑战：存在不稳定的船岸链路、较差的操控性和繁忙的会遇等难题；需建立完善的组织架构来保障稳定性和安全性；构建船员、船载智能系统和岸端驾控中心的互动框架，降低对通信链路可靠性与带宽的依赖；研发远程驾控和自主航行成套装备，实现岸基人员、辅助设施（如航标）、船载值守智能和船员的有机协作乃至互为备份，在船端丢失指令或接收错误指令时，保障船舶航行安全；设计船岸通信网络，提高其稳定性与可靠性，为船岸协同提供保障；开发船载机器人系统，实现远程运维。随着上述挑战的逐个攻克，未来必将实现内河、近海水域“远程驾控为主、船端值守为辅”的新业态。

（4）海域立体综合运输体系

海域立体运输系统由水面运输系统、水中运输系统、水底至水面运输系统构成，旨在充分发挥水路不同运输方式的比较优势，推进多网融合、资源共享，形成网络层次清晰、功能定位合理、衔接一体高效的运输系统，海域立体综合运输体系概念图如图 8-19 所示。

①水面运输系统：由船舶、港口、各种基础设施及服务机构组成。其优点包括运量大、通用性强、安全经济环保、基础设施完善、组织管理机制完备等。

②水中运输系统：由水下运载工具（如无人潜航器、军用潜艇等）、水下运输交通网络、接驳点、水下仓储、海底港口、水下定位与通信等组成。其优点有土地资源占用少、不受海洋冰期或极端恶劣天气影响、隐蔽性好、不受空间资源约束、航线距离短、安全性高（如运输危化品更安全）等。

③水底至水面运输系统：由海底资源开采设备（如钻具、海底油气管道、油气平台、控

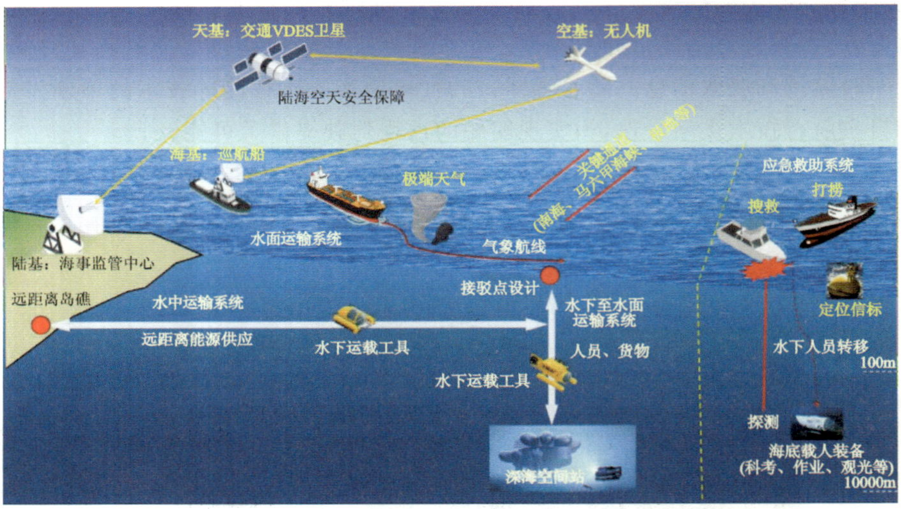

图 8-19　海域立体综合运输体系概念图

制系统等)、海底设施(如海底空间站、海底仓储等)、水下运载装备、通信设备等组成。其优点是不受台风等恶劣环境条件影响、海底资源开发效率高、便于科学考察等。

(5)水路交通系统控制体系

水路交通系统的控制对象包括船舶及其装备的运行控制、水路交通系统状态控制和水路交通安全控制三个方面。其技术架构由数字基础平台和多个应用子系统组成。数字基础平台包含“一网一图”。“一网”,水路交通融合感知网,通过陆基、水面水下探测、空基和天基感知系统,为水路交通平行管控和海事监管提供技术支持。“一图”,全息航行场景图,为远程驾控自主航行船舶提供高精度导航信息。应用子系统包括:船载装备智能控制系统、船舶智能航行控制系统、航行状态智能管控系统与水路交通安全应急救助系统。

船载装备智能控制系统:需要攻克运行状态在线监测、使役性能衰退预警、数字孪生与智能决策等技术,研发健康管理与智能运维系统、能效调控系统和船舶排放监测与控制装备,以提高船载装备的可靠性和环保水平。船舶智能航行控制系统:面临复杂航行环境、人机交互不强和运动控制困难等挑战,需建立船岸协同驾控系统和智能航行控制系统,实现内河、沿海和远洋船舶的智能航行。航行状态智能管控系统:解决态势理解能力低、对象协同水平弱和系统联动响应差等问题,研制高精度海事信息服务装备和广域协同交通智能管控系统,推动新一代航运系统的海事管控模式变革。水路交通安全应急救助系统:应对“看不清、靠不近、救不下”的难题,研发广域事故救助指挥系统、人员撤离与货物转运系统和大吨位沉船打捞装备,提高新一代航运系统在安全事故中的救助效能。

(6)气象导航与安全航行

气象导航是确保船舶安全和经济航行的重要手段。随着国家海洋战略的推进,我国已经初步建立了具有自主知识产权的气象导航系统,目前服务范围覆盖全球四大主要远洋航线,每天为 300 多艘船舶提供服务。然而,现有的气象导航业务水平与我国作为世界第一大货物贸易国和航运大国的地位并不相符,主要表现为我国的气象导航市场几乎被国外大型公司垄断,这对商业、技术机密甚至国家安全构成潜在威胁。

在核心技术方面,我国远洋气象导航业务的基础支撑能力不足。首先,远洋气象观测能力不足。远洋航线及全球海洋观测站点稀少,观测要素单一,缺乏有效的观测数据支撑,无法满足应用需求。此外,尚未形成覆盖全球重点航线的卫星遥感海洋自主气象观测监测能力。其次,灾害性天气数值预报模式无法实现自主可控。我国自主开发的全球气象数值预报模式与国际先进水平存在较大差距,现有的灾害性天气监测预报产品主要依赖国外数值模式,涉及恶劣海况条件下的船舶失速、航线规划和航行风险等的核心产品有待进一步完善。未来,需要构建国产气象导航的船端应用系统和岸基服务平台,形成自主可控的"国船国导"业务技术体系,提升我国远洋气象导航能力,保障国家战略安全。

8.6 本章小结

水路交通系统是以船舶等为载运工具,以港口为节点,以海洋、江河、湖泊等水域为通道的一种运输方式,能够实现货物、人员的搭载与时空位移。近年来,随着信息技术、通信技术及人工智能技术与航运系统深度融合,以智能船舶发展为契机,各级政府正在加快水路交通系统及水路运输智能管理系统的升级。在该背景下,面向"交通强国"建设的需求,我国科学家提出了新一代航运系统概念,受到国内外学者的普遍关注。

新一代航运系统是以智能船舶为载运工具,以智慧港口为节点,以高度数字化的海洋、江河、湖泊等水域为通道,以群体智能、协同控制为特征的水路运输自主式系统,实现以智能化、绿色化和韧性化为特征的新型航运系统。新一代航运系统物理框架主要包括绿色智能船舶、数字生态设施、可靠岸基支持、韧性运营服务 4 部分。新一代航运系统关键技术包括航运系统规划设计技术、绿色智能航运装备技术、数字生态航道建养技术、船舶运行智能控制技术、交通运营组织技术、水上应急救援技术、测试验证评估技术等 7 大类。新一代航运系统的控制对象包括船舶及船载装备运行控制、水路交通系统状态控制、水路交通安全控制等 3 方面,其控制体系的技术架构包括数字基础平台(一图一网)和 4 个重要系统。

"课程思政"延伸阅读材料

倡议新一代航运系统，致力航运系统的技术创新
——严新平院士团队自主创新之路

航运是全球贸易的支柱，超过80%的国际贸易依赖海运来完成，它是我国综合交通运输体系中不可或缺的一部分。然而，我国航运业长期面临运输组织落后、基础设施薄弱、市场服务效益不高以及系统韧性不足等问题。随着新能源、新材料和以大数据、云计算、人工智能为标志的新一代信息技术的发展，航运系统的创新发展迎来了机遇。为此，中国工程院院士、武汉理工大学严新平教授带领团队在2021年首次提出了新一代航运系统的构想。这一系统由绿色智能船舶、数字生态设施、可靠岸基支持和韧性运营服务4部分组成，旨在构建一个绿色智能航运新业态。

严新平院士提出的新一代航运系统，将实现"岸基驾控为主、船端值守为辅"的船舶运行模式，将从传统的船员在船端操控船舶模式转变为船员在岸基驾控船舶的模式。他还强调了标准化在新一代航运系统建设中的重要性，指出需要建立一个健全的标准体系来促进技术创新，以满足快速变化的需求。严新平院士提出的新一代航运系统，需要建立完善的控制体系，应涵盖船舶航行控制、船载装备运行控制、系统状态控制和系统安全控制等方面。严新平院士倡导的新一代航运系统具有智能化、绿色化和韧性化的特征。

严新平院士及其团队通过不断地研究和实践，推动了新一代航运系统的理论创新和技术发展。团队承接了多个国家科研项目，培养了一批行业领军人才和技术人才，为我国智能航运事业的发展指明了方向。团队积极组织学术交流活动，将新一代航运系统的理念推广至航运业的管理部门和企事业单位。2021年3月，全国两会期间，应严新平院士的倡议，政协委员何建中、黄先耀和王先进提出了有关新一代航运系统的提案，建议设立内河"新一代航运系统"创新工程专项。此后，通过在武汉举行的专题研讨会和世界交通大会上连续举办的论坛，新一代航运系统的概念得到了广泛讨论和认可。严新平院士倡导的新一代航运系统这一愿景正在逐步成为现实，预示着航运业将迎来更安全、高效、环保的新时代。

四十余年，风雨兼程，严新平院士怀着他的初心，坚持不懈地在船舶机械监测诊断、船舶航行风险控制、智能驾驶与自主航行等水路交通系统的安全工程与智能化领域开展研究，为国家建设贡献青春的热血和蓬勃的精力。其勇攀高峰、敢为人先的创新精神，不懈努力，致力于水路交通的安全性、智能化和绿色技术研究，激励着我国航运技术领域的科技工作者为实现航运强国的目标而不断努力！

思考题

1. 简述水路运输系统的概念。
2. 简述智能航运系统的主要功能。
3. 列举智能航运关键技术并简述其主要功能及应用。
4. 解释新一代航运系统的内涵。
5. 简述新一代航运系统与传统航运系统的主要特征。
6. 列举新一代航运系统的核心要素并简述各要素核心功能。
7. 简述新一代航运系统的功能，并分析实现该功能所涉及的关键技术。
8. 简述新一代航运系统信息物理架构。
9. 简述新一代航运系统控制系统体系技术架构。
10. 结合水路交通系统发展现状，讨论新一代航运系统未来发展方向。

参考文献

[1] 严新平，韩亚，吴兵，等. 水路交通系统的发展现状与未来展望[J]. 中国航海，2024，47(02)：145-152.

[2] 孙星，严新平，初秀民，等. 基于船标岸一体化技术的内河信息服务关键技术研究[J]. 交通信息与安全，2012，169(4)：126-130.

[3] 严新平，李晨，刘佳仑，等. 新一代航运系统体系架构与关键技术研究[J]. 交通运输系统工程与信息，2021，21(5)：22-29.

[4] 严新平，王树武，马枫. 智能货运船舶研究现状与发展思考[J]. 中国舰船研究，2021，16(1)：1-6.

[5] 严新平，柳晨光. 智能航运系统的发展现状与趋势[J]. 智能系统学报，2016，11(6)：807-817.

[6] 严忠贞，严新平，马枫，等. 绿色长江航运智能化信息服务系统及其关键技术研究[J]. 交通信息与安全，2010，28(6)：76-81.

[7] 任健. e-Navigation 技术发展及其在海事管理中的应用[J]. 科技创新与应用，2021，11(25)：167-170.

[8] CHEN L Y，HUANG Y M，ZHENG H R，et al. Cooperative multi-vessel systems in urban waterway networks[J]. IEEE Transactions on Intelligent Transportation Systems，2020，21(8)：3294-3307.

[9] CHEN L Y，HOPMAN H，NEGENBORN R R. Distributed model predictive control for vessel train formations of cooperative multi-vessel systems[J]. Transportation Research Part C：Emerging Technologies，2018，92：101-118

[10] 马勇，王雯琦，严新平. 面向新一代航运系统的船舶智能航行技术研究进展[J]. 中国科学：技术科学，2023，53(11)：1795-1806.

[11] 曹德胜，张重阳，李文华，等. 新一代船舶交通管理系统的初步思考[J]. 中国海事，2022，(07)：6-8.

[12] 郭亦平,潘攀,任元洲,等.江西省内河新一代航运系统实现途径的思考与建议[J].中国水运(下半月),2023,23(03):11-13,16.

[13] 柳晨光,初秀民,谢朔,等.船舶智能化研究现状与展望[J].船舶工程,2015,38(3):77-84,92.

[14] MA F,WU Q,YAN X P,et al. Classification of Automatic Radar Plotting Aid targets based on improved Fuzzy C-Means[J]. Transportation Research part C:Emerging Technologies,2015,51:180-195.

[15] 王云鹏,鲁光泉,于海洋.车路协同环境下的交通工程 [J].中国工程科学,2018,20(2):106-110.

[16] 李晨,严新平,刘佳仑,等.船舶远程驾驶人机主从博弈控制方法研究[J].交通运输系统工程与信息.2024(3):21-31,74.

[17] JEONG Y,SAHA S,CHATTERJEE D,et al. Direct shipping service routes with an empty container management strategy[J]. Transportation Research Part E:Logistics and Transportation Review,2018,118:123-142.

[18] 刘佳仑,杨帆,马枫,等.智能船舶航行功能测试验证的方法体系[J].中国舰船研究,2021,16(01):45-50.

第 9 章

船舶智能驾驶系统

9.1 概述

根据《智能船舶规范》(2024)中的定义,智能船舶系指利用传感器、通信、物联网、互联网等技术手段,自动感知和获得船舶自身、海洋环境、物流、港口等方面的信息和数据,并基于计算机技术、自动控制技术和大数据处理和分析技术,在船舶航行、管理、维护保养、货物运输等方面实现智能化运行的船舶,以使船舶更加安全、更加环保、更加经济和更加高效。近年来,世界各国对智能船舶开展了积极探索,加快了智能船舶技术在近海、远洋和内河等不同航行水域的应用与推广。

船舶智能驾驶(航行)是智能船舶的核心功能。船舶智能驾驶系统可以利用先进感知技术和传感信息融合技术等获取和感知船舶航行所需的状态信息,并通过计算机技术、控制技术进行分析和处理,为船舶提供辅助驾驶决策建议;在可行时,船舶能够在开阔水域、狭窄水道、进出港口、靠离码头等不同航行场景和复杂环境条件下实现船舶的无人驾驶。开阔水域自主航行指船舶具备在开阔水域自主感知、决策和控制的能力。自主航行期间,船上人员监视船舶的航行操作,必要时船上人员可随时介入并获取船舶驾驶控制权,操纵船舶航行。在开阔水域航行场景下,船舶应能根据感知和获得的航行场景信息进行分析决策,按预定航线,对推进和操纵系统进行控制,实现自主航行,并能按《1972 年国际海上避碰规则》要求实施避碰决策和操作。全航程自主航行指船舶具备在开阔水域、狭窄水道、进出港口等所有场景下自主航行的能力,并且具有自主靠离泊的功能。

根据世界海事大学《交通 2040:自动化、科技、就业——未来工作》报告预测,在 2040 年左右,远程监控下的自主船舶将达到 15%左右。自 2015 年以来,多国船级社、国际海事组织等机构分别对船舶智能驾驶水平进行了分级,虽然具体分级方式不同,但基本是基于人参与船舶驾驶程度的高低，分为辅助驾驶、人机共驾和无人驾驶等不同阶段。当前，船舶智能驾驶研究重点关注有人监督下的远程驾驶和无人驾驶技术以及多船编队协同控制技术，并在近海、远洋和内河等不同场景开展了实船试验和验证。此外，欧洲、日本、韩国、中国等海洋强国和地区还积极构建了面向多场景的船舶智能驾驶虚实融合测试平台以及海洋、湖泊测试场，以满足船舶智能驾驶感知、决策、控制和通信等关键技术的验证和评估。

本章主要描述船舶智能驾驶系统的发展现状、关键技术、测试方法以及远程驾控和船岸协同系统的构建与应用。具体介绍了智能船舶发展现状、等级划分、智能驾驶的定义；分析了船舶智能驾驶的感知、决策、控制等关键技术，并对未来的发展方向进行了展望；明确了智能船舶的远程架控系统的定义与具体组成；阐述了智能船舶船岸协同系统的功能与各子系统的功能分解。

9.2 船舶智能驾驶系统介绍

船舶智能驾驶(航行)具有鲜明特征。首先，从船舶智能航行技术的发展角度来看，包括智能航行感知技术、智能航行自主航行技术等几大技术。信息感知技术应用较广且发展相对较为成熟，它利用各类传感器、摄像头、北斗/GPS 等相关设备实现对航行船舶信息的感知，可实现性较强。但是对于大型船舶而言，需要处理和传输更大的数据量来重构船舶环境态势，且还需保证数据的有效性、实时性和可靠性。虽然自主航行属于尚未实现的高级功能，但是在未来，自主航行是船舶的智能功能需求中需要实现的最终目标。总之，目前智能航行发展尚处于初级阶段，但是随着国内外在智能航行技术上的投入和研发已取得了一定的成果，在海上智能航行的应用有力地支持智能航行的发展，为智能航行的发展奠定了一定的技术理论基础。其次，从我国航行安全与效益角度来看，目前对船舶的航行安全和航行带来效益提出了更高的要求。传统船舶，无论是大船还是小船对船员的配备都有一定的要求，而工作环境恶劣、劳动强度大以及危险性高，使得从业人员越来越少。随着船舶智能化程度的提高、智能航行的逐步实现，大大减轻了船员的工作量，并有效降低了因人为操作失误而引发的风险。智能航行发展与应用对于减少和避免水上交通事故，保证船舶航行安全，提高船舶交通效率等方面起着极其重要的作用。综上所述，智能航行模块是智能船舶的核心功能模块。随着智能化技术的不断深入发展，船舶航行的智能化发展与应用将优化船舶航行和降低船舶碰撞风险，最终保障船舶运行安全，提高航行效率和经济效益。

9.2.1 国外发展现状

(1)欧盟 MOSES 内河智能多式联运项目

在欧盟经济贸易体系中，港口扮演着至关重要的角色，不可或缺，它们占据了约 74% 的货物进出口份额，并促成了 37% 的贸易活动，从而牢固确立了其作为多式联运网络核心节点的地位。当前，欧盟的航运体系高度依赖一种轴辐式的集装箱运输架构。其中，内河港口扮演着桥梁角色，通过作为远程运输的中转站，利用短途支线航运或陆路运输，将货物高效辐射至内陆腹地，有效促进了多式联运的顺畅进行。

鉴于此，为了促进短途运输与内河航道的深度融合，加速运输模式从高碳排放的道路运输向更为环保高效的水路运输转型，欧盟地平线 2020 计划给予了积极支持，特资助了由雅典国立技术大学领头的 MOSES 项目。该项目聚焦于船舶技术创新、基础设施的强化以及物流运营策略的优化，旨在通过这些关键领域的革新，大幅度提升欧洲内河水路运输的绿色化、智能化、高效性和安全性，为实现未来可持续的物流铺平道路。MOSES 项目应用场景如图 9-1 所示。

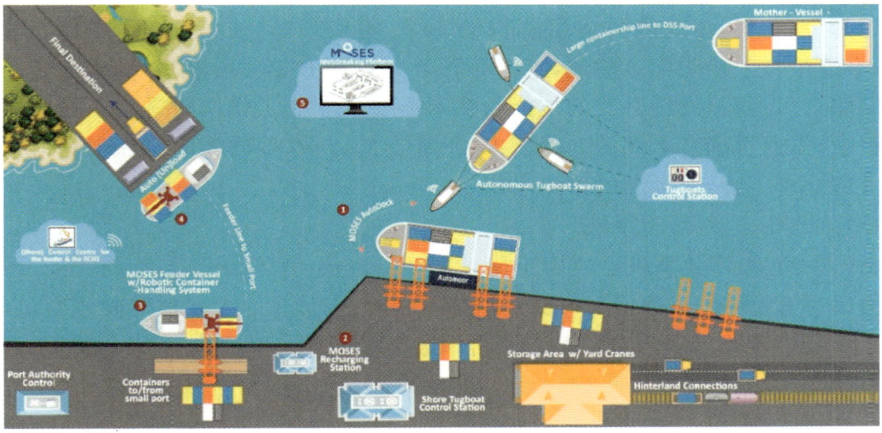

图 9-1　MOSES 项目应用场景

(2)荷兰 SMASH 智能航运技术路线图

面向智能航运发展，2021 年 11 月荷兰 SMASH 发布了智能航运路线图，描绘了智能航运技术的 5 种应用场景，包括内河货船(图 9-2)、内河渡船、沿海货船、远洋海船、无人艇筏。面向以上应用场景，SMASH 提出了 10 个研发领域，包括技能和行业认可、责任与保险、立法、通信与安全、技术实施和市场接受度、航道船闸和桥梁、港口、导航和制导、船舶内部系统、远程和岸基控制。

图 9-2 莱茵河流域典型货运船舶

预计到 2030 年，荷兰内河货船总数的 25% 将实现“自主人工辅助”的自动化水平（国际海事组织自主船舶第 3 阶段，莱茵河管委会 CCNR 第 4 阶段）。随着大量的智能化设备和船舶投入运营，发展必要的技能与技术需要和立法工作同时进行。在船舶自动化发展进程中，需通过确定船舶的功能需求、岸基支持、与基础设施的交互来获得监管部门的认可，以健全荷兰乃至欧洲的水路法规。

(3)SEAFAR 远程驾驶系统

SEAFAR 远程驾驶系统已应用于荷兰 De Vlaamse Waterweg nv 的 Watertrucks+项目的测试，2020 年在一条 135 m 长的驳船 Zonga 号上进行了远程驾驶过闸试验，2021 年以 Deseo 号集装箱船舶为对象实现了由泽布吕赫港到安特卫普港的全航程远程操作，如图 9-3 所示。

图 9-3 Deseo 号集装箱船全航程远程操作

(4)比利时岸基驾控中心

2022 年，比利时安特卫普港启用了其自行研发设计的岸基驾控中心，该中心由六个控制站和两个监管中心组成，目前已投入 12 艘船舶的运营，通过半自主航行模式沿佛兰德斯的伊瑟运河和帕森达勒-尼乌波特运河航道运输建筑材料。

(5)德国内河船舶远程控制

德国提出了内河船舶远程控制航行倡议，旨在改善船员工作环境、解决技术人员短缺的问题，推动德国内河智能航运发展。2024 年 2 月，HGK Shipping 和 Reederei Deymann 合作在杜伊斯堡建成了首个岸基驾控中心，由操作员和海事监管人员共同完成船舶的航行作业和监管调度。

9.2.2 国内发展现状

(1)南京板桥汽渡安全辅助驾驶应用示范

自 2018 年起，武汉理工大学严新平院士团队将研究成果应用于南京板桥汽渡和普陀山汽渡，解决了内河渡船复杂航行环境与船舶状态融合与重构、识别与表达等难题，建立了欠驱动船舶智能安全辅助驾驶控制模型，实现了在航船舶的辅助决策功能，如图 9-4 所示。

图 9-4　长江渡轮安全辅助驾驶应用示范

(2)三峡船闸编队控制应用示范

2019 年，长江三峡通航管理局联合武汉理工大学共同启动了“三峡—葛洲坝多船同步进出闸控制系统研发”项目(图 9-5)。该系统利用北斗和超宽带融合定位技术实现了闸室封闭水域船舶位置、航速和船艏向的精确感知，利用毫米波雷达组实现了前后船舶之间的相对距离、相对速度的精确测量，通过采用基于船舶运动模型的航速控制技术和停船控制技术，实现了船舶在引航道、闸室水域的多船同步进出闸以及闸室内的精确自动停船。开发了多船同步进出闸软件和岸端船舶过闸状态监控软件，具有编队感知、队形控制、距离保持、航速控制、岸基监控功能，实现了船舶编队距离检测精度优于 1.5 m，平均跟踪误差小于设定距离的 15%，较大程度提高了船闸水域船舶通行效率。

图 9-5　三峡船闸编队控制应用示范

(3)长航集团智能船舶应用案例

工业和信息化部于 2019 年 12 月正式立项“绿色智能内河船舶创新专项”(下称“专项 1.0”),“华南 6”是专项 1.0 的示范船之一,该船配置中国排放二(C2)电喷、高压共轨动力系统、船舶综合导航系统、船载数据集成系统、绿色智能操舵系统、桨-舵-桨后节能装置系统、智能能效系统、智能运维系统等高技术设备,取得 CCS“绿色船舶-3”,智能船舶(M,Es,I)等附加标志,如图 9-6 所示。

图 9-6　专项 1.0 的示范船“华南 6”

“华南 6”船载数据集成系统实现了船岸信息一体化。该系统将船舶综合导航系统、机舱、CCTV 视频监控,以及船舶的运营管理、智能能效系统、智能机舱系统、智能舵机系统进行数据采集和信息接入,对各系统数据进行标准化、轻量化及加密处理,利用船岸通信模块接入船端 4G/5G 通信网络,统一进行数据的回岸传输。岸基可根据上述数据的及时传送,及时掌握船舶动态、快速协助船员排查隐患、指导船舶进行节能减排,提升运营效率,缩短船岸距离,提高岸基管理时效。

(4)湖州集装箱运输船舶远程驾控应用示范

2020 年,武汉理工大学以集装箱运输船舶为对象在湖州繁忙水域开展了内河远程控制示范，测试了自主离泊、循迹控制稳定性，验证了动静态障碍物避碰、旋回等功能，如图 9-7 所示。

图 9-7　湖州集装箱运输船舶远程驾控应用示范

9.2.3　船舶智能等级划分

智能船舶等级的划分反映了国际海事界对于船舶自主性发展的共识和期待。不同组织的标准虽然存在差异，但它们共同推动了智能船舶技术的发展和应用。随着技术的进步和行业实践的深入，这些标准可能会进一步融合和统一，以适应不断变化的海事需求和挑战。此外，智能船舶等级的划分不仅为船舶设计和建造提供了指导，也为海事安全监管、船员培训和公众认知提供了重要的参考。因此，智能船舶等级的划分是海事行业迈向智能化、自动化的关键一步，对促进海事安全、效率和环境友好型航运有重要意义。

国际海事组织（International Maritime Organization，IMO）是联合国下属机构，负责制定全球海事安全和环境保护的标准和指南。IMO 对智能船舶的等级划分具有广泛的影响力，并为全球海事界提供了统一的参考框架。莱茵河航运中央委员会（Central Commission for the Navigation of the Rhine，CCNR）是一个区域性组织，由荷兰、比利时、德国、法国和瑞士五个成员国组成，主要负责莱茵河及其支流的航运管理和安全。CCNR 的智能船舶等级划分更侧重于内河航运。各国船级社也都是全球性的专业服务公司，提供船舶和海工结构的分类和认证服务，他们制订的智能船舶等级划分标准对船舶设计、建造和运营具有指导作用。这些组织都试图为智能船舶的自主性发展提供一个清晰的框架，IMO 的标准具有全球通用性，而 CCNR 和船级社等组织的标准则更侧重于特定区域或特定类型的船舶。

（1）国际海事组织

国际海事组织（IMO）于 2018 年在第 99 届海上安全委员会（Maritime Safety Committee，MSC）会议上提出了海事自主水面船舶（Maritime Autonomous Surface Ship，MASS）的概念与定义，明确了发展自主式货物运输船。MASS 被定义为在不同程度上可以独立于人类互动运行的船舶，并分成了四个等级的自主水平：①具有自动化流程和决策支持辅助的船舶；②有船载人员的远程控制船舶；③无船载人员的远程控制船舶；④完全自主船舶。

(2)莱茵河航运中央委员会

莱茵河航运中央委员会是由荷兰、比利时、德国、法国和瑞士五个成员国共同组成的机构，旨在保障莱茵河及其支流的航运自由与平等，促进莱茵河航运的繁荣与安全。与美国汽车工程师协会（Society of Automotive Engineers，SAE）定义的道路车辆驾驶自动化的六个等级类似，莱茵河航行管委会定义了内河航行的六个自动化等级，如图 9-8 所示。

等级	等级描述	船舶操纵指令(转向，推进等)	航行环境监测与响应	动态航行任务处置	远程控制
0	无自动化 即使具备预警与介入系统支持，仍由船长全天候执行各类动态航行任务				岸基人员可根据等级描述中的具体场景，通过船舶操纵指令、航行环境监测与响应、动态航行任务处置等形式，对船舶进行远程控制，进而对船舶配员与资质要求产生影响
1	辅助操舵 自动操舵系统利用获知的航行环境信息提供转向辅助，由船长执行其他方面的动态航行任务				
2	部分自动化 自动航行系统利用获知的航行环境信息对转向和推进装置进行控制，由船长执行其他方面的动态航行任务				
3	有条件的自动化 自动航行系统将承担所有动态航行任务(包括避碰)。船长将接受系统请求以干预并应对系统故障				
4	高度自动化 自动航行系统将持续执行动态航行任务，并处置异常情境。系统不再需要船长进行干预。				
5	自主化=完全自动化 系统将持续地、无限制地执行动态航行任务与处置异常情境。系统不再需要船长进行干预。				

图 9-8　莱茵河航行管委会提出的内河船舶智能等级划分

(3)劳氏船级社

2016年7月8日,劳氏船级社(Lloyd's Register, LR)在《ShipRight程序指南》中将船舶的自主水平分为AL0～AL6共7个等级,这是全球权威机构首次对船舶的自主水平进行等级划分,《ShipRight程序指南》也是自主水平分级领域中的标志性文件。

2017年2月,在《ShipRight程序指南》的基础上,LR发布了《无人船舶系统规范》,旨在提供一种独特而有价值的保证流程,以证明无人船舶系统的安全设计、建造和维护符合既定的框架。LR的船舶自主水平划分标准如下:

①AL0:手动,无自主功能。

②AL1:船载决策支持,由人采取行动,决策支持工具可以提供选项。

③AL2:船载和岸基决策支持,由人采取行动,决策支持工具可以提供选项。

④AL3:决策和行动在人的监督下执行。

⑤AL4:决策和行动在人的监督下自主执行(操作员有权干预)。

⑥AL5:完全自主(决策自主制定和执行,但存在少量被监督的操作)。

⑦AL6:完全自主(决策自主制定和执行,完全无监督)。

(4)法国船级社

2017年12月,法国船级社(Bureau Veritas, BV)发布了《自主航运指南》,对可用于提高自主船舶运输自主能力的设计或系统操作提出了相应的建议。2019年版《自主航运指南》将船舶的自动化等级分为A0～A4共5个等级。其中,A0为人工操作,A4为完全自动化。

①A0:人工操作。自动化或手动操作均在人工控制之下完成,人类进行所有决策并控制全部功能。

②A1:决策支持。系统提供决策建议,人工制定决策并采取行动。

③A2:人工授权。系统调用函数进行决策,但需要人工确认。人类可以拒绝系统或船舶制定的决策。

④A3:人工监督。系统无须等待人工授权即可制定、执行决策。但人类会被告知系统的决策和行动。

⑤A4:完全自动化。系统在不通知人的情况下即可制定、执行决策。无须人工确认,仅在紧急情况下才会通知人类。

(5)日本船级社

2020年1月,日本船级社(ClassNK)发布了《船舶自动化/自主操作指南》1.0版本,其认为自主船舶的发展方向大致可分为两种:一是以减少船员数量为目的,对无人驾驶船舶和短途小型船舶进行设计和开发;二是针对船上任务的部分自动化或远程支持进行设计和开发。在该指南中,并未直接对船舶的自主水平进行等级划分,而是从系统的设计开发、安装和操作的角度对自动化操作系统(Automated Operation Systems, AOS)和远程操作系统(Remote Operation Systems,ROS)进行分类,总体上将自动化类别划分成3类:①人类执行所有子任务;②计算机系统执行部分决策子任务;③计算机系统执行全部子任务。

(6)韩国船级社

2019年1月,韩国船级社(Korean Register, KR)发布了《自主船舶指南》,并于2020年7月进行了修订,旨在通过风险评估确保自主船舶或自主操作所需的系统和功能的安全性和可靠性。在该指南中,KR根据船舶的数据获取、决策和执行功能对船舶的自主水平进行划分,分为AL1～AL5共5个等级,如表9-1所示。当处于AL5时,包括数据获取/分析、决策、行动在内的所有功能均由系统执行,系统可对异常操作场景(系统故障等)作出响应,操作员仅在紧急情况时进行监控。

表9-1　KR的船舶自主水平等级划分标准

自动化等级	数据获取/分析	决策	执行
AL1	系统/操作员	操作员	操作员
AL2	系统	操作员(系统提供决策支持)	操作员
AL3	系统	系统(决策需要操作员确认,发生故障时需要操作员介入)	系统
AL4	系统	系统(操作员对决策保持持续的监督)	系统(操作员对行动保持持续的监督)
AL5	系统	系统	系统

(7)俄罗斯船级社

2020年6月,俄罗斯船级社(Russian Maritime Register of Shipping, RS)发布了《海上自主和远程控制水面船舶入级规范》,并于2022年1月修订。该规范明确了自主船舶设计和建造过程中的技术监管要求,同时,对自主船舶进行了分类以表示在开阔水域和受限空间(受限水域、停泊区和港内)中移动时控制船舶的能力,并引入自主等级符号,使用两个符号分别表示自主船舶在开阔水域和受限空间的控制能力。例如,AC-MC表示船舶在开阔水域可自主控制,但在受限水域和港口口门处移动时需要手动控制;RCMC-MCDS表示船舶在开阔水域时可进行远程控制(具有手动控制覆盖能力),但在受限水域和港口口门处时仅能进行手动控制(具有决策支持),具体分类如下:

①MC:手动控制,有人在船。

②MC-DS:具有决策支持的手动控制,有人在船。

③RC-MC:具有手动控制覆盖能力的远程控制,有人在船。

④RC:远程控制,无人在船。

⑤AC:自主控制,无人在船。

(8)挪威船级社

2021年9月，挪威船级社(Det Norske Veritas，DNV)发布了《自主与远程控制船舶入级指南》的修订版，旨在为自主船舶和/或远程控制船舶实施新技术提供指导，从而确保其能够达到与常规船舶相当或更高的安全水平。与其他船级社的划分原则不同，在该入级指南中，DNV将自主或远程控制视为实现某些功能和任务的手段，基于功能所使用环境的不同，从而确定相应的自主水平。

针对航行功能，DNV将船舶自主水平划分为5个等级：

①M：手动操作功能。

②DS：系统决策支持功能。

③DSE：具有附条件系统执行能力的系统决策支持功能(执行前需要人工确认)。

④SC：自控功能(系统将执行操作，但在需要时能够人工改写操作)。

⑤A：自主功能(系统将执行该功能，通常在功能层面上无法人工干预)。

(9)美国船级社

美国船级社(American Bureau of Shipping，ABS)于2021年7月和2022年2月相继发布了《自主和远程控制功能指南》和《自主船舶报告》。根据自主程度将系统分为智能(Smart)、半自主(Semi-Autonomous)和全自主(Fully Autonomous)三个级别。对于具备自主功能的船舶，可获得AUTONOMOUS符号；对于具备远程控制功能的船舶，可获得REMOTE-CON符号。操作监督等级包括OP1(船上持续性值守)、OP2(船上周期性值守)、OP3(船上按需值守)、RO1(远程持续性值守)、RO2(远程周期性值守)、RO3(远程按需值守)等。船舶等级分类包括：①手动——无系统增强的人类功能，系统不提供或提供有限的帮助，必须由人类作出所有决定并采取所有行动；②智能——系统增强的人类功能，系统以健康和状况异常检测、诊断、预测、决策/行动替代方案和/或建议的形式提供被动决策支持；③半自主——人类增强的系统功能，系统操作建立在智能基础之上，并由系统和人的决策与行动组合管理；④全自主——无人员参与的系统功能，系统自主决策并采取行动，人类仅执行监督功能，并可干预和覆盖系统所做出的操作。

(10)印度船级社

2021年12月，印度船级社(Indian Register of Shipping，IRClass)发布了《远程操作船舶和自主水面船舶指南》，旨在为远程控制船舶和自主水面船舶的安全操作提供指导并提出相应的要求。在该指南中，IRClass直接采用了IMO在MSC.1/Circ.1638中对于船舶自主等级的分类，即将其分为①具有自动化过程和决策支持的船舶；②有海员在船的远程控制船舶；③无海员在船的远程控制船舶；④完全自主船舶。

(11)中国船级社

中国船级社(China Classification Society，CCS)最初于2015年发布了《智能船舶规范》，随后于2020年、2023年和2024年发布了进一步的修订版规范，规范中全面阐述了智能船舶系统的八大核心功能。此外在其他补充规定中，针对内河船舶航行水域、航道、营运管理特点及智能化需求，重点对内河船舶提出了进一步的要求，规定了内河船舶应用规范时在智能航行、智能机舱、智能能效、远程控制、自主操作方面的补充要求。

CCS提出的功能分类框架主要强调将自动化和自主技术纳入船舶发展进程中。CCS为船舶远程控制和自主操作提供了精确的定义：①船舶远程控制是指可以从远程控制站或位置操纵船舶，而无需船上人员的直接干预；②船舶自主操作意味着船舶可以在开放水域或航行期间独立操作，通常不需要船员实时参与。

9.3 船舶智能驾驶关键技术

船舶智能驾驶是指利用先进的感知技术、信息融合技术、计算机技术、通信技术、决策规划与控制技术等，获取和感知船舶航行所需的状态信息，进行分析和处理，为船舶的航行提供辅助决策建议。在可行的情况下，船舶能够在不同航行场景和复杂环境条件下实现自主航行。船舶智能驾驶关键技术是智能船舶的核心组成要素，支撑船舶智能化系统的稳固且高效的运作。船舶智能驾驶涵盖从环境感知、决策制定，到控制执行、通信联络乃至系统测试等多个层面。本节旨在对这些关键技术进行全面的、系统的阐述，分析其在当前船舶智能化进程中的作用，并展望其未来的发展方向与潜力。

9.3.1 智能驾驶感知技术

船舶智能驾驶（航行）感知（图9-9）是实现船舶智能化的关键基础，涉及对船舶自身状态及周围环境的全面监测与认知。它通过集成应用多种传感器、导航系统和数据融合技术，为船舶提供准确、实时的航行信息。这些信息包括船舶的位置、速度、姿态以及周围水域的交通状况、水文气象条件等。有效的航行感知系统能够增强船舶的环境适应性，保障航行安全，并为船舶智能决策和自动控制提供必要的数据支持。随着技术的发展，船舶智能航行感知正朝着精度更高、稳定性更强和覆盖范围更广的方向发展。

- 船舶智能驾驶感知技术
  - 包含技术
    - 多传感器集成：激光雷达、高清摄像头等
    - 导航系统：北斗导航、惯性测量单元
    - 数据融合技术：动态数据处理
  - 驾驶环境感知
    - 感知内容：水深、水流、障碍物、其他船舶动态
    - 技术挑战：抗干扰能力、数据融合精度
    - 解决方案：机器学习、云计算
  - 驾驶状态感知
    - 位姿感知：精准定位、姿态检测
    - 技术难点：复杂环境、数据同步
    - 解决方案：深度学习、自适应算法

图9-9 船舶智能驾驶感知技术

(1)智能驾驶环境感知

船舶智能驾驶环境感知技术是船舶基于传感器(如激光雷达、高清摄像头等)实现对航行过程中通航环境的感知,通航的环境信息包括水深、水流、障碍物的方位与尺寸、其他船舶动态等,为船舶的安全航行提供有力保障。

尽管船舶通航环境感知技术已经取得了一定的成果,但仍存在一些技术难点。一方面,水流、潮汐、天气等因素都会对通航环境感知的准确性产生影响,如何提高传感器设备的抗干扰能力和环境适应性,是当前面临的重要挑战之一;另一方面,多源数据融合技术的处理效率和准确性也是制约通航环境感知技术发展的重要因素。由于不同传感器收集的数据存在差异,如何有效地进行数据融合,并提取出有价值的信息,是技术实现的关键;此外,随着传感器数量的增加和数据处理量的增大,如何保证系统的实时性和稳定性,也是技术实现中需要重点关注的问题。

针对这些技术难点,研究人员正在积极探索新的解决方案。例如,应用机器学习和人工智能算法实现高精度、高效率的感知;借助云计算、大数据等方法应对海量、多源的感知数据。

(2)智能驾驶状态感知

船舶智能驾驶状态感知技术是船舶基于传感器与导航定位系统(如北斗导航定位系统、惯性测量单元等)实现对自身位置与姿态的精准感知。在实际应用中,船舶智能航行感知系统通常包括传感器数据采集模块、数据融合模块和位姿估计模块。

尽管船舶智能驾驶位姿感知技术取得了一定的进展,但目前仍面临一些技术难点。一方面,航行环境的复杂多变对船舶航行状态感知的精度和稳定性提出了更高要求;另一方面,多源感知数据的融合处理需要解决数据同步、去噪、异常值处理等问题,以保证融合结果的准确性和可靠性。

针对这些技术难点,研究人员正在积极探索新的解决方案。例如,利用深度学习技术对传感器数据进行处理和分析,提高位姿感知的精度和稳定性;开发自适应数据融合算法,实现多源感知数据的动态融合处理。

9.3.2 智能驾驶决策技术

船舶智能驾驶(航行)决策技术(图 9-10)是智能船舶系统的大脑,它基于感知系统提供的数据,运用先进的算法和模型,进行航行安全预警、避碰决策、航路规划和航迹规划等。这一过程要求系统能够快速准确地评估当前航行状态,预测潜在风险,并制定出最优的航行策略。智能航行决策不仅包括对即时情况的反应,还涉及对长期航行计划的优化。随着人工智能和机器学习技术的应用,船舶智能航行决策技术正逐步实现更高级别的自动化和智能化,进而提高船舶的自主性和适应性。

- 船舶智能驾驶决策技术
  - 包含技术
    - 航行安全预警
    - 避碰决策:风险评估、决策生成
    - 航路规划:GIS、AIS数据融合
    - 航迹规划:路径与轨迹生成
    - 自动化与智能化:机器学习应用
  - 驾驶避碰决策
    - 实时传感器数据
    - 碰撞风险评估
    - 机器学习优化模型
    - 高度动态与适应性
    - 紧急情况下的鲁棒性
  - 驾驶航路规划
    - GIS与电子航道图整合
    - 实时动态数据处理
    - 多维信息综合分析
    - 智能学习与优化
  - 驾驶运动规划
    - 路径与轨迹规划
    - 实时环境与任务分析
    - 自主感知与决策
    - 高效数据处理与策略生成

图 9-10　船舶智能驾驶决策技术

(1)驾驶避碰决策

船舶驾驶避碰决策是船舶基于多种传感器设备,实时获取周围船舶的位置、速度、航向等信息,结合船舶自身的航行状态给出避碰策略的船舶自主航行功能之一。避碰决策系统通常包括碰撞风险评估、决策生成模块,能够实现对潜在碰撞风险的快速识别与响应。通过集成机器学习、深度学习等先进技术,避碰决策系统能够自动学习历史避碰案例和规则,不断优化决策模型,提高避碰决策的准确性和效率。

避碰决策系统具备高度的动态性和适应性。避碰决策系统需要实时、准确地处理大量数据,并快速生成决策结果。这要求系统具备高性能的数据处理能力和计算能力,以保证决策的及时性和准确性。船舶航行特性、驾驶员操作习惯、法律法规等多个因素的约束,使得决策过程更加复杂。在紧急情况下,系统应具备高度的鲁棒性和容错能力,能够迅速、准确地作出决策,避免碰撞事故的发生。

避碰决策系统应能够更深入地学习和理解船舶航行规律和避碰规则,提高决策的智能化水平。未来避碰决策技术还将与船舶远程驾驶、智能交通系统深度融合,实现更加智能化、自动化的船舶航行。通过集成先进的传感器、通信和控制系统,船舶将能够自主感知周围环境、自主规划航路、自主进行避碰决策,进一步提高航行的安全性和效率。

(2)驾驶航路规划

船舶驾驶航路规划是基于地理信息系统(GIS)、电子航道图(ECDIS)、船舶自动识别系统(AIS)等数据源,结合船舶航行特性、航道条件、水流信息以及船舶交通流量等多维信息，进行航路设计和规划。目前的航路规划系统能够实时接收和处理各类数据，自动分析气象条件、航道条件和船舶状态，为船舶提供实时、动态的航路规划服务。通过气象导航，系统能够根据历史航行数据和实时信息，优化航路规划结果。

航道环境的复杂性和多变性对航路规划提出了挑战。航道条件、水流信息、船舶交通流量等因素的实时变化要求航路规划系统能够具备高度的动态性和适应性。船舶航行特性中的差异性和多样性也使航路规划更复杂。不同类型的船舶在航行速度、操纵性能、载货量等方面存在差异。航路规划系统需要考虑船舶安全、航行效率和经济性等多个方面的平衡。在规划航路时，需要综合考虑船舶的航行安全、能源消耗、航行时间等因素，以实现最优的航路规划，这需要航路规划系统具备高度的综合性和极强的优化能力。

船舶航路规划技术亟须朝着更加智能化、精准化和个性化的方向发展。航路规划系统应能够收集和处理更多的数据资源，实现更加全面、精细的航道环境分析和船舶航行特性分析。航路规划系统应具备更强的智能学习和优化能力，能够自动调整和优化航路规划策略，以适应不断变化的航道环境和船舶需求。未来航路规划技术将与船舶自动驾驶技术、智能交通系统等进行深度融合，实现更加智能化、自动化的船舶航行。

(3)驾驶运动规划

船舶驾驶运动规划依赖先进的感知系统和控制算法，通过实时收集和处理船舶状态、环境信息以及目标指令等数据，为船舶提供精确、可靠的路径或运动参数。运动规划通常包括路径规划和轨迹生成。路径规划模块根据船舶的航行任务、航道条件以及障碍物信息，规划出船舶的航行路径。轨迹生成模块则根据船舶的当前状态和运动特性，将路径转化为具体的航行轨迹。

内河智能船舶运动规划技术也在不断进步。航道狭窄、水流湍急、障碍物密集等因素都可能影响船舶的航行轨迹和稳定性，运动规划系统应具备高度的动态性和适应性。运动规划需要同时考虑船舶的航行效率、安全性和舒适性等多个方面。在规划过程中，需要权衡船舶的速度、航向、加速度等参数，确保船舶能够在满足航行任务要求的同时，保持稳定的航行状态并避免碰撞。如何高效地处理和分析感知数据，并快速生成准确的运动规划策略是关键。

船舶运动规划技术应朝着更加智能化、自适应和高效化的方向发展。运动规划系统应能够更深入地理解和分析船舶的航行环境和任务需求，实现更加精准、高效的规划。未来运动规划技术还将与船舶远程驾驶、智能交通系统等进行深度融合，实现更加智能化、自动化的船舶航行。通过集成先进的传感器、控制器和执行机构，船舶将能够自主感知、决策和控制，进一步提高航行的安全性、舒适性和效率。

9.3.3　智能驾驶控制技术

船舶智能驾驶(航行)控制(图 9-11)是确保船舶按照既定航线和策略安全航行的执

行系统。它涉及对船舶动力系统、舵系统等的精确操控，以实现对船舶航向、航速的实时调整和优化。智能航行控制技术需要克服海洋环境中波浪、海流和海风等干扰或内河环境中交通流密度大、岸壁效应、浅水效应等的挑战，同时还要应对船舶自身大惯性和非线性特点。先进的控制算法，如自适应控制、预测控制和模糊控制等，已被广泛应用于提升船舶控制的性能。随着技术的进步，船舶智能航行控制正朝着精度更高、鲁棒性更强和人机交互体验更好的方向发展。

- 船舶智能驾驶控制技术
  - 包含技术
    - 动力系统与舵系统精确操控
    - 自适应控制、预测控制、模糊控制
    - 挑战：交通流密度、岸壁效应、浅水效应
    - 目标：高精度、强鲁棒性、人机交互体验好
  - 单船运动控制
    - 期望运动状态与当前状态调整
    - 大惯性、强非线性、欠驱动挑战
    - 模型预测、滑模、鲁棒控制方法
  - 单船靠离泊控制
    - 自主或半自主靠泊与离港
    - 环境感知与实时路径规划
    - 多技术整合：计算机视觉、AI 算法
    - 应急处理与人机交互
  - 多船辅队控制
    - 信息交互与协同决策
    - 任务分配与规划效率
    - 通信延迟与信息丢失挑战
    - 分布式采样控制与强化学习

图 9-11　船舶智能驾驶控制技术

(1)单船运动控制

单船航行运动控制技术是船舶根据规划决策模块解算出的期望运动状态，通过控制船舶控制装置(如螺旋桨和舵)使船舶当前的运动状态趋近期望的运动状态。

船舶本身存在着的大惯性、强非线性和欠驱动的特点，给船舶的运动控制增加了难度。结合现有的先进控制方法如模型预测控制、滑模控制、鲁棒控制等方法，以及探索与应用新的船舶推进形式，如何提高航行运动控制的精度和鲁棒性是亟待解决的问题。

(2)单船靠离泊控制

智能船舶单船靠离泊控制是指利用先进技术实现船舶自主或半自主靠泊和离开港口的过程，是智能航运的重要组成部分，旨在提高操作安全性和效率。该技术需要依赖准确的环境感知、精确的船舶动力学建模、实时路径规划和轨迹跟踪。因此，需要进一步整合多种智能技术，如计算机视觉、传感器融合、人工智能算法等。系统通过收集和分析实时数据，自动控制推进器、舵机和侧推器，精确调整船位。同时还要考虑应急处理和人机交互等方面的问题，确保在各种情况下都能安全可靠地完成靠离泊操作。

(3)多船编队控制

多船航行编队控制是多个智能船舶在信息交互与协同决策的基础上，趋近或实现系统的控制目标的过程。

目前多船编队控制技术面临两个技术难题。一是如何提高多船在协同控制过程中任务分配与规划的效率；二是多船之间存在着通信延迟、信息丢失等问题，如何在有限的通信带宽下实现多船的精准协同控制。

针对这些技术难点，研究人员正在积极探索新的解决方案。例如，通过借鉴其他多智能体（如无人车、无人机）的协同控制方法，结合船舶的航行特点提出有效的协同控制方法；通过引入先进的协同控制方法，如分布式采样控制、强化学习方法，提高控制的精度与效率。

9.3.4　智能驾驶通信技术

船舶智能驾驶（航行）通信技术（图 9-12）是智能船舶系统的关键，它负责船与船、船与岸以及船与云平台之间的信息交换。利用现代通信技术，如卫星通信、无线电通信、蜂窝网络等，确保了船舶在航行过程中能够实时接收和发送航行数据、气象信息、交通流量和其他关键情报。有效的通信系统对于船舶的导航安全、效率提升和远程监控至关重要。随着通信技术的发展，船舶智能航行通信技术正逐步实现更高速率的数据传输、更广的覆盖范围和更强的抗干扰能力，同时，它也是实现船舶自主航行和远程驾控的基础设施。

- 船舶智能驾驶通信技术
  - 包含技术
    - 船与船、船与岸、船与云平台信息交换
    - 现代通信技术：卫星通信、无线电、蜂窝网络
    - 目标：高速率传输、广覆盖、强抗干扰
  - 船载数据集成与通信技术
    - 高速通信总线与局域网传输
    - 有线组网：串口、CAN 总线、以太网
    - 无线组网：WLAN、私有移动蜂窝网络
  - 船岸/船船无线链路通信技术
    - 多网融合：4G、5G、北斗、卫星等
    - 智能融合出口网关策略调整
    - 动态网络资源分配方案
  - 船舶数据网络安全技术
    - 防止非法入侵与干扰
    - 加密算法与身份鉴权认证
    - 信息安全中间件层次体系

图 9-12　船舶智能驾驶通信技术

（1）船载数据集成与通信技术

船载数据集成与通信板块旨在构建全船高速通信总线，负责船端各系统数据集成与运用，主要解决船端本地局域网数据传输问题。随着智能船舶各系统的控制逐步向自动

化和智能化转变，船舶集成电子设备比例逐步增高，全船电气系统也变得日益复杂。传统的全船电子设备模组大多采用点对点的单一串行通信方式，形成了庞大的船载信息集成布线系统，导致空间占用、成本、设备复杂度以及不稳定性急剧增加，严重滞碍了智能船舶全船信息化集成的快速发展。另外，为了满足各电子系统的实时性要求，须对全船公共数据（如主机转速、功率、桨舵状态等信息）实行共享。而由于不同控制单元对实时性的要求又各不相同，传统的电气网络已无法适应新一代航运系统智能船舶的高速发展，新型全船总线技术亟待突破。

全船总线技术可分为有线、无线组网两类技术方案：有线组网包含串口接口（COM）通信、CAN 总线、全船有线以太网络等；串口通信支持 RS422、RS485 等通信协议，具备通信线路简单、可靠性高、成本低、适合远距离传输及船端设备普及度高等优势；但其缺乏消息冲突仲裁机制，不利于大量设备接入组网，不直接支持 TCP/IP 等标准网络协议。CAN 总线虽具备消息冲突仲裁机制、可组网广播、高实时、安全可靠、成本适中等优势，但其传输速率有限（小于 1 Mbps），不支持视频传输，无法直接支持 TCP/IP 设备入网。全船有线以太网络具备支持 TCP/IP 协议、便于通用终端接入、可支持全船大量设备接入、传输速率高且稳定的优势，但其部署成本高，且主要依靠建设阶段全船预埋线缆，维护成本高且后期扩容难。

无线组网方案包含全船无线传输网络、全船私有移动蜂窝网络等。全船无线传输网络主要支持 WLAN（WiFi 6/WiFi 7 等）技术架构，可通过无线路由桥接、中继等形式支持后续按需扩大覆盖范围，便于维护；但其具有组网建设成本高，无线信道传输可靠性弱于有线，且单跳覆盖距离短的劣势。全船私有移动蜂窝网络主要支持 4G、5G 等移动蜂窝网络技术架构，具备单跳覆盖距离广、信号稳定、可接入设备数目多等优势；但私有船载小型基站功耗大、成本极高，且可能会面临与岸侧港区运营商公用蜂窝网络产生频段竞争的风险。

（2）船岸/船船无线链路通信技术

船岸/船船无线链路通信技术相关设备接入全船总线网络，可实时获取智能航行、智能机舱等上游业务多源异构上载/下载数据，并建立可靠船岸数据通信链接，维持上下行数据通信业务长时稳定性。外部船岸/船船无线通信是连接船基自主系统和岸基支持系统的桥梁，需要及时、安全、可靠地将船端采集信息发送到岸端，并将岸基遥测遥控指令发送至船端。该板块技术主要难点在于，如何通过多网融合技术将 4G、5G、北斗、卫星、AIS、VHF/UHF 自建数传电台等多种船岸通信手段有机地结合在一起，从而为各类智能航行场景提供“远-近互补覆盖，快-慢协同传输，疏-密搭配接入，新-老互为备份”的可靠网络通信服务。

在网络扁平化、多接入技术协同下，基于 4G、5G、北斗、卫星、AIS、VHF/UHF 自建数传电台等船岸交互网络现状，可设计具备业务承载网络可控切换能力的船载智能融合出口网关。智能网关可感知船岸通信网络所将承载不同类型业务需求差异性，自主调整路由策略，如语音通话、文件传输、指挥导航等；根据不同业务对时延的敏感度以及传输带宽资源需求的不同，可部署至不同特性船岸接入网络。此外，水面多变复杂的电磁环境可能会导致不同接入网络实时信道状态产生剧烈波动，对数据传输的稳定性与实时性均会产生较大影响。因此通过监测网络信道状态与区分网络业务优先级，可设计适用于不同网络环境与业务需求的动态网络资源分配方案。在多网融合船岸/船船无线通信网络架构中，可通过网络路由选择、拥塞控制、资源调度等机制实现网络业务及资源的协同提升优化。

(3)船舶数据网络安全技术

船舶数据网络安全技术可强化船岸数据交互的加密认证，隔离船端网络核心数据业务，避免远程控制的正确的计划和操作被干扰，防止船舶控制系统被非法或有害入侵。一方面，尽管通过多网融合技术能够将多种船船/船岸通信手段相互结合、统一调度，但上述各类通信手段自身信息安全防护能力水平极不均衡，极易造成单点通信风险漏洞，威胁全船总成网络安全。另一方面，船载内部信息集成总线网络在绿色智能船舶场景下，既需保障海量智能机舱传感器点位监控数据实时采样集成，又需确保涉及智能航行安全核心的感知、决策、控制数据准确无误交付至目标执行机构，不同核心业务间如缺乏足够的虚拟侧/物理侧网络资源隔离，将极易产生业务间数据通信串扰故障，急剧增加全船子系统失控风险。因此，需从识别、防护、检测、响应、恢复等方面开展全面的网络数据安全技术研究。

面向智能船舶内外部信息交互的可靠性、安全性问题，应开展基于加密算法、身份鉴权认证等的技术研究，设计信息安全中间件层次体系，包括安全服务提供层、安全服务管理层、用户层。安全服务提供层主要提供密码服务、证书服务、可信服务等服务，并通过接口向安全服务管理层提供安全服务。安全服务管理层提供安全服务注册、安全服务监控、安全服务鉴权等模块，屏蔽了底层基础算法的复杂性和安全技术细节，通过接口向上层用户层提供安全服务。用户层向用户和开发者提供必要的交互接口以及一些必要的查询和调用接口。在密码服务中使用非对称加密算法、单向 Hash 算法和随机数算法等加密算法，解决船岸无线通信网络的安全问题；在证书服务中使用增强型身份鉴权认证，通过增加认证过程中信息发送端和信息接收端的运算量，以确保信息传递时不被攻击者窃听；在可信服务中通过使用可信计算，加强船岸协同数据安全性。

9.3.5　智能驾驶测试技术

船舶智能驾驶(航行)测试(图 9-13)是确保智能船舶系统性能和可靠性的重要环节。它包括对船舶智能航行感知、决策、控制和通信等关键技术的验证和评估。测试过程通常涉及虚拟测试、物理测试和虚实融合测试等多种方法，以模拟不同的航行环境和场景，检验系统的响应能力和性能指标。通过系统的测试，可以发现并修复潜在的问题，优化系统设计，提高船舶智能航行的安全性和有效性。随着船舶智能化技术的不断进步，测试技术也在不断发展，以满足更高标准的测试需求，确保智能船舶技术的成熟度和实用性。

- 船舶智能驾驶测试技术
  - 包含技术
    - 验证和评估关键技术
    - 虚拟、物理、虚实融合测试
    - 优化设计，提高安全性和有效性
  - 自主航行系统构建技术
    - 环境感知与认知
    - 场景识别与理解
    - 系统决策与控制
    - 信息交互与协同
  - 多维数字孪生建模技术
    - 物理模型与运动模型建模
    - 航行环境与交通流信息建模
    - 虚实联动测试
  - 多源异构数据融合技术
    - 综合单个与多个信息源数据
    - 提升感知认知精度
    - 协同感知与监管
  - 虚实融合信息交互技术
    - 虚拟仿真与真实环境交互
    - 船-岸-天一体化信息交互
    - 安全性、实时性、准确性
  - 人机共融评估评价技术
    - 综合能力和定性与定量评价
    - 人机共融测试环境
    - 图灵测试理论方法

图 9-13　船舶智能驾驶测试技术

（1）自主航行系统构建技术

自主航行系统是虚实融合的智能船舶测试验证评估的对象。自主航行系统应当是包括环境感知与认知、场景识别与理解、系统决策与控制以及信息交互与协同等关键功能在内的人工智能集合体。环境感知与认知指利用感知手段获取船舶在航行环境和自身状态信息；场景识别与理解指通过图像识别等方法让船舶在航行过程中建立基于感知信息的外部状态辨识；系统决策与控制指在航行场景库与驾驶行为库支持下实现对船舶的智能航行决策控制；信息交互与协同包含船-岸-云信息一体化和数据采集、分析、处理以及存储。

（2）多维数字孪生建模技术

数字孪生是指充分利用物理模型、传感器更新、运行历史等数据，集成多学科、多物理量、多尺度、多概率的仿真过程，在虚拟空间中完成映射，从而反映相对应的实体装备的全生命周期过程。船舶多维数字孪生建模包括船舶物理模型建模、船舶运动模型建模、船舶航行环境建模、航行交通流信息建模等。利用数字孪生技术可以实现真实船舶向虚拟船舶的投影，通过真实船舶提供的各种实际数据，让虚拟船舶模拟基于真实环境的虚拟场景进行测试，特别是现实世界中常见的、存在风险的、难以复现的功能测试，实现虚拟和物理的联动。

(3)多源异构数据融合技术

多源异构数据融合指对从单个和多个信息源获取的数据和信息进行关联和综合，以获得精确的位置和确认状态信息，以及对态势和威胁及其重要程度进行全面及时评估的信息处理过程，以提高模型感知认知精度。多源异构数据包括船舶自身数据信息（经纬度、航速、电机转速与角度、艏向角、迹向角等）和船舶周围环境信息（风场、流场、环境场、航道基础设施、其他在航船舶等），这些真实数据主要来源于 AIS、GPS、海事雷达、激光雷达、气象仪等船端或岸基传感器。利用多传感器数据融合技术，提升系统对船舶航行状态感知的精度，协同实现对航行水域的全方位感知与监管。

(4)虚实融合信息交互技术

虚实融合信息交互是指虚拟仿真环境与真实物理环境之间进行实时的通信、交互和协同，以实现有效的虚实联动。虚实融合信息交互包括信息交互、虚实融合与人机交互；信息交互指船端信息和航道信息与岸基信息和操作空间之间的信息交互，包含船-岸-天一体化信息交互，同时也涵盖了安全、存储、解析等多方面功能；虚实融合指将实际传感器信息与交通流信息融入数字孪生船舶与虚拟仿真环境中；人机交互指船舶与船上人员、船舶与岸基人员的信息交互，需要保证交互的安全性、实时性、准确性和稳定性。

(5)人机共融评估评价技术

人机共融评估评价指利用人机共融的手段对船舶自主航行系统进行综合能力的定性评估和定量评价。人机共融是利用人与自主航行系统的有机融合与随机组合构建人机共融的测试环境的；定性评估指通过专家系统对自主航行系统航行测试结果进行定性的测试评价；定量评价指通过建立评价指标对自主航行系统航行测试结果进行定量的打分评价。人机共融评估评价可以利用图灵测试的理论方法，通过在系统中接入由船舶驾引人员操作的船舶驾驶模拟器，将被测船舶智能与船舶驾引人员同时操控的虚拟船舶于系统中进行虚拟场景测试，在不清楚每个虚拟船舶的操控主体的前提下，由第三方评估人员对船舶智能航行能力进行定性评估，同时通过设置船舶智能航行能力评估指标对其智能水平进行定量评价。

9.4　智能船舶远程驾控系统

智能船舶远程驾控系统作为智能航运技术的重要组成部分，从多个维度进行综合考量，以确保系统能够满足实际应用场景要求。安全性需求是智能船舶远程驾控系统的核心。系统必须能够提供实时的船舶状态监控，包括船舶位置、速度、航向等，并能够对潜在的碰撞风险进行预警。此外,系统应具备在紧急情况下的自动或手动干预能力,确保船舶和船员的安全。效率性需求体现在远程驾控系统能够优化船舶的航行路径和速度,减少燃料消耗和航行时间。系统应能根据实时的海洋气象信息、海流情况以及交通状况,智能规划最优航线。经济性需求要求系统能够降低运营成本。通过自动化和智能化的船舶操作,减少对船员的依赖,从而降低人力成本。同时,优化的航线和减少的燃料消耗也有助于降低运营成本。环境适应性需求也是智能船舶远程驾控系统必须考虑的因素。系统应能适应不同的海洋环境和气候条件,保证在各种环境下都能稳定工作。法规遵从性需求也是不可忽视的一部分。系统的设计和运行必须符合国际海事组织(IMO)和其他相关海事法规的要求。技术前瞻性需求要求系统设计时考虑到未来技术的发展,确保系统具有一定的扩展性和升级能力,以适应未来可能出现的新技术和新需求。

9.4.1 智能船舶远程驾控系统组成

智能船舶远程驾控系统由船端、岸端和云端子系统组成,船端包括船舶和船载硬件设备,完成船端的数据采集处理和底层硬件设备的驱动控制;岸端持续监测航行环境和船舶状态,设置航行任务并在必要时响应船端接管请求或应急介入;云端提供计算资源和存储服务,通过使用基础平台部署软件应用,实现远端访问和业务管理。远程驾控系统架构如图 9-14 所示。

(1)船载系统

实时航行数据采集模块,支持接入导航雷达、AIS、GNSS、测深仪、IMU/MRU、风速风向仪、感知单元等外部传感器设备,同时集成有广角摄像头、红外微光摄像头等视觉感知传感器,具有用于态势感知融合的服务器,实现对船舶自身运动状态及航行环境感知。

视觉增强感知模块,系统通过智能感知系统感知周边环境态势,在低能见度下增强显示周围目标,实现夜航、雾航。可识别水面小目标,如礁石、渔网、漂浮物等;识别航道、航标等标识;在实景画面叠加航行状态信息,方便用户判断方向、距离和相对位置;在航行中叠加航线信息,实现航行监控功能,最终形成态势图,可在一定条件下替代人眼进行传统瞭望。

辅助决策与预警单元,负责根据船舶感知信息和预设的任务目标进行决策分析,包括路径规划、碰撞/搁浅风险评估及预警、交通态势认知、运动规划等功能模块,综合考虑感知信息、航行环境、船舶性能与航行任务等因素,有效辅助船舶航行行为。

智能机舱模块,监控和控制船舶机舱内部各种设备和系统的运行状态,提供发动机、通风系统、泵等设备的数据采集、故障预警、能源管理等功能,实现机舱设备智能化管理和运维,提高船舶的安全性和可靠性。

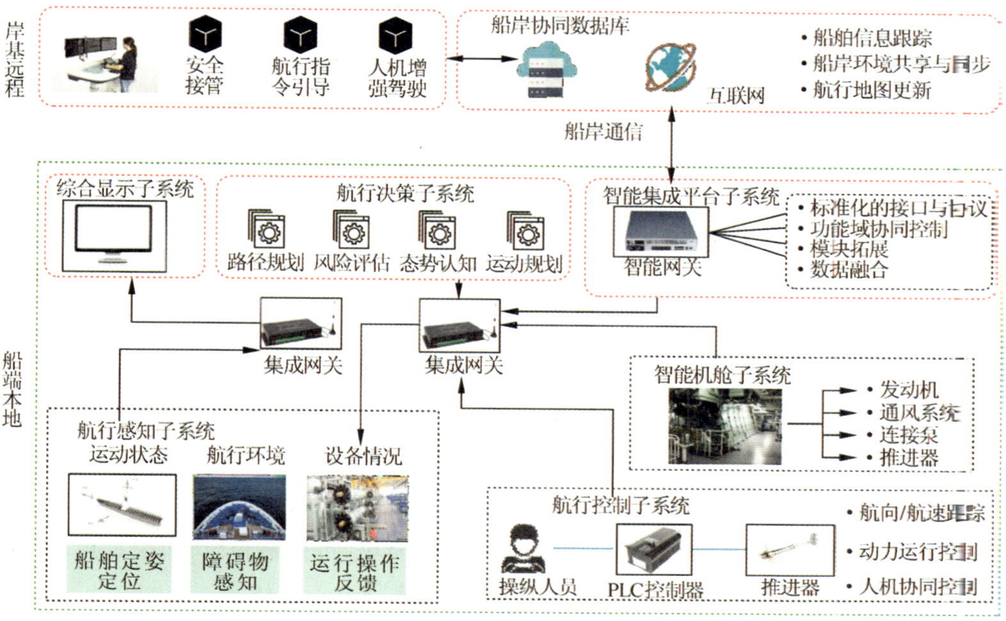

图 9-14　远程驾控系统架构

远程驾控模块，包含多种远程驾控模式，支持多种远程驾控模式切换，适配多种远程驾控指令，实现在人类驾控人员意图引导下的人机共享控制。

船岸通信与信号模块，运用多种无线通信手段，实现船岸数据交换，支持多种通信手段自动切换，监测并优化船岸模式。

智能集成平台模块，集中管理和控制船舶各个子系统，通过标准化的接口与协议接收、分析与存储异源数据，提供功能域协同控制、模块拓展与数据融合等功能，实现子系统之间的协同工作与信息交互。

综合显示与交互单元模块，将所有显示交互要求汇集到一块屏幕，集成与展示来自各个传感单元的感知数据，提供船舶状态、航行信息、环境情况等综合信息显示，通过触摸屏、操控设备等交互媒介满足操控人员信息需求，快速应对不同的航行情境。

（2）岸基系统

远程驾控站，即供远程驾控人员进行船舶操控的专用控制台，为驾驶员提供航行操控与状态监管关键信息与交互设备，包含安全接管、航行指令引导、人机增强驾驶等功能模块。

远程驾控备用站，作为驾控站的功能备份，在驾控站出现故障或功能失效时通过备用站完成航行操控。

协同数据库，存储和管理船端和岸端的数据，包括船舶状态数据、导航信息、货物信息、航行地图等数据，实现信息共享与数据同步、航行地图更新、船舶信息跟踪等功能。

9.4.2 智能船舶远程驾控功能实现

智能船舶远程驾控功能的实现，依赖高度集成的软硬件系统和先进的通信技术。数据采集与处理是远程驾控的基础，系统通过船载传感器实时收集船舶的状态数据，包括但不限于位置、速度、航向、发动机状态等，并通过数据处理单元进行分析和处理。远程监控与预警功能允许岸基人员实时监控船舶状态，并通过先进的算法对潜在的风险进行评估和预警，确保船舶航行安全。智能决策支持系统通过分析历史数据和实时数据，为船舶提供最优的航行建议，包括航速调整、航线规划等，以提高航行效率和经济性。自动控制与手动干预功能使系统能够在必要时自动调整船舶的航行状态，同时在紧急情况下提供手动干预的选项，确保船舶的可控性。通信与信息交换是远程驾控的关键，系统需要通过可靠的通信链路实现船岸之间的数据交换，包括船舶状态信息的上传和岸基指令的下达。系统集成与协同功能确保了系统内部各个模块(包括感知模块、决策模块、控制模块和通信模块等)之间的协同工作，形成一个统一高效的工作体系。

9.4.3 智能船舶远程驾控系统示例

系统架构：本系统采用分层架构，包括船端系统、岸端系统和云平台。船端系统负责数据采集和执行控制命令，岸端系统负责监控和远程驾控，云平台提供数据处理和存储服务。

船端系统包括传感器阵列、数据处理单元、执行机构和通信模块。传感器阵列负责收集船舶状态和环境数据；数据处理单元进行数据分析和处理；执行机构根据岸端指令或自动决策结果执行相应操作；通信模块负责与岸端和云平台的数据交换。岸端系统包括远程驾控中心、监控中心和数据中心。远程驾控中心提供给操作人员进行船舶远程操控的界面；监控中心实时显示船舶状态和预警信息；数据中心存储船舶的运行数据和历史数据。云平台提供大数据处理、存储和智能决策支持服务。云平台利用云计算的强大计算能力，对海量的船舶数据进行分析和挖掘，为船舶提供智能化的决策支持。应用场景为复杂的航行环境，如狭窄的航道或繁忙的港口，智能船舶远程驾控系统可以有效地提高航行的安全性和效率。例如，在能见度低的情况下，系统可以通过雷达和其他传感器的数据融合，为船舶提供准确的避碰建议，并在必要时接管船舶的操控，确保航行安全。典型岸基船舶碰撞预警系统界面如图 9-15 所示。

图 9-15　典型岸基船舶碰撞预警系统界面示意图

9.5　智能船舶船岸协同系统

基于船岸协同的船舶安全辅助驾驶系统通常由船端辅助驾驶系统和岸基监管平台组成，可以实现对船舶的总体性能及状态的实时在线监测、远程预知诊断和评估分析，将船舶行为认知库与实时交通态势相结合，提供全航程支持、全周期规划和全周期维护，可以实现船舶驾驶由船员经验为主向船员经验与辅助驾驶相结合的转变，降低船员在船舶营运作业中的参与度，减少人因事故，确保航行驾驶安全。

船舶智能航行系统通过构造信息推理空间，实现多源异构环境信息、自身信息的同步与匹配，解决信息融合难题，降低驾驶员获取航行信息的难度，有效提升驾驶员在夜间和能见度不良时的航行感知和决策能力，降低驾驶员在船舶运营流程中的参与度，解决由疲劳驾驶导致人因事故发生的安全问题。仅在紧急情况下，需要船舶驾驶员使用雷达和电子海图进行航路规划与航行避让，其他时间通过智能算法支持决策以提升船舶运营的安全性。船岸协同的智能航行系统通过船载辅助模块实现船舶自身状态感知与自动诊断，以及船舶外部环境感知与风险态势分析，最终达成三维立体重现，有效增强船舶的适航能力，实现船舶碰撞预警以及辅助船舶通航，其岸基监控系统可以对整个航行区域进行全方位监管，提前告知碰撞风险。由简单机械操作、智能决策至自主执行，融合智能决策和混合智能，赋予操作组件和执行系统不同程度的自主能力，以任务指派模式、远程应急操控完成人机交互作业。

充分利用现有航保感知网络、VTS、AIS、北斗定位、视觉监控、VHF 语音、电子海图等岸基核心基础设施；融合船载已有导航设备、机舱监视系统、视觉监视系统、客货舱监视系统，分别建立船舶、岸基对于通航环境的基础“数字描绘”。船岸协同的智能航行系统功能应用结构如图 9-16 所示。

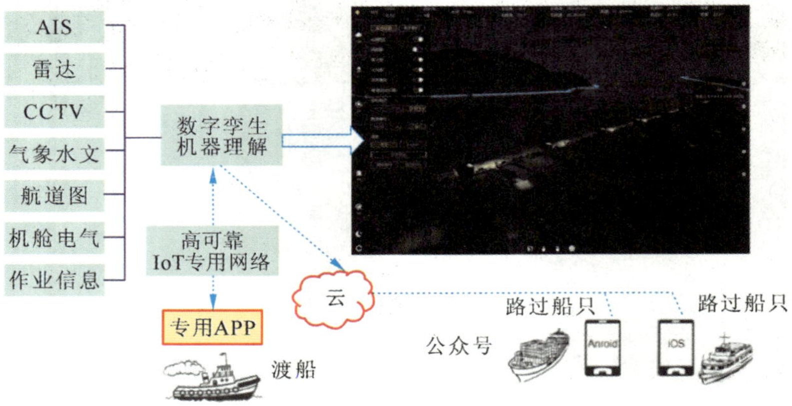

图 9-16 船岸协同的智能航行系统功能应用结构图

以模态监视、避碰辅助、自动驾驶等具体业务为导向，实现“数字描绘”数据深度处理、自主认知边缘计算，完善面向人员的自主辅助系统，以自主认知为手段，替代冗长、耗时、易疲劳的监视与控制动作，增强人对船的控制能力、人对航行态势的把握能力、岸基管理对航行态势的感知与干预能力。多源异质信息融合与物理环境全息认知描绘如图 9-17 所示。

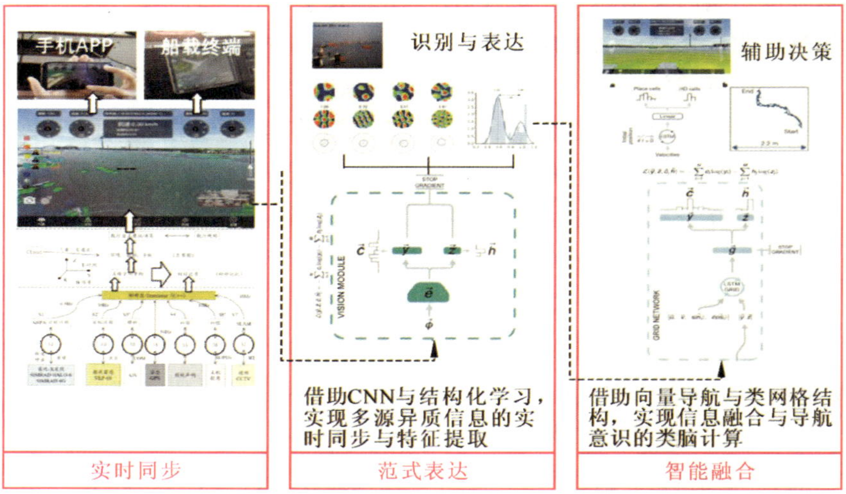

图 9-17 多源异质信息融合与物理环境全息认知描绘

以局部认知为基础，建立船、岸、通航环境的精准“数据侧写”，以此为基准重塑数据传输体系，大幅降低船岸协同通信的带宽需求，改善链路可靠性，实现通航环境在数据世界中的精准投影、全局理解、统一描述。为船舶航行营运提供了辅助驾驶平台，使得船舶驾驶员和岸基管控中心可以实时掌握船舶的特征信息与航行环境。

在船岸协同的智能航行过程中，由船端智能感知系统和岸基智能监管系统为智能船舶的安全航行提供有效的解决方案，可以实现对在航船只和监管水域的全程监控，紧急情况下实现远程操纵和急停控制。船舶航行过程中自主航行、远程驾驶、自动靠离泊等功能业务往往是通过一系列单独的子功能进行操作，这些子功能组合在一起即可实现船舶操作的目标。例如自主航行，需要船舶能够感知水深、能见度、风浪、洋流、障碍物等周围航行环境信息，如果遇到障碍物，还应该能够决策航线规划，进行避让；再例如自动靠离泊，船舶也需要感知泊位码头周边的信息，在靠近码头泊位时，能作出决策调整好航向，控制航速，平稳靠上码头。我们将这些单独的子功能抽象归纳为四个动态子功能，即环境感知、环境认知、行动决策、行动执行，如图 9-18 所示。可以说，每个子功能的性能决定着船舶业务操作的性能和安全性。

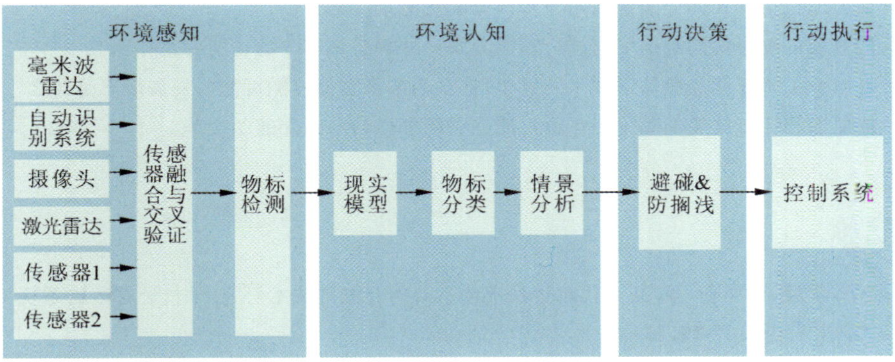

图 9-18　船岸协同的智能航行系统功能分解

从技术层面来看，不论是自主航行功能，还是远程驾驶及自动靠离泊功能，都可以进一步分解到每一个子功能下。以智能航行技术、船岸协同技术为指导框架，在组合通信链路的支持下，建立船岸协同的信息感知、采集网络，数据交互准则。在此基础上，从环境感知、环境认知、行动决策及行动执行四个子功能角度出发，以当前有人船舶的安全性为基准，对各个子功能的性能进行设计、研发、测试与评价，进而构建船岸协同的船舶智能航行、远程驾驶系统与平台。

9.6　本章小结

本章首先介绍智能船舶在国内外的发展现状，从行业发展动态、用户使用需求等方面，分析智能船舶与智能航行的发展驱动力，描述船舶智能功能的定义与内涵，进而分析智能船舶系统组成、软件逻辑与硬件部署；其次，从船舶智能航行感知、决策、控制、通信四个方面，对照人工驾驶“眼”“脑”“手”“口”的功能业务，介绍船舶智能航行功能实现的相关基础理论和方法技术；再次，面向算法调试、系统研发、功能验证、检验发证、产品定型等需要，介绍船舶智能航行测试的虚拟测试、物理测试、融合测试等技术；最后，介绍智能船舶远程驾控系统和船岸协同系统的功能需求、系统组成和功能实现，并通过系统示例介绍智能船舶远程驾控和船岸协同系统的应用。

思考题

1. 船舶的自动控制难点在哪？与无人车相比有什么不同？
2. 虚拟测试与物理现实测试之间的关系是什么？
3. 智能船舶远程驾控系统组成包括哪些部分？每部分功能是什么？
4. 船舶的通信技术与岸上的通信技术有何异同？难点在哪？
5. 智能船舶包括哪几部分关键技术？每部分的功能定义是什么？
6. 智能船舶的船岸协同系统如何进行功能分解？分解后每部分的功能各是什么？
7. 针对本章关于智能船舶关键技术的展望，你认为未来智能船舶可能的发展形态是什么？
8. 智能船舶相比传统船舶的优势在哪？能够引起怎样的水路交通的变革？

参考文献

[1] 严新平，李晨，刘佳仑，等. 新一代航运系统体系架构与关键技术研究 [J]. 交通运输系统工程与信息，2021，21(05)：22-29，76.

[2] 严新平，韩亚，吴兵，等. 水路交通系统的发展现状与未来展望 [J]. 中国航海，2024，47(02)：145-152.

[3] 刘佳仑，陈然，李诗杰，等. 智能水路运输系统的发展与应用：案例分析与前景展望 [J]. 交通信息与安全，2023，41(03)：175-181.

[4] 严新平. 智能船舶的研究现状与发展趋势[J]. 交通与港航，2016(1)：23-26.

[5] 严新平，柳晨光. 智能航运系统的发展现状与趋势[J]. 智能系统学报，2016，11(6)：807-817.

[6] HE Y，YANG S，CHAN C Y，et al. Visualization analysis of intelligent vehicles research field based on mapping knowledge domain[J]. IEEE Transactions on Intelligent Transportation Systems，2020 (9)：5721-5736.

[7] LI L，WANG X，WANG K F，et al. Parallel testing of vehicle intelligence via virtual-real interaction [J]. Science Robotics，2019，4(28)：4106.

[8] 刘佳仑，杨帆，马枫，等. 智能船舶航行功能测试验证的方法体系[J]. 中国舰船研究，2021，16(01)：45-50.

[9] LEITNER A，METZNER S. Challenges for reproducing real-life test runs in simulation for validating automated driving functions[J]. E&I Elektrotechnik Und Informationstechnik，2018，135 (4-5)：360-364.

[10] 严新平,吴超,马枫. 面向智能航行的货船“航行脑”概念设计[J]. 中国航海,2017,40(04):98-101,139.

[11] ZHAO D,LAM H,PENG H,et al. Accelerated evaluation of automated vehicles safety in lane-change scenarios based on importance sampling techniques[J]. IEEE Transactions on Intelligent Transportation Systems,2017,18(3):595-607.

[12] YOU X,MA F,LU S L,et al. An integrated platform for the development of autonomous and remote-control ships[C]//19th Conference on Computer and IT Applications in the Maritime Industries(COMPIT 2020). Pontignano,2020.

[13] FAN C,BOLBOT V,MONTEWKA J,et al. Advanced Bayesian study on inland navigational risk of remotely controlled autonomous ship[J]. Accident Analysis & Prevention,2024,203:107619.

[14] SEZER S I,AHN S I,AKYUZ E,et al. A hybrid human reliability analysis approach for a remotely-controlled maritime autonomous surface ship(MASS-degree 3) operation[J]. Applied Ocean Research,2024,147:103966.

[15] CHAAL M,REN X,BAHOOTOROODY A,et al. Research on risk,safety,and reliability of autonomous ships:A bibliometric review[J]. Safety Science,2023,167:106256.

[16] VEITCH E,ALSOS O A,CHENG T,et al. Human factor influences on supervisory control of remotely operated and autonomous vessels[J]. Ocean Engineering,2024,299:117257.

[17] CHO Y,PARK J,KIM J,et al. Autonomous ship collision avoidance in restricted waterways considering maritime navigation rules[J]. IEEE Journal of Oceanic Engineering,2023.

[18] MSC. Interim guidelines for MASS trials(MASS):MSC. 1/Circ. 1604[S]. London:International Maritime Organization,2019.

[19] 马勇,王雯琦,严新平. 面向新一代航运系统的船舶智能航行技术研究进展[J]. 中国科学:技术科学,2023,53(11):1795-1806.

[20] BLINFHEIM S,JOHANSEN T A,UTNE I B. Risk-based supervisory control for autonomous ship navigation[J]. Journal of Marine Science and Technology,2023,28(3):624-648.

[21] GÜRGEN S,YAZıR D,KONUR O. Fuzzy fault tree analysis for loss of ship steering ability[J]. Ocean Engineering,2023,279:114419.

[22] STAVROULAKIS P J,PAPADIMITRIOU S,TSIRIKOU F. Gender perceptions in shipping[J]. Australian Journal of Maritime & Ocean Affairs,2023:1-32.

[23] NEGENBORN R R,GOERLANDT F,JOHANSEN T A,et al. Autonomous ships are on the horizon:Here's what we need to know[J]. Nature,2023,615(7950):30-33.

[24] 中国船级社. 智能船舶规范(2024)[S]. 北京:中国船级社,2024.

[25] LIU C. Man-machine model:Pattern recognition and forecasts for complex structures supervised by multi-model ensembles[J]. Structural Safety,2021,88:102022.

[26] YANG J J,LIU J T,GE S R,et al. Parallel driving in mining:ACP based prediction and tracking of heavy-duty vehicle[J]. IEEE Transactions on Intelligent Vehicles,2024.

第 10 章

智慧港口系统

见此图标
扫码查阅
智能交通
数字资源

10.1 概述

港口作为海、江、河、湖、水库沿岸的基础性运输枢纽，承载了 90％以上的全球物流贸易量，是我国内外综合运输双循环的重要组成部分，具有水陆联运设备及条件，是工农业产品和外贸进出口物资的集散地，同时也是船舶安全进出和停泊、装卸货物、货物换装、上下旅客、补充给养的场所，为“交通强国”、“海洋强国”战略提供重要支撑。随着新兴信息技术的发展和应用，港口的技术结构呈现管理技术信息化和控制技术智能化等发展趋势，智慧港口应运而生，它将港口的管理运营和技术服务整合在一起，以信息物理系统为框架，通过高新技术的创新应用，使物流供给方和需求方沟通融入集疏运一体化系统；极大提升港口及其相关物流园区对信息的综合处理能力和对相关资源的优化配置能力；智能监管、智能服务、自动装卸成为其主要呈现形式，并能为现代物流业提供高安全、高效率和高品质服务的一类新型港口，图 10-1 是智慧港口作业总体布局，主要作业设备包括自动化装卸设备、无人驾驶车辆、无线通信网络、智能闸口等。

图 10-1　港口总体布局图

目前智慧港口系统都能够在不同程度上实现各生产环节及各作业对象的位置信息、状态信息的实时感知与获取，各环节数据要素比传统港口多 50 倍以上，每小时产生的数据是传统港口 1 年数据的 20 倍以上。如何利用这些时空数据，构建全面、完善、动态的港口时空数据库，为港口生产的全过程优化控制以及装卸运输设备的实时智能化调度提供技术支撑，是智慧港口系统的重要问题。

本章主要学习智慧港口系统的基本概念、发展历程和未来趋势，理解智慧港口的系统组成和信息技术，掌握港口物流与多式联运的基本知识。

10.2　智慧港口的基本概念及发展现状

10.2.1　智慧港口的基本概念

(1)基本定义

综合考虑智慧的概念和港口的工作流程，可将智慧港口分为四部分，如图 10-2 所示。

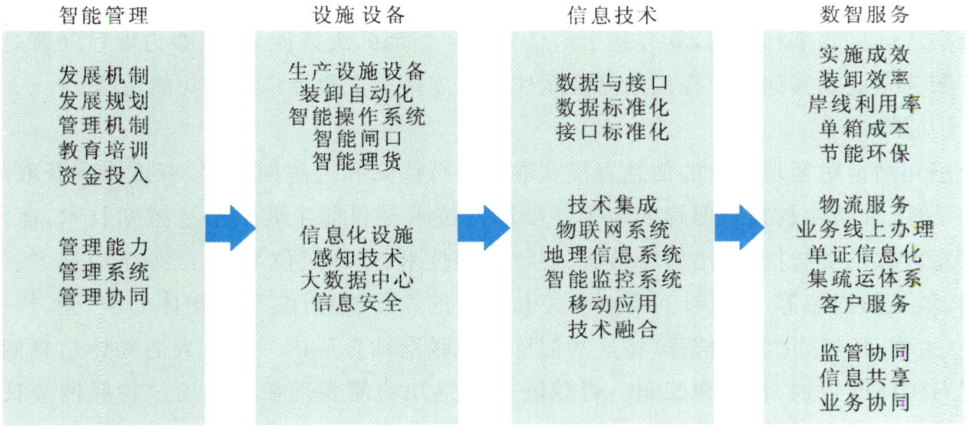

图 10-2　智慧港口基本结构

①智能管理：需要具备先进的规划管理机制，同时注重教育培训和资金管理，以提高管理能力和协同管理水平。

②设施设备：拥有装卸自动化设备、智能操作系统、智能闸口和智能理货设施，并建有完备的信息化设施，包括感知技术、大数据中心和信息安全设施。

③信息技术：需要数据与接口的标准化，同时整合数据智能化技术，包括物联网系统、地理信息系统、智能监控系统、移动应用和技术融合。

④数智服务：追求实施效果，提高装卸效率、岸线利用率、降低单箱成本和促进节能

环保。在物流服务方面，重点在于实现业务线上办理、单证信息化，建立集疏运体系并提供优质客户服务；监管协同方面强调信息共享和业务协同。

(2)智慧港口的内涵

①港口发展的高级阶段。基于“以客户为中心”的服务理念，利用新一代信息技术，以整合、系统的方式进行港口管理和经营，为客户提供更高质量的服务。

②发展前提是现代管理方法、信息技术和自动化技术等在港口服务中的充分应用。以技术为保障，才能够优化服务流程，提升服务水平。

③建设的核心内容是基于物联网等技术，在信息感知、处理、整合和共享基础上的战略决策优化和生产计划安排。在信息整合处理的基础上，促使港口生产的多个环节相互配合、协调一致，并能够完成生产流程自适应调整、生产设施自动分配、生产过程自动监控等。

④建设范畴涉及码头泊位生产、集疏运组织以及腹地货运管理等多个方面，是一个具有多重衡量指标的复合系统。

⑤资源分配更加合理和充分，港口具有可持续发展的能力。

(3)基础功能

智慧港口能自动感知港口各类信息，具备信息整合和自动处理能力，通过实时发布系统实现信息共享和透明，具有基于信息分析和处理的决策能力，能够为港口经营企业、港口服务企业及其他客户提供战略及运作决策支持。智慧港口主要功能包括：

①感知

感知是指对客观事物的信息直接获取并进行认知和理解的过程，着重体现获取信息的主动性、自动性及判断理解能力等。物联网技术是目前主要的信息感知技术，运用各种信息传感设备与技术，比如传感器、射频识别技术、全球定位系统、红外感应器、气体感应器、激光扫描器等，实时针对需要监控和连接的物体或程序，采集物体的声、光、热、电、力学、生物、位置、化学等信息，将这些信息与互联网结合形成一个巨大的物体信息网络，实现对物体的识别、管理和控制。智慧港口的感知功能表现在能够通过物联网等技术，自动感知和采集船舶、货物及港口物流流转节点状态等信息，作为智能化管理和智慧决策分析的基础数据。

②信息整合和处理

对于感知和采集来的信息，智慧港口应具备良好的整合和处理能力。根据不同的业务类别和流程，分别整理和处理后，建立统一的数据资源库，作为信息发布和决策分析的基础。

③信息发布和共享

将船舶信息、港口信息、口岸监管及服务信息等进行资源整合，通过专用平台实时发布，向所有的客户开放共享，实现信息透明化，并保证信息的准确性、可靠性和及时性。

④决策支持

对信息进行综合处理后，能够为港口企业经营和生产运作、航运公司挂靠、货主服务选择等提供决策支持服务。

(4)智慧港口和传统港口的区别

智慧港口通过应用先进的信息技术和物联网技术，实现物流、安全、信息、环境等方面的全面提升，激发出港口行业巨大的发展潜力。智慧港口与传统港口的区别主要体现在以下几个方面。

①技术应用方面

智慧港口充分利用物联网、云计算、大数据、人工智能等新一代信息技术，实现港口的智能化和自动化管理。这些技术的应用使得智慧港口在运营管理、物流效率、安全管理等方面相比传统港口有显著的提升。

②运营管理方面

智慧港口的运营管理更加智能化，通过自动化设备、智能调度系统等手段，提高港口的作业效率和准确性，减少人为因素导致的失误。相比之下，传统港口的运营管理主要依赖人工，效率较低，且容易出错。

③信息管理方面

智慧港口通过建立信息化平台，实现信息的共享和协同管理，提高信息的透明度和可靠性，减少信息误差并降低沟通成本。传统港口的信息管理常常存在信息不对称、信息传递不及时等问题。

④物流效率方面

智慧港口能够实时监控货物的位置、温度、湿度等参数，提供智能调度和排队系统，优化货物的运输路径，减少货物滞留时间，提高运输效率。这不仅可以节约时间和成本，还有助于减少环境污染。

⑤安全管理方面

智慧港口通过应用先进的监控设备和智能算法，可以实时监测港口设施和船只的运行状况，及时发现并解决潜在的安全问题。此外，还可以对港口周边的环境进行实时监测、预防以应对突发环境事件，保障港口的安全运作。

⑥生态环境保护方面

智慧港口通过应用清洁能源、节能减排技术，降低港口的碳排放量和对自然资源的消耗，实现绿色可持续发展。这有助于减少航运对环境的负面影响，提高港口的生态友好性。

10.2.2 智慧港口发展简史

港口的发展经历4个时代，如图10-3所示。智慧港口最早始于国外，其早期发展的特点为自动化基础较好且自动化方案成熟，装卸作业基本工艺为双小车岸桥＋AGV（自动导引小车）＋ARMG（自动化轨道吊），全球已建成的自动集装箱码头达到上百座。

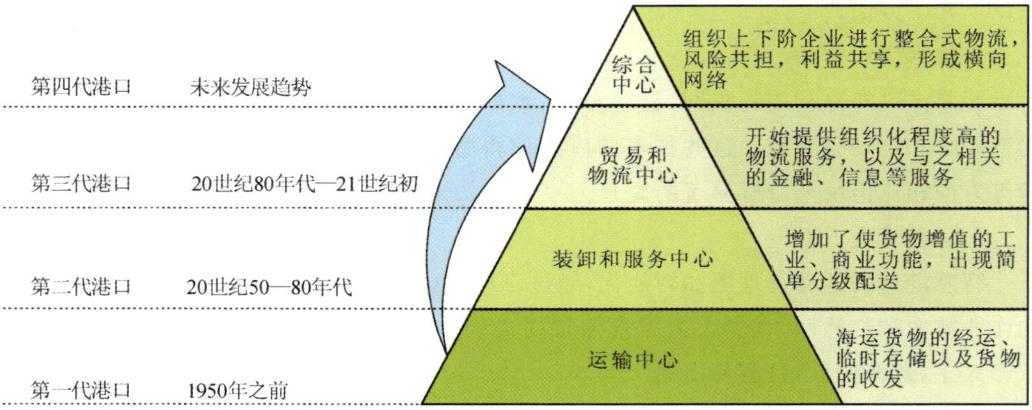

图10-3 港口发展历程示意图

（1）全球发展历程

①第一代港口（1950年之前）

港口发展的初期与运输活动、贸易活动相分离，只是货物转移的一个场所，功能是船岸之间的货物转移；这一时期港口作为一个独立地方，同当地政府，甚至是货运客户的合作关系都很少；港口中不同的业务彼此孤立，作业范畴主要是转运杂货、散货。

②第二代港口（20世纪50—80年代）

第二代港口除了直接为客户提供货运、装卸服务以外，同时还提供工商业方面的相关服务；能以比较广阔的视野来考虑港口政策与发展战略，并采用比较先进的管理理念与管理方法；在港区范围内增加工业及服务设施；在运输和贸易之间形成伙伴关系，让货方尤其是大的货主在港区内建立货物处理设施；与当地有关方面建立比较密切的联系。

③第三代港口（20世纪80年代—21世纪初）

第三代港口成为贸易和物流中心的港口。这一代港口除具有第一代、第二代港口的功能以外，更加强了与所在城市以及用户之间的联系，使港口的服务超出以往的界限，增添运输、贸易的信息服务与货物的配送等综合服务，港口成为物流中心。

④第四代港口（21世纪至今）

第四代港口在兼容第三代港口功能的基础上，作为供应链中的一个环节，强调港口之间的互动以及港口与相关物流活动之间的互动，满足运输市场对港口差异化服务的需求，提供精细的作业和敏捷的服务，以形成柔性港口，促进与港口相关的供应链各环节之间的无缝链接。

(2)我国发展历程

我国智慧港口的发展历程可以分为以下几个阶段：

①萌芽阶段(21 世纪初期至 2010 年)

我国智慧港口行业开始起步。2005 年，我国自主研发了首个全自动集装箱空箱堆场系统，并完成试验，随后投入运营。

②探索阶段(2011 至 2015 年)

我国智慧港口行业进入探索阶段。多个港口开始建设具有当代国际先进水平的自动化集装箱码头工程。2015 年，厦门远海码头建成，成为世界首个第四代集装箱自动化码头。

③快速发展阶段(2016 至 2020 年)

我国智慧港口行业进入快速发展阶段。多个港口的智能化建设基本完成，自动导引车、自动化吊桥、高速轨道吊等港口智能设备逐步被引入。

④全面发展阶段(2021 年至今)

2021 年，我国智慧港口行业已经进入全面发展阶段。交通运输部等七部门发布的《智能航运发展指导意见》提出一系列目标，包括到 2025 年突破一批制约智能航运发展的关键技术，成为全球智能航运发展创新中心；到 2035 年较为全面地掌握智能航运核心技术，智能航运技术标准体系比较完善；到 2050 年形成高质量智能航运体系，为建设交通强国发挥关键作用。

10.2.3　我国智慧港口建设现状

国务院新闻办公室在 2024 年 6 月 26 日举行新闻发布会，交通运输部相关负责人介绍，2024 年以来我国水路运输持续较快发展，沿海和内河、内贸和外贸水路货物运输均呈现增长态势。1～5 月，水路货运量完成 38.6 亿吨，同比增长 7%；港口集装箱吞吐量突破 1.3 亿标箱，同比增长 8.8%。我国港口自动化技术水平和应用规模总体位居国际前列。2024 年上半年，我国港口新增 7 座大型自动化码头，已建和在建自动化码头数量继续位居世界首位，全国已建电子航道图覆盖航道里程超过 5700 km。

近年来，随着智慧港口的建设，我国在自动化集装箱码头领域取得显著进展。根据交通运输部的统计数据，我国已建成的自动化集装箱码头数量达到 21 座，自动化的一散货码头有 28 座，这些数据均位居全球首位。此外，我国已经掌握自动化集装箱码头从设计建造、装备制造到系统集成和运营管理全链条的关键核心技术，总体应用规模和技术水平处于世界前列。这些成就使我国成为名副其实的水运大国，我国不仅在自动化集装箱码头的数量上领先，还在技术创新和应用规模上取得显著成果。例如，青岛港自动化码头(三期)实现从全自动化到全国产全自主自动化的跨越，以其 60.2 自然箱/h 的桥吊平均单机作业效率刷新了装卸效率的世界纪录，展现了我国自动化码头的强劲实力。此外，我国港口的自动化技术水平和应用规模也位居国际前列。例如，在上海港，以前配载一艘船需要 4 h，而现在随着信息技术的发展应用，5 min 左右就可以完成一艘船的配载工作，效率大大提高。

综上所述，我国在智慧港口的发展迅速，不仅在数量上领先，还在技术创新和应用效率上展现出强大的实力，成为全球自动化码头发展的领军者。

(1)智慧港口建设区域特征

为推进智慧港口建设，交通运输部于 2017 年公布智慧港口示范工程的名单，其中选取具有一定业务规模、创新方向明确、实施方案明确、信息化基础条件好、符合管理需求且具有充足配套资金作为保障的港口进行建设，目前我国智慧港口主要分布在沿海各大港区。

①内河港口与沿海港口共同发展

南京港(集团)有限公司申报的项目主要针对江海联运一体化全程物流供应链港口方面，而安徽皖江物流(集团)股份有限公司申报的项目则是面向内河中小港口多式联运智慧物流平台建设，二者从江海联运和内河中小港口多式联运的角度进行智慧港口工程的建设。而大连港、河北港口集团、唐山港、天津港、青岛港、上海港、宁波舟山港、厦门港、广州港等从智慧物流、危险货物智能化管理等角度申报智慧港口示范工程。

②沿海各省均有分布

进行智慧建设的港口在我国沿海各省和直辖市均有分布，从北到南沿海岸线分布为辽宁省、河北省、天津市、山东省、江苏省、上海市、浙江省、福建省、广东省，以及内陆的安徽省。智慧港口示范工程的分布说明国家正在全国沿江沿海范围内试点智慧港口的建设，希望通过其带动作用，加强各省及周边地区的发展。

(2)智慧港口建设投入

当前“智慧港口”建设已经成为我国推进港口转型升级和行业提质增效的重要抓手。在首个试点单位的带动下，国内其他省份的港口集团，纷纷开始大力推进智慧港口建设，港口“智慧竞争”已经开始。代表港口及其特点如表 10-1 所示。

表10-1 我国部分智慧港口基本特点

代表港口	智慧特点	技术创新	绿色发展	未来规划
上海港务集团	ITOS码头操作系统、洋山四期、远程控制技术	F5G、可百公里外操作	低碳设施、环保措施	小洋山北侧工程、罗泾港区改造
天津港集团	智慧零碳码头、C段码头、绿色能源系统	AI人工智能科技、风光储荷一体化	零碳码头、绿色能源系统	零碳港区和港口建设
宁波舟山港	自动化轨道吊、智能集卡、新能源技术	“n-TOS+iECS”智慧大脑(集装箱生产作业调度系统+智能设备调度系统)	新能源技术广泛应用	绿色智能化转型
山东港口集团	智慧港口试点、自动化改造、服务平台	数字化转型、自动化信息系统	绿色港口建设、新能源应用	多源融合能源系统
福建省港口集团	与中交建合作、基础设施和智慧港口建设	多层次合作、基础设施建设	绿色港口建设、供应链金融	示范工程、行业标杆
重庆港务物流集团	集装箱专用场桥远程智能操控、无纸化平台、数字化管理	无纸化平台、集装箱码头智能化	环保设施投入、LNG清洁能源技术	利用区块链、物联网、人工智能和5G等信息技术推动港口战略转型

注:ITOS —— Intelligent Terminal Operating System(全自动化集装箱码头智能操作系统);
F5G——The 5th Generation Fixed Networks (第五代固定网络);
n-TOS+iECS —— 宁波舟山港集装箱生产作业调度系统+智能设备调度系统。

10.3 智慧港口系统组成

智慧港口主要由自动化码头作业区以及运行在各个作业区及区间的相关运输装备组成。下面主要针对目前智慧化程度较高的自动化集装箱码头、自动化散货码头的基本布局、作业设备、工艺特点三个方面来介绍。

10.3.1 自动化集装箱码头

10.3.1.1 基本布局

集装箱码头可划分为码头前沿作业区、水平运输区、堆场堆存区以及集疏港作业区四个作业区，如图 10-4 所示。

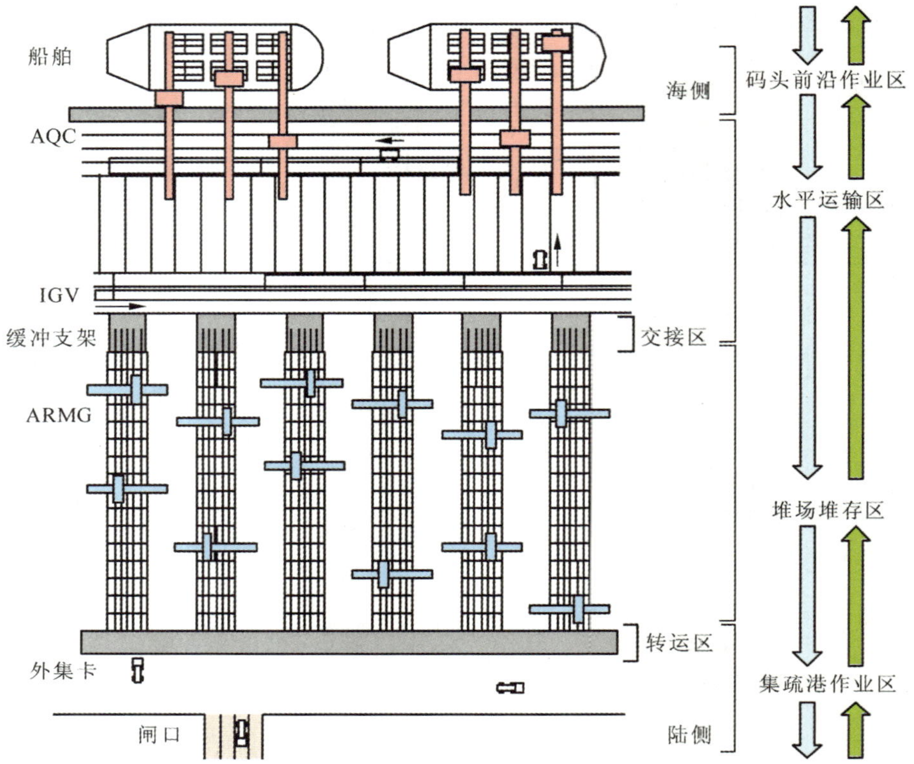

图 10-4　垂直岸线式布局的自动化集装箱码头平面图

(1)码头前沿作业区

码头前沿区是连接集装箱海陆运输的重要纽带，依靠岸桥对靠泊货船进行集装箱装卸作业。

(2)水平运输区

水平运输区扮演着连接码头前沿与堆场的关键角色，该区域提供多条水平运输车道和适量水平运输设备，以保障码头内物流通畅性。

(3)堆场堆存区

堆场堆存区是集装箱的临时存放地，该作业区可以依据箱区的布局差异分为垂直式和水平式两类。垂直式布局的码头箱区垂直于海岸线，由于堆场前后方均设有专门的集装箱交接区和转运区，水平运输车和外集卡可以直接对集装箱进行交接操作，有效避免箱区内出现拥堵，使码头工作效率得到保证，因此垂直式布局在码头实际运营中备受青睐。水平式布局的码头箱区平行于海岸线，与垂直式布局相反，水平运输车和外集卡在这种布局方式下需要进入各个箱区内完成集装箱交接任务，这种灵活性也容易导致堆场内的车道堵塞，进而影响码头整体运作效率。

(4)集疏港作业区

集疏港作业区作为码头与内陆运输网络之间的桥梁，与公路、铁路等运输方式相衔接，是实现集装箱从港口到内陆的快速集散的重要区域。

10.3.1.2　作业设备

(1)码头前沿设备

自动化岸边集装箱起重机(Automated Quay Crane，AQC)作为码头前沿集装箱装卸操作的主力设备之一，能够通过高度自主化的运动规划和实时调整，岸桥可以灵活应对不同作业任务，最大限度地提高装卸效率，为自动化集装箱码头的高效转运和快速装卸提供可靠保障。在自动化集装箱码头的前沿装卸设备中，根据小车数量的不同可以分为单小车自动化岸桥和双小车自动化岸桥，如图 10-5 所示。

(a)　(b)

图 10-5　码头前沿装卸设备

(a)单小车 AQC；(b)双小车 AQC

单小车 AQC 是指岸桥系统中配备一辆小车对集装箱进行装卸作业，如图 10-5(a)所示，通常具有较小的结构体积，更容易适应有限的场地空间，其操作流程相对直接。小车负责横向移动并完成集装箱的装卸任务，能够实现自动化作业的基本需求，适用于中小型集装箱码头。双小车 AQC 则采用主小车和门架小车并行工作的设计，以提高作业效率和灵活性，如图 10-5(b)所示。双小车 AQC 的两辆小车可以同时进行不同的作业任务，例如同时装卸两个不同的集装箱。通过主小车和门架小车并行运作的方式缩短岸桥装卸集装箱的作业时间，从而提升整体作业效率，通常应用于大型集装箱码头，以更好地应对高强度的作业需求。

(2)水平运输设备

自动化集装箱码头的水平运输设备主要包括自动导引车(Automated Guided Vehicle，AGV)、智能导引车(Intelligent Guided Vehicle，IGV)、自动跨运车(Automated Straddle Carrier，ASC)三种类别，如图 10-6 所示。

AGV 与 IGV 的设备构造相似，均采取电力驱动的模式，两者的区别在于定位导航方式的不同，AGV 采用磁钉导航，定位精度高，技术已十分成熟；而 IGV 采用卫星导航，定位精度较低，技术仍处于发展阶段，其应用方面还有待成熟。ASC 相比于前面两种设备的优势在于具有自举升装卸功能，可独立完成装卸作业。ASC 设备采用油驱动或油电混合动力驱动，因此能耗较大，在欧美集装箱码头的应用较多。

(a) (b)

图 10-6 水平运输设备

(a)自动导引车/智能导引车；(b)自动跨运车

(3)堆场装卸设备

堆场装卸设备负责集装箱在堆场内的装卸作业，主要包括自动化轨道式龙门起重机(Automated Rail Mounted Gantry Crane, ARMG)和自动化轮胎式龙门起重机(Automatic Rubber-Tyred Gantry Crane，ARTG)两类，如图 10-7 所示。

ARTG 以轮胎作为移动装置，具有转场灵活、适用性强的特点，但由于轮胎气压较大，定位精度可能受到影响。相比之下，ARMG 需要沿着固定轨道行驶，灵活性较差，但由于运行快速、装卸高效、定位精确和易于自动化操控等特点，国内外多数自动化集装箱码头选择 ARMG 进行堆场装卸作业。

(a) (b)

图 10-7 堆场装卸设备

(a)自动化轮胎式龙门起重机；(b)自动化轨道式龙门起重机

10.3.1.3　装卸作业工艺

如表 10-2 所示为部分国外自动化码头工艺布局特点。早期的自动化码头主要采用“双小车岸桥＋AGV＋ARMG”的作业模式。这种工艺流程通过自动化设备的高度协同，实现货物的快速装卸和转运。双小车岸桥能够高效地从船上装卸集装箱，而 AGV 则负责在码头内部进行集装箱的短途运输，自动化轨道吊则在堆场区域进行集装箱的堆存和取货作业。这些自动化设备的集成应用，大幅提高了港口的作业效率和准确性。

表 10-2　国外自动化码头特点

港口码头	布局方式	设计吞吐量	工艺模式	自动化岸桥数量	水平运输工具数量	场桥数量
新加坡大士港一期	平行	2000 万 TEU	双小车自动化岸桥＋AVG＋ARMG	—	—	—
日本名古屋港 TCB 码头	平行	—	单小车岸桥＋自动导引车＋自动化轮胎吊	6	33	24
荷兰鹿特丹港 Euromax 码头	垂直	230 万 TEU	双小车岸桥＋自动导引车＋自动化轨道吊	16	96	58
荷兰鹿特丹港马士基 APMTMV2 集装箱码头	平行	270 万 TEU	双小车自动化岸桥＋AVG＋ARMG	10	73	54
英国伦敦门户码头	平行	350 万 TEU	双 40 英尺岸桥＋无人集卡＋自动化轨道吊	12	28	40
德国汉堡 HHLA-CTA 码头	垂直	300 万 TEU	双小车自动化岸桥/QC＋AVG＋ARMG	—	91	52
美国长滩 LBCT 码头	垂直	—	双小车自动化岸桥＋AVG＋ARMG	16	73	59
美国弗吉尼亚集装箱码头	垂直	122 万 TEU	单小车岸桥＋跨运车＋自动化轨道吊	—	—	50
韩国釜山新集装箱码头	垂直	300 万 TEU	单小车岸桥＋跨运车＋自动化轨道吊	11	—	44
澳大利亚布里斯班港 Patrick	垂直	120 万 TEU	单小车岸桥＋自动化跨运车	4	27	—
西班牙巴塞罗那港巴塞南欧码头	平行	445 万 TEU	单 40 英尺岸桥＋跨运车＋自动化轨道吊	18	42	80

相较于国外，我国智慧港口自动化码头建设注重因地制宜，其发展具有独特的特点和趋势，展现出“百花齐放”的态势。各个港口根据自身的区位特点和发展战略，制订了不同的自动化和智能化方案。这种差异化的发展策略，既考虑了港口的实际情况，也满足了不同区域的特定需求，促进智慧港口的多样化发展。

传统码头的自动化和智能化改造已成为我国智慧港口发展的主流趋势，表 10-3 为我国部分新建码头泊位和改造码头泊位。通过引入先进的技术和设备，对现有的传统码头进行升级改造，不仅能提高作业效率，也能增强港口的竞争力。这种改造不仅包括自动化装卸设备的应用，还涉及信息化管理系统的集成，使得港口运营更加智能化和高效化。

表 10-3　新建和改造自动化集装箱码头

序号	新建码头泊位	投产时间	序号	改造码头泊位	投产时间
1	青岛港新前湾自动化码头	2017	11	厦门港远海码头（海沧港区＃14～＃17 泊位）	2016
2	上海港洋山四期码头	2017	12	唐山港京唐港区＃21～＃25 泊位	2018
3	芜湖朱家桥综合物流园区一期码头	2020	13	宁波舟山港梅山港区二期＃6～＃10 泊位	2020
4	太仓港四期码头集装箱码头	2021	14	深圳港妈湾港区（原海星码头）＃3～＃4 泊位	2021
5	天津港北疆港区 C 段码头	2021	15	日照港顺岸开放式集装箱码头	2021
6	武汉阳逻港集装箱铁水联运二期码头	2021	16	厦门港海润码头（海沧港区＃4～＃6 泊位）	2022
7	广州港南沙港区四期码头	2022	17	威海港青威集装箱码头＃17 泊位	2022
8	广西北部湾港钦州大榄坪南＃7～＃10 泊位	2022			
9	南通港通州湾吕四作业区＃8～＃9 泊位	2022			
10	深圳盐田港东作业区集装箱码头	2025			

注：1. 广西北部湾港钦州大榄坪南＃7～＃8 泊位为改建，＃9～＃10 泊位为新建。2. 芜湖、太仓、威海等港口为堆场自动化。3. 深圳盐田港为预计投产时间。4. 部分未投产或未改造完成的码头未列入表格。

表 10-4 为新建自动化集装箱码头设备配置现状，我国新建的集装箱码头有两种主要的布局模式：垂直布局和顺岸式布局。垂直布局模式，如早期的青岛新前湾、洋山四期以及北部湾港钦州码头，采用的是“双小车岸桥＋AGV 或 IGV＋ARMG”的工艺模式。这种模式下，自动化水平运输设备可以衔接码头与堆场作业，缩短了箱区到码头前沿的运输距离并简化行驶路径，同时人工驾驶集卡与自动化机械实现了分离，保障了人机安全。随着技术的发展，越来越多的港口开始采用顺岸式布局，这种布局模式下，设备采用的是“单小车岸桥＋IGV 或无人集卡＋轨道吊”的工艺模式。例如，天津港北疆港区 C 段和广

东港南沙四期均选择了顺岸式布局。这种布局模式允许自动化水平运输设备在堆场内更自由地穿梭,提高了机械的灵活调度能力。

表 10-4　新建自动化集装箱码头设备配置

企业名称	自动化岸桥数量	自动化水平运输工具数量	自动化场桥数量	岸桥作业效率
天津港太平洋国际集装箱码头有限公司	12	92	42	27.69 自然箱/h
青岛新前湾集装箱码头有限责任公司	16	83	77	36.2 自然箱/h
上海国际港务(集团)股份有限公司尚东集装箱码头分公司	28	145	121	28.24 自然箱/h
广州南沙联合集装箱码头有限公司	14	120	42	26 自然箱/h
北部湾港钦州自动化集装箱码头	12	84	52	32.5 自然箱/h
太仓正和国际集装箱码头有限公司(太仓四期)	1	90	28	28.6 自然箱/h
武汉中远海运港口码头有限公司	1	6	13	23.4 自然箱/h

表 10-5 为传统自动化集装箱码头设备配置现状,国内大部分港口都积极开展传统岸桥、轮胎吊远程控制改造,不断提升设备自动化、智能化水平,建设和改造成本也显著降低。国内已建成的全自动化集装箱码头较传统码头人工成本降低了 70%~80%,作业效率提升了 30%~40%,单机平均装卸效率能够达到 34 自然箱/h,节能减排优势明显。

表 10-5　传统自动化集装箱码头设备配置

名称	自动化岸桥数量	自动化水平运输工具数量	自动化场桥数量	岸桥作业效率
大连集装箱码头	2	15	24	29.41 自然箱/h
青岛前湾联合集装箱码头有限责任公司	2	2	87	36.63 自然箱/h
日照港集装箱发展有限公司集装箱分公司	12	21	32	26.5 自然箱/h
宁波梅东集装箱码头有限公司	36	62	108	27.43 自然箱/h
厦门集装箱码头集团有限公司 海天分公司	4	0	15	28 自然箱/h
海润码头	8	44	22	28 自然箱/h
厦门远海集装箱码头有限公司	6	36	18	28~30 自然箱/h
深圳海星港口发展有限公司(妈湾智慧港)	8	38	26	29.88 自然箱/h
武汉港集装箱有限公司	1	3	2	24 自然箱/h

10.3.2 自动化散货码头

10.3.2.1 基本布局

散货码头同样包括码头前沿作业区、水平运输区、堆场堆存区以及集疏港作业区四个作业区，如图 10-8 所示。

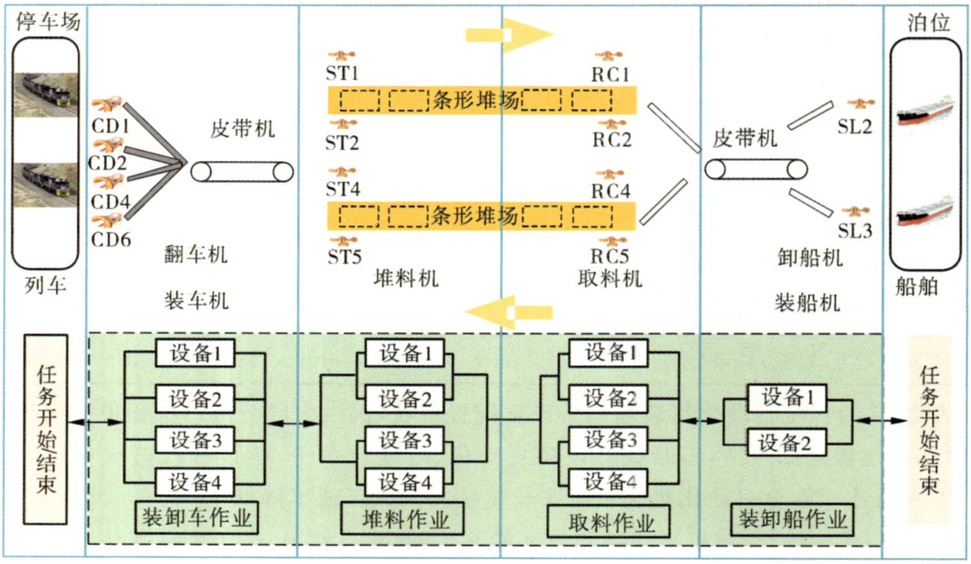

图 10-8 自动化散货码头平面图

(1)码头前沿区

码头前沿区域是散货物料于船舶和陆地之间由装卸船作业机械进行装船、卸船作业的主要场所。

(2)水平运输区

散货码头的水平运输主要由传送带系统组成。

(3)堆场堆存区

用于堆存散货的专用露天场地，根据所堆存散货的种类不同，地面的结构不完全相同，可以是沙土地面、混凝土地面等。大多数散装货场的货位布置形式均采用分区分类布置，即对储存货物在“三一致”，(性能一致、养护措施一致、消防方法一致)的前提下，对堆场划分为若干保管区域；根据货物大类和性能等划分为若干类别，以便分类集中堆存。

根据堆场的进出料作业线是否分离，可将堆场的平面布置分为进出合一、进出分离的方式。进出合一的方式下，散货的进场和出场作业采用同一作业线，即“堆取合一”模式。此时，堆场设备常采用堆取料机。而进出分离的方式下，散货的进场和出场是分开的和独立的，即“堆取分开”模式。此时，堆场一般采用功能独立的堆料机和取料机。此外，根据堆场进出料的方向不同，堆场布置又可以分为同侧进出、异侧进出两种。同侧进出方式下，散货进场和出场都处于堆场的同一侧；而异侧进出方式下的散货进场和出场分别设在堆场的两侧。

(4)集疏港作业区

集疏港作业区作为码头与内陆运输网络之间的桥梁，与公路、铁路等运输方式相衔接，是实现散货从港口到内陆的快速集散的重要区域。

10.3.2.2　自动化作业设备

(1)码头前沿设备

码头前沿装卸设备主要包括装船机和卸船机。

装船机是用于散料码头装船时使用的大型散料机械。一般装船机由臂架皮带机，过渡皮带机，伸缩溜筒、尾车、走行装置、门架、塔架、俯仰装置、回转装置等组成。其他设计和制造考虑了高效、准确、环保等因素，配备了自动计量系统，可以实现装载的准确计量，采用 PLC 或触摸屏等技术实现整个装载过程的自动化控制和监控，如图 10-9 所示。

图 10-9　码头前沿装卸设备——装船机

卸船机是利用连续输送机械制成能提升散粒物料的机头，或兼有自行取料能力，或配以取料、喂料装置，将散粒物料连续不断地提出船舱，然后卸载到臂架或机架并能运至岸边主输的地方送机系统去的专用机械。使用卸船机可大大提高卸货效率，最小的粉尘污染可保持环境清洁，高效环保，如图 10-10 所示。

图 10-10　码头前沿装卸设备——卸船机

(2)水平运输

散货码头水平运输设备是散货码头常用的设备,一般采用皮带输送机,是煤炭、矿石装卸作业线的连接装卸船、装卸车、堆场机械和各种储存、给料等作业环节之间的水平运输的转运工具。该类设备它利用循环运动的带子在不同工业和物流领域中运输各种散装物料和成品,通过自动化控制提高生产效率,降低人力成本,同时具备灵活性和可定制性,以适应不同的工作环境和需求,如图 10-11 所示。

图 10-11 水平运输设备——皮带输送机

皮带输送机在自动化散货码头中发挥着核心作用,它们通过自动化技术实现高效的货物装卸、运输和存储,同时与智能控制系统无缝集成,以优化作业流程、提高安全性和降低运营成本。这些系统不仅适应户外环境,具备高度的耐用性和可靠性,而且还能够通过实时数据收集和分析,支持复杂的物流决策,确保码头操作的高效性和环境的可持续性。

(3)堆场装卸设备

堆场的装卸设备主要是堆料机和取料机。

堆料机是国内外散货堆场常采的专用设备,有单悬臂、双悬臂和旋臂式 3 种机型,在地面堆场作业系统中多采用旋臂式堆料机,如图 10-12 所示。

图 10-12 堆场装卸设备——堆料机

取料机是专用于堆场取料的设备，常见的是与水平固定式带式输送机配合使用的取料机，但也有流动式取料机，如图 10-13 所示。

图 10-13　堆场装卸设备——卸料机

(4)装卸车设备

散货码头的装卸车设备主要有高架存仓漏斗和翻车机。

高架存仓漏斗属于装车机械，是一种用于存储和控制散装物料流动的设备，通常安装在工厂或仓库的顶部。其设计能够有效地控制物料的流向和速度，以确保有序地输送物料到下方的传送带或容器中，减少堵塞风险。高架存仓漏斗下可设一线、二线或三线停车线。这些漏斗通常具有耐用性强、易于维护和清洁的特点，有助于提高生产效率和物料存储管理的效率，如图 10-14 所示。

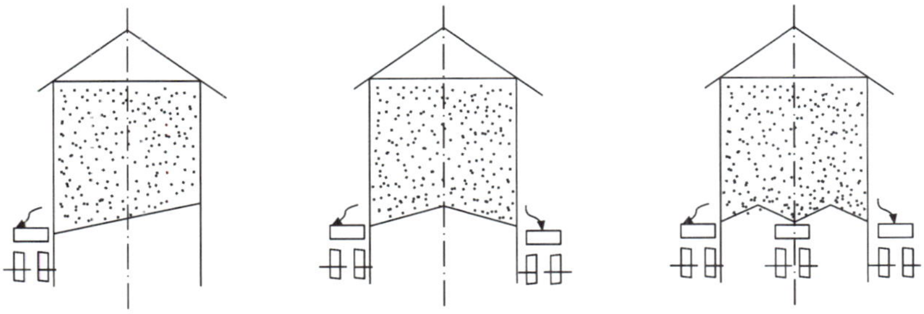

(a)　(b)　(c)

图 10-14　装车设备——高架存仓漏斗

翻车机属于卸车机械，是散货码头中使用的翻车机是重要的装卸设备，通常用于翻转货物容器(如集装箱、货车等)，以便于有效地卸载货物。翻车机具有强大的承载能力和稳定性，能够快速、安全地完成翻转操作。通过将货物容器安全地固定在设备上并控制翻转动作，翻车机能够提高装卸效率，减少人力成本，并确保货物的顺利运输，是散货码头物流作业中不可或缺的关键设备之一，如图 10-15 所示。

图 10-15 卸车设备——翻车机

表 10-6 为散货码头主要设备配置情况。目前，装船自动化技术、堆场装卸自动化技术、带式传输机技术相对成熟，但船侧甩勾、抓放料、清舱等自动化作业仍处于探索阶段。散货码头装卸设备大型化趋势越发明显，12000 t/h 铁矿石装船机、4000 t/h 机械差动桥式抓斗卸船机、10000 t/h 以上斗轮堆取料机等装卸设备不断研制并投入使用。

表 10-6 散货码头设备布置状况

名称	码头类型	自动化前沿装卸设备比例	输送设备数量	自动化堆取料机设备比例
国能黄骅港务有限责任公司	煤炭	13/53	117	27/27
秦皇岛港股份有限公司九公司	煤炭	4/4	40	16/16
唐山曹妃甸煤炭港务有限公司	煤炭	12/12	34	4/4
首钢码头有限公司	矿石	0/6	22	6/6
青岛港国际股份有限公司前港分公司	煤炭、矿石	2/6	87	13/16
山东港口青岛港董家口矿石码头有限公司	矿石	3/5	59	9/9
日照港石臼港区南区	煤炭、矿石	4/39	69	28/28
烟台港专业化散货码头	矿石、煤炭、铝土矿	7/7	36	9/9

续表 10-6

名称	码头类型	自动化前沿装卸设备比例	输送设备数量	自动化堆取料机设备比例
张家港港务集团有限公司港盛分公司	煤炭/矿石	18/20	14	3/[illegible]
舟山鼠浪湖码头有限公司	矿石	10/10	48	3/[illegible]
太仓武港码头有限公司	矿石	1/15	47	2/[illegible]

注：1. 上表部分港口统计数是远控设备数。
　2. 分子是自动化、远控设备数，分母是总数。

10.3.2.3　装卸作业工艺

散货码头装卸工艺系统包括装卸船工艺、装卸车工艺、堆场作业工艺、辅助作业工艺。由于大宗散货的流向通常是单向的，因此其码头装卸工艺系统的选择应根据货物的流向设计（单向、双向），以满足散货在港口作业的需求。

码头前沿区域的工艺分为装船和卸船工艺。装船作业一般采用带式输送机将散货从堆场输送至码头前沿，再通过装船机装船。卸船作业一般采用卸船机将散货取料至码头带式输送机并最终输送至堆场。

堆场装卸作业涉及进场和出场工艺。进场工艺一般由带式输送机将散货输送至堆料机，通过堆料机的将物料输送至指定料堆。出场工艺则由取料机将物料取料至悬臂带式输送机，进而转接至出场带式输送机。

码头陆侧的装卸工艺分为卸车和装车工艺。卸车工艺采用翻车机等卸车设备将火车运送过来的散货卸下来，再通过带式输送机将其输送至堆场。而装车工艺则正好相反。带式输送机从堆场输送过来的散货被卸至装车设施与设备中，再经过一系列称重计量等工艺流程后被装入对应的火车。

（1）卸船进场工艺

①桥式抓斗卸船机→带式输送机→堆料机；

②带斗门机→带式输送机→堆料机；

③链斗卸船机→带式输送机→堆料机；

（2）卸车进场工艺

①翻车机→带式输送机→堆料机；

②螺旋卸车机→带式输送机→堆料机；

③底开门卸车→带式输送机→堆料机；

④抓斗门机→带式输送机→堆料机；

（3）出场装船工艺

①斗轮取料机→带式输送机→装船机；

②门式斗轮取料机→带式输送机→装船机；

(4)出场装车工艺

①斗轮取料机→带式输送机→装车机；

②门式斗轮取料机→带式输送机→装车楼。

10.4 智慧港口信息系统技术

10.4.1 智能感知

(1)智能环境监测

由于港口作业必须根据气象数据，调整作业计划，提前做好应对气象变化的准备，同时实时监测空气质量，保障港口周边环境健康。因此，在港口周边和内部需要设置气象传感器，如温度、湿度、气压、风速和风向传感器，实时采集气象数据，并传输至中央控制系统。

(2)船舶智能监控

实时监测船舶靠泊作业的位置、速度和航向、水位高度变化等，安装船舶状态传感器，监测引擎性能、船体倾斜、船舶载重等参数。持续监测船舶状态数据，及时发现问题并采取措施保障船舶安全。

(3)设备监测

系统通过物联网技术，集成多种传感器数据，实时采集港口设备的运行数据，包括温度、应力、姿态、能耗等关键指标，确保运维人员能够及时了解设备的运行状况。通过对这些数据的实时监控和分析，可以预测和识别设备潜在的安全问题，从而提前采取措施，确保港口设备的安全运行。

(4)智能车辆管理

监控港口内部车辆行驶轨迹和停车情况。使用磁钉、激光雷达、北斗定位等复合定位系统，实时监控车辆位置和行驶轨迹。引入自动识别技术，如车牌识别系统，加快通行速度。结合车辆识别技术实现智能门禁系统，控制车辆通行权限。

(5)安全监控系统

部署摄像头覆盖港口各个重要区域，实时监控活动。使用传感器检测港口区域内的异常活动或温度变化，并将视频监控、传感器数据和其他信息整合到智能报警系统中。

10.4.2 智能决策

(1)数字孪生与大数据融合技术

港口生产经营过程中包含大量的数据资源,如货物进出闸数据、装卸船数据、理货数据、视频数据等,具有较高的应用价值。在智慧港口建设中,通过应用大数据技术,可帮助港口形成智慧港口的大数据应用服务平台,可帮助港口实现通关一体化、全程可视化、作业自动化、服务便利化,构建集智慧口岸、智慧物流、智慧码头、智慧商务于一身的智慧港口。在业务数据收集的基础上,通过对港口生产操作、物流信息、业务经营管理等数据的采集汇聚,形成港口大数据中心,能为港口的数据共享、服务创新提供充足信息资源。因此,在智慧港口建设中,大数据技术可切实满足智慧港口智能化运行的基本需求,推进新技术装备的有效应用,助力港口自动化的高效发展,降低港口经营成本。

(2)人工智能与机器学习

人工智能与机器学习技术是智慧港口的执行者,通过算法优化物流流程,提高自动化水平。智能优化算法、机器学习、图像识别等能够根据历史数据优化运输路线,减少运输成本和时间;智能识别货物、货号、测距;分析设备数据,预测性维护系统可以预测预警设备故障,提前进行维护,减少意外停机时间。

(3)智能决策技术的应用场景

数字孪生、大数据、人工智能、机器学习等技术在智慧港口的应用场景如下:

①智慧港口综合运营

通过数字孪生、动态感知和可视化展示技术,建立智慧港口运营数据驾驶舱。管理者实时获得全局状况,从船舶位置到交通流量等多维度数据,使得资源协调、运营流程优化及潜在风险应对更加精准。实时展示动态数据,如船舶位置和交通流量,为管理者提供更加全面的港口运行态势,数字孪生平台能为港口提供实时、全面数据支持。

②港口作业安全监测

港口作业安全监测能为管理者提供清晰的整体作业视角,实时展示泊位利用率、设备调度、堆场容量等数据,促进资源协调和作业流程优化。集成安全管理系统能打破数据壁垒,提高港口安全水平,管理人员通过可视界面迅速响应告警。集成视频监控、电子围栏等数据,能实现快速指挥调度,全面提升港口管理效能。

③仓储货运管理

实时监控可以提供关键信息,优化运输路径,提高效率。通过折线图显示吞吐量变化趋势,结合扇形组件动态分布,取代烦琐的人工监控和手工记录,实现自动化货物管理和监控。这不仅能减少人为错误,还能降低管理成本和人员工作强度。港口货运三维可视化为管理者提供了直观、智能的工具,可以全面提升货物运输的安全性、准确性和效率。

④港口供应链

通过直观的可视化界面实时监测船舶、货物和设备状态，管理者能迅速作出决策，优化资源配置，提高运营效率，确保贸易时效性和安全性。可视化技术能为供应链提供实时监控，协调各环节，不仅提高了服务水平，也使整个港口供应链更透明高效，为港口行业的可持续发展奠定了基础。

表10-7展示的是智慧港口码头信息技术应用状况，5G/F5G、云计算、区块链、大数据、人工智能、数字孪生、北斗、物联网等新一代信息技术已逐步与港口业务深度融合。

表10-7 技术应用状况

创新技术	整体情况	港口码头应用情况
5G/F5G	大部分自动化港口建设了5G专网，实现了低时延、大带宽、抗干扰强、频谱稳定	上海港、宁波舟山港等开展了F5G超远距离远控实践
数字孪生	自动化码头均建立了数字孪生码头平台，实现港口各领域运行态势可视化	天津港、青岛港、上海港、宁波舟山港、广州港等部分码头开始应用
人工智能	港口应用广泛，普遍应用到港口的生产计划与调度过程中	实现了码头智能泊位调度、智能场地策划、智能设备调度、智能理货、智能闸口等
大数据	港口大数据中心不断涌现	洋山四期码头研发和构建了自动化集装箱码头运营大数据分析与智能决策平台，厦门集装箱码头集团建设数据仓库（港口大数据中心），青岛港自主研发了大数据智能决策分析系统

10.4.3 信息管控系统

智慧港口信息管控系统是港口迈向智能化的关键和基础步骤，如图10-16，10-17所示。系统将图形化技术应用于港口现有信息如集装箱装卸船情况、水平运输过程等实时展示。该系统可以帮助码头管理者合理管理、分配现有资源，提高集装箱装卸货效率，缩短集装箱在港中转时间，提高堆场空间利用率，降低集装箱码头运营成本。

系统以港口企业为主导，依托存储设备、服务器、无线射频识别技术、网络通信设备等硬件支持，应用物联网、大数据、云计算等技术进行信息的收集、传输、加工、存储、更新、拓展和维护。港口信息化系统通过系统集成、计算机信息以及智能决策技术的应用，有效增强港口信息处理能力，优化作业流程，提升装卸效率，能够实时准确地采集、记录和控制港口作业过程，科学、有效地分配港口装卸资源，实现岸边装卸、堆场管理、应急指挥智能化操作以及港口管理三维可视化展示。

智慧港口管理信息系统以生产需求和客户需求为导向，涵盖生产经营、智能管控、智能服务等方面。重点是建立物流供应链服务云平台、智慧大数据客户服务平台、智慧码头平台和数据处理中心等“四位一体”的智慧港口管理信息系统。集成互联网和物联网技术的港口云计算数据中心在智慧港口的功能框架中扮演着数据分析层的角色，集成虚拟化、云计算、云安全和异地灾备技术，为港口数据交互、系统运行和核心算力提供保障，为供应链服务云平台、智慧码头平台、大数据客户服务平台提供信息基础架构支持。力求达到港口作业协同化、管理控制一体化、统计决策 3D 可视化、资源使用集约化、客户服务全程化。

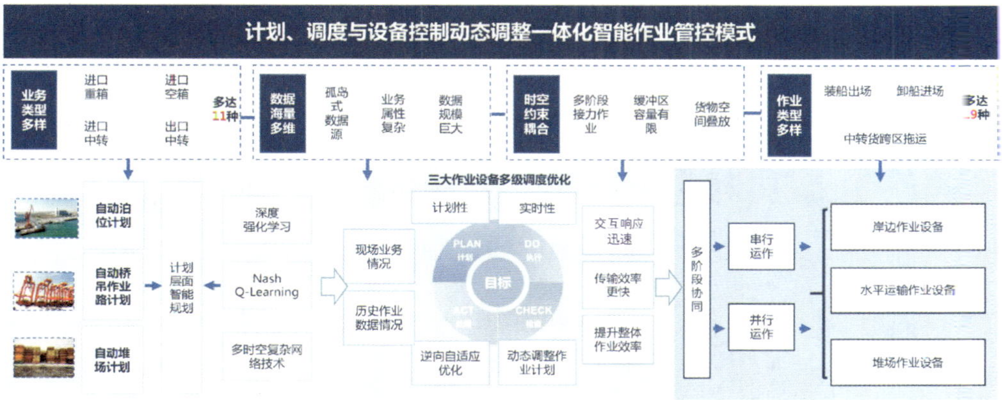

图 10-16　智慧集装箱码头港口信息管控系统

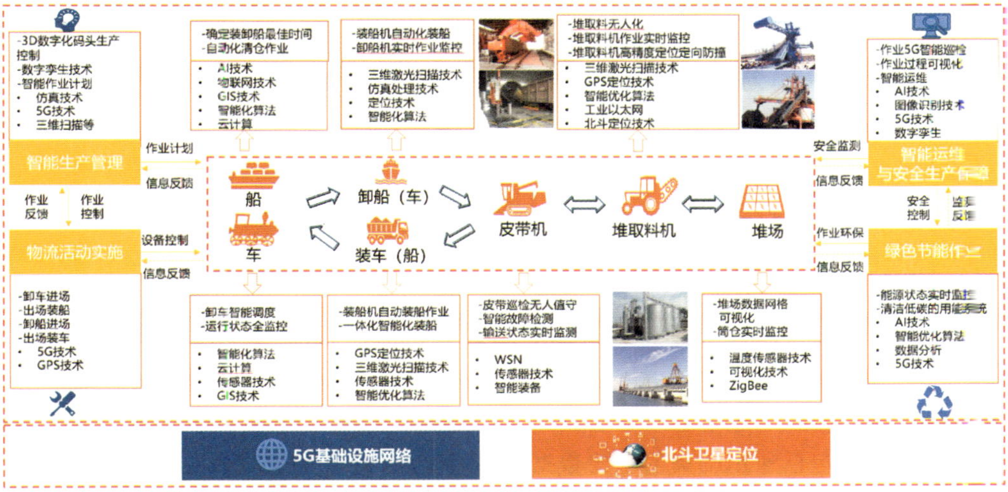

图 10-17　智慧散货码头生产系统

(1)港口智慧管控系统总体架构

基于虚拟现实技术、信息技术、网络技术等，在网络环境下，通过与信息管控系统生产运营数据的对接，实现港口生产运营状态的直观显示、信息查询，以及生产运营过程中设备的快速定位及紧急报警等，辅助调度人员更好地进行生产运营管理与控制。全面实时采集工艺设备、作业流程的状态信息，并将信息发送至智慧港口管理信息系统；控制系统能够接收管理信息系统下达的作业计划，对作业计划作出响应，并依据计划连锁启停相应的作业流程。系统覆盖商务、计划、调度、作业、单机、结算计费、实时处理等的全部过程，根据目标计划智能制订生产作业计划，使整个生产过程得到优化，保证生产组织的安全性和可控性。

基于互联网和物联网技术的智慧港口综合管理系统框架，如图 10-18 所示，按照层次结构对基于互联网和物联网技术的综合管理系统总构架进行划分，包括基础层、数据层、应用支撑层、功能应用层和服务层，每个层次都扮演着关键的角色，共同构建一个完整且高效的管理系统。

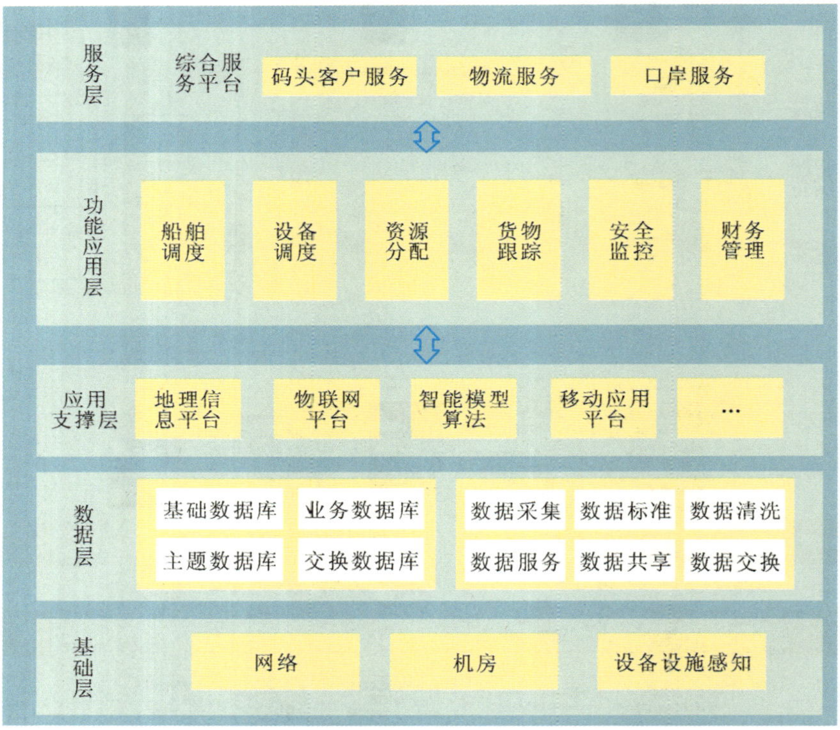

图 10-18　基于互联网和物联网技术的智慧港口综合管理系统框架

①基础层

基础层主要包括通用码头的主要数据采集、传输及计算和存储功能。这一层面涵盖网络、机房和设备设施感知等关键要素。网络部分包括光纤、5G 无线网络和北斗定位系统等，为信息系统提供高速稳定的数据传输通道。机房则承担着计算和存储的任务，确保数据的安全和可靠。同时，设备设施感知方面涉及码头前沿装卸设备、水平运输设备、堆垛作业设备、智能闸口、计量设备、安全设备和环保设备等，为系统提供实时的环境感知和数据支持。

②数据层

数据层是系统的运作核心，主要负责数据库的构建和数据交互共享。数据层包括港口码头基础数据库、业务数据库、主题数据库和交换共享库等不同类型的数据库，存储着地理数据、作业数据、统计数据和多式联运数据等。数据经过采集、标准化、清洗、服务化、共享和交换等处理，能为系统提供丰富的信息资源。

③应用支撑层

应用支撑层为上层应用提供各类支持工具，主要包括地理信息平台、视频平台、物联网平台、智能模型算法和移动应用平台等。这些工具的作用是提供数据可视化、智能分析、实时监控等功能，为上层业务的开展提供技术保障和支持。

④功能应用层

功能应用层是系统的关键部分，具有针对通用码头自动化作业、智能管理、数智服务等应用场景构建一系列智慧应用的功能。通过船舶调度、设备调度、资源分配、货物跟踪、安全监控和财务管理等功能，实现对港口码头业务的全面数智化处理，用以提高业务运营效率和管理水平。

⑤服务层

服务层则为港口码头的客户服务、物流服务和口岸服务等数智服务应用场景构建综合服务平台。这一平台能为信息系统用户提供全方位的服务支持，包括在线咨询解答、业务办理、信息查询等功能，旨在为用户提供便捷、高效的服务。

(2)港口智慧管控系统功能模块

系统功能模块组成如图 10-19 所示，包括船舶调度、设备调度、资源分配、货物跟踪、安全监控和财务管理等功能模块。

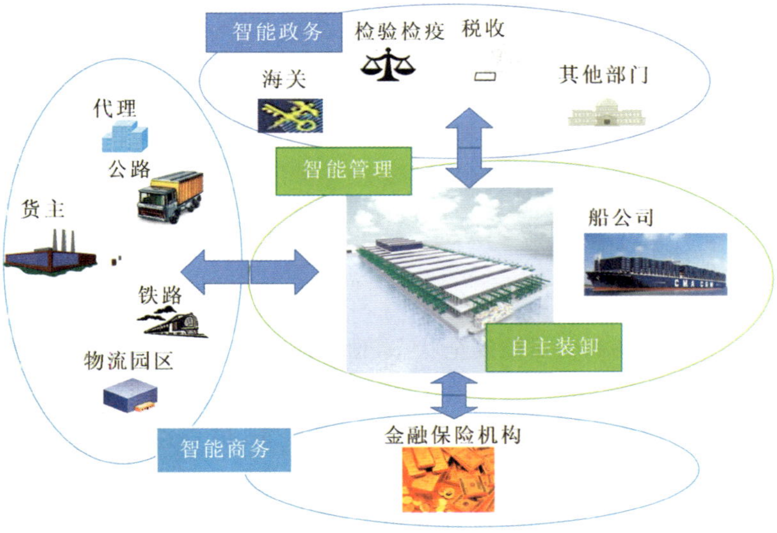

图 10-19　智慧港口综合管理系统功能模块组成

①船舶调度

实时展示船舶的位置、大小，并支持不同类型的船舶实时载入。实时监测靠泊计划、载货状态、货物卸载等信息，支持查看作业船舶的海事信息、航单信息、货载批、数量、重量、货物信息等相关资料，辅助管理者实时掌握船舶运行态势，加大船舶监管力度。实时监控船舶位置、速度和航向，进行船舶路径规划和航线优化，以提高船舶运输效率。还可以自动识别船舶状态，分析交通流量，预测航行时间，确保船舶安全和准时到达港口，并对船舶在码头处的停泊、修缮等进行调度。该模块具有船舶实时监控、路径规划优化、动态调度、紧急事件响应等特点，可提高船舶调度的精准性和灵活性。

②设备调度

监控设备的工作状态、使用率和维护情况，制订设备调度计划，优化设备利用率，减少设备闲置时间，提高生产效率。该模块具有设备状态实时监测、故障自动诊断、智能维护提醒等功能，可帮助企业降低设备故障率，延长设备寿命，提高生产效率。通过对设备运行情况的持续监控和分析，企业可以更加及时地解决设备故障和观测设备使用情况，避免因设备停机而造成的生产损失以及更好地进行设备调度。

③资源分配

根据任务需求和资源供给情况，动态分配人力、物力和财力资源，如堆场空间资源分配及捣垛决策等，实现资源合理配置和高效利用。该模块具有资源智能调度、资源利用情况实时监控、资源利用率分析等特点，可帮助港口企业实现资源的最优配置和管理。通过资源分配模块，港口企业能够更好地把握资源的利用情况，及时调整资源分配策略，提升资源利用效率和企业整体运营效益。同时，通过资源利用率分析，企业可以深入了解资源利用的情况，为未来的资源规划和决策提供数据支持。

④货物跟踪

实时监控货物的位置、运输状态和温湿度等环境参数，提供货物位置追踪、配送路线规划等功能，确保货物安全送达目的地。该模块具有多种传感器数据采集、异常事件实时报警、路径优化规划等特点，使货物运输过程可视化管理和安全监控更加精准。通过货物跟踪，企业利用智能港口信息系统可以实时了解货物的位置和状态，及时发现异常情况并采取相应措施。

⑤安全监控

监测系统、船舶、设备和人员的安全状态，预警潜在安全风险，及时应对突发事件，确保生产环境安全稳定。该模块具有港口安全监管、危险源主动防控、突发事件处置、应急指挥通信、安全监控预警、安全巡检、应急事件实时发布、应急通信等综合安全监管应急指挥功能。网络安全体系为通过网络设备和系统安全配置、数据保护和加密等措施形成的网络安全防护与保障体系。该模块具有安全事件实时监测、安全风险评估、安全预警通知等特点，可帮助港口企业建立安全管理体系，降低安全事故发生率。

⑥财务管理

实现财务数据录入、账务处理、财务报表生成和分析，支持财务预算编制和成本核算，帮助港口企业实现财务风险管控和经济效益评估。该模块具有财务报表自动生成、财务数据实时更新、财务审计轨迹追溯等特点，提高企业财务数据的准确性和透明度，同时也为企业的财务管理提供更加便捷和可靠的工具。通过财务管理模块，企业可以及时了解财务状况，准确评估经济效益，从而更好地制定战略规划和经营决策，提高自身的竞争力和盈利能力。

依据功能模块支持，积极追求更为完备的智慧港口服务与智能化运营。智慧港口信息管理系统的各个功能模块共同构建一个高效、智能的港口运营管理体系。通过船舶调度、设备调度、资源分配、货物跟踪、安全监控和财务管理等模块的有机结合，促进港口实现作业流程优化、多种资源优化配置、安全生产以及科学的财务管理。这不仅有利于提升港口的整体运营效率和吞吐量，也能有效促进港口安全性、经济效益和可持续发展能力的提高。智慧港口信息管理系统的应用，为港口行业的现代化转型和发展注入新的动力，助力港口实现数字化、智能化。

(3)码头操作系统

码头操作系统(Terminal Operating System，TOS)，是用于管理和控制码头作业各个环节的计算机管理系统，主要包含船舶计划、堆场控制、装卸船控制、检查桥、计费、受理等，能够对预报、靠泊、作业、离岸等整个动态过程进行管理，其管控范围可覆盖整个码头，是码头生产管理的中心。多半集装箱码头采纳先进的TOS系统，及时反映系统中箱信息，为码头计划和控制作业、收发箱供给最优方案，为客户供给便利的服务。码头操作系统作为集装箱码头的核心，其智能化程度对集装箱码头作业效率起决定性作用，高智能化码头操作系统可令码头拥有更高的集装箱装卸效率，更短的集装箱运输船停港卸货时间，更快的货运周转速度，更低的物流运输成本以及更强的码头竞争力，同时可间接地提高集装箱公司的经济效益，促进贸易发展。

TOS系统包括码头管理系统、无线网络系统、车载无线终端系统、拖车智能调度系统、网上业务系统等子系统

①码头管理系统

作为TOS系统中最核心的子系统，码头管理系统承担着管理和控制码头作业各个环节的重要责任。其功能包括码头作业组织、任务调度、资源分配、管理决策等，是其他子系统的控制中枢。通过码头管理系统的精准调度和有效资源利用，可以实现作业效率的最大化，提高码头的整体运营水平和竞争力。智慧港口信息管理系统是现代港口运营的重要组成部分，它通过整合和优化港口各个环节的信息流，实现对港口作业的智能化管理和控制。

②无线网络系统

无线网络系统是码头作业现场的重要基础设施，旨在实现对整个码头区域的全方位覆盖。通过部署网络设备，实现无线网络的全面覆盖，为码头现场的移动机械和岸边操作人员提供稳定的无线网络服务。这种无线网络服务，为码头作业提供实时的数据传输和信息交流保障，从而提升作业效率和安全性。

③车载无线终端系统

车载无线终端系统是为了实现与码头管理系统的实时交互而开发的系统。通过该系统，岸边和场地机械上的无线终端设备可以与码头管理系统中的无线智能指挥系统进行实时通信，接收工作指令并进行确认。在司机实际操作完成后，系统会自动记录集装箱的场位变化和装卸状态，从而实现对作业过程的实时监控和数据记录。

④拖车智能调度系统

拖车智能调度系统通过第三方平台以短信方式将码头管理系统产生的调度指令发送到拖车上的无线终端设备，从而指导拖车司机按指令进行作业。通过这种方式，可以实现对场内拖车的实时指挥监控，提高拖车作业的效率和精准度，同时减少作业过程中的人为失误。

⑤网上业务系统

网上业务系统为船公司、车队、箱公司、报关行、海关等提供在线预约、业务查询、业务受理等功能。通过远程信息查询和远程预约功能，各相关单位可以实现对作业过程的实时监控和管理，提高作业效率和服务水平。特别是对于车队而言，网上业务系统的使用可以实现提箱及进出场的远程预约，从而减少等待时间，提高作业效率。

随着国外系统的高额采购成本，异地运维的高风险，以及实时响应的本土运维团队缺乏的问题凸显，码头操作系统国产化自研趋势明显，目前我国自主开发管控系统情况如表 10-8 所示。

表 10-8 智慧码头自主开发情况

港口企业	关联港口科技公司	系统
山东港口集团	山东港口科技集团有限公司	ATOS 全自动化集装箱码头智能管控系统
上港集团	上海海勃物流软件有限公司	BTOPS3.0 散/件杂货码头智能操作系统 3.0
	哪吒港航智慧科技（上海）有限公司	ITOS 全自动化集装箱码头智能操作系统
浙江海港集团	宁波港信息通信有限公司	N-TOS 宁波舟山港集装箱码头生产操作系统
	浙江智港通科技有限公司	

续表 10-8

港口企业	关联港口科技公司	系统
福建省港口集团	福建电子口岸股份有限公司 厦门智图思科技有限公司	i-TOS 智能码头智能生产作业操作系统
广州港集团	广州港数据科技有限公司	GZTOS 广州港“湾区芯”操作系统
招商局港口集团	招商局国际科技有限公司	C-TOS “招商芯”集装箱操作管理系统

10.5　港口智慧物流与多式联运

智慧港口的建设为港口物流和多式联运的智能化提供技术支持和平台基础。

港口物流(Port Logistics)是指以港口为基础,对货物进行接收、存储、装卸、搬运、包装、流通加工、配送、信息处理等一系列物流活动的过程,港口物流在整个物流体系中扮演重要角色,是连接海陆运输的物流枢纽,也是国际商品储存和集散的分拨中心。

多式联运(Multimodal Transport)是一种高效的物流组织形式,它通过整合不同的运输方式,如铁路、公路、海运、内河和航空运输,实现货物从起点到终点的无缝衔接和高效运输,充分发挥各种运输模式的优势,降低物流成本,提高运输效率。

自动化集装箱码头提升装卸效率、智能感知设备和信息系统加强港口的动态监测和管理能力,为多式联运提供更加精准和高效的服务。同时,智慧港口通过信息共享和电子化单证等措施,简化多式联运的操作流程,提高多式联运的便捷性和时效性。

10.5.1　港口智慧物流的发展

港口物流作为多式联运的重要组成部分,在整体运输结构中占有相当的份额。根据统计数据,2023 年全国港口完成集装箱铁水联运量达到约 1170 万 TEU,同比增长 11.7%。沿海港口集装箱铁水联运量前三位为青岛港、宁波舟山港和天津港,分别完成 225 万 TEU、165.2 万 TEU、125 万 TEU,同比分别增长 18.4%、13.9%、4.2%。港口物流在推动多式联运方面发挥了关键作用,并且正在持续稳定发展。

(1)概念与内涵

港口物流是在港口节点上进行的一系列物流活动,是多种物资、交通运输、服务资源的集合体。港口智慧物流则是将物流供给方和需求方通过高新技术的创新应用,以信息物理系统(CPS)为结构框架,共同整合到集疏运一体化体系中。本质上,港口物流是一个功能的概念,港口智慧物流则体现了港口物流高端组织模式与运作形态。

港口智慧物流(Smart Port Logistics)是指以智慧港口为基础，利用现代信息技术实现对港口物流活动的智能化控制和管理，提高港口物流的效率、安全性 、可靠性和透明度，实现港口物流的智能化和可持续发展。

港口智慧物流的内涵包含以下几个方面：

①港口运营智能化：利用自动化、智能化机械设备及大数据技术，实现基于数据驱动的智能化运营，进一步提升港口运营效率与供应链服务水平。

②物流链服务协同化：强调延伸和拓展港口物流服务链，充分应用云计算、大数据、移动互联网、物联网等现代新兴技术，从腹地物流运输出发，加强腹地运输网络优势的发挥，构建互联互通的信息平台，整合和集成港口物流链上下游资源，为物流链各方提供更具价值的一体化服务，以满足市场多元化、个性化的发展需求。

③港口物流圈生态化：充分利用港口处于物流链中心的优势，创新发展理念与商业模式，重构港口物流生态体系和业务流程，通过功能的集成与整合，提升增值服务比例，推动贸易便利化，全面提高港口物流链的效率与可靠性。

④港口物流安全智能化：通过物联网、区块链、人工智能等技术，实现港口物流环节的智能监控、风险评估、应急响应，提升港口物流的安全性和可靠性。

(2)港口智慧物流的发展历程

港口智慧物流的发展历程可以概括为 5 个阶段：

①萌芽阶段：港口物流开始引入基础的信息化技术，如条形码、RFID 等，用于货物的追踪和管理，实现初步的自动化和信息化。

②集成阶段：随着技术的发展，港口物流开始集成更多的信息系统，如 ERP(企业资源计划)、WMS(仓库管理系统)、TMS(运输管理系统)等，实现数据的集中管理和流程的优化。

③自动化阶段：港口物流通过引入自动化设备和技术，如自动化码头、自动导引车(AGV)、无人集卡等，提高作业效率和准确性。

④智能化阶段：港口开始将大数据、云计算、物联网、人工智能等技术应用在物流环节中，实现对物流活动的智能分析、预测和优化，提升物流决策的智能化水平。

⑤智慧化阶段：港口智慧物流发展的高级阶段，港口物流不仅实现了自动化和智能化，还通过数字孪生、5G/F5G、北斗卫星导航等技术，实现全面的数字化转型，构建高效、绿色、智能的物流生态系统。

改革开放以来，我国港口货物吞吐量显著增长，是我国港口物流现代化的重要标志。随着自动化、智能化技术的应用，港口成为智慧绿色技术创新的重要平台，港口物流的智慧化、绿色化运行，对推动行业技术进步、实现可持续发展，乃至实现国家和地区的经济安全和战略布局具有深远的影响。

(3)港口智慧物流的发展趋势

①智慧服务：港口物流服务将更加便利化，推进作业单证“无纸化”和业务线上办理，

提供“一站式”智慧物流协同平台，强化与航运、铁路、公路的数据互联共享。

②区域港口整合：随着智慧港口技术的发展，区域港口整合成为大势所趋，将优化港口布局，协调区域经济发展。

③供应链整合：港口物流从单一的运输节点向供应链整合服务转变，提供包括贸易、金融、信息等一体化服务，增强港口的核心竞争力。

④智慧决策与高附加值服务：港口将进一步提高智慧决策水平，减少对人力的依赖，提供多式联运、保税物流、全程物流、供应链金融等高附加值服务。

⑤科技创新与国际合作：围绕智慧港口和智慧航道关键技术开展联合科技攻关，加强国际交流合作，推动行业标准制定和技术创新。

港口物流的智慧化发展，从智慧商务、智慧物流、智慧港区、智慧口岸、智慧调度等方面，提高港口的运营效率和服务质量，促进区域经济的进一步发展，如图 10-20 所示。

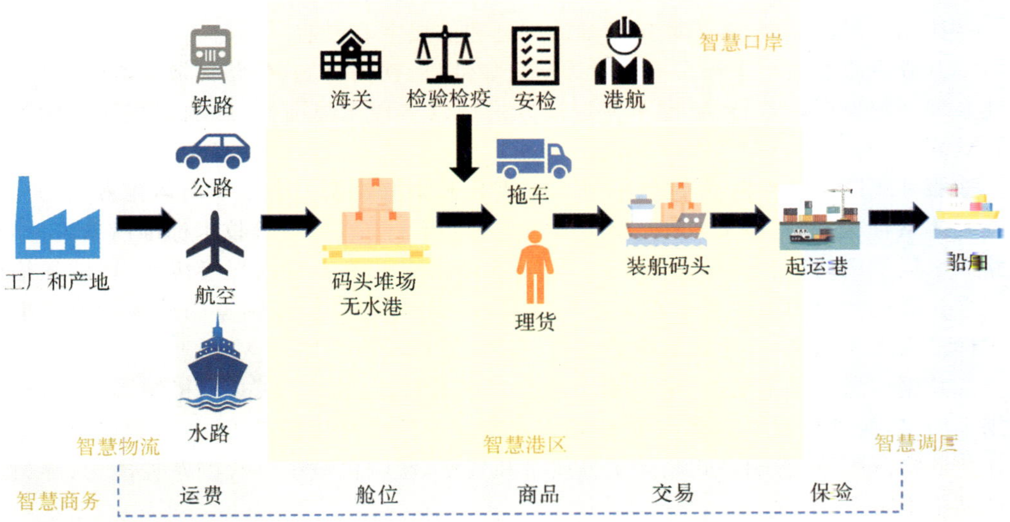

图 10-20　港口智慧物流示意图

10.5.2　多式联运的智能化

高效的多式联运是建设智慧港口的主要目标之一。智慧港口的发展推动港口物流供应链的协同发展，促进港口企业向供应链上下游延伸，为客户提供一体化的物流服务。通过智慧港口建设，加强港口与航运、铁路、公路等其他运输方式的信息互联互通，实现联合调度和资源共享，从而提升整个综合运输体系的效率和效益。

(1)多式联运概述

多式联运指的是“由两种及其以上的交通工具相互衔接、转运而共同完成的运输过程”，它通常涉及至少两种不同的运输方式，并且在整个运输过程中只有一个运输合同，目的是提供综合性服务，在最低成本条件下实现货物高效运输。

多式联运具有多个显著特点，包括单一合同、单一运费率、一票到底的服务，以及由多式联运经营人对全程运输负责。多式联运整合多种运输方式的优点，弥补单一运输方式的不足，提供更为灵活和成本效益高的物流解决方案。

多式联运的组织模式主要分为协作式和衔接式两大类。协作式多式联运涉及两种或以上运输方式的运输企业，按照统一规章或协议共同完成运输。衔接式多式联运则是由一个多式联运企业综合组织不同运输方式的运输企业，负责全程运输的组织工作。

2021 年 12 月，国务院办公厅发布《推进多式联运发展优化调整运输结构工作方案（2021—2025 年）》，明确提出多式联运的发展目标和措施，推动各种交通运输方式深度融合，构建现代化综合交通体系。截至 2024 年 3 月，国家多式联运示范工程已有 116 个，国家物流枢纽建设有 125 个，综合货运枢纽强链城市有 25 个。政策支持和技术创新推动多式联运加速发展，如中欧班列、中老铁路的开通运行以及西部陆海新通道的高速发展。

在快速发展的同时，多式联运面临的问题和挑战主要包括：

①基础设施发展不平衡。不同货运枢纽如港口、铁路货场、公路集散中心等的布局、功能和规划建设存在差异，导致多种运输方式难以实现无缝衔接，影响多式联运的整体运行效率。

②服务规则和技术标准不统一，缺乏标准化和协调机制。由于不同运输方式的标准和规则体系存在差异，涉及多种运输方式的作业流程、箱型标准等技术标准尚未统一，如铁路和水运使用的集装箱标准不一致，导致不同运输系统间难以直接协作，影响运输效率。多式联运涉及的国际运输通关流程复杂，如中欧班列，途经国家的检验检疫标准和通关标准尚未完全统一，导致运输的流通、保管、管理成本增加。

③数据信息共享不畅，共享机制不健全。多式联运信息互联共享机制不完善，制度规则不衔接，保障机制不健全，不同运输方式的企业信息开放程度不一致，难以提供全程一体化的物流服务，影响多式联运服务质量和效率，影响供应链全程的掌控能力，导致服务产品不丰富。

④经营主体培育不到位。多式联运相关企业在提高跨运输方式组织能力方面存在不足，需要进一步培育多式联运经营人，增强其全程控货能力。

未来多式联运的发展应在基础设施、法规制度、信息共享、标准化、数字化、智能化等方面进一步推进，多式联运的智能化受到广泛重视。

(2)多式联运智能化的现状

多式联运智能化是指在多式联运过程中，利用现代信息技术实现运输方式的无缝衔接、实时监控、智能调度和优化管理，以提高物流效率、降低成本、提升服务质量。

目前，多式联运智能化正处于快速发展阶段。全球许多国家都在推动多式联运的智能化升级，以适应全球化贸易的需求。在政策支持和技术创新的推动下，我国多式联运智能化已经取得了显著进展。

多式联运智能化的主要痛点包括，信息不对称与系统孤岛、协调与管理复杂、基础设施不匹配等。多式联运智能化的案例如表 10-9 所示。

表 10-9 多式联运智能化的案例

案例名称	描述	效果
广州港南沙港区四期码头	该码头集北斗导航、5G 通信、人工智能、无人驾驶等技术于一体，充分发挥了南沙港区水网通江达海的天然地理优势，并依托南沙疏港铁路，打造了一个以南沙为中心，辐射整个泛珠三角地区的“海陆空铁”立体贸易物流枢纽	全球首个江海铁多式联运全自动化码头，北斗导航无人驾驶智能导引车、码头信息系统等技术提升多式联运的智能化水平
中远海运集团“船视宝”平台	这是一个智能、集成的全球生态系统，是基于船舶综合信息的航运大数据数字化平台。该平台利用大数据和人工智能技术挖掘航运数据价值，提供包括船舶资料、船舶位置、船舶动态、船舶轨迹、航线预测、港口动态、港口流量、港口指南、航运指数等在内的航运数据服务产品。“船视宝”平台通过汇集全球 25 万艘船舶、1000 多亿条航运数据和气象水文记录，跟踪 8 万条商船的航行行为，以及全球 5000 多个港口的约 45000 多个泊位的作业行为，形成了 2 亿条行为识别数据和 1000 万条历史航线等数据资产	这些数据资源为航运企业提供了强大的数据分析功能，辅助管理人员决策，主动提醒管理薄弱点，及时发现并消除船舶安全隐患，辅助船队降本增效
中集世联达的多式联运智慧枢纽项目	智慧 AI 中控：作为多式联运智慧枢纽的核心，AI 中控通过 5G 网络实时采集数据，自动策划任务优先级，智能匹配最优提落箱场位和提送货库位，提高策划效率和合理性。 无人闸口：通过智能闸机实现 24 小时无人进出闸登记，自动采集集装箱及车辆信息，提高闸口通行效率，减少人工差错。 智能验箱：利用视频流技术和高算力集群池，自动识别箱号、箱型、重量标识等，提高验箱效率，规避人工验箱的安全风险。 智慧仓储：提供一站式线上服务，包括客户预约、接单服务、电子支付等，通过 AI 库位策划和自动化管理方式，提高仓储作业效率。 智慧运输：根据客户需求进行智能线路设计和多模式智能调度，结合定位技术和电子围栏，实现货物在途监管，提高调度合理性和车辆周转率。 数智化安全：运用 AI 技术进行实时监控和分析，智能识别不合规操作，提高生产作业及人员安全性	中集世联达以多式联运产品为核心，打造“全球运全球”的物流网络，并提供端到端的综合物流服务。其智慧枢纽项目通过智慧 AI 中控、无人闸口、智能验箱、智慧仓储、智慧运输和数智化安全等技术，提高了多式联运的整体服务效率与质量。中集世联达在内陆及海外拥有 40 余个多式联运枢纽，其智慧枢纽案例已在多个枢纽成功运行，并赋能合作伙伴完成智慧枢纽建设，展现了项目的可复制性和推广性

续表 10-9

案例名称	描述	效果
中储智运的数字供应链及多式联运平台	该平台整合了汽运、船运、铁运、场站、仓库、港口等资源，通过深度挖掘平台数据价值，围绕供应链全业务流程、业务对象及业务场景，打造了包括智慧运输综合管理解决方案、智能园区管理系统、智运开放平台、可视化管理数字货舱、物流指数、数据资产管理体系、信用分体系、保险、运费贷等九大产品体系。这些产品体系推动了产业链、供应链上下游企业数据贯通，资源共享及业务协同，实现了产业链强链补链	平台提供智慧多式联运服务，能够一键生成以“时效优先”和“价格优先”为依据的多套联运运输方案，为客户提供门到门的国内、国际综合物流运输服务，不仅降低了供应链成本，还提高了物流时效

(3)多式联运智能化的发展趋势

多式联运智能化的发展趋势主要有：

①市场需求扩大。中国经济的转型升级，对物流链条的保障能力和成本控制提出新要求，多式联运的成本优势和效率优势逐渐显现，市场需求进一步释放。根据《推进多式联运发展优化调整运输结构工作方案(2021—2025年)》，预计到2025年，多式联运发展水平将显著提升，形成以铁路和水路为主的大宗货物及集装箱中长距离运输发展格局，集装箱铁水联运量年均增长15%以上。

②服务模式创新。通过智慧港口建设、智能运输装备升级、数字化单证使用等手段，多式联运的装备智能化和信息数字化不断推进，驱动多式联运服务模式创新，持续推动“一单制”“一箱制”。

③政策支持加强。多式联运作为“一带一路”“双碳目标”和“交通强国”等国家战略的服务支撑，政府将继续出台政策支持多式联运智能化的发展，促进多种运输方式的互通衔接，推动政府职能部门、物流企业、港航/铁路/公路/航空等市场主体加强协作。

④技术创新推进。推动物联网技术在多式联运的应用，实现货物的实时追踪和监控；通过大数据分析，优化运输路线和资源配置；通过人工智能技术应用，实现智能调度和决策支持；推动区块链技术应用，确保数据安全和交易透明。

⑤基础设施建设。加强多式联运基础设施建设和互联互通，为智能化运行提供良好的硬件环境基础。同时，推动多式联运向绿色、低碳、环保的方向发展。

综上趋势表明，多式联运正朝着更加高效、智能化和绿色环保的方向发展，以适应不断变化的市场需求和国家战略的需要。

【案例分享】

四港联动智慧物流云平台

由于多式联运不同运输方式涉及的主体数量庞大、差异较大，物流信息存在不对称、不透明等问题，导致信息跟踪难、订舱操作烦琐，限制物流效率提升。浙江四港联动发展有限公司打造的智慧物流云平台集成了浙江省多维度物流大数据，应用物流运单 AI 智能识别、智能沙箱等技术，实现一站式“查运踪、查船期、查运价、查关务、查航空”服务，通过数字化赋能提升多式联运承载能力和衔接水平，提升企业物流效率，降低运营成本，开发多式联运组织模式，加快物流行业的转型升级。

智慧物流云平台的主要特点：

①打通系统间数据壁垒，构建大数据底座。整合打通政务、班轮、码头、货代等100多个系统，汇集海运、空运、陆运、口岸各类物流数据超 1.1 万项，对接各类物流数据超 1000 万条，形成跨运输方式、跨各级部门、跨各类企业的物流数据存储、交换、共享、应用、开放的核心枢纽，构建一体化智能物流公共数据平台。

②多样化数据产品服务。集成货、箱、车、船、空、铁、驳、仓、关、港 10 大数据域，重塑数据交互标准、重构系统操作流程、重造应用场景功能，实现多式联运物流全程跟踪、路径优选等功能，提供从订舱到港口出运的“一站式”全流程数据服务，打造多种联运方式融合的数字化物流运输体系。

③物流数据交互中台。利用丰富的物流数据资源，为用户业务提供全面数据支撑，解决数据通道对接难的问题。

④物流管家。为工贸企业提供及时有效的物流信息，集成全程可视、浙船期、运价服务、航运信息、数智获客等应用场景。

⑤公铁水内贸货运网络。以内河集装箱运输为切入点，建立浙江省及长三角地区内贸运输信息共享网络体系，提供“端到端”的物流服务和“一票制”结算。

此外，平台 2.0 版本新增物流数据交互中台、物流管家、公铁水内贸货运网络 3 大集成应用功能，进一步推动物流数据的交互共享、汇聚融合，构建数字物流生态，如图 10-21 所示。

智慧物流云平台的建设和运营，不仅促进社会物流降本增效，而且通过物流服务和数字化资源，打造一体化的多式联运数字物流生态。

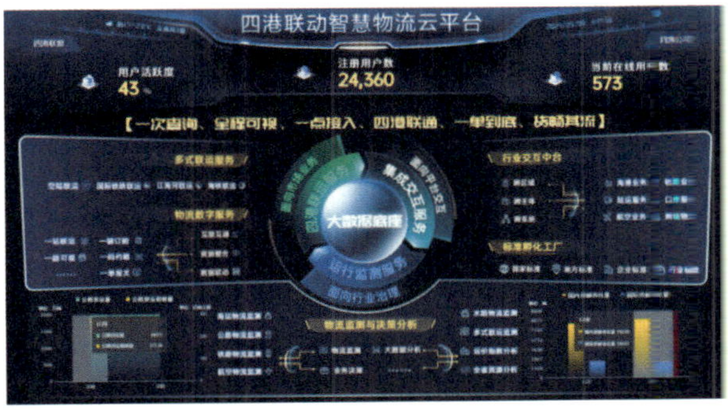

图 10-21　四港联动智慧物流云平台

10.5.3 多式联运与综合运输

(1)综合运输的概念

以安全、便捷、高效、绿色、经济为目标,依托综合交通体系所提供的公共交通网络和设施,以及多样化的运载工具,通过多种交通运输方式协调配合,组织实现客货运输过程的经济活动和社会活动称为综合运输。

综合运输的内涵主要体现在以下4个方面:

①统筹各类交通运输方式,深化协调发展。不同运输方式具有不同的技术经济特征,综合运输充分发挥各种运输方式的比较优势,进行规划布局和优化组合,注重综合交通网络布局、运输方式间连续、无缝衔接和一体化运输服务。

②便捷顺畅,集约高效。从系统运行效率角度衡量交通运输发展水平,突出自身投入产出比高,实现运输生产高效率。交通运输网络运行通畅,且方式间、等级间衔接顺畅,服务时效性强,运输全链条快捷程度高。

③泛在互联、柔性协同。交通基础网络在物理上要形成一体化连接,以满足个性化、高品质出行需求为导向,推进服务全程数字化,支持市场主体整合资源,提供"一站式"出行服务,打造顺畅衔接的服务链。

④灵活性和可持续发展。建立完善的现代化交通运输系统,适应经济发展和人民生活质量提高,同时坚持可持续发展理念,综合运输的发展结构和规模,要与经济、社会、环境发展相协调,减少交通建设运营全链条的资源和能源消耗。

(2)区别与联系

多式联运与综合运输虽然都以实现运输资源的优化配置和提高运输效率为目标,但它们在概念、运作方式和重点上存在一些区别和联系,如表10-10所示。

表10-10 多式联运与综合运输的比较

区别与联系		多式联运	综合运输
两者区别	基本概念	使用多种运输方式,利用各种运输方式各自的内在经济,在最低成本条件下提供综合性服务,通常被称作"一站式"的运输	由铁路、公路、水路、管道和航空等各种运输方式及其线路、站场等组成的综合体系,形成分工协作、有机结合、连接贯通、布局合理的交通运输综合体
	运作方式	侧重于单一合同下的多种运输方式的联合运输,强调的是货物从起点到终点的无缝衔接和一体化服务	侧重于不同运输方式的网络布局、协调发展和整体规划,强调运输方式间的互联互通和系统性
	发展重点	更注重实际操作流程和服务模式的创新,如"一单制"和"一箱制"的发展,以及相关信息系统的建设	更注重宏观层面的运输结构优化、运输方式间的协调发展以及运输网络的布局

续表 10-10

两者联系	目标一致性：两者都旨在提高运输效率、降低运输成本，并实现运输资源的合理配置
	相互促进：多式联运的发展需要依托综合运输体系提供的基础设施和网络布局，而综合运输体系的完善又能够为多式联运提供更多的发展空间和可能
	共同发展：在实际运作中，多式联运的实践可以为综合运输体系的优化提供经验和反馈，促进综合运输持续改进和升级

总体而言，多式联运是综合运输体系中的一个重要组成部分，而综合运输体系又为多式联运的发展提供基础和条件。两者相辅相成，共同推动运输行业的现代化和高质量发展。

(3)多网融合

我国正在构建超大规模综合立体交通网络，需要推进各种运输方式统筹发展，实现铁路、公路、水运、民航等运输方式相互协调，实现综合立体交通多网融合，充分发挥各种交通方式的组合效率和比较优势，增强交通基础设施网、运输服务网、能源网、信息网的协同性，从而促进资源集约高效利用和提高综合交通运输系统效能，实现“人享其行，物优其流”。基础设施网-运输服务网-能源网-信息网协同融合如图 10-22 所示。

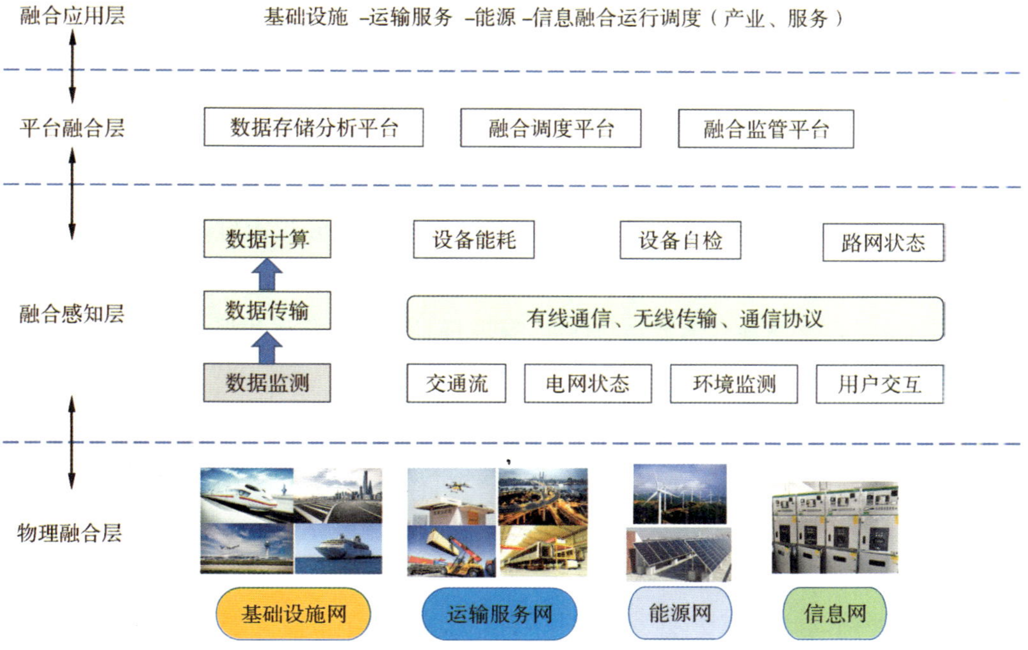

图 10-22　基础设施网-运输服务网-能源网-信息网协同融合示意图

多网融合是发展综合运输体系的关键，具体的策略与方法有：

①网络布局优化：基于地理信息系统（GIS）和网络分析模型，优化运输网络布局，实现多种运输方式的有效覆盖和衔接。

②运输模式互补：明确不同运输模式的优势，实现公路、铁路、航空和水运等模式的互补发展。

③信息共享平台：建立统一的信息共享平台，实现运输信息的实时交换和共享。

④技术标准统一：制定统一的技术标准和规范，提高不同运输系统之间的兼容性和互操作性。

⑤政策引导与激励：通过政策引导和经济激励措施，鼓励运输企业采用多网融合的运营模式。

⑥示范项目推广：通过实施示范项目，总结多网融合的成功经验和模式，进而推广至更广泛的区域和领域。

⑦资金与投资机制：创新投融资机制，吸引社会资本参与综合运输体系的建设和运营。

⑧公众参与机制：建立公众参与机制，收集和反馈用户需求，不断优化运输服务。

在实施多网融合的过程中，需要充分考虑地区发展差异、运输需求多样性以及环境承载能力等因素，以实现综合运输体系的最优规划与设计。

10.6 本章小结

本章主要讲解智慧港口系统及港口物流和多式联运的知识内容。概述了智慧港口的基本概念、发展历程和建设现状，分析了智慧港口的系统组成和关键技术；阐述了港口智慧物流和多式联运智能化的概念与内涵、发展特点及多式联运和综合运输的区别与联系，总结了典型案例。

"课程思政"延伸阅读材料

创建港口自动化全套技术，打破国外技术封锁——张连钢"时代楷模"团队自主创新之路

张连钢，中共党员，山东省港口集团有限公司高级别专家，带领团队在港口科技创新方面取得显著成就。自 1983 年从武汉理工大学（当时武汉水运工程学院）毕业来到山东港口青岛港，他从普通的维修技术人员开始干起，扎根港口生产、研发一线 40 年，一直从事港口设备技术和生产工艺方面的创新研究，长期攻关港口集装箱码头自动化、无人化和智能化领域技术难题。

2013 年，青岛港决定筹建全自动化码头，即便处在肺癌术后康复期，张连钢毅然挑起重担，带领平均年龄 34 岁的团队攻坚克难，突破国外对自动化码头技术的垄断，仅用 3 年半时间建成当今世界上自动化程度最高、作业效率最快、拥有自主知识产权的全自动化集装箱码头，连续 10 次打破自己创造的世界纪录。2017 年 5 月，青岛港自动化码头一期投产，首船作业桥吊单机效率达到 26.1 自然箱/h，创下当时世界自动化集装箱码头商业运营首船作业最高效率。此后，张连钢并未停下脚步，他带领团队继续推进二期、三期工程，不断刷新装卸效率的世界纪录，2023 年 12 月 27 日，三期工程投产后不久即刷新装卸效率世界纪录，桥吊平均单机作业效率达到 60.2 自然箱/h。

张连钢及其团队的成就得到广泛认可，2020 年 12 月，中宣部授予山东港口集团青岛港"连钢创新团队""时代楷模"荣誉称号。此外，张连钢还被评为"感动中国 2023 年度人物"，颁奖辞中提道："这一块好钢，用到了刀刃上。把买不来的做出来，还要做到最快、最强、最智能，天降大任于己，何惜筋骨体肤，唯心志所向，百折不回。中国式现代化之路，就是这样走出来的。"

张连钢以不服输的精神和坚定的报国情怀，在自动化码头领域取得显著成就。他的故事体现了对港口科技创新的执着追求和为国家建设世界一流海洋港口的爱国热忱，他和团队的奋斗精神和创新成就，为全球港口自动化领域贡献了"中国智慧"和"中国方案"。张连钢的故事是一段中国式现代化之路的缩影，他的事迹激励着人们为实现高水平科技自立自强而不懈努力。

思考题

1. 什么是智慧港口？智慧港口的组成部分包括哪些？
2. 智慧港口采用了哪些先进技术？这些技术如何提升港口的效率和安全性？
3. 智慧港口建设的发展趋势是什么？未来几年内可能出现哪些关键技术或管理创新方向？
4. 智慧港口如何利用绿色技术和可再生能源减少碳排放和环境影响？
5. 什么是智慧港口信息系统的核心技术组成部分？
6. 物联网、大数据分析和人工智能在智慧港口中的应用有哪些优势和挑战？
7. 智慧港口信息系统对全球贸易和物流将会有何影响？
8. 如何通过码头 TOS 系统优化船舶作业计划，以提高港口作业效率和减少等待时间？
9. 如何理解港口智慧物流的发展趋势？
10. 多式联运智慧平台建设要解决哪些关键问题？

参考文献

[1] YU M, LIU Z L, XU Z L, et al. Automated rail－water intermodal transport container terminal handling equipment cooperative scheduling based on bidirectional hybrid flow-shop scheduling problem[J]. Computers & Industrial Engineering, 2023, 186: 109696.

[2] 辜勇，唐敏，李文锋. 自动化码头 AGV 调度与路径规划双层优化模型[J]. 工业工程与管理，2024(4): 1-21.

[3] YU M, LV Y Q, WANG Y H, et al. Enhanced ant colony algorithm for discrete dynamic berth allocation in a case container terminal[J]. Journal of Marine Science and Engineering, 2023, 11(10): 1931.

[4] 董明望，黄麟富，辜勇. 集装箱码头绿色作业调度优化研究综述[J]. 重庆交通大学学报(自然科学版)，2022，41(11): 7-14.

[5] 马玉成，尹传忠，徐启文，等. “一带一路”战略背景下我国港口物流发展的策略研究[J]. 中国水运(下半月)，2015，15(07): 45-47，185.

[6] 詹新望，刘长俭，黄川，等. 我国港口行业绿色智慧发展成就[J]. 中国港口，2024(07): 14-18.

[7] 钟晓晖，陈琪炜，王细远，等. 智慧港口能耗管理系统设计与可视化研究[J]. 水运工程，2023(06): 185-191，230.

[8] 曹菁菁，雷阿会，刘清，等. 虚实融合驱动智慧港口发展研究[J]. 中国工程科学，2023，25(03): 239-250.

[9] 欧伟强，何辉章，林鑫婷. 智慧港口创新发展的路径[J]. 中国港口，2024(04): 15-19.

[10] 罗本成. 鹿特丹智慧港口建设发展模式与经验借鉴[J]. 中国港口，2019(01): 20-23.

[11] 杨浩章，郭伟，杨清海. 物联网技术在智慧港口运营中的应用[J]. 网络安全和信息化，2024(05): 113-115.

[12] 交通运输部关于加快智慧港口和智慧航道建设的意见[J]. 中国水运，2024，(02)27-29.

[13] 张明. 5G智慧港口的应用研究[J]. 长江信息通信,2024,37(02):230-233.

[14] 曹兰娟. 智慧港口管理信息系统研究[J]. 价值工程,2022,41(32):70-74.

[15] 毕成成. 面向智慧港口的数字化应用场景研究——以天津港为例[J]. 产业创新研究,2023(21):9-12.

[16] 新华社. 2023年全国水路货运量达93.67亿吨[EB/OL]. (2024-07-11). https://www.gov.cn/lianbo/bumen/202407/content_6962555.htm.

[17] 36氪研究院. 2022年中国智慧港口行业洞察报告[EB/OL]. (2022-08-04) [2024-08-19]. https://www.36kr.com/p/1856728508159881.

[18] 中国政府网. 打通堵点 货畅其流——我国推进多式联运发展扫描[EB/OL]. (2022-03-29) [2024-08-19]. https://www.gov.cn/yaowen/liebiao/202403/content_6942146.htm.

[19] 国务院办公厅. 推进多式联运发展优化调整运输结构工作方案(2021—2025年)[Z]. 国办发〔2021〕54号, 2022-01-07. https://www.gov.cn/gongbao/content/2022/content_5669424.htm.

[20] 刘攀,杨敏. 综合立体交通多网融合研究现状与展望[J]. 前瞻科技,2023,2(03):24-33.

专业名词中英文对照表

缩写	全称	中文
3C	Computation、Communication、Control	计算、通信、控制
AASHTO	American Association of State Highway and Transportation Officials	美国国家公路和交通管理者协会
ABS	American Bureau of Shipping	美国船级社
AC	Arithmetic Coding	算术编码
ACC	Adaptive Cruise Control	自适应巡航控制
ACCSEAS	Access to Core Services for Effective and Safe Small Craft Operations in the Northern Periphery Area	北部周边地区有效和安全的小型船只运营的核心服务接入
AD	Autonomous Driving	自动驾驶
ADAS	Advanced Driving Assistance System	高级驾驶辅助系统
ADS	Automated Driving Systems	自动驾驶系统
AEB	Autonomous Emergency Braking	自动紧急制动
AEGIS	Autonomous and Green Efficient Shipping Initiative	自主绿色高效航运倡议
AEI	Automatic Equipment Identification	自动设备识别技术
AES	Automatic Emergency Steering	自动紧急转向
AGV	Automated Guided Vehicle	自动导引车
AHS	Automated Highway System	自动高速公路系统

续表

缩写	全称	中文
AI	Artificial Intelligence	人工智能
AIS	Automatic Identification System	自动识别系统
AOS	Automated Operation System	自动化操作系统
API	Application Programming Interface	应用程序接口
AQC	Automated Quay Crane	自动化岸边集装箱起重机
AR	Augmented Reality	增强现实
ARC-IT	Architecture Reference for Cooperative and Intelligent Transportation	协同式智能交通运输系统参考体系框架
ARIB	Association of Radio Industry Businesses	日本无线工业及商贸联合会
ARMG	Automated Rail Mounted Gantry Crane	自动化轨道式龙门起重机
ARTS	Advanced Road Transportation Systems	先进的道路交通系统
ASC	Automated Straddle Carrier	自动跨运车
ASTM	American Society for Testing Materials	美国测试和材料协会
ASV	Advanced Safety Vehicle	先进安全车辆系统
ATIS	Advanced Traveler Information Systems	先进的出行者信息系统
ATMS	Advanced Traffic Management Systems	先进的交通管理系统
AUKK	Adaptive Untracked Kalman Filter	自适应无迹卡尔曼滤波器
AUTOSHIP	Automated Ship Handling and Decision Support System	自动化船舶操控与决策支持系统
AVCS	Advanced Vehicle Control System	车辆控制系统
AVI	Automatic Vehicle Identification	自动车辆辨识
BV	Bureau Veritas	法国船级社
CACC	Cooperative Adaptive Cruise Control	协同自适应巡航控制系统
CALM	Communications Access for Land Mobiles	陆地移动通信接入
CAV	Connected and Automated Vehicle	网联自动驾驶车辆
CCD	Charge-coupled Device	电荷耦合器件
CCNR	Central Commission for the Navigation of the Rhine	莱茵河航行管委会
CCP	Cars Current Position	基于车辆当前位置

续表

缩写	全称	中文
CCS	China Classification Society	中国船级社
CCS	Cloud Control Systems	云控制系统
CCTV	Closed Circuit Television	闭路电视
CEN	Commission for European Normalization	欧洲标准化委员会
C-ITS	Cooperative Intelligent Transport Systems	协作式智能交通系统
CMS	Content Management System	内容管理系统
CNN	Convolutional Neural Networks	卷积神经网络
CPS	Cyber-Physical Systems	信息物理系统
CPU	Central Processing Unit	中央处理器
C-V2X	Cellular Vehicle-to-Everything	蜂窝车联网技术
CVOS	Commercial Vehicle Operations System	商用车辆运营系统
CVR	Connected Vehicle Research	车联网研究
CVRIA	Connected Vehicle Reference Implementation Architecture	网联车辆参考实现框架
CVRIA	Connected Vehicle Reference ITS Architecture	网联汽车参考体系框架
DARAP	Defense Advanced Research Projects Agency	美国国防高级研究计划局
DL	Deep Learning	深度学习
DNV	Det Norske Veritas	挪威船级社
DRIVE	Dedicated Road Infrastructure for Vehicle safety in Europe	欧洲道路交通安全设施
DRL	Deep Reinforcement Learning	深度强化学习
DSRC	Dedicated Short Range Communication	专用短程通信技术
DT	Digital Twins	数字孪生
ECDIS	Electronic Chart Display and Information System	电子海图显示与信息系统
ENIC	E-Navigation In China	中国电子航海
ERGS	Electronic Route Guidance System	电子路径诱导系统

续表

缩写	全称	中文
ERPS	Electronic Road Pricing System	电子收费系统
ERTICO	European Road Transport Telematics Implementation Coordination Organization	欧洲道路运输通信实施协调组织
ETC	Electronic Toll Collection	电子不停车收费系统
ETSI	European Telecommunications Standards Institute	欧洲电信标准化协会
F5G	The 5th Generation Fixed Networks	第五代固定网络
FAVP	Federal Automated Vehicles Policy	联邦自动驾驶车辆政策
FOD	Future Offset Difference	基于未来偏移量
FSD	Full Self-Driving	特斯拉最先进的自动驾驶模型
FSM	Finite State Machine	有限状态机
GAI	Generative Artificial Intelligence	生成式人工智能
GIS	Geographic Information System	地理信息系统
GIS-T	Geography Information System-Transportation	交通地理信息系统
GNSS	Global Navigation Satellite System	全球导航卫星系统
GPRS	General Packet Radio Service	通用分组无线服务
GPS	Global Positioning System	全球定位系统
HBase	Hadoop Database	分布式系统基础架构
HiL	Hardware-in-the-Loop	硬件在环
HMD	Head-Mounted Display	头戴显示器
IALA	the International Association of Marine Aids to Navigation and Lighthouse Authorities	国际航标协会
ICP	Iterative Closest Point	迭代最近点
ICT	Information and Communication Technology	先进的信息与通信技术
IEC	International Electrotechnical Commission	国际电工委员会
IEEE	Institute of Electrical and Electronics Engineers	电气与电子工程师协会
IGV	Intelligent Guided Vehicle	智能导引车
IMO	International Maritime Organization	国际海事组织
IMU	Inertial Measurement Unit	惯性测量单元

续表

缩写	全称	中文
IoT	Internet of Things	物联网
IoV	Internet of Vessels	船舶互联网
IRClass	Indian Register of Shipping	印度船级社
ISO	International Organization for Standardization	国际标准化组织
ISTEA	Intermodal Surface Transportation Efficiency Act	综合地面运输效率法案
ITE	Institute of Transportation Engineers	交通运输工程师协会
ITI	Intelligent Transportation Infrastructure	智能运输基础结构
ITMS	Intelligent Traffic Management Systems	智能交通管理系统
ITOS	Intelligent Terminal Operating System	全自动化集装箱码头智能操作系统
ITS	Intelligent Transportation Systems	智能交通系统
ITS AMERICA	Intelligent Transport Society of AMERICA	美国智能运输学会
ITU	International Telecommunications Union	国际电信联盟
IVHS AMERICA	Intelligent Vehicle-Highway Society of AMERICA	美国智能车路学会
JISC	Japanese Industrial Standards Committee	日本工业标准调查会
KAREN	Keystone Architecture Required for European Networks	欧洲网络需要的基石架构
K-NN	K Nearest Neighbor	K 近邻
KR	Korean Register	韩国船级社
LDWS	Lane Departure Warning System	车道偏离预警系统
LED	Light Emitting Diode	发光二极管
LNG	Liquefied Natural Gas	液化天然气
LoRA	Low-Rank Adaptation	低秩自适应
LQR	Linear Quadratic Regulator	线性二次型
LR	Lloyd's Register	劳氏船级社
LTE-V2X	Long Term Evolution Vehicle to Everything	长期演进式车联网技术
MaaS	Mobility-as-a-Service	出行即服务
MARL	Multi-agent Deep Reinforcement Learning	多智能体强化学习
MASS	Maritime Autonomous Surface Ship	海事自主水面船舶

续表

缩写	全称	中文
MDP	Markov Decision Process	马尔可夫决策过程
MOSES	Maritime Onboard Systems for Efficient and Safe Operations	海上船载系统用于高效安全作业
MSC	Maritime Safety Committee	海上安全委员会
MUNIN	Maritime Unmanned Navigation through Intelligence in Networks	基于智能航行网络的海上无人驾驶
NB-IoT	Narrow Band Internet of Things	窄带物联网
NDT	Normal Distributions Transform	正态分布变换
NHTSA	National Highway Traffic Safety Administration	美国高速公路安全管理局
NLP	Natural Language Processing	自然语言处理
NoSQL	Not Only Structured Query Language	文档型数据库
NSGA	Non-dominated Sorting Genetic Algorithm	非支配排序遗传算法
OTS	Operation Time Saver	时间节省行动计划
PATH	Program on Advanced Technology for the Highways	公路先进技术研究计划
PCC	Predictive Cruise Control	预测性巡航
PDA	Personal Digital Assistant	个人数字助理
PGIS	Police Geographic Information System	警用地理信息系统
PiL	Processor-in-the-Loop	处理器在环
PLC	Programmable Logic Controller	可编程逻辑控制器
PRM	Probabilistic Roadmap Method	概率路线图
PROMETHEUS	Program for a European Traffic with Highest Efficiency and Unprecedented Safety	欧洲高效安全交通系统计划
PROMOTE	Program for Mobility in Transportation in Europe	欧洲交通运输流动计划
RACS	Road/Automobile Communication System	路-车通信系统
RADAR	RAdio Detection And Ranging	无线电探测与测距
ReVolt	Revolutionizing Electric Propulsion and Battery Technology for Ships	革命性的船舶电动推进和电池技术
RFID	Radio Frequency Identification	射频识别
RISS	River Information Services System	内河航运综合信息服务系统
RL	Reinforcement Learning	强化学习
RNN	Recurrent Neural Networks	循环神经网络

续表

缩写	全称	中文
ROS	Remote Operation Systems	远程操作系统
RRT	Rapidly-Exploring-Random Tree	快速搜索随机树
RS	Russian Maritime Register of Shipping	俄罗斯船级社
RSU	Road Side Unit	路侧通信设备
RT-TRACS	Real-Time Traffic Adaptive Signal Control	实时交通自适应信号控制系统
SAE	Society of Automotive Engineers	美国汽车工程师学会
SAFETEA-LU	Safe, Accountable, Flexible, Efficient Transportation Equity Act:A Legacy for Users	交通平等法案
SCATS	Sydney Coordinated Adaptive Traffic System	悉尼自适应交通控制系统
SCOOT	Split-Cycle-Offset Optimization Technique	绿信比、周期、相位差优化技术
SLAM	Simultaneous Localization And Mapping	同步定位与地图构建
SPMD	Safety Pilot Model Deployment	安全领航模型部署计划
TICS	Transport Information and Control Systems	运输信息与控制系统
TOS	Terminal Operating System	码头操作系统
TTI	Traffic and Traveler Information	交通和旅客信息
UGC	User Generated Content	用户众包
USDOT	United States Department Of Transportation	美国交通部
UTMS	Universal Traffic Management Systems	通用交通管理系统
V2I	Vehicle-to-Infrastructure	车对基础设施通信
V2V	Vehicle-to-Vehicle	车对车通信
V2X	Vehicle to Everything	车联网
VERTIS	Vehicle, Road and Traffic Intelligence Society	车辆道路与交通智能化学会
VHF	Very High Frequency	甚高频
VICS	Vehicle Information and Communication Systems	车辆信息与通信系统
VII	Vehicle Infrastructure Integration	车辆道路设施集成
VR	Virtual Reality	虚拟现实
VTS	Vessel Traffic Services	船舶交通服务
WSN	Wireless Sensor Network	无线传感器网络